EU一般データ保護規則

宮下 紘 [著]

General Data Protection Regulation

勁草書房

日本の読者への序文

　5月は，間違いなくプライバシーにとって記念となる月です。2017年5月30日，改正された個人情報の保護に関する法律が施行され，日本が現代的で包括的なプライバシー立法を有することになりました。2018年5月25日，一般データ保護規則（GDPR）は，2年間の移行期間を経て，全面的に適用されることになります。

　ただの時の偶然としてみなされるかもしれない出来事は，より多くのことを象徴しています。2017年7月6日の共同宣言において安倍首相とユンケル委員長が強調したように，これらの立法改革は共有された価値と共通の目的に基づいています。ヨーロッパと日本の憲法上の構造はプライバシーを基本権とみなしています。このことは，とりわけ，オムニバス型の立法，一連の個人の権利そして独立した監督機関による執行に基づくデータ保護の制度の構造においても反映されております。日本とEUはデータ駆動型経済において個人情報の効果的な保護が消費者の信頼の中心にあることを強く信じています。言い換えれば，基本権としてのプライバシーの優れた保護は，特にオンラインの世界において取り扱われるデータの方法に消費者の信頼を高め，そして経済の好循環を形成することができます。ついに，二つのグローバルなパートナーが，二経済圏で最大の貿易パートナーシップのこれまでの交渉がちょうど妥結される時に，双方はプライバシーの制度の間における大きな収斂をデータ移転に伴う交流を更に促進する機会であるとみなしています。このことがブリュッセルと東京との間の十分性に関する現在進行している対話のまさに基礎をなしています。いまや交渉は最終段階に入り，これまでにはない初めての二つの主要な経済の間における市民とビジネスへの恩恵のための相互の十分性認定をもたらすことになるでしょう。

　近々ある十分性決定に加えて，5月25日のGDPRの適用とともに，ヨーロッパでビジネスを行う日本企業は統一化され簡素化された規制環境からも恩恵を受けることになるでしょう。データ保護のルールは，書籍のみならず，効果的な権限を有する国内のデータ保護監督機関のネットワークによる解釈と執行

i

の方法においても調和されることになるでしょう。事前の統制に基づくアプローチから説明責任の原則に依拠するアプローチへの制度の移行として，事前の届け出と認可の要件は廃止されることになります。これらのことは法的確実性の増大とコンプライアンスにおけるコストと形式主義の大きな削減を意味します。さらに，データ保護バイデザインと初期設定によるデータ保護の原則は，最初からプライバシーとデータセキュリティの問題に対処するための革新的解決のインセンティブを作り出します。処理業務をリスクの範囲内にとどめておく管理者が多くの義務を受けることがなくなるように，リスクに基づくアプローチは，—多くの日本企業を特徴付けている—技術の主導に報いるものとなります。行動規範や認証の構造といった「ボトムアップのツール」は，プライバシーの分野における日本企業にはよく知られており，企業がコンプライアンスを証明するのに役立つでしょう。これらは，宮下氏の著書において示されたEU データ保護改革の枠組みの特徴のごくわずかな例にすぎません。

　私たちの二つのデータ保護の制度に橋をかけることは，お互いに学び合うことも意味しています。法改正の施行の文脈において，日本と EU はベストプラクティスの交換と双方の規制当局，利害関係者および研究者の間における経験から大きな恩恵を受けることができます。この対話は，新たな法的技術的解決を理解し，その性質と範囲においてますますグローバルになるプライバシーへの新たな課題に対処するために不可欠です。本書により，宮下氏は，この対話の更なる発展にきっと重要な貢献をするでしょう。本書は，法の条文のみならず，欧州委員会とデータ保護監督機関が公表した最新のガイダンス文書に基づいているため，包括的で最新のものです。日本とヨーロッパのデータ保護の制度の深い知識とともに，宮下紘氏は日本の読者に GDPR の実践的解説書を提供するのにふさわしい人です。本書が大きな注目を集め成功となることを祈念しています。

ブルノ・ジェンカレーリ（Bruno Gencarelli）
欧州委員会国際データ流通保護課長（Head of the International Data Flows and Protection unit, European Commission）
ブリュッセルにて，2018 年 5 月

目次

日本の読者への序文 ……………………………………………………………………… i

第 1 部　基本権と個人データ保護

1. 基本権としての個人データ保護 ………………………………………… 2

(1) 法制度 ……………………………………………………………………… 2

(2) 歴史的経緯 ………………………………………………………………… 3

(3) EU データ保護指令 ……………………………………………………… 5

(4) EU 一般データ保護規則（GDPR） …………………………………… 6

　　図表 1　GDPR の概要 ………………………………………………… 7

(5) 刑事司法分野におけるデータ保護指令 ……………………………… 7

(6) 電子プライバシー指令（規則案） …………………………………… 8

(7) サイバーセキュリティ指令 …………………………………………… 8

2. EU 一般データ保護規則の制定過程 …………………………………… 8

(1) GDPR の提案 …………………………………………………………… 8

(2) 審議過程 ………………………………………………………………… 10

　　図表 2　通常立法手続（EU 機能条約第 294 条） ……………… 11

　　図表 3　GDPR 成立までの経緯 …………………………………… 11

3. 新たな技術と個人データ保護 ………………………………………… 13

(1) EU におけるビッグデータ政策 …………………………………… 13

(2) ビッグデータに対処するための措置 ……………………………… 14

(3) 競争政策との関係性 ………………………………………………… 16

　　図表 4　データ保護・競争政策・消費者保護の関係 …………… 17

(4) モノのインターネット ……………………………………………… 17

(5) 人工知能・ロボット ………………………………………………… 18

(6) ブロックチェーン …………………………………………………… 19

iii

目次

第 2 部　条文解説

第 I 章　総則（第 1 条～第 4 条）

主題および目的（第 1 条）……………………………………………22

1. 目的 ………………………………………………………………22
2. 「私生活尊重の権利」と「個人データ保護の権利」……………23
　　図表 5　基本権憲章における 7 条と 8 条の関係………………24

実体的範囲（第 2 条），地理的範囲（第 3 条）………………24

1. 実体的範囲 ………………………………………………………25
2. 地理的範囲 ………………………………………………………26
　(1) 適用の範囲………………………………………………………26
　(2) 「設置」の解釈——準拠法との関連 …………………………27
　(3) 商品・サービスの提供 ………………………………………28
　(4) 行動の監視………………………………………………………28
2. 日本との比較 ……………………………………………………29

定義（第 4 条）………………………………………………………30

1. 個人データの範囲 ………………………………………………32
　(1) 「すべての情報（any information）」…………………………32
　(2) 「に関する（relating to)」……………………………………34
　(3) 「識別されたまたは識別することができる（an identified or identifiable)」……………………………………………………………35
　　(A) 直接的または間接的に識別される方法………………………36
　　(B) 識別方法………………………………………………………36
　(4) 「自然人（natural person)」…………………………………40

iv

2. 仮名化データ（pseudonymised data）……………………………41

3. 遺伝データ，生体データ，健康に関するデータ（特別類型の処理（9条）を参照）………………………………42

4. 日本との比較 ……………………………………………42

第Ⅱ章　原則（第5条～第11条）

個人データ処理に関する原則（第5条）……………………44

1. 透明性の原則 ……………………………………………45

2. 目的制限の原則………………………………………45

3. データ最小限化の原則 …………………………………47

4. 正確性の原則 ……………………………………………47

5. 保存制限の原則………………………………………48

6. 完全性・秘密保持の原則……………………………49

処理の適法性（第6条）……………………………………49

1. 処理の適法性の選択 ……………………………………51

　(1) データ主体の同意 ……………………………………51

　(2) 契約の履行にとって必要な場合 ……………………52

　(3) 法的義務の遂行にとって必要な場合 ………………53

　(4) データ主体または他の自然人の重要な利益を保護するために必要な場合 ………………………………………53

　(5) 公共の利益または公務の行使において実施される任務の遂行に必要な場合 ………………………………………53

　(6) 管理者または第三者の正当な利益の目的にとって必要な場合 ………54

　　(A) 管理者（または第三者）の正当な利益…………………54

　　(B) データ主体の利益または基本権ならびに自由…………55

　　(C) 衡量テストの運用……………………………………55

2. 日本との比較 ……………………………………………56

目次

同意の条件（第7条），情報社会サービスに関して児童の同意に適用される条件（第8条）··········56

1. 同意の構成要素··········57
- (1)「自由になされた」(free/ freely given)··········58
  - (A) 力の不均衡··········58
  - (B) 条件··········59
  - (C) きめ細やかさ··········59
  - (D) 損害··········59
- (2)「特定的」(specific)··········59
- (3)「情報を受けた」(informed)··········60
  - (A) 最低限の内容の要件··········60
  - (B) 情報提供の方法··········61
- (4)「明確な意思表示」(unambiguous indication of wishes)··········62

2. 明示の同意の取得··········63

3. 有効な同意取得のための追加的条件··········64
- (1) 同意の証明··········64
- (2) 同意の撤回··········64

4. 同意と他の適法な根拠との関係（6条）··········65

5. 特定分野における考慮事項··········65

6. 児童の個人データ保護と同意の条件··········66
- (1) 原則··········66
- (2) 同意取得の条件··········67
  - 図表6 児童の個人データの同意取得の年齢に関する加盟国法（法案を含む）···68

7. クッキーのための同意取得··········69

8. 日本との比較··········70

個人データの特別類型の処理（第9条），前科犯罪に関する個人データの処理（第10条）··········70

1. センシティブデータ··········72

vi

（1）個人データの特別類型 ……………………………………………72

（2）特別類型の処理の例外 ……………………………………………74

2. 日本との比較 ……………………………………………………74

識別を必要としない処理（第11条）………………………………75

1. 匿名化技術 …………………………………………………………76

（1）匿名化に関する法制度 ……………………………………………76

（2）匿名化技術とその基準 ……………………………………………76

2. 日本との比較 ……………………………………………………78

第Ⅲ章　データ主体の権利（第12条〜第23条）

第1節　透明性および様式 ……………………………………………79

データ主体の権利行使のための透明な情報・対話・様式（第12条）

……………………………………………………………………………79

1. 透明性の原則 ………………………………………………………81

（1）情報提供の方法 ……………………………………………………81

図表7　透明性確保のためのプライバシー通知・プライバシーポリシー…81

（2）情報提供の期日 ……………………………………………………83

（3）手数料 ………………………………………………………………83

第2節　情報および個人データへのアクセス ……………………84

個人データがデータ主体から収集された場合に提供されるべき情報（第13条），個人データがデータ主体から取得されていない場合に提供されるべき情報（第14条），データ主体によるアクセス権（第15条）

……………………………………………………………………………84

1. データ主体への情報提供 …………………………………………87

目次

(1) 情報提供の原則 ………………………………………87

(2) 情報提供および変更通知のタイミング………………88

(3) プライバシーポリシー等 …………………………88

(4) 追加処理に関する情報 ……………………………89

(5) データ主体の権利行使との関係 …………………89

(6) 情報提供の義務の例外 ……………………………89

　　図表 8　データ主体に対して提供されなければならない情報 ………91

2. アクセス権の内容 …………………………………………92

(1) アクセス権の対象 …………………………………92

(2) 本人による行使 ……………………………………93

(3) 申請への対応………………………………………94

(4) 手数料 ………………………………………………94

3. 日本との比較 ………………………………………………95

第3節　訂正および削除 ……………………………………95

訂正権（第16条），削除権（忘れられる権利）（第17条），処理の制
限権（第18条），個人データの訂正もしくは削除または処理の制限に
関する義務の通知（第19条）………………………………95

1.「忘れられる権利（right to be forgotten）」とは ……………97

(1) 背景 …………………………………………………97

(2) 法的性格 ……………………………………………98

2. EU 司法裁判所先決判決（Google Spain 判決）………99

(1) 事案 …………………………………………………99

(2) 争点 …………………………………………………100

　(A) 適用範囲 ………………………………………100

　(B) データ管理者 …………………………………100

　(C) データの削除・ブロック・異議申立ての権利 ……100

(3) 先決判決 ……………………………………………101

(4) 先決判決後の動向 …………………………………105

viii

目次

（5）商業登記に関する個人データの削除（Manni 判決）⋯⋯⋯⋯106

3. 検索エンジンの法的責任 ⋯⋯⋯⋯⋯⋯⋯⋯⋯⋯⋯⋯⋯⋯⋯107

（1）第29条作業部会の削除ガイドライン ⋯⋯⋯⋯⋯⋯⋯107

（2）検索エンジンサービス提供者による対応 ⋯⋯⋯⋯⋯109

4. 日本との比較 ⋯⋯⋯⋯⋯⋯⋯⋯⋯⋯⋯⋯⋯⋯⋯⋯⋯⋯⋯111

データポータビリティ権（第20条）⋯⋯⋯⋯⋯⋯⋯⋯⋯⋯112

1. データポータビリティ権の法的性格 ⋯⋯⋯⋯⋯⋯⋯112

（1）背景 ⋯⋯⋯⋯⋯⋯⋯⋯⋯⋯⋯⋯⋯⋯⋯⋯⋯⋯⋯⋯⋯⋯112

（2）データポータビリティ権の基本要素 ⋯⋯⋯⋯⋯⋯113

（3）データポータビリティ権が適用される要件 ⋯⋯⋯115

（4）データポータビリティ権の行使に関する一般的ルール⋯⋯⋯116

（A）データ主体への通知 ⋯⋯⋯⋯⋯⋯⋯⋯⋯⋯⋯⋯116

（B）データ主体の識別の仕方 ⋯⋯⋯⋯⋯⋯⋯⋯⋯117

（C）要請への回答期限 ⋯⋯⋯⋯⋯⋯⋯⋯⋯⋯⋯⋯117

（D）要請拒否と手数料 ⋯⋯⋯⋯⋯⋯⋯⋯⋯⋯⋯⋯117

（5）持ち運び対象のデータの提供方法 ⋯⋯⋯⋯⋯⋯117

（A）データ提供の方法 ⋯⋯⋯⋯⋯⋯⋯⋯⋯⋯⋯⋯117

（B）データフォーマット ⋯⋯⋯⋯⋯⋯⋯⋯⋯⋯⋯118

（C）大規模・複雑な個人データの収集の取扱い ⋯⋯118

（D）安全管理措置 ⋯⋯⋯⋯⋯⋯⋯⋯⋯⋯⋯⋯⋯⋯118

4. 日本との比較 ⋯⋯⋯⋯⋯⋯⋯⋯⋯⋯⋯⋯⋯⋯⋯⋯⋯119

第4節　異議申立ておよび個人の自動処理 ⋯⋯⋯⋯⋯⋯119

異議申立権および個人の自動決定（第21条），プロファイリング等の個人の自動決定（第22条）⋯⋯⋯⋯⋯⋯⋯119

1. 異議申立権 ⋯⋯⋯⋯⋯⋯⋯⋯⋯⋯⋯⋯⋯⋯⋯⋯⋯⋯⋯121

2. プロファイリング等の個人の自動決定 ⋯⋯⋯⋯⋯122

ix

目次

(1) 背景 …………………………………………………………… 122

(2) プロファイリングと自動処理の定義 ……………………… 124

(3) 自動処理に関する規定（22 条）…………………………… 126

(4) プロファイリングおよび自動処理に関する一般条項 ……… 130

（A）データ保護基本原則（5 条 1 項 a～e 号）…………… 130

（B）処理の法的根拠 ……………………………………… 131

（C）特別の類型のデータ ………………………………… 132

（D）データ主体の権利 …………………………………… 132

(5) 児童とプロファイリング …………………………………… 133

(6) データ保護影響評価とデータ保護責任者 ………………… 134

3. 日本との比較 ……………………………………………………… 134

第 5 節　制限 ………………………………………………………… 135

制限（第 23 条）…………………………………………………… 135

1. 制限 …………………………………………………………… 136

2. 必要性（necessity）および比例性（proportionality）の原則

……………………………………………………………… 136

第Ⅳ章　管理者および処理者（第 24 条～第 43 条）

第 1 節　一般的義務 ……………………………………………… 138

管理者の責任（第 24 条），共同管理者（第 26 条），EU に設置されていない管理者または処理者の代理人（第 27 条），処理者（第 28 条），管理者または処理者の権限に基づく処理（第 29 条）………… 138

1. 管理者と処理者 …………………………………………………… 141

(1) 管理者と処理者の区別 ……………………………………… 141

(2) 管理者 ………………………………………………………… 142

（3）共同管理者 ……………………………………………………… 143

（4）処理者 ……………………………………………………………… 143

2. 代理人の配置 ………………………………………………………… 150

3. 管理者または処理者にとっての主たる拠点 ……………………… 150

（1）実質的影響 ………………………………………………………… 151

（2）主たる監督機関 …………………………………………………… 152

（3）主たる拠点 ………………………………………………………… 152

4. 日本法との比較 ……………………………………………………… 153

データ保護バイデザインおよび初期設定によるデータ保護（第25条）

…………………………………………………………………………………… 154

1. データ保護バイデザイン …………………………………………… 155

（1）背景 ………………………………………………………………… 155

（2）義務の内容 ………………………………………………………… 156

2. 具体例 ………………………………………………………………… 156

（1）ビッグデータとモノのインターネット ……………………… 156

（2）スマートメーター ………………………………………………… 157

（3）ドローン …………………………………………………………… 158

3. 日本との比較 ………………………………………………………… 158

処理業務の記録（第30条），監督機関との協力（第31条），処理の安全管理（第32条） …………………………………………………………… 159

1. 処理業務の記録 ……………………………………………………… 161

図表9　管理者の文書保存義務のテンプレート ……………………… 162

図表10　処理者の文書保存義務のテンプレート ……………………… 163

2. 監督機関との協力 …………………………………………………… 163

3. 安全管理措置 ………………………………………………………… 163

（1）技術的組織的措置 ………………………………………………… 163

（2）中小企業向けの安全管理措置 ………………………………… 165

4. リスクに基づくアプローチ ………………………………………… 167

第2節　個人データの管理 ……………………………………………172

個人データ侵害の監督機関への通知（第33条），個人データ侵害のデータ主体への通知（第34条）……………………………………………172

1. 個人データ侵害とは …………………………………………………173
   (1) 定義 ……………………………………………………………173
   (2) 類型 ……………………………………………………………174
   (3) 個人データ侵害の想定される帰結 ………………………………174

2. 個人データ侵害の監督機関への通知（33条）……………………175
   (1) 原則 ……………………………………………………………175
   (2) いつ通知するべきか ………………………………………………176
   (3) 監督機関への情報提供 ……………………………………………177
   (4) 複数の加盟国における個人に影響を及ぼす侵害 …………………177
   (5) 通知が必要とされない条件 ………………………………………178

3. 個人データ侵害のデータ主体への通知（34条）…………………179
   (1) 個人への情報提供 …………………………………………………179
   (2) 提供されるべき情報 ………………………………………………179
   (3) 個人への連絡 ……………………………………………………179
   (4) 連絡が不要な条件 …………………………………………………179

4. 加盟国等における従来の運用 ………………………………………180
   図表11　主な加盟国におけるデータ侵害通知義務の例 ……………180

5. 具体例 …………………………………………………………………183

6. 日本との比較 …………………………………………………………185

第3節　データ保護影響評価および事前相談 ……………………186

データ保護影響評価（第35条），事前相談（第36条）………………186

1. データ保護影響評価とは ……………………………………………188
2. データ保護影響評価の手順 …………………………………………188
   図表12　データ保護影響評価の手順 …………………………………189

（1）影響評価は何を対象としているか …………………………189

（2）どの処理業務が影響評価の対象となるか …………………189

　　図表13　影響評価の有無の基準例 ………………………………191

（3）既存の処理について，影響評価が必要とされる場合………192

（4）影響評価の実施方法 …………………………………………192

　　（A）いつ実施するか …………………………………………192

　　（B）誰が実施するか …………………………………………192

　　（C）どのように実施するか …………………………………193

　　（D）影響評価の公表 …………………………………………194

（5）いつ監督機関に相談するべきか——残ったリスクが高い場合 ……195

3. 日本との比較 …………………………………………………195

第4節　データ保護責任者 …………………………………196

データ保護責任者（第37条〜第39条） …………………196

1. データ保護責任者の配置（37条）………………………197

（1）配置が求められる場合 ………………………………………198

（2）処理者のデータ保護責任者 …………………………………201

（3）それぞれの拠点から容易にアクセスができる …………201

（4）専門的資質および専門的知識…………………………………202

（5）連絡先の公表と監督機関への通知 …………………………203

2. データ保護責任者の地位（38条）………………………203

（1）個人データ保護に関するすべての問題への関与 ………203

（2）必要な財源 ……………………………………………………204

（3）独立した行動 …………………………………………………205

（4）解雇または懲罰 ………………………………………………205

（5）利益相反 ………………………………………………………206

3. データ保護責任者の任務 …………………………………207

（1）GDPR遵守の監視 ……………………………………………207

（2）データ保護影響評価 …………………………………………207

xiii

目次

（3）リスクに基づくアプローチ ……………………………208

（4）記録作成の役割 …………………………………208

第5節　行動規範および認証（第40条〜第43条）……208

行動規範（第40条），承認された行動規範の監視（第41条）………208

1. 行動規範の作成 ………………………………211
2. ダイレクトマーケティングに関する行動規範 ……………212
3. クラウドサービスに関する行動規範 ……………213

認証（第42条），認証機関（第43条）………………………213

1. 認証制度 ……………………………………216
   （1）背景 ………………………………………216
   （2）43条における認証 ……………………………217
   （3）認証の基準 …………………………………217

第Ⅴ章　第三国または国際機関への個人データの移転（第44条〜第50条）

移転の一般原則（第44条），十分性決定に基づく移転（第45条）……………218

1. データ移転の選択肢——地理的移転と組織的移転 ……………220
2. 十分性審査 ……………………………………221
   （1）十分性とは ……………………………………221
   （2）審査手順 ……………………………………222
   （3）審査基準 ……………………………………222
   （4）法執行および国土の安全からの保護 ……………225
   （5）審査結果 ……………………………………226
   （6）日 EU の対話 ………………………………227
3. アメリカの対応 ………………………………227

（1）セーフハーバーと無効判決 ……………………………………227

（2）プライバシーシールド ……………………………………………229

（A）プライバシー原則 …………………………………………230

（B）透明性の確保 ………………………………………………230

（C）救済，苦情処理，執行 …………………………………230

（D）利用の制限 …………………………………………………231

（E）加盟国データ保護監督機関による調査 ……………231

（F）定期的な見直し …………………………………………231

4. 日本との比較 …………………………………………………………232

適切な措置を条件とする移転（第46条） …………………………233

1. データ移転の選択肢 ………………………………………………234

2. 公的機関等との間の文書 …………………………………………234

3. 標準的データ保護条項（標準契約条項）等 ……………………235

（1）標準データ保護条項 ……………………………………………235

（2）特別の契約 …………………………………………………………240

拘束的企業準則（第47条） ……………………………………………241

1. 拘束的企業準則 ………………………………………………………243

2. 拘束的企業準則の申請手続 ………………………………………244

3. 拘束的企業準則の審査項目 ………………………………………245

　　図表14　BCRの審査項目（管理者向け）………………………245

4. BCRの申請 ……………………………………………………………247

　　図表15　BCRの申請項目 ………………………………………247

5. 管理者・処理者向けのBCRs ……………………………………253

　　図表16　BCRの承認基準 ………………………………………253

6. APECの越境プライバシールールとの関係 …………………254

xv

目次

EU 法により許可されない移転または開示（第 48 条），特定の状況のための特例（第 49 条），個人データ保護のための国際協力（第 50 条）
....255

1. EU 法により許可されない移転または開示 257
2. 特例 258
   (1) 明示の同意 259
   (2) データ主体との間の契約の締結または契約前の措置に必要な場合
      259
   (3) 管理者と別の自然人・法人との間の契約の締結または契約の履行に必要な場合 259
   (4) 公共の利益の重要な理由のために必要な場合 260
   (5) 法的請求の立証，行使または弁護のために必要な場合...............260
   (6) データ主体が物理的・法的に同意を与えることができず，データ主体または他の人の不可欠な利益を保護する場合 261
   (7) 公的登録簿から移転が必要な場合 261
   (8) 不可欠な正当な利益 261

第VI章　独立した監督機関（第 51 条～第 59 条）

第 1 節　独立した地位 263

独立した監督機関（第 51 条），独立性（第 52 条），監督機関の構成員への一般条件（第 53 条），監督機関の設置に関する規則（第 54 条）
....263

第 2 節　権能，任務および権限 263

機能（第 55 条），主たる監督機関の権限（第 56 条），任務（第 57 条），権限（第 58 条），活動報告（第 59 条）.....................................263

1. 監督機関の独立性 ……………………………………………268
  (1) 独立した監督機関 ………………………………………268
  (2) 完全な独立性の要件 ……………………………………269
2. 監督機関の権限 ………………………………………………271
    図表17 監督機関の権限 …………………………………271
3. 管理者または処理者にとっての主たる監督機関 ……………272
4. 日本との比較 …………………………………………………274

第Ⅶ章　協力および一貫性（第60条～第76条）

第1節　協力 ………………………………………………………275

主たる監督機関と関係する他の監督機関との間の協力（第60条），相互支援（第61条），監督機関の共同運営（第62条）……………275

第2節　一貫性 ……………………………………………………275

一貫性の体制（第63条），評議会の意見（第64条），EDPBによる紛争解決（第65条），緊急手続（第66条），情報共有（第67条）…275

第3節　欧州データ保護評議会 …………………………………275

欧州データ保護評議会（第68条），独立性（第69条），評議会の任務（第70条），報告（第71条），手続（第72条），議長（第73条），議長の任務（第74条），事務局（第75条），守秘義務（第76条）
…………………………………………………………………………275

1. 監督機関の協力 ………………………………………………285
  (1) 協力と相互支援 …………………………………………285
  (2) 共同運営 …………………………………………………285
2. 一貫性の体制（one-stop-shop）……………………………289
3. 欧州データ保護評議会（EDPB）…………………………290
  (1) 組織 ………………………………………………………290

xvii

目次

(2) 権限 ………………………………………………………………………………290

第VIII章　救済，責任および罰則（第77条〜第84条）

監督機関への苦情申立権（第77条），監督機関に対する効果的な司法救済の権利（第78条），管理者または処理者に対する効果的な司法救済の権利（第79条），データ主体の代理（第80条），訴訟手続の停止（第81条），賠償を受ける権利と責任（第82条） ………………292

1. 監督機関への苦情申立権 ………………………………………………294
2. 監督機関に対する効果的な司法救済権 …………………………295
3. データ主体の代理 …………………………………………………295

制裁金を科すための一般条件（第83条），罰則（第84条） ………296

1. 原則 ……………………………………………………………………298
   (1) 同等性 ………………………………………………………………298
   (2) 効果的，比例的かつ抑止的 …………………………………299
   (3) 個別事案における評価 …………………………………………299
   (4) 監督機関の間の積極的な参加参画と情報共有 ………299
2. 基準の評価 …………………………………………………………300
   (1) 違反の性質，程度および期間 ………………………………300
   (2) 故意または過失による違反 …………………………………300
   (3) データ主体が被る損害を小さくするための管理者または処理者による対応 ……………………………………………………301
   (4) 技術的組織的措置を考慮に入れた管理者または処理者の責任の程度 ………………………………………………………301
   (5) 管理者または処理者による過去の関連する違反 ………301
   (6) 侵害から救済し侵害の悪影響を小さくするための監督機関との協力の程度 ………………………………………………302
   (7) 侵害による影響を受けた個人データの類型 ……………302

（8）違反が監督機関に知られた方法，特に管理者または処理者による通知の有無 ……………………………………………………302

（9）管理者または処理者に対する同じ問題に関する過去の監督機関による命令措置 ……………………………………………………302

（10）行動規範または認証の体制への遵守 …………………………………303

（11）その他事案の状況に適用される制裁金を高くまたは低くする要因 ……………………………………………………………………………303

　　図表 18　制裁金の対象と金額 ……………………………………………303

　　図表 19　加盟国 DPA による制裁金・刑事罰が科された近年の事例 …304

3.　日本との比較 …………………………………………………………305

第 IX 章　特別な処理状況に関する規定（第 85 条～第 91 条）

表現および情報の自由（第 85 条），公文書の処理と市民のアクセス（第 86 条），国の識別番号の処理（第 87 条），雇用関係における処理（第 88 条），公共の利益におけるアーカイブ目的，科学または歴史の研究目的もしくは統計目的の処理に関する保護措置および特例（第 89 条），守秘義務（第 90 条），教会および宗教団体の既存のデータ保護規則（第 91 条）……………………………………………………………307

1.　表現の自由との関係 …………………………………………………309

2.　情報の自由（情報公開）との関係 …………………………………310

3.　職場における個人データ保護の基本原則 …………………………311

　（1）処理の法的根拠（6 条との関係）………………………………312

　（2）透明性（13 条および 14 条との関係）…………………………313

　（3）自動処理（22 条との関係）……………………………………313

　（4）データ保護バイデザイン（25 条との関係）…………………313

　（5）データ保護影響評価（35 条との関係）………………………313

　（6）雇用関係における処理（88 条との関係）……………………313

目次

4. 労働者の通信の監視 ……………………………………………… 314

5. 公益通報者保護法との関係 …………………………………… 315

6. 宗教活動との関係 ………………………………………………… 316

7. アーカイブ，科学・歴史研究，統計の目的の処理と公文書の
処理との関係 ………………………………………………………… 317

8. 専門職の守秘義務 ………………………………………………… 318

9. 日本との比較 ……………………………………………………… 318

(1) 他の自由・基本権との調整 ………………………………… 318

(2) 雇用関係 ………………………………………………………… 319

第X章　委任法令および実施行為（第92条〜第93条）

第XI章　最終章（第94条〜第99条）

第3部　実務的対応

1. 日本への影響 ……………………………………………………… 324

(1) GDPR のポイント ……………………………………………… 324

（A）GDPR の実体的範囲（2条）……………………………… 324

（B）GDPR の地理的範囲（3条）……………………………… 325

（C）処理に関する基本原則（5条）………………………… 325

（D）処理の適法性（6条）……………………………………… 326

（E）同意（4条，7条，8条）………………………………… 326

（F）個人の権利（12条〜23条）……………………………… 327

（G）管理者の説明責任の義務（5条，25条，30条，35条〜43条）……… 328

（H）処理者の義務（28条）…………………………………… 329

（Ｉ）データ侵害通知（33 条，34 条）………………………………329

（Ｊ）国際移転（44 条〜49 条）…………………………………329

（Ｋ）監督，協力，救済（50 条，83 条）………………………330

（Ｌ）欧州データ保護評議会（EDPB）（64 条〜66 条，68 条）………330

（M）One-Stop-Shop …………………………………………331

（2）日本法との異同 ………………………………………………331

　　図表 20　日本法と GDPR の比較表 ………………………333

（3）データ移転との関係 …………………………………………333

2. 加盟国 DPA による GDPR 対応ツール …………………335

　　図表 21　加盟国における GDPR の準備状況 ………………335

3. 企業における実務的対応 ………………………………337

（1）GDPR 対応の実務的論点 ……………………………………337

（2）GDPR の適用の有無の判断 …………………………………338

　　図表 22　GDPR の適用判断 …………………………………339

（3）代理人とデータ保護責任者の配置 …………………………339

（4）データマッピング ……………………………………………341

　　図表 23　フランス CNIL が公表したデータマッピングシート ………341

（5）既存の処理業務の見直し（適法性・同意・情報提供等の見直し）…344

（6）文書保存（同意，安全管理措置，処理の委託，処理の記録保存，データ保護影響評価等）………………………………………345

（7）リスク管理とインシデント対応 ……………………………346

（8）Breixt との関係 ………………………………………………347

巻末注　………………………………………………………………351

事項索引　……………………………………………………………375

あとがき　……………………………………………………………379

第 1 部

基本権と個人データ保護

1. 基本権としての個人データ保護

（1）法制度

　「ヨーロッパにおいてプライバシーは重要な問題である。それは人間の尊厳にかかわる問題である[1]」。

　EU 欧州委員会のユンケル委員長は，2016 年欧州議会の一般教書演説において，このように宣言した。2018 年 5 月 25 日に適用される予定の EU 一般データ保護規則（GDPR）はまさにこの宣言を反映している。すなわち，「データ処理は人類に寄与するものでなければならない」（前文 4 項）。GDPR は，「人間の尊厳」を基調とする EU 基本権憲章において規定された個人データの保護への権利を具体化している。

　EU においては，個人データの保護が，私生活尊重の権利とは別に EU 基本権憲章において明文で保障されている。EU 基本権憲章第 8 条 1 項では，「何人も自己に関する個人データの保護に対する権利を有する」と規定されており，連合の機能に関する条約第 16 条 1 項においても同様の規定がある。また，憲章において，個人データ保護の権利の遵守については，「独立の機関による監督を受けるものとする」ことが規定され，データ保護監督機関（DPA：Data Protection Authority（以下，「監督機関」ともいう））が存在してきた（8 条 3 項，機能条約第 16 条 2 項）。このような EU の個人データの保護については，EU 基本権憲章第 7 条および欧州人権条約第 8 条で保障される私生活尊重の権利を補強する基本的権利としての性格を有している[2]。

　基本権憲章における個人データ保護の位置付けは，EU におけるデータ保護法制を理解する上で象徴的である。第 1 に，個人データ保護の問題は，たとえそれがビジネスの場面であろうと，警察司法の分野であろうと，基本権としての人権思想に根差している。個人データ保護の権利は「取引することができない（non-negotiable）[3]」という言葉に象徴されるように，経済的利益によって個人データ保護の水準を下げることは許されない。もっとも，データ保護の基本的権利は，「絶対的な権利ではなく，社会におけるその機能との関係におい

て考慮されなければならない[4)]」。すなわち，基本権憲章第52条1項における「必要性および比例原則」に従い，データ保護の基本的権利が執行されることとなる。

　第2に，他の基本権の分野ではみられないが，個人データ保護の分野においてのみ，独立した監督機関が存在する。これはヨーロッパならではの規制のアプローチであり，政府から独立した監督機関が，民間部門のみならず，政府を含む公的部門を監視し，必要に応じ，調査し是正を求める権限を有する。この独立した機関は，裁判所とは異なり，しばしばコミッショナーと呼ばれる専門性を備えた委員とその事務局である職員が，個人データ保護の侵害事案の調査にあたり，制裁金を含む法執行を行ってきた。

　このように，EUのデータ保護法制は，基本権憲章の規定を受け，人権として個人データを保護するという思想が根付いている。EUではデータ保護が基本権としての人権問題であると位置付けられていることから，EUデータ保護指令を所管する「データ保護課」と「国際データ流通・保護課」は，欧州委員会の司法・消費者総局にあり，「基本権および法の支配（Fundamental rights and rule of law）」局の中に位置付けられている。また，EUデータ保護に関連する事項の審議は，欧州議会の中で人権問題を扱う「市民的自由・司法・内務委員会（Civil Liberties, Justice and Home Affairs）」において行われてきた。

（2）歴史的経緯

　ドイツのヘッセン州では世界で始めて個人データ保護法が1970年9月30日に制定された[5)]。それ以前の守秘義務を定めた法律とは異なり，データ主体の権利とともにその権利を保護するための独立した監督機関の存在が法律において定められた。そして，1973年には，国レベルの法律として，スウェーデンがデータ保護法を整備した[6)]。

　EUにおいて個人データ保護が手厚く保障されてきた理由，より端的にいえば，人権として保障されてきたのには，それなりの歴史的経緯がある。EUの中でも常に個人データ保護の権利を主導してきたドイツでは，かつてナチスがパンチカードを用いて，身体的特徴や家系等の個人情報を収集し，そこからユ

ダヤ人を見つけ出して大量殺戮を行った歴史と東ドイツにおけるシュタージに
よる監視活動の反省がある。[7]

　ドイツにおける「情報自己決定権」は，いまやヨーロッパにおいて浸透しつ
つある権利である。[8]すなわち，情報自己決定権は，個人データの関係および利
用について，原則として自ら決定する権利であり，この権利が人格の自由な発
展に寄与するものであると説明される。また，フランスでは，1970年代初頭，
「サファリ（SAFARI：Système automatisé pour les fichiers administratifs
et le répertoire des individus）」と呼ばれるプロジェクトの下，国家統計局が
社会保障番号を個人識別のための排他的な道具として用い，教育，軍隊，医療，
税，雇用等に関係する他の行政機関とのデータ・マッチングを可能とさせる仕
組みへの批判が巻き起こった。[9]そして，フランスにおいて成立した2015年デ
ジタル共和国法では，自らの個人情報の利用をコントロールまたは決定する権
利が第1条に規定された。

　ヨーロッパレベルでの立法の経緯をみると，1950年に欧州評議会（Council
of Europe）は，欧州人権条約（European Convention on Human Rights）
を公布し，すべての者が私生活および家庭生活，住居ならびに通信の尊重を受
ける権利を有することが規定された（第8条）。そして，1980年代以降には，
現在のEU加盟国の多くの国でデータ保護法の立法化が進んだ。1980年には
経済協力開発機構（OECD）プライバシーガイドラインが採択された。1981
年，欧州評議会では，「個人データの自動処理に係る個人の保護に関する条約
第108号」が採択され，ヨーロッパの歴史と伝統を反映したデータ保護法制が
整備されるに至った。[10]条約第108号には，個人データの自動処理に関してプラ
イバシー権を保障するため，基本原則，越境データ移転，また締約国間の協力
などについて規定が置かれている。この条約は個人情報保護の分野で唯一の拘
束力ある法的文書として，欧州評議会の加盟国以外の国々も批准している。

　欧州共同体（European Community）のすべての加盟国は，欧州評議会の
加盟国であり，それぞれ国内法を整備してきた。加盟国の間で資本や労働，そ
して商品とサービスの自由な流通が狙いとされてきた。しかし，国により条約
の規定の解釈が異なり，共同体の内部で異なる保護の水準が問題にされてきた。[11]
そこで，1995年10月24日，EUデータ保護指令が採択された。この指令に基

づき，加盟国では，個人データ保護に関する法律の国内法整備または既存の法律の改正が行われてきた。また，EU 域内の統一的な運用を図るため，加盟国のデータ保護監督機関および欧州データ保護監督官から構成される第 29 条作業部会が設けられた。同作業部会は，個人データ保護に関連する様々な問題について意見や作業文書を採択してきた。なお，EU 法は，1994 年に発効した EEA（欧州経済領域）協定に基づき，EU データ保護指令や EU データ保護規則が原則として適用されることとなる。すなわち，EU 加盟国の 28 か国（2018 年 3 月時点）およびアイスランド，リヒテンシュタイン，ノルウェーにおいても EU 法が原則として適用され，またデータ保護の分野においてもこれらの国々において EU 法が国内法化されてきている。

しかし，加盟国間における法の制度と運用における統一性の欠如が問題とされ，また新たな技術による個人データ保護への課題が生じ，欧州委員会は 2012 年 1 月 25 日 GDPR 提案を公表した。個人データの保護と個人データの自由な流通のバランスをいかに図るかは，「古く重要な野心」[12]であると表現されるように，これを法制化することは容易な作業ではない。しかし，EU では，単一デジタル市場の実現とともに，「人間の尊厳」の哲学に照らし，基本権としての個人データを包括的に，統合的に，そして単純に保護する試みとして 2016 年 4 月に GDPR を採択するに至った。[13]

(3) EU データ保護指令

この基本権憲章の条項を受けて，憲章の第二次法ないし派生法として，EU では 1995 年 10 月 24 日に「EU データ保護指令（個人データの処理および当該データの自由な流通に係る個人の保護に関する指令）」が採択された（1998 年 10 月 24 日発効）[14]。EU データ保護指令は，基本的には加盟国に対し個人データ処理に関する規定を設けるなど国内の立法化を義務付けるものであった。EU データ保護指令は前文 72 項と本文 34 条からなる。

指令の課題は，法の目的や原則にあるわけではない。むしろ加盟国間における不統一な制度と運用にある。「英国，アイルランドよりもドイツ，フランスの規制の方が厳しい」[15]という指摘があるとおり，加盟国の間での法の制度と運用のいずれにおいても不統一がみられたことは否めない。このような一貫性を

欠いた法の制度と運用では，基本権としての個人データ保護へのリスクになるのみならず，個人データを加盟国内で自由に流通することへの阻害になりかねず，一貫性ある仕組みの構築が求められていた。

(4) EU 一般データ保護規則（GDPR）

1995 年に EU データ保護指令が採択された当時，インターネットを利用していたヨーロッパ市民は約 1% にすぎなかった。しかし，GDPR 案が公表された 2012 年にヨーロッパには約 2 億 5,000 万人のインターネット利用者がおり，個人データが大量かつ瞬時にして容易に流通する環境において，個人データを保護するための強固で一貫性のある欧州の法的枠組みが必要となった。

2012 年 1 月 25 日，欧州委員会の司法コミッショナーであったビビアン・レディングは，「個人データ取扱いに係る個人の保護および当該データの自由な移動に関する欧州議会および理事会の規則」（GDPR）案を公表した。[16]その際，オーストリアの学生が Facebook における自身の個人情報の削除を求めた例を挙げた。彼がオーストリアに在住であり，アイルランドに拠点がある Facebook に削除を求めるにはアイルランドのデータ保護機関に苦情の申立てをしなければならなかった。しかし，将来この学生は自国のオーストリアのデータ保護機関に申立てをすれば，オーストリアの機関からアイルランドの機関に照会・付託し，欧州域内のどこにおいても同一の規則が適用され，すなわち本人の個人データを消去する権利が担保されるべきである。このようにインターネットの時代に照らした権利（いわゆる「忘れられる権利」）とその執行のための一貫性ある体制，すなわち one-stop-shop の構築が紹介された。

機能条約第 289 条 1 項に基づく通常立法手続により，立法は規則，指令または決定のいずれかとなる。EU データ保護規則提案は，EU 加盟国間における立法の違いを克服するため，その制定により自動的に各国の国内法制度の一部となり，国内立法を必要せず直接適用される「規則（regulation）」として提[17]案された。加盟国は規則を不完全に適用したり，規則の規定を選別する権限を有していない。個人データ保護に関するこの統一的な適用により，企業にとって毎年 23 億ユーロの運用上の負担が削減されることが示された。

また，EU データ保護指令は前文 72 項目および本文 34 条からなるのに対し，

GDPR は前文 173 項および本文 99 条から構成されており，前文と条文の数が増加した。GDPR の概要は次のとおりである。

図表 1　GDPR の概要（11 章，99 条，前文 173 項からなる）

1	総則	目的，範囲，定義
2	原則	処理の原則，処理の適法性，同意の条件，特別の処理類型
3	データ主体の権利	透明性，アクセス権，訂正権，削除権（忘れられる権利），データポータビリティ権，自動処理（プロファイリングを含む）
4	管理者・処理者	一般的義務，データ保護バイデザイン，共同管理者，代理人，処理，処理活動の記録，安全管理，データ侵害通知，データ保護影響評価，事前相談，データ保護責任者の配置，行動規範，認証
5	個人データ移転	十分性決定，適切な保護措置，拘束的企業準則，特例，国際協力
6	独立監督機関	独立性，設置規則，任務，権限
7	協力・一貫性	監督機関の協力，相互支援，一貫性の体制，欧州データ保護委員会（EDPB）
8	救済・責任・罰則	苦情申立権，司法救済権，補償権，制裁金
9	特別の処理状況	表現の自由，公的記録へのアクセス，国の番号制度，雇用管理，統計歴史研究
10	委任行為	委任，手続
11	最終条項	指令廃止，電子プライバシー指令との関係，施行

(5) 刑事司法分野におけるデータ保護指令

刑事分野における警察司法機関によって処理される個人データの保護は，理事会の決定（2008/977/JHA）[18]によって基本的にカバーされている。しかし，リスボン条約により，刑事司法分野を含む包括的なデータ保護の枠組みが必要となった。そこで，GDPR とは別に，「犯罪または刑事罰の執行における予防，捜査，捜索または起訴を目的とする主務機関による個人データ取扱いに係る個人の保護および当該データの自由な移動に関する欧州議会および理事会の指令」が GDPR と同日に採択された。

（6）電子プライバシー指令（規則案）

EU では電気通信事業分野においてデータ保護指令の特別法としての性格を有する電子プライバシー指令（電気通信分野における個人データ処理およびプライバシーに関する指令）が 2002 年に整備された。この指令は，クッキーの取扱いやオプトインの強化などを含む改正が 2009 年に行われた。関連する意見が第 29 条作業部会からも公表されている。

そして，2017 年 1 月 10 日，欧州委員会は，電子プライバシー規則を提案し，GDPR に適合するための法改正が行われている。保護の対象がコンテンツデータのみならず，メタデータを含むことや，同意の強化，クッキー設定の在り方，スパムメールの対策などが主な改正項目となっている。GDPR と同様に「規則」という法形式をとり，加盟国間における制度と運用のばらつきを克服する狙いがある。[19]

欧州議会では，電子プライバシー規則提案について 2017 年 10 月に市民的自由委員会および本会議において賛成多数となり，三者対話を行うこととされている。

（7）サイバーセキュリティ指令

2016 年 7 月，「ネットワークおよび情報システムのセキュリティに関する指令」が採択された。GDPR における個人データ侵害通知義務のように，この指令では，監督機関や加盟国内に設置されるインシデント対応部局に対し，一定のサービス提供者のサイバーインシデントの通知を義務付ける規定がみられる。指令であるため，各加盟国において国内法化されることとなる。

2. EU 一般データ保護規則の制定過程

（1）GDPR の提案

「単一デジタル市場（digital single market）」の実現のためにも，EU 加盟国間における異なる法制度を克服し，行政の負担軽減（年間約 23 億ユーロの

負担軽減と想定）とともに消費者と企業に分かりやすいデータ保護の原則を示す重要性も示されてきた。また，EU データ保護指令は，EU 域内で 1% しかインターネットの利用者がいなかった時代に整備されたものであることから，①さらに強力で一貫した欧州連合におけるデータ保護の枠組み構築，②デジタル・エコノミーが加盟国の産業促進となるような強力な執行による裏付け，③経済界と公的機関に対する法的および実務上の確実性の補強という観点から，「21 世紀に向けたヨーロッパのデータ保護枠組み」の必要性が生じた。[20]

　そこで，欧州委員会は 2009 年におけるステークホルダー会議やパブリック・コンサルテーション[21]，そして 2010 年 10 月から 2011 年 1 月にかけて個人データの包括的アプローチに関するコンサルテーション[22]などを経て，2011 年 11 月以降 EU データ保護の法制度の見直しに本格的に着手した。

　2012 年 1 月 25 日には欧州委員会が「EU データ保護改革」を公表した。[23]この改革には，既存の EU データ保護指令に代わり，次の 2 つの法的枠組みが含まれている。

① 「個人データ取扱いに係る個人の保護および当該データの自由な移動に関する欧州議会および理事会の規則（一般データ保護規則）提案（Proposal for a Regulation on the Protection of Individuals with regard to the Processing of Personal Data and on the Free Movement of Such Data）」

② 「犯罪または刑事罰の執行における予防，捜査，捜索または起訴を目的とする主務機関による個人データ取扱いに係る個人の保護および当該データの自由な移動に関する欧州議会および理事会の指令提案（Proposal for a Directive on the protection of individuals with regard to the processing of personal data by competent authorities for the purposes of prevention, investigation, detection or prosecution of criminal offences or the execution of criminal penalties, and the free movement of such data）」

　前者が GDPR，後者は，刑事司法分野のみに適用される指令である。いず

9

れの前文1項も個人データの保護が「すべての者は，自らに関する個人データの保護の権利を有する」と規定するEU基本権憲章第8条1項および欧州連合の機能に関する条約第16条1項に基づき「基本権」であることを宣言することから始まっており，今回の新たな提案が人権保障のための法であることを明確にしている。

(2) 審議過程

EUの立法手続については，右の図表のとおり欧州委員会による提案を受けて，欧州議会と理事会との間の三者対話を経て成立するのが一般的である。

欧州議会での審理については，市民的自由・司法・内務委員会でこれまで審議された単一の提案で最多となる3,999の修正案が提出された[24]。この修正案をほぼ独力でとりまとめたのが，ヤン・フィリップ・アルブレヒト議員（ドイツ緑の党）である。委員会での正式な審議の時間は30時間，非公式な審議時間は250時間に及んでいる。議会で3,999もの修正案の背景には米国のIT企業が中心となるロビー活動が盛んであったことも記憶にとどめておくべきであろう[25]。

閣僚理事会では年4回の加盟国の閣僚級（総務・内務大臣や法務大臣）会合のほか，データ保護専門家と加盟国政府関係者から構成される作業部会による審議が行われてきた。議会に比べて合意に至るまでの時間を要した理由は，one-stop-shopの構造への加盟国間の見解の不一致が最大の原因であった。アレブレヒト議員によれば，理事会閣僚級会合では，イギリス，デンマーク，ハンガリー，オーストリア，ドイツの各政府から規則提案の根本への憂慮が示されている一方で，スペイン，ポーランド，オーストリア，アイルランドの各政府からの早期採択の姿勢が示されていた[26]。

そして，2015年12月15日に委員会，議会そして理事会からなる三者対話によるGDPR採択の合意に至り，2016年4月14日にGDPRと刑事司法分野の指令が議会で採択された。2016年4月27日付でGDPRが公表され，同年5月4日に官報（Official Journal）に掲載され，公布された。審議経過は次のとおりとなっている。適用は，2018年5月25日とされている。

2. EU一般データ保護規則の制定過程

図表2　通常立法手続（EU機能条約第294条）

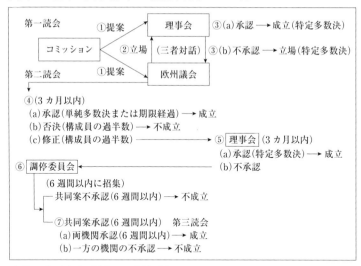

出典　庄司克宏『新EU法基礎篇』（岩波書店・2013）89頁

図表3　GDPR成立までの経緯

2010年11月4日	委員会	個人データの新たな包括的法的枠組みを公表
2012年1月25日	委員会	EUデータ保護改革（規則提案と刑事司法指令提案）公表
2012年2月27日	議会	データ保護改革に関するプレゼンテーション
2012年12月7日	理事会	加盟国閣僚会合による審議が本格的に開始
2013年1月16日	議会	市民的自由・司法・内務委員会の修正案報告書公表（合計3,999か所にのぼる修正案が提示）
2013年10月21日	議会	市民的自由・司法・内務委員会で採決可決（規則提案：賛成51票，反対1票，棄権3票，指令提案：47票，反対4票，棄権1票）
2013年10月25日	欧州理事会	加盟国首脳による「時宜を得た」規則提案の採択の必要性を確認
2014年3月12日	議会	本会議で市民的自由・司法・内務委員会の修正案を可決・採択（規則提案：賛成621票，反対10票，棄権22票，指令提案：賛成371票，反対276票，棄権30票）

第1部　EUにおける基本権と個人データ保護

2014年3月12日	議会	本会議でNSA監視プログラムに関する決議が可決・採択（賛成544票，反対78票，棄権60票）
2014年3月20日	理事会	アルブレヒト議員による議会修正案の報告
2015年6月15日	理事会	閣僚理事会の修正案が合意
2015年6月24日	三者	三者対話が開始
2015年12月15日	三者	規則提案に合意
2016年4月14日	議会	本会議で採択（2016年4月12日市民的自由・司法・内務委員会で賛成50票，反対3票，棄権1票）
2016年5月4日		GDPR公布，官報掲載
2018年5月25日		GDPR適用

■参考文献（ここでは一般的概要を紹介したもののみ，個別条文解説は第2部で列挙）

・藤原静雄「EUの個人情報保護法制の動向」園部逸夫・藤原静雄編『個人情報保護法の解説〔第二次改訂版〕』（ぎょうせい・2018）

・太田洋・柴田寛子・石川智也『個人情報保護法制と実務対応』（商事法務・2017）第4編第2章

・特集「EU一般データ保護規則施行への対応」ビジネス法務2017年8月号（堀部政男・宮下紘・杉本武重・加藤隆之・石井夏生利・板倉陽一郎・佐藤真紀・市川芳治・柳池剛）

・森大樹『日米欧個人情報保護・データプロテクションの国際実務』（商事法務・2017）

・石井夏生利『個人情報保護法の現在と未来〔新版〕』（勁草書房・2017）第2章

・ゲミンクリスチャン・藤原静雄訳「ヨーロッパデータ保護一般規則：EUにおける新たなデータ保護の規律の客観的考察」自治研93巻3号（2017）3頁

・大場敏行「EU一般データ保護規則の概要と対応のアプローチ」企業リスク14巻1号（2016）105頁

・生貝直人「EU一般データ保護規則の可決と今後の論点」行政＆情報システム52巻5号（2016）43頁

・村上陽亮「EUにおけるデータ保護の動向と日本企業への影響」Nextcom24号（2015）26頁

・消費者庁『個人情報保護における国際的枠組みの改正動向調査報告書』（平成26年3月28日）

・新保史生「EUの個人情報保護制度」ジュリスト1464号（2014）104頁

・高崎晴夫「個人情報保護にかかわる法制度をめぐるEUの状況」情報処理55巻12号（2014）1337頁

・岩村浩幸「欧州個人情報保護規則への備え」ビジネス法務 14 巻 2 号（2014）30 頁

・藤原静雄「EU データ保護一般規則提案の概要」NBL975 号（2012）4 頁

・上記のほか，GDPR の前文については，夏井高人教授による私訳（KDDI 総合研究所ホームページ）が，条文については，日本情報経済社会推進協会による仮日本語訳がそれぞれ公表されている。個人情報保護委員会ホームページにおいて「GDPR（General Data Protection Regulation: 一般データ保護規則）」で関連資料の日本語訳，また JETRO において，EU 一般データ保護規則に関連する日本語資料がそれぞれ公表されており，参考になる。EU 法全般については，庄司克宏『はじめての EU 法』（有斐閣・2015）が初学者にも分かりやすい。このほか，庄司克宏『新 EU 法基礎篇』（岩波書店・2013），庄司克宏『新 EU 法政策篇』（岩波書店・2014），中村民雄『EU とは何か（第 2 版）』（信山社・2016），中西優美子『EU 法』（新世社・2012）などがある。

3. 新たな技術と個人データ保護

（1）EU におけるビッグデータ政策

　EU では，欧州委員会におけるデータ保護改革の検討が始まった段階ではビッグデータが必ずしも認識されているわけではなかった。むしろビッグデータの問題は EU データ保護規則提案が，欧州議会と閣僚理事会における審議の過程で認識され，当初委員会から提案された条文を修正する形で対応が図られてきた。

　2010 年 10 月 6 日，欧州委員会「ヨーロッパ 2020 フラッグシップイニシアチブ」[27] では，アメリカと日本における革新能力が EU よりも先手にあり，EU としての革新技術の向上が謳われていた。そこには，知的財産の保護への言及があっても，データ保護への言及すらなかった。ところが，2012 年に EU データ保護改革が示されて以降は，ヨーロッパにおけるクラウドコンピューティング政策[28]やデジタル市場に向けた整備の政策[29]の中でデータ保護の重要性が度々指摘されることとなった。

　そして，ビッグデータという言葉が公式に政策アジェンダに含まれることになったのは 2013 年 10 月の EU 首脳たちからなる欧州理事会会合であった。そ

こで，「ビッグデータおよびクラウドコンピューティングのための単一市場の
適切な枠組みの条件を提供すること[30]」が公式に EU の政策として位置付けられ
た。このとき，データ保護規則提案は，欧州議会 LIBE 委員会の審議をすでに
終えている段階であった。確かに，欧州議会の審議では，専門家からの調査報
告書を基に，ビッグデータに対応することを目的として仮名化データとプロフ
ァイリングの規定が新たに追加されていた[31]。

　その後，欧州委員会は，2014 年 7 月 2 日「データ駆動型経済の繁栄に向け
て」のコミュニケーションであった。そこでは，ビッグデータが「高速処理に
より，多くの種類のソースから生じる様々な大量のデータ」と定義されている。
スマートグリッド，健康，交通，環境，販売，製造，金融のサービスにおいて
ビッグデータの利活用が期待されており，ビッグデータ技術とサービスにより，
2015 年には 169 億ドルに相当する成長が見込まれるとされていた。そして，
2015 年 5 月 6 日，欧州委員会は「ヨーロッパのデジタル単一市場の戦略」の
コミュニケーションにおいて，国籍や居所に関わらず，個人データ保護の高い
水準がビッグデータの信頼構築に必要である姿勢を明確にした[32]。すなわち，
EU では，一般データ保護規則は，革新への障害ではなく，デジタルサービス
における信頼の醸成につながると考えられてきた。

　このように一連の経過をみると，ビッグデータは EU データ保護改革の直接
の引き金ではないことに注意を要する。そのため，EU データ保護改革が十分
にビッグデータの脅威を正面から受け止めて改革が行われているかの評価は
EU の専門家の間でも分かれているところである[33]。

（2）ビッグデータに対処するための措置

　EU データ保護改革の過程において，ビッグデータに対応するための様々な
利活用を維持しつつ，規制の仕組みが策定されてきた。

　2014 年 7 月に欧州委員会がビッグデータを公式に取り上げたことに反応し，
第 29 条作業部会は，2014 年 9 月 16 日に声明を公表した。その声明では，「ビ
ッグデータ分析から得られる恩恵は，利用者のプライバシーの期待が適切に満
たされており，データ保護の権利が尊重されているという条件の下でのみ認め
られる[34]」というものであった。そして，すでに作業部会で準備していた，次の

4つの意見について，ビッグデータとの関連で注意喚起を行った。

① 利用目的の制限[35]

利用目的は，特定され，明示され，かつ正当なものでなければならない。収集時の利用目的と両立可能な範囲でしか利用は認められず，二次利用には制限がある。

② 匿名化技術[36]

真の匿名化データセットを作り出すことが非常に困難であり，①個人を選び出す（single out）ことが可能であるか否か，②個人に関する記録との結合が可能であるか否か，③個人に関する推測される情報があるか否か，を要件とする。

③ 正当な理由[37]

データ処理の適法な根拠の1つである管理者の「正当な理由」は，正当な理由の性質，データ主体への効果，追加的措置等のあらゆる要素を十分に斟酌して検討する。

④ 必要性と比例原則[38]

欧州人権条約の私生活尊重の権利で発展してきた必要性と比例原則をEU基本権憲章第7条の私生活尊重の権利と第8条の個人データ保護の権利の解釈にも取り入れる必要がある。

以上の4点のほか，第29条作業部会は，「オープンデータと公的分野における情報の再利用に関する意見」[39]も公表しており，特にオープンデータとの関連で個人データが含まれる場合には，再識別のリスク分析等のデータ保護の基本原則の遵守が指摘されている。

なお，アメリカではホワイトハウスが2012年3月にビッグデータの研究開発への投資を行い，2014年5月にはビッグデータがもたらす差別や偏見について指摘する報告書が公表された[40]。これに対し，第29条作業部会は，ビッグデータがEUデータ保護の原則への挑戦となっており，EU市民の保護に関する問題である旨を周知する内容の書簡をホワイトハウス担当官宛てに送っている[41]。

（3）競争政策との関係性

　EU データ保護改革が公表されてから，欧州委員会の競争政策コミッショナーより，「競争と個人データ保護」との関連性が指摘された。

　欧州データ保護監督官は，2013 年以降，ビッグデータが個人データ保護のみならず，競争政策や消費者保護とも関連すると指摘してきた[42]。2014 年 3 月には，「デジタルエコノミーにおけるデータ保護，競争法，そして消費者保護の交錯[43]」という報告書を示した。その中で，デジタルエコノミーの世界では，無料のサービスがみられるものの，実際には個人情報という形式の支払いを求められていることで市場が形成されていることを指摘する。すなわち，個人情報はインターネットの世界では新たな通貨とみなされている。そのため，個人情報によって成立する市場の規制の在り方について，データ保護法，競争法，そして消費者保護法による複眼的な視点の重要性が強調されている。

　2016 年 9 月に欧州データ保護監督官が公表した意見では次のことが示されている[44]。第 1 に，個人データが商品として合併の対象となっているため，合併に関連する競争法はデータ保護の目的を組み込むべきである。第 2 に，法執行のためのデジタル情報センターを設置し，規制当局の情報共有を図るべきである。第 3 に，EU の価値に基づく共通のウェブ空間創設のため，私生活尊重のため国家には積極的な義務がある。

　他方で，データ保護法と競争法の違いについても認識される必要がある。EU 司法裁判所はかつて，「個人データの機微性に関する想定されるいかなる問題も，それ自体が競争法の問題となるわけではなく，このような問題は，データ保護を規律する関連条項に基づき解決することができる[45]」と述べている。

　この点，2014 年 10 月 3 日，欧州委員会は Facebook 社がモバイルアプリを提供する WhatsApp 社を子会社と合併させる計画について調査を行い，オンライン広告サービスの取引に反するものではないとの判断を行った[46]。ネットワーク効果の独占の問題について，データ保護法と競争法が共存しうるか注目を浴びた事案である。

　ビッグデータの問題について，個人データ保護のみならず，競争政策や消費者保護の観点も必要となってくるが，どのように法実務に反映されるかについ

図表4　データ保護・競争政策・消費者保護の関係

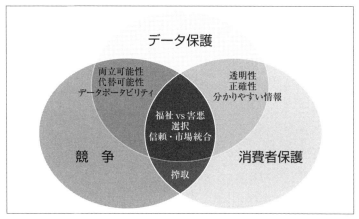

出典　European Data Protection Supervisor, Privacy and competitiveness in the age of big data, March 2014

ては今後の議論を注視する必要がある。

(4) モノのインターネット

　EUでは，モノのインターネットアクションプランが2009年6月にすでに公表されていた[47]。そこでは，モノのインターネットデバイスとプライバシー保護等の14の計画指針が示され，初期の段階からプライバシー保護が話題にのぼっていた。

　第29条作業部会は，IoTに関連するすべての利害関係者に対して，IoTデバイスの台頭により，データ保護について次の留意事項をまとめている[48]。すなわち，データ保護影響評価の実施，不要な生データの速やかな削除，データ保護バイデザインとデータ保護バイデフォルトの導入，データ主体の個人データへのコントロールの強化，利用者に好意的な情報提供，そしてデバイスやアプリによる利用者への通知が共通して理解される必要がある。また，EU法の下では，デバイス製造者，ソーシャルプラットフォーム，第三者のアプリデベロパー，IoTデータプラットフォームは基本的にデータ管理者としてみなされる。

　2017年10月には，第29条作業部会がコネクティドカーとデータ保護に関

17

する意見を公表した。その中で，交通システムに関する個別法の立法が必要であることを前提として，データ保護影響評価の実施（リスクの明確化と低減の対策），デフォルトでの追跡機能のオフ，利用者による追跡オプションの設定，機微データ等の共有の禁止，処理されたデータの保有期間の明示とセントラルデータベースの構築の禁止といった諸原則が明示された。[49]

　加盟国においても自動運転については，ドイツが 2017 年 6 月に倫理報告書を公表した。[50]データ保護との関係については，自動運転またはインターネットに接続された自動車がデータ保護を必要とするものの，革新とデータ保護が相互に助長する関係で検討されるべきであることが示された。また，プライバシーバイデザインの原則を取り入れ，安全運転とは無関係なデータの収集をしないなど初期設定におけるプライバシーの諸原則を取り入れていくことが記述されている。フランスにおいても，2017 年 10 月にデータ保護の観点からの報告書がまとめられた。[51]ナンバープレートや車体番号を通じて自然人と結び付ける場合には個人データの処理に該当すること，デフォルトでのデータ蓄積の停止設定として利用者に選択をしやすくする情報提供や環境設定やデータ保存期間の制限などが示されている。

(5) 人工知能・ロボット

　EU では，早い段階から人工知能やロボットの規制の在り方についての議論が行われてきた。2012 年からの欧州委員会の調査プロジェクトにより，2014年 9 月，ロボティクスの規制に関するガイドラインが公表された。同ガイドラインによれば，ロボットは，人間の行動を実行することのできる自律的機械であるという一般的な定義に従い，ロボットの物理的性質，自律性，人間との類似性が認められる。プライバシー保護との関係については，コンピュータ統合型外科システムやケアロボットの利用に伴う課題が指摘されている。そして，同ガイドラインでは，①ロボットのデザインに関係した本質論の観点からロボットに特化した規制，②倫理の役割，③人間の能力と脆弱性を補完するロボティクスの役割，④人間能力を促進する技術，⑤安全性をもたらすための責任ルールについて規制の在り方が示された。

　欧州議会は，法務委員会にロボティクスおよび人口知能に関する作業部会が

設置され，審議が行われてきた。2017 年 2 月の決議により，ロボットと人工知能をめぐる問題について，EU 域内に適用されるルールの必要性を呼びかけ，たとえば自動運転における責任の所在を明らかにするなど，ロボットの法的責任の在り方のルール作りを求めている。同時に，人間の尊厳の尊重の理念からロボットの利用のためのプライバシーや安全に関する倫理規範の策定を行う必要性が示された[52]。

　欧州データ保護監督官は，第 38 回データ保護プライバシーコミッショナー国際会議における資料として，2016 年 10 月 19 日，「人工知能，ロボティクス，プライバシーおよびデータ保護」という文書を公表し，今後の規制の在り方の検討材料を示している[53]。その中では，機械学習によって造られたモデルは多くの場合，人間にとっては理解することができないことから，「アルゴリズムの透明性」に関する意義について言及している。そして，ビッグデータ，人工知能や機械学習に対して，データ主体に対してどのように情報提供をする権利を担保するべきか，といった点が問題とされている。データ主体が適切な情報を受け取ることができなければ，決定をすることもデータへのコントロールをすることもできない点が問題視されている。そのため，自動決定を導く自律的な機械などについて，どのようなプライバシーとデータ保護の法的枠組みが必要であるかについて引き続き検討を行うこととされている。

(6) ブロックチェーン

　ブロックチェーン技術を利用すれば，第三者の介在なしに，ビットコイン等の価値記録の取引が実現することができる。P2P ネットワークを利用して，ブロックチェーンデータを共有することで，中央管理システムではなく，分散管理が行われているのが特徴である。2017 年 10 月の欧州理事会の会合においてもブロックチェーン技術の意義とともにデータ保護の確保の重要性が示された[54]。

　ハンガリー DPA は，2017 年 7 月にブロックチェーンとデータ保護に関する意見を公表した[55]。まず，ビットコインシステムにおいては，データ管理者の認定が必要となるが，個人データの蓄積のためにブロックが利用されれば，データ管理者とみなされる。そのため，システムにブロックとデータを追加するそ

第1部　EUにおける基本権と個人データ保護

れぞれの利用者はすべて管理者としてみなされる。

　また，適用法については，データが蓄積されている場所ではなく，拠点における活動の文脈を考慮するため，必ずしも管理者が拠点のある加盟国法が適用されるわけではなく，管理者の組織が処理に関係する活動に関与している場合に当該加盟国法が適用される。

　さらに，ブロックチェーン技術との関係では，長期の利用により利用者を監視することでプロファイリングが可能となるため，ブロックチェーンに関連する個人データについて管理者は利用者へのすべての情報提供をしなければならない。

■参考資料
・宮下紘「個人情報保護は基本的人権か？」庄司克宏編『インターネットの自由と不自由』（法律文化社・2017）4章
・山本龍彦『プライバシーの権利を考える』（信山社・2017）
・杉本武重「個人データ保護と競争法」ジュリスト1508号（2017）35頁
・加藤尚徳「情報法研究の射程：EUデジタルシングルマーケット戦略を鍵として」Nextcom31号（2017）24頁
・新保史生「ロボット法学の幕開け」Nextcom27号（2016）22頁
・佐々木勉「欧州におけるロボットに関する政策と法を巡る動向」（2016）
・市川芳治「プライバシー・ビッグデータ・競争法」慶應法学33号（2015）135頁
・宮下紘『プライバシー権の復権』（中央大学出版部・2015）

第2部

条文解説

第Ⅰ章　総則（第1条～第4条）

主題および目的（第1条）

Point
- GDPRは，個人データの処理に関する自然人の保護と個人データの自由な流通に関する規則である。
- GDPRの目的は，個人データ保護に関連する自然人の基本権と自由の保護である。

第1条　主題および目的

1. 本規則は，個人データの処理に関する自然人の保護に関する規則および個人データの自由な流通に関する規則を定めるものとする。
2. 本規則は自然人の基本権ならびに自由，および特に個人データの保護の権利を保護するものとする。
3. 欧州連合域内における個人データの自由な流通は，個人データの処理に関する自然人の保護に関する理由によって，制限され，または禁止されてはならない。

1．目的

　GDPRは，EU機能条約第16条およびEU基本権憲章第8条で規定されている基本権としての個人データ保護の権利の二次法として制定された。すなわち，GDPRの生みの親は，機能条約と基本権憲章であり，GDPRは**人権思想**に根付いている。そのため，その目的は，自然人の基本権と自由の保護にある。もっとも，他の基本権との衡量が必要な場合が生ずる場合があり，比例原則に従い，個人データ保護の権利と他の基本権等との調整が図られることとなっている（前文4項）。

第 I 章　総則（第 1 条〜第 4 条）

加盟国における個人データの処理に関して個人データの保護の権利における自然人の権利および自由の保護の水準が異なることは，基本権の保護のみならず，個人データの自由な流通にも支障を及ぼしてきた（前文 9 項）。そこで，EU における統一的な個人データ保護に関連する基本権と自由の保護と，個人データの自由な流通を図るための立法が整備された。

2.「私生活尊重の権利」と「個人データ保護の権利」

EU においては，プライバシー権として理解される「私生活尊重の権利」と「個人データ保護の権利」は一般的に区別される。基本権憲章では，「すべての者は，自らの私的生活ならびに家庭的生活，住居および通信への尊重を受ける権利を有する」（7 条）と「すべての者は，自らに関する個人データの保護への権利を有する」（8 条）はそれぞれ別の条項が設けられている。すなわち，私生活尊重の権利は，私的事柄への過度な干渉の防止の必要性から，そして個人データの保護の権利は，自らに影響を及ぼす事柄への個人の十分なコントロールを保護する必要性から，それぞれの規定が設けられている。[1]

両者は重なり合う部分もあるが，個人データの保護の権利は私生活に関わらない事項にまで個人のコントロールを認めている点で広範な権利であると考えられてきた。[2]EU における個人データ保護の権利は，欧州人権条約の私生活尊重の権利（8 条）の法理の影響も受けつつ，発展を遂げてきた。[3]

GDPR はそれ自体が独立した立法として存在しているわけではなく，基本権憲章の二次法ないし派生法として，基本権としての個人データ保護の権利，および基本権憲章の「人間の尊厳」（1 条）の価値を体現している。[4]なお，ドイツにおいて発展してきた「情報自己決定権」は，他の EU 加盟国においても大きな影響を有してきたが，基本権憲章や指令においてこの権利が直接反映されているわけではない。

23

図表5　基本権憲章における7条と8条の関係[5]

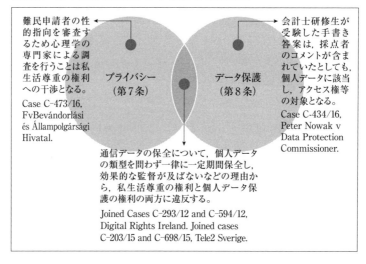

実体的範囲（第2条），地理的範囲（第3条）

Point
- EU域内に管理者・処理者を設置した事業において個人データを処理する場合，規則が適用される。
- 設置とは，支店・子会社という形式的側面ではなく，設備の安定的配置により真に効果的な活動を行っていることを指す。
- EU域内に管理者・処理者を設置していなくても，①EU在住の者に対して商品・サービスの提供を行っている場合（電子商取引等），または②EU在住の者の行動を監視している場合（ウェブ追跡）には規則が適用される。

第2条　実体的範囲
1. 本規則は，個人データの自動的手段および自動的手段以外の処理に対して，ファイリングシステムの一部をなすかまたはファイリングシステムの一部をなす予定である個人データの処理の全部または一部に適用される。
2. 本規則は，次の個人データの処理に適用されない。
   (a) EU法の範囲外にある活動中にある場合
   (b) 加盟国により基本条約V編2章の範囲内ある活動を実施する場合
   (c) 自然人による純粋に個人または家庭の活動中にある場合

第 I 章　総則（第 1 条〜第 4 条）

（d）権限ある機関により，公共の安全の保護およびその脅威の防止を含む，犯罪の防止，捜査，探知もしくは訴追または刑罰の執行を目的とする場合

3. EU の機関による個人データの処理については，規則 45/2001 が適用される。規則 45/2001 および当該個人データの処理に適用されるその他の EU の法律行為は 98 条に従い本規則の原則および規則に適合されなければならない。

4. 本規則は，特に指令 2000/31/EC12 条から 15 条における媒介サービス提供者の責任の規則について，当該指令の適用を損ねてはならない。

第 3 条　地理的範囲

1. 本規則は，処理が EU 域内で行われているか否かに関わりなく，EU 域内において管理者または処理者が設置された活動の状況にある個人データの処理に適用される。

2. 本規則は，処理活動が次のいずれかに関連する場合，EU 域内に設置されていない管理者または処理者による EU 域内に在住するデータ主体の個人データの処理に適用される。

（a）データ主体の支払いの有無にかかわらず，EU 域内の当該データ主体に対する商品またはサービスの提供，または

（b）当該データ主体の行動が EU 域内で生じる限りにおいてその行動の監視

3. 本規則は，EU 域内に設置されていないが，加盟国法が国際公法を通じて適用される場所において管理者による個人データの処理に適用される。

1.　実体的範囲

　GDPR は，**ファイリングシステムの一部をなすかまたはファイリングシステムの一部をなす予定である個人データの処理に適用**される。自動処理のみならず，自動処理以外の方法（マニュアル処理）に対しても適用される（2 条 1 項）。

　①EU 法の範囲外にある活動中にある場合，②加盟国により基本条約 V 編 2 章の範囲内ある活動を実施する場合，③自然人による純粋に個人または家庭の活動中にある場合，④権限ある機関により，犯罪の防止，捜査，探知もしくは訴追または刑罰の執行を目的とする場合には GDPR は適用されない。なお，④については，刑事司法分野の指令 2016/680 がある。

　個人がもっぱら個人・家族の事柄についてオンラインフォーラムを利用する場合，「純粋に個人または家庭の活動中」に該当すると考えられる。これに対し，企業，慈善団体，政党等がオンラインフォーラムを利用する場合は，この例外を用いることはできない。[6]

第2部　条文解説

【例】チェスクラブが，メンバーのチェスの対戦についてウェブサイトで公表した。仮にレクレーションの目的であっても，特性ある集団による個人データの処理であるとみなされ，個人・家族の例外は適用されない。
【例（Ryneš 判決）】EU 司法裁判所において，私人の自宅に設置された固定の監視カメラが，公道の一部を撮影の対象としていれば，純粋な個人利用による義務の免除の対象とはならないと判断された。[7]

2. 地理的範囲

(1) 適用の範囲

　GDPR は，**EU 域内に管理者または処理者が設置された活動における個人データの処理に**適用される（3条1項）。処理は，EU 域外で行われている場合であっても適用の対象となる。EU 司法裁判所は，事業活動の国際的性質に着目し，取引者の「活動を指図する（directing its activities）[8]」場合に EU 法が適用されることを明らかにしてきた。また，EU 司法裁判所は，たとえ域外に本社があったとしても検索エンジンを通じてオンライン広告製品の販売やサービス提供を促進する場合には「設置」していると解釈されることも認めてきた。[9]

　EU 域内に管理者または処理者を設置していない場合であっても，自然人の個人データ保護を保護する観点から，規則は次の2つの域外適用を認めている（3条2項）。

① 　データ主体の支払いの有無にかかわらず，EU 域内の当該データ主体に対する**商品またはサービスの提供**

② 　データ主体の行動が EU 域内で生じる限りにおいてその**行動の監視（モニタリング）**

第 I 章　総則（第 1 条〜第 4 条）

（2）「設置」の解釈——準拠法との関連

　EU 域内への管理者または処理者の「**設置（establishment）**」とは，**安定的取決めを通じて活動の効果的かつ真の存在**を意味する（前文 22 項）。そのため，法人格を有した支店や子会社の存在といった形式的要素のみならず，柔軟な解釈が「設置」の理解に必要とされる。

　Weltimmo 判決は，日本企業等の EU 以外の企業に対して既存のビジネスモデルに対する新たな課題をもたらし，EU データ保護法の射程の広さを再確認した判決であると理解されてきた。[10] なお，Weltimmo 判決は，Google Spain 判決（第 2 部第 III 章）を引用しており，検索エンジンのサービスを提供する事業者についても EU 域内の支店等を通じて市民に対して広告を配信している場合は，EU データ保護指令が適用されることが確認されている。[11]

　【例（Weltimmo 判決）】EU 司法裁判所は，「設置」を制限的に解釈してはならないことを示した。[12] Weltimmo というスロバキアに事業登録を行っている会社が，ハンガリーのみの物件をオンラインで不動産販売しており，最初の 1 か月のみ無料サービスを行っていたが，その後は料金を徴収していたが，消費者にオプトアウトの仕組みが不十分であるためハンガリーの個人データ保護法違反になるとして，2012 年 8 月に 1,000 万ハンガリーフォリント（約 350 万円）の制裁金が科された。これに対し，ハンガリーに「設備」のない事業者にはハンガリー法が適用されるか否かが争われた。

　設置の概念については，会社が登録された場所という形式的アプローチではなく，幅を持たせた解釈が妥当する。ここで，設置は，「他の加盟国における配置の安定性の程度と活動の効果的行使が，経済活動の特定の性質と対象となるサービスの提供に照らして解釈されなければならない」。ここでの真に効果的な活動は，「最低限のもの」であったとしても設置とみなされる。特にインターネットのサービス提供の事業についてはこのことが当てはまる。また，複数の加盟国の領土に設置された単一の管理者は，国内法の適用を回避しようとすることができず，設置場所ではなく，その活動の場所に対して国内法が適用されることを明らかにした。

　本件では，ハンガリーに所在する不動産に関して，ハンガリー語で書かれた広告を用いており，ハンガリーにおける真に効果的な活動を企図した企業であると判断することができるとされた。

第 2 部　条文解説

(3) 商品・サービスの提供

「商品」とは，有形の財産のことであり，「サービス」とは，自己の事業のための経済活動を指す。[13] 管理者と処理者は，商品やサービスの提供が，データ主体の支払いの有無にかかわらず，EU 域内の者に向けられているか否かを評価する必要がある。一般に，単なるウェブ，メールアドレス，その他の連絡先へのアクセス可能性や管理者が設置された第三国で用いられている言語の利用のみでは，GDPR の適用の意図があるとはいえない（前文 23 項）。EU 司法裁判所の事例を基にすると，次の項目を踏まえ，EU に在住する者をターゲットにしているか否かを評価する必要がある。[14]

- ・1 または 2 以上の EU 加盟国において一般的に用いられている言語の利用
- ・受け入れ可能な貨幣（特にユーロ）
- ・ヨーロッパからの顧客または利用者への言及
- ・1 または 2 以上の加盟国への配達の可能性
- ・1 または 2 以上の加盟国を参照するウェブサイトのドメインネイム（xxx. com/de や xxx.es）

【例】ウェブサイトで観光客向けの休暇のアパートレンタルを行っている会社がアメリカに設置されている。このウェブサイトでは，フランス語で表示することも可能であり，またユーロでの支払いも可能となっている。GDPR の適用の対象となる。

---

(4) 行動の監視

EU 域内で起きているデータ主体の行動の監視を行う場合，GDPR の適用の対象となる。ここでいう監視については，個人に関する決定を行ったり，個人の選好，行動および態度を分析したり予測するためのプロファイリングを含むインターネット上の自然人の追跡があるか否かが判断基準となる（前文 24 項）。クッキーやソーシャルメディアのプラグインを通じたいかなるウェブの追跡も監視に該当することとなる。

第 I 章　総則（第 1 条〜第 4 条）

　なお，指令の下では，仮に管理者が EU 域内に設置されていなくても，「設備（equipment）」を利用した場合には，適用の対象となることが規定されていた。ここでいう「設備」は，フランス語で "moyens" と規定されており，広く「手段」と理解されている。設備とは特定の目的を持って組み立てられたツールまたは装置と定義される。具体的には，クッキー，Java Script，バーナー等の類似のアプリケーションである。[15]

【例（ハンガリー）】ブロックチェーンの特徴はデータが分散化されていることであり，そのため複数の国の法が適用されうる可能性が生ずる。第一次的にはブロックチェーンに関するデータ処理の目的を決定する管理者の所在によって適用法が決まる。もっとも，指令の下でも処理活動の意味は広く解釈されてきており，フィンテック業界にも GDPR は適用されうるかについて検討が必要である。[16]

【例】香港に拠点を置くオンライン家具販売店は，アメリカドルのみでの販売を行っていたが，ビジネス拡大のため，ウェブサイトの訪問者に対して IP アドレスの位置データの分析を行い，ヨーロッパからの顧客の訪問と閲覧したサイトの分析を始めた。これは EU の個人を追跡し監視しているため，GDPR の適用の対象となる。

3.　日本との比較

　日本国内にある者に対する物品または役務の提供に関連してその者を本人とする個人情報を取得した個人情報取扱事業者に対しても一定の義務規定が及ぶこととされている（個人情報保護法 75 条）。

■参考文献
・消費者庁「個人情報保護制度における国際的水準に関する検討委員会・報告書」（庄司克宏執筆「リスボン条約後の EU 個人データ保護法制における基本権保護と域外適用」）

第 2 部　条文解説

定義（第 4 条）

Point

・個人データとは，識別されたまたは識別可能な自然人に関するすべての情報をいう。

・仮名化データは，特定のデータ主体にもはや帰属しない方法（X1234 など）による個人データの処理を指すが，個人データである。匿名データは加盟国法により規律。

・監視カメラについては，家庭用設置であっても公道が撮影されている場合，規制の対象となる。通知や開示等の要件は，加盟国の立法・ガイドラインにより規律。

第 4 条　定義

本規則の目的にとって，

(1)「個人データ」とは，識別されたまたは識別可能な自然人（データ主体）に関するすべての情報をいう。識別可能な自然人とは，氏名，識別番号，位置データ，オンライン識別子，特に識別子もしくは当該個人の肉体的，生理的，遺伝子的，精神的，経済的，文化的あるいは社会的アイデンティティとして特定される 1 つあるいは複数の要因を参照することによって，直接的または間接的に識別されうる者をいう。

(2)「処理」とは，自動的手段であるかにかかわらず，収集，記録，構成，体系化，保存，適合，改変，復元，協議，利用，送信による開示，拡散ならびにその他の方法で利用できるようにすること，配列ならびに結合，制限，削除または破壊等により，個人データまたは個人データの集合に関する運用を行う業務または一連の業務をいう。

(3)「処理の制限」とは，将来の処理を制限する目的で保存された個人データに印を付けることをいう。

(4)「プロファイリング」とは，自然人に関する一定の個人の特性を評価する，特に当該自然人の仕事の成績，経済状況，健康，個人的選好，興味，信頼度，行動，位置もしくは移動に関する特性を分析または予測するために個人データの利用から成る個人データの自動処理のすべての形態をいう。

(5)「仮名化」とは，追加情報が別に保管され，かつ個人データが識別されたまたは識別可能な自然人に帰属しないことを確実にする技術的組織的措置がとられているという条件において，個人データが追加の情報の利用なしに特定のデータ主体にもはや帰属しない方法による個人データの処理をいう。

(6)「ファイリング・システム」とは，機能または地理に基づき集中化，分散化または分離化にかかわらず，特定の基準に従いアクセス可能な個人データのあらゆる体系化された集合をいう。

(7)「管理者」とは，単独または他者と共同で個人データの処理の目的および手段を決定する自然人もしくは法人，公的機関，官庁もしくはその他の機関をいう。かかる処

理の目的および手段が EU 法または加盟国法によって決定されている場合，管理者または管理者の指定に関する特別の基準は連合法または加盟国法によって定めることができる。

(8)「処理者」とは，管理者に代わって個人データの処理を行う自然人もしくは法人，公的機関，官庁もしくはその他の機関をいう。

(9)「受領者」とは，第三者であるか否かにかかわらず，個人データが開示される自然人もしくは法人，公的機関，官庁もしくはその他の機関をいう。しかし，EU 法または加盟国法に従い特別の尋問の枠組みの中で個人データを受領することができる公的機関は受領者とみなされないものとする。これらの公的機関による個人データの処理は，処理の目的に従い適用されるデータ保護の規則を遵守するものとする。

(10)「第三者」とは，データ主体，管理者，処理者および管理者または処理者の直接の権限に基づき個人データの処理の権限を有する者を除く，自然人もしくは法人，公的機関，官庁もしくはその他の機関をいう。

(11) データ主体の「同意」とは，声明または明確な積極的行為により，自己が自らに関する個人データの処理について合意を示すこととなる，自由になされ，特定され，通知を受け，かつ明確なデータ主体の意思表示をいう。

(12)「個人データ侵害」とは，送信され，保存され，またはその他の方法で処理された個人データについて偶発的または不法な破壊，紛失，改変，権限のない開示またはアクセスをもたらす安全管理の侵害をいう。

(13)「遺伝データ」とは，当該自然人の生理学または健康に関する特有の情報を付与し，特に当人からの生物学的サンプルの分析に起因する自然人の先天性または後天性の遺伝子特性に関する個人データをいう。

(14)「生体データ」とは，顔認証または指紋データ等の当該自然人の特有な識別を可能にするまたは確証する自然人の肉体的，生理的または行動の特性に関する特定の技術処理から生じる個人データをいう。

(15)「健康に関するデータ」とは，本人の健康状態に関する情報を明らかにする，介護サービスの提供を含む自然人の肉体的または精神的健康に関する個人データをいう。

(16)「主たる拠点」とは，(a) 複数の加盟国において拠点を置く管理者に関して，EU における中心的運営の拠点をいう。ただし，個人データの処理の目的および方法に関する決定が EU における管理者の別の拠点において行われ，その事務所がその決定を執行する権限を有する場合は，かかる決定が行われる拠点が，主たる拠点としてみなされなければならない。(b) 複数の加盟国において拠点がある処理者に関して，EU における中心的運営の拠点をいう。ただし，処理者が EU 域内で中心的運営を行っていない場合，処理者の拠点の活動の文脈において主たる処理業務が行われている EU 内における処理の拠点が本規則における指定の義務を受けることとなる。

(17)「代理人」とは，27 条に従い管理者または処理者によって指定され，本規則における個々の義務に関して管理者または処理者を代理する連合域内に拠点を置く自然人または法人をいう。

(18)「企業」とは，経済的活動に定期的に従事する共同事業または組合を含め，その法的形態にかかわらず，経済的活動に従事する自然人または法人をいう。

(19)「グループ事業」とは，管理する事業者および管理される事業を意味する。

(20)「拘束的企業準則」とは，グループ事業または共同経済活動に従事するグループ事

第2部　条文解説

業がある一または複数の第三国における管理者または処理者への個人データの移転または集合移転のために加盟国域内に拠点を置く管理者または処理者によって遵守される個人データ保護の指針をいう。

(21)「監督機関」とは，51条に従い加盟国により設置された独立した公的機関をいう。

(22)「関係する監督機関」とは，個人データの処理により関係する監督機関を意味する。その理由は，(a) 管理者もしくは処理者が当該監督機関のある加盟国域内に設置されていること，(b) 当該監督機関の加盟国域内に在住するデータ主体が処理により実質的な影響を受ける，もしくはその可能性があること，または (c) 当該監督機関に対して苦情が申し立てられていることである。

(23)「越境処理」とは，(a) 連合域内にある一管理者または一処理者が複数の加盟国において設置されている場合，管理者または処理者のある複数の加盟国における拠点での活動から行われている個人データの処理，または (b) 複数のデータ主体に実質的な影響を及ぼすまたはその可能性がある，連合域内にある一管理者または一処理者の単一拠点の活動において行われる個人データの処理いずれかをいう。

(24)「適切な理由付きの異議申立て」とは，データ主体の基本権ならびに自由，および該当する場合には EU 域内における個人データの自由な流通に関する決定案により生じるリスクの重大性を明確に証明することのできる，本規則の違反の有無または管理者もしくは処理者に関連する行動計画が本規則を遵守しているか否かに関する決定案に対する異議申立てをいう。

(25)「情報社会サービス」とは，欧州議会および理事会の指令 2015/15351 条 1 項 b 号において定義されたサービスをいう。

(26)「国際組織」とは，国際公法により規律された組織およびその下部組織または複数の国家間の協定によってまたはその協定に基づき設置されたその他の団体という。

1.　個人データの範囲

第 29 条作業部会は，個人データの概念に関する意見を公表しており[17]，個人データの定義については，①「すべての情報」，②「に関する」，③「識別されたまたは識別することができる」，④「自然人」に分けてそれぞれ解説されている。

(1)「すべての情報 (any information)」

「すべての情報」には情報の性質，内容，および形態のそれぞれから判断しうる。情報の性質には「客観的な」情報（血液型など）のみならず，意見や評価など「主観的な」情報も含む（たとえば，「Titius は信頼できる借入人であ

る」)。個人データに該当する情報とは，それが真実であり，証明されていることを必要としない。情報の内容の観点からは，個人データの概念には，いかなる種類の情報もデータに含まれる。すなわち，センシティブ・データは当然それに含まれるが，個人の地位や能力にかかわらず，個人に関する情報を含む。情報の形態には，アルファベット，数字，図，写真，音といったいかなる形態の情報も個人データの概念に含むとされている。

【例】医薬品の処方情報

　医薬品の処方情報（たとえば，医薬品認証番号，医薬品名，医薬品含量，製造者，価格，再調剤，使用の理由，代用できない利用，処方者の氏名，電話番号等）は，たとえ患者が匿名化されていたとしても，個別処方薬の形態であろうと複数の処方薬から識別されたパターンの形態であろうと，その薬を処方する患者に関する個人データとみなしうる。したがって，識別された，または識別されうる医者によって記載された処方箋に関する情報を医薬品の製造者に提供することは，EU指令における個人データの第三者提供に当たる。

【例】テレフォン・バンキング

　テレフォン・バンキングにおいて，銀行の指示に対する顧客の音声がテープに録音されれば，これらの録音された音声は個人データとしてみなされるべきである。

【例】子どもが描いた絵

　親権に関する裁判手続において，少女への神経精神医学のテストの結果，彼女の家族を表した絵が提出された。その絵は，彼女の心情と彼女の家族の個々の構成員に対する心理に関する情報が示されていた。この場合，絵それ自体が個人データであるとみなされうる。その絵が実際に児童に関する情報を明らかにしており，たとえば，父親や母親の態度に関する情報が現されている。その結果，両親はこの子供が描いた絵という情報へのアクセス権利を行使できる。

【例】ビデオ監視

　ビデオ監視システムによって撮影された個人の映像は個人が認識しうる限りにおいて個人データとなりうる。

【例】EU司法裁判所先決判決（Ryneš判決）[18]

　2014年12月11日，EU司法裁判所は，家庭に設置された監視カメラに関する判断を下した。私人の自宅のひさしに設置された固定の監視カメラが自宅の玄関，公道および道路を挟んだ向かいの自宅の玄関を撮影・録画している場合，記録された個人が識別できるものは個人データに該当し，また公道が撮影の対象となっているため純粋な個人利用による義務の免除の対象とはならないと判

第 2 部　条文解説

断された。

【例（イギリス）[19]】加盟国における監視カメラ（CCTV）に関するガイドライン等

　監視カメラに保存された個人データは開示の対象となり，例外規定に該当しない限り 40 日以内に開示しなければならない（手数料は 10 ポンド以内）。公的機関が設置する監視カメラのデータに対する情報公開法に基づく開示の場合は 20 日以内に開示。

(2)「に関する（relating to）」

　情報が特定の個人について（about）のものであるとき，その情報は個人「に関する」とみなされうる。個人「に関する」データであると考えられるためには，「内容」の要素，「目的」の要素，「結果」の要素を考慮することとされている。これらの 3 つはいずれか 1 つが条件となる。

―「内容」（contents）：個人に関する情報があらゆる状況に照らして評価されなければならないこと

―「目的」（purpose）：データが個人の地位や行動を評価したり，一定のかたちで扱ったり，影響を及ぼす目的を持って利用されること

―「結果」（result）：個人に関するデータを利用することで特定の人の権利および利益に対する効果（impact）を有すること

【例】家の価値

　特定の家の価値は物についての情報である。この情報が特定の地域における不動産価格の水準を示すだけであれば，データ保護の規定が必ずしも適用されるわけではない。しかし，一定の場合にこのような情報も個人データとしてみなすこととなる。現実に，家は所有者の資産であり，たとえば一定の税金を支払う義務の範囲を決定するために利用される場合で，このような情報が個人データとしてみなさることに異論はない。

【例】自動車サービス記録

　自動車のサービス登録は，整備士が保有する自動車，走行距離，検査日，技術的問題，その他の状況に関する情報が含まれる。この情報はプレート番号やエンジン番号の記録と連結することができ，所有者と関連付けることができる。

料金支払いの目的で整備士が自動車と所有者の関連性を作り上げれば，情報は所有者または運転者「に関する」ものとなる。

【例】電話の通話記録（call log）

　会社内部の通話記録は特定の通信に接続された電話から生じた通話に関する情報が提供された場合，この情報は異なる主体との関係を明るみに出すこととなりうる。会社がその通話の支払い義務を負い，電話機は勤務中の特定の労働者の支配に置かれ，通話はその労働者によって行われるものとされている。この場合でも，すべての発信・受信の通話に労働者の私生活，社会的関係，および通信に関する情報が含まれる限りにおいて，個人データの概念がこれらの通信のいずれにも及ぶものといわなければならない。

【例】タクシーの位置情報の監視

　タクシー会社によって確立した衛星位置情報の体制によって，リアルタイムで利用できるタクシーの位置を決定することが可能となった。位置情報の処理の目的は，顧客の最も近い位置にいるタクシーを割り当てることで，よいサービス提供とガソリンの節約にあった。厳密にいえば，この制度に必要なのは運転手についてのものではなく，自動車に関するデータである。しかし，この制度はタクシー運転手の仕事を評価するものではないが，仕事を監視し，スピード制限を遵守しているか，適切な道のりを選んでいるかどうかなどチェックすることができる。それゆえ，この制度はこれらの個人に関する重大な効果をもたらし，そのようなデータは自然人に関するものとみなされる。この位置情報の処理はデータ保護規則に服することとなる。

【例（オランダ）[20]】カーナビを通じて自動車の位置データを収集し，スピード違反防止などの理由から警察にそのデータを提供していた企業があった。カーナビの位置データの履歴が個人データに該当するか否かについて，オランダDPA は他者との区別がつけば識別可能な状態にあるとして，この企業のそれぞれのカーナビの個体番号があること，利用者が顧客サービスや技術サポートの連絡をとることができること，利用者向けのアカウントを利用できることなどを理由として，データ主体が「個別化」されており，個人データに該当すると判断した。なお，位置データの利用については，デフォルトで位置データの取得ができない状況にあり，一般的な利用規約を通じて同意を取得することができないことが第 29 条作業部会の意見により示されている。[21]

（3）「識別されたまたは識別することができる（an identified or identifiable）」

　自然人が集団の他の構成員と「区別される」（distinguished）ことで，その者は「識別された」（identified）とみなしうる。そのため，自然人が識別され

ることが可能でありさえすれば，その者が「識別されうる」こととなる。

識別は，通常，「識別されうる個人」の一定の情報，また特定の個人から特別の許可を与えられた者や特別の関係を有する者が保持する情報を通じて行われる。具体例としては，身長，髪の色，衣服等のただちに判別されないような人の外見がある。

「識別されうる個人」（identifier）とは，「特に個人識別番号，または肉体的，生理的，精神的，経済的，文化的もしくは社会的アイデンティティに特有な1つまたは2つ以上の要素を参照することによって，直接的または間接的に識別されうる者という」。

（A）直接的または間接的に識別される方法

直接的とは，氏名による識別を指す。

識別を確認するためには，氏名は，その者と同名人物との間の混乱を回避するため，他の情報（生年月日，患者の氏名，住所，顔写真）と結合されなければならない。Titius が借り入れた金額の合計の情報は氏名と結合することで識別された個人に関するとみなされうる。氏名は，他者を区別するための文字と音の組み合わせ情報を用いることで特定の個人を明らかにしている。また，氏名は，その者がどこに居住し，どこで見つかり，家族と多くの法的社会的関係におけるその者についての情報を与える。画像がその氏名と結合することでその者の外見を知ることさえできる。

間接的とは，電話番号，自動車登録番号，社会保障番号，パスポート番号，（年齢，職業，居所等）その者が属している集団を狭めていくことで識別しうる重要な属性の結合を指す。

「黒いスーツを着ている男性」といった副次的情報であっても，信号機で待っている通行人の中から識別することができる。そのため，問題は情報が関係している個人が識別されうるかどうかであって，特定の事案における状況に依拠しているのではない。

間接的な識別の類型は，小さなものであれ，大きなものであれ，「特有の結合」という現象に関係している。そのため，氏名を通じた識別は実際に多くの場合行われるが，氏名それ自体はすべての事案において個人を識別するために必要であるわけではない。

ウェブの閲覧監視（web traffic surveillance）ツールによって，ユーザーのウェブ上での行動も識別しやすくなった。ウェブ上での各人の決定に関する情報が集められてきた。このようなウェブ閲覧監視ツールは，個人の氏名や住所について尋ねることなく，この人物を社会経済的，心理的，哲学的あるいは他の基準に基づいて類型化することができるし，その人物の決定であるとすることができる。言い換えれば，個人を識別する可能性は，必ずしもその者の氏名を見つけ出す唯一の基準を意味するものではない。

EU司法裁判所のBodil Lindqvist判決[22]によれば，「インターネットのページにおいて，様々な人物を参照し，氏名や他の手段によって，たとえば労働条件や趣味に関するその者の電話番号や電話情報を与えることで，その者を識別することは，EU指令が意味する個人データの処理を構成する」。

（B）識別方法

GDPR前文26項は「識別できる」という用語に特に注意している。すなわち，「ある者が識別されうる根拠かどうかを決定するには，データ管理者または当該人物を識別するための他の人によって用いられるあらゆる可能な合理的手段（all the means likely reasonably to be）がとられるべきである」。

「データ管理者または当該人物を識別するための他の人によるあらゆる可能な合理的手段」という基準は，特に関係するすべての要因を考慮すべきである。識別を行うコストは1つの要因であったとしても，唯一のものではない。意図された目的，処理が行われる方法，管理者による利点，個人の利益のみならず，組織的な機能障害のリスク（たとえば信頼義務違反），技術的不可能性がすべて考慮に入れられるべきである。他方で，このテストは動態的であり，処理されたときの技術の現状やデータが処理される機関の発達可能性を考慮すべきである。今日用いられたあらゆる可能な合理的手段で今日識別することはできない。もしもデータが1か月間のみ蓄積される予定であるなら，識別が情報の存在期間に可能であるとは予定されておらず，個人データとしてみなされるべきではない。しかし，10年間の保存期間であれば，管理者は情報の9年目において生じる識別の可能性を考慮すべきである。この制度はこの後生じる発展に適応されていくべきであり，適切な技術的組織的措置を導入すべきである。

第2部 条文解説

> 【例】患者の名（ファースト・ネーム）とＸ線番号
> 　女性のＸ線番号が彼女のファースト・ネームとともに科学誌に公表された。その人物のファースト・ネームが，親族や知人が彼女が特定の病気にかかっていることを知っている事実と結合されれば，多数の者に対しその者を識別しうることとなり，Ｘ線番号が個人データとなりうる。
>
> 【例】製薬研究のデータ
> 　病院や個人医師患者の医療記録のデータを次の場合に医学研究の会社に移転する。患者の氏名は用いられていないが，異なる患者情報との間違いを避けるため，個々の臨床につきランダムに番号が使われている。また，患者の氏名は守秘義務を課された個々の医者のみが所持しているおり，データには突合により患者の識別を可能とする追加情報が含まれていない。さらに，データ主体から識別されたまたは識別されうることが防止するためのその他すべての措置が講じられている。この状況下であれば，データ保護機関は，製薬会社によって行われる処理においてデータ主体を識別するために用いられるいかなる可能な合理的手段も存在していないとみなすこととなる。

　「用いられるあらゆる可能な合理的手段」を評価する関連要因は，データ処理におけるデータ管理者によって追求される目的（purpose）であり，次のような例が挙げられる。なお，データ主体の識別が処理の目的に含まれていない場合，識別をできない技術的な措置が非常に重要になってくる。この措置の法的義務は，結果ではなく，条件である。

> 【例】ビデオ監視
> 　ビデオ監視の文脈において特に関係してくる。データ管理者は収集された映像のごくわずかしか識別ができず，識別が行われる前に個人データは処理されていない。しかし，ビデオ監視の目的として，識別がデータ管理者によって必要である事案においてビデオの映像に映った人を識別することは，たとえ現実に識別できない人が含まれていても，識別されうる個人についてデータを処理するものとして理解される。
>
> 【例】落書きによる損害
> 　自動車会社が経営する自動車が落書きによって繰り返し損害を受けた。損害の算定と加害者に対する法的主張を行うことを容易にするため，会社は損害の状況と落書きされた箇所やその画像，自動車のナンバープレート，落書きした者のサインを記録しておいた。記録の時点では誰が落書きしたかは分からない

第Ⅰ章　総則（第1条〜第4条）

し，決して知ることができないかもしれない。しかし，いつか個人を識別することができる手段がある「合理的で可能な」ものとしてデータ管理者は期待しているのであれば，この処理は意味をなす。そのため，この画像に含まれる情報は「識別しうる」個人に関するものとしてみなすべきであり，記録された情報は「個人データ」としてみなされるべきである。

【例】動態的（dynamic）IP アドレス＊[23]

　第29条作業部会によれば，IP アドレスは識別されうる個人に関するデータであると考えられている。特にコンピュータの利用者を識別する目的で行われる IP アドレスを処理する場合（たとえば，著作者が知的財産権違反のコンピュータ利用者を告訴する目的），裁判所に訴えるなどを通じて，管理者は特定の人物を識別するために「用いる合理的と思われる手段」が利用されること想定しており，それゆえその情報は個人データとしてみなされなければならない。

　また，利用者の識別が要求されないインターネットカフェにおける個々のコンピュータに帰属する IP アドレスは，利用者の識別ができない。すなわち，コンピュータ X の利用中に収集されたデータが合理的な方法をもってしても利用者の識別ができず，したがって，個人データに該当しない。他方で，インターネットサービスプロバイダは，問題となる IP アドレスが識別できるかどうかが分かることから，データが識別できない利用者であることを絶対的な確信をもって見分けることができない限り，安全な形ですべての IP 情報は個人データとして扱わなければならない。

【例（エストニア）】動態的 IP アドレスが個人データであるとする内容のガイドラインを公表している[24]。

【例（Breyer 判決）】動態的 IP アドレスが個人データに該当すると判断された事例[25]

　ドイツの連邦機関における公衆がアクセス可能なウェブサイトで，インターネット接続ごとに割り振られる暫定的なアドレスとしての動態的 IP アドレスの保存が個人データの処理に該当するか否かが争われた事案において，動態的 IP アドレスを個人データであると判断した。オンラインメディアサービスが，監督機関やインターネットサービスプロバイダの援助を得れば，蓄積された IP アドレスに基づき，データ主体を識別するために用いられるあらゆる可能な合理的手段を有すると認定された。つまり，動態的 IP アドレスに基づくデータ主体の識別について，サイバー攻撃や刑事手続において識別が行われているように，法で禁じられていたり，または時間，コスト，人の力の点から不均衡な試みを要求するような実務上の不可能なものであるとは考えられない。したがって，動態的 IP アドレスは，インターネットサービスプロバイダが保有する他のデータともにデータ主体を識別することを可能とする法的手段を有している場合には，個人データである。

第2部　条文解説

(4)「自然人（natural person）」

　GDPR によって与えられた保護は自然人，すなわち人間（human beings）に適用される。その意味で個人データの保護の権利は，特定の国における国籍や居所に制限されない普遍的なものである。GDPR 前文では「データ処理の仕組みは人の用に供する」ことから，その仕組みは「自然人のいかなる国籍または居住地であっても，基本権と自由を尊重しなければならない」と述べ，この点を明らかにしている（前文4項）。

　このように個人データは，原則として，識別されたまたは識別されうる「生存する個人（living individuals）」に関するデータである。

　そこで，死者に関する情報は，民事法上もはや自然人ではないことから，原則として EU 指令における個人データの主体としてみなすことはできない。しかし，死者のデータはいまだに間接的に特定の場合において一定の保護を受けることがある。

　①データ管理者は，データに関係するある人が生存しているか，死亡しているか必ずしも確かめることができない。仮に特定ができたとしても，データ管理者は区別なく生存する個人と同じ仕組みで情報を処理している。データ管理者は死者のデータを処理する場合にも，生存する個人と死者とを区別するよりも，データ保護のルールの義務に課されると同様に処理する方がおそらく容易であろう。

　②たとえば，血友病にかかり死亡した Gaia の情報は，X 染色体に含まれる遺伝子と関連しているため，彼の息子である Titius が同じ病気にかかる可能性が示される。このように死者に関するデータが生存する個人にも同時に関係することがあり，GDPR における個人データになることから，死者の個人データも間接的にデータ保護規則の保護が及ぶこととなる。

　③死者の情報は，データ保護法以外の規則によって格別の保護に服する可能性がある。医療関係者の秘密保持義務は患者の死亡とともに終わるわけではない。肖像や名誉に関する権利の国内法は死者の記憶の保護を認めるものとなる。

　④加盟国が国内立法の範囲を拡張するのに何ら妨げはないため，正当な利益がある場合，死者のデータ処理の国内データ保護法の規定を拡大することは可

能である。

> 【例（フランス）】2016 年成立のデジタル共和国法において「デジタルの死
> （mort numérique）」を明文化し，死後のインターネット上に残された個人デ
> ータを遺族等が消去を求める権利が付与されている（63 条，データ保護法 40
> 条）。
> 【例】スロヴェニアでは，個人データ保護法において法令に基づく場合にのみ
> 死者の個人データを処理および提供できると規定し（23 条），またスロバキア
> では，個人データ保護法で死者の個人データを遺族等が行使しうるとそれぞれ
> 規定している（28 条 9 項）。

　なお，EU 司法裁判所の判決により，法人であっても EU 基本権憲章の私生
活の保護とデータ保護の権利が及ぶ場合があると解されている。[26]

2. 仮名化データ（pseudonymised data）

　仮名化されたデータとはアイデンティティを偽る過程を経たデータである。
仮名化とは，追加情報が別に保管され，かつ個人データが識別されたまたは識
別することができる自然人に帰属しないことを確実にする技術的組織的措置が
とられている状態をいう（4 条 5 項）。その目的は本人のアイデンティティを
知ることなく同一人物に関する追加のデータを収集することである。これは研
究や統計の文脈において特に関係してくる。

　さかのぼって追跡可能な仮名化されたデータは間接的に識別することができ
る個人に関する情報とみなしうる。そのため，議会により新たに追加された仮
名化データは個人識別データの 1 つである，というのが委員会の解釈である。[27]

　このほかに，第 29 条作業部会の意見では，符号化データと匿名化データが
それぞれ解説されている。符号化データ（key-coded data）は，匿名化の古典
的な例である。情報は符号により記号化されている個人に関係しているが，そ
の符号と識別されうる個人の一致をさせる鍵は別々に保管されなければならな
い。この種のデータは医療に関する臨床実験で広く用いられている。

　これに対し，匿名化データ（anonymous data）とは，データ管理者または
他のいかなる者によって用いられるあらゆる可能な合理的手段を考慮して，デ

第2部　条文解説

ータ管理者からも他のいかなる者からもその者が識別することができない自然人に関するすべての情報として定義される。前文 26 項によれば、「データ主体がもはや識別できない方法で匿名化されたデータに保護の原則は適用されない」と解されている。前文 26 項に示されているように、識別に用いられるあらゆる可能な合理的手段の程度を特に参照してケース・バイ・ケースで行われるべきである（11 条参照）。

3. 遺伝データ、生体データ、健康に関するデータ（特別類型の処理（9 条）を参照）

　規則には新たに遺伝データ、生体データ、健康に関するデータが定義に追加された。これらは EU 市民のデータの機微性に関する調査結果を反映しているものと考えられる。たとえば、遺伝データは 88% の EU 市民が健康、性生活、民族出自等に関するデータと同様にセンシティブであると回答している[28]。

　生体データは、生物測定学上の財産、生理的特徴、生存している形跡または反復活動として定義される。大きく分けて 2 つの類型があり、指紋、光彩、網膜、顔認証、手相、声紋認証、静脈、DNA 配列等により身体的特徴に基づく技術と、署名、キーストローク、歩調等の行動的特徴に基づく技術がある[29]。特に DNA 配列は健康に関するデータまたは人種・民族の出自に関するデータとしてセンシティブ・データであるとみなされている。第 29 条作業部会は生体データの処理については、特に利用目的、利用目的に必要な限りでの比例原則、データの正確性、収集の最小限化、データ利用期間の限定、データ処理の法的根拠（同意の取得等）という点に留意が必要であることを示している[30]。また、新たな生体データの処理に際してはデータ保護監督機関への事前認可を受けることが奨励されている。さらに、プライバシー強化技術の利用による、データ保護に優しい方法で生体データ・システムの設計も推奨されている。

4. 日本との比較

　個人情報保護法の下では、「個人情報」とは、生存する個人に関する情報で

あって，当該情報に含まれる氏名，生年月日その他の記述等により特定の個人を識別することができるもの（他の情報と容易に照合することができ，それにより特定の個人を識別することができることとなるものを含む）。また，個人識別符号が含まれるものも該当する（個人情報保護法2条1項）。

■参考文献
・實原隆志「IP アドレスの個人情報該当性」長崎県立大学研究紀要15巻（2014）17頁

第Ⅱ章　原則（第５条～第11条）

個人データ処理に関する原則（第５条）

Point
・個人データの処理には，透明性の原則，目的制限の原則，データ最小限化の原則，正確性の原則，保存制限の原則，完全性・秘密保持の原則という基本原則を遵守する必要がある。
・管理者は基本原則を遵守していることを説明する責任を有する。

第５条　個人データ処理に関する原則

1. 個人データは，
   (a) データ主体との関係において適法に，公平に，かつ透明性のある方法で処理されなければならない（適法性，公平性および透明性）
   (b) 特定され，明示され，かつ正当性ある目的のために収集されなければならず，当該目的と整合しえない方法で追加的に処理されてはならない。公益，科学，歴史研究の目的または統計目的を実現するための追加の処理は，当初の目的と整合しないことを考慮しないものとする（目的制限）
   (c) 処理される目的との関連において必要な範囲で適切に，関連性を有し，限定されなければならない（データ最小限化）
   (d) 正確なものでなければならず，かつ必要に応じ最新の状態にしなければならない。処理の目的との関係において，不正確である個人データは遅滞なく削除または訂正されることを確実なものとするためのあらゆる合理的な措置を講ずるものとする（正確性）
   (e) 個人データが処理された目的にとってもはや必要以上にデータ主体が識別できないような形態で保存しなければならない。個人データが，データ主体の権利および自由を保護するために本規則で要求された適切な技術的かつ組織的措置の実施を伴い，89条１項に従い公益，科学もしくは歴史の研究目的または統計目的における目的をもっぱら実現するために処理される限りにおいて，より長い期間の保存をすることができる（保存制限）
   (f) 権限のない処理や不正処理に対する保護および紛失，破壊または損害からの保

44

第Ⅱ章　原則（第5条〜第11条）

護を含む，個人データの適切な安全性が確保されるような方法で処理されなければならず，また適切な技術的または組織的措置を用いなければならない（完全性および秘密保持性）

2. 管理者は，1項に責任を有し，かつその遵守を論証することができるものとする。（説明責任）

1. 透明性の原則

　透明性の原則は，個人データが収集，利用，調査またはその他の方法で処理され，どの範囲で個人データが処理されているか，またされる予定かについて**自然人に対して透明性を担保**することである（5条1項a号）。透明性の原則からは，個人データの処理に関するいかなる情報も連絡も容易にアクセスでき，かつ容易に理解され，明確で簡易な言葉が用いられることが要求される。特に，管理者を特定する情報，処理の目的，公正かつ透明性ある処理を確保するための情報，処理されている個人データへの権利の情報がデータ主体にとって関連してくる（前文39項）。

　GDPR では，透明性に関する重要な条項として，一般原則（12条），データ主体への情報提供（13・14条），権利行使に関するデータ主体への連絡（15〜22条）およびデータ侵害に関する連絡（34条）において示されている。

2. 目的制限の原則

　個人データの処理は，特定された目的のために公正に処理されなければならない（基本権憲章第8条2項，第5条1項b号）。利用目的の制限の原則は，**①管理者が特定され，明示された目的かつ正当な目的のためにのみデータを収集しなければならないこと，そして②データが収集された場合，当初の目的と両立することができない方法で追加処理をしてはならないこと**，の2つを主要な要素としている。[1] 目的制限の原則は，処理の目的の予見可能性と法的確実性の必要性と一定の柔軟性というプラグマティックな必要性とのバランスのとれた原則を企図している。

45

第2部　条文解説

　処理の目的には，特定，明示，そして正当という3つの要件が必要となる。特定性については，目的が明確かつ具体的に特定されていることを意味し，その特定された目的にどのような種類の処理が含まれ，また含まれないかを十分に決定しうるものでなければならない。そのため，単に「利用者サービスの改善」，「マーケティング目的」，「ITセキュリティ目的」または「将来の研究」といった具体性のない目的は曖昧で一般的であり，特定されているとはいえない。明示については，一定の分かりやすい形式で，明確に明らかにされ，説明され，または表示されていることを意味する。透明性と予測可能性が担保されていることが求められる。そして，正当性については，広い意味では，目的があらゆる法を含む「法に従ってい」なければならないことを意味する。

　また，当初の目的との両立可能性については，異なる目的の追加処理であれば自動的に両立不可能となるが，ケースバイケースの判断を要する。その判断には，管理者により当初提示された目的と，追加利用と比較し，前者が明示的または黙示的にカバーされる利用であるか否かを評価する方法，または文脈やその他の要因を考慮して，理解される態様を踏まえ新たな目的と当初の目的とを特定しうるか否かを評価する方法の2つがありうる。

> 【例】有機野菜をオンライン購入し，配送を受ける顧客に対して，店舗が事後的に購入履歴を分析し割引券を配布する場合，通知せずに，顧客がiOSかWindowsを利用しているかを分析する場合はいずれも当初の目的とは両立しえない。

　なお，歴史，統計，または科学の目的のための追加処理については，適切な措置が必要となる。たとえば，マーケットリサーチのためのビッグデータの利用のため，消費者のプロフィールに基づき事後的な決定を行う場合，ダイレクトマーケティング，行動ターゲティング広告，データブローカー，位置情報に基づく広告，または追跡型のデジタルマーケットリサーチにおける追加の利用は当初の目的と整合しえない。そのため，自由な意思に基づき，特定され，通知を受けた上での明確なオプトインの同意が常に必要であるとされる。さらに，同意の通知と透明性の確保のため，プロファイリングを導く決定の論理（アルゴリズム）の基準を公表するべきである。

46

第Ⅱ章　原則（第 5 条〜第 11 条）

3.　データ最小限化の原則

　データ最小限化の原則は，**処理される目的との関連において必要な範囲で適切に，関連性を有し，限定されなければならない**，というものである（5 条 1 項 c 号）。個人データ保護の権利への制約は，必要性と比例性を考慮に入れる必要がある（基本権憲章第 52 条 1 項）。GDPR では，アーカイブ目的の処理，科学や歴史の研究目的，また統計目的の処理において，データ最小限化の原則への注意が払われなければならない（89 条 1 項）。

　そのため，管理者は，個人データを収集し保有する必要性に関して明確に説明し，証明することができるようにしておかなければならない。また，匿名化されたデータや仮名化されたデータを用いることを考慮に入れる必要がある。[2]

> 【例】イタリアでは，サッカーのフーリガン対策として，安全維持のため監視カメラをスタジアムに設置する際，サッカー観戦する個人の大規模なデータベースの設置を行い入場券のパーソナライズ化することの十分な理由と証拠がなく，比例性の原則から認められないとされた。他方で，チェコでは，問題を引き起こす証拠があり，特定のゲームでのみでチケットのパーソナライズ化することは比例性の範囲内で認められるとされた。[3]
>
> 【例（イギリス）】2013 年 7 月，道路上を通行するすべての自動車のナンバープレートを自動的に認証するカメラをハートフォードシャーの警察が 6 か所 7 台設置したことが，個人データ処理の適法な根拠がないことと過度な個人データの処理を行っていることから，私生活尊重の権利への不当な干渉となるとの決定を下した。[4] これにより，ナンバープレート自動認証のデータ処理については，プライバシー影響評価を行った後，リスクが除去されるまでの間その処理の停止が命じられた。[5]

4.　正確性の原則

　正確性の原則に基づき，個人データは，**正確なものでなければならず，かつ必要に応じ最新の状態にしなければならない**（5 条 1 項 d 号）。また，処理の目的との関係において，不正確である個人データは遅滞なく削除または訂正さ

47

れることを確実なものとするためのあらゆる合理的な措置を講ずるものとする（訂正権 16 条，消去権（忘れられる権利）17 条を参照）。

5. 保存制限の原則

ヨーロッパでは，「個人の私生活に関連するデータの単なる蓄積であっても，第 8 条［私生活尊重の権利（欧州人権条約）］の意味における干渉に該当する[6]」とみなされてきた。そのため，保存制限の原則から，**個人データが処理された目的にとってもはや必要以上にデータ主体が識別できないような形態で保存しなければならない**（5 条 1 項 e 号）。個人データが，公益，科学もしくは歴史の研究目的または統計目的における目的をもっぱら実現するために処理される限りにおいて，より長い期間の保存をすることができる。

【例（Digital Ireland 判決）】データ保全指令（Data Retention Directive, 2006/24/EC）は，組織的犯罪およびテロリズム等の重大犯罪の抑止と訴追を目的として，電話，インターネット等の通信データ（トラフィックデータ，位置データ，その他利用者を識別するのに必要な関連するデータ）を 6 か月以上 2 年未満の間保全しなければならない，ことを加盟国に立法させることを要求していた。Digital Rights がアイルランド高等裁判所に申し立て，アイルランド高等裁判所から EU 司法裁判所へ付託され審理された[7]。

これらのデータの保全を要求し，加盟国の機関がこれらのデータへのアクセスを認めることで，この指令は，私生活の尊重（基本法憲章第 7 条）と個人データの保護（基本法憲章第 8 条）という EU 法秩序における基本権に広範囲にわたり深刻に干渉している。データ保全の目的が究極的には公共の安全という一般的利益の目的に資するものであるが，

① あらゆる個人のあらゆる電子的通信を対象としていること
② 加盟国の機関によるデータアクセスの客観的基準がないこと
③ 保全期間が厳格に必要であるという客観的基準がないこと

から，データ保全指令は厳密にみて必要なものに限定されることなく，比例原則（基本法憲章 52 条）で要求される制限を越えた立法として無効である。

【例（Tele Sverige 判決）】スウェーデン法とイギリス法が 2006 年データ保全指令前の 2002 年指令（2002/58/EC）に基づき犯罪捜査目的でのトラフィックデータの保全についても司法裁判所は基本権憲章第 7 条・第 8 条に違反すると判断した[8]。厳格に必要であるという限度を超えて，あらゆる個人データが対象

とされている無差別なデータ保全を規定する立法が基本権憲章第 7 条と第 8 条に違反するというのが理由である。なお，保全されるデータについては EU 域内に置くことを国内法で立法化措置をとるべきであることも言及された。

【例（オーストリア）】ビデオ監視による個人データは，72 時間を超えて保存することができない。証拠保全の場合を除いて，72 時間を超えて保存する場合は，監督機関への届け出が必要である（個人データ保護に関する連邦法 50b 条）。

【例（ドイツ）】ハンブルク州における立法の成立のほか，バーデン＝ヴュルテンベルク州をはじめとする複数の州において，警察の肩へのカメラの装着に関する法律の審議が行われている。個人の画像のビデオ録音については，対象者となる個人への情報提供を行う必要があるとともに，保存期間（ハンブルク州法では 4 日間）の設定が定められている。[9]

6. 完全性・秘密保持の原則

個人データの完全性と秘密保持の原則に基づき，権限のない処理や不正な処理に対する保護および紛失，破壊または損害からの保護を含む，**個人データの適切な安全性が確保されるような方法で処理されなければならず，また適切な技術的または組織的措置を用いなければならない**（5 条 1 項 f 号）（安全管理措置については 22 条参照）。

処理の適法性（第 6 条）

Point

・個人データの処理には，原則として，①データ主体が同意した場合，②契約の履行にとって必要な場合，③法的義務の遂行にとって必要な場合，④データ主体または他の自然人の重要な利益を保護するために必要な場合，⑤公共の利益または公務の行使において実施される人の遂行に必要な場合，または⑥管理者または第三者によって求められる正当な利益の目的に必要な場合のいずれかに根拠を求めなければならない。

第 2 部　条文解説

第 6 条　処理の適法性

1. 少なくとも次のいずれかに該当する限りにおいて，処理は適法であるとされる。
   - （a）データ主体が，1 つまたは複数の目的のために自らの個人データの処理について同意を与えた場合
   - （b）データ主体が当事者である，または契約の締結前にデータ主体の要請により手続を進めるために契約の履行にとって処理が必要な場合
   - （c）管理者が対象となる法的義務の遂行にとって処理が必要な場合
   - （d）データ主体または他の自然人の重要な利益を保護するために処理が必要な場合
   - （e）公共の利益または管理者に付与された公務の行使において実施される任務の遂行にとって処理が必要な場合
   - （f）管理者または第三者によって求められる正当な利益の目的にとって処理が必要な場合であって，かかる利益が個人データの保護を必要とする，特にデータ主体が児童である場合に，データ主体の利益または基本的権利および自由によって優先される場合を除く

   f 号の前段は公的機関によって公務の遂行において実施される処理に対しては適用しないものとする。

2. 加盟国は，第 4 章において規定されている他の特別の処理を含む処理および適法かつ公正な処理を確保するための他の措置のための特別の要件をより厳密に決定することにより，前項（c）および（e）の遵守のための処理に関して本規則の準則の適用を適合させるためにより多くの特別の規定を維持または導入することができる。

3. 1 項 c 号および e 号にいう処理の根拠は次のいずれかにより規定されるものとする。
   - （a）EU 法または
   - （b）管理者に適用される加盟国法

   処理の目的は，当該法的根拠において決められなければならず，または 1 項 e 号にいう処理に関して公共の利益または管理者に付与された公務の行使において実施される任務の遂行にとって必要でなければならない。当該法的根拠は，本規則の規定の適用に適合するような具体的内容を含むものとする。とりわけ，管理者による処理の適法性を規律する一般的条件，処理に適用されるデータの類型，対象となるデータ主体，個人データが開示される主体ならびにその目的，目的制限，保存期間および第 IX 章に規定されるその他の具体的処理状況等への適法かつ公正な処理を確保することを含む処理業務と処理手続を含むものとする。EU 法または加盟国法は公共の利益の目的が，追求される正当な目的に対して比例性を有していなければならない。

4. 処理が個人データ収集された目的以外のためデータ主体の同意または 23 条 1 項にいう目的を満たすため民主的社会における必要性と比例性を有する措置を構成する EU 法もしくは加盟国法に基づかない場合，管理者は，個人データが当初収集された目的と別の目的のための処理が整合するか否かを確認するため，次の点を考慮に入れなければならない。
   - （a）個人データが収集された目的と予定された追加の処理の目的との間の関係性
   - （b）個人データが収集された文脈，特にデータ主体と管理者との関係への考慮
   - （c）個人データの性質，特に 9 条に従い個人データの特別類型が処理されているか

否か，または10条に従い犯罪歴および前科に関する個人データが処理されているか否か
(d) 予定された追加の処理のデータ主体への想定される帰結
(e) 暗号化または仮名化を含む，適切な安全管理の存在

1. 処理の適法性の選択

　個人データの処理をするためには，次のいずれかの法的根拠を証明することができない限りこれをすることが認められない（6条1項）[10]。ここでいう法的根拠は，必ずしも立法のみを指すわけではない。しかし，この法的根拠の対象となる者にとって予見可能で，明確かつ正確なものでなければならない（前文41項）。

　GDPRにおいて認められる処理のための法的根拠は，①データ主体による同意，②契約の履行にとって必要な場合，③法的義務の遂行にとって必要な場合，④データ主体または他の自然人の重要な利益を保護するために必要な場合，⑤公共の利益または公務の行使において実施される人の遂行に必要な場合，⑥管理者または第三者の正当の利益の目的にとって必要な場合の6つである。いずれの根拠を採用するかについては，管理者の選択にゆだねられる場合もある。いずれにしても，いかなるデータ処理も適法かつ公正なものであることが前提とされている（前文39項）。

> 【例】ASNEF & FECEMD 判決[11]
> 　適法性の処理に関する規定は，「網羅的かつ制限的」であり，加盟国が処理の適法性に関して新たな原則を追加することはできない。ただし，処理から生ずるデータ主体の基本権への侵害の重大性が，すでに当該データが公のソースとして明らかにされているか否かによって変わりうる事実を考慮することは可能である。

(1) データ主体の同意

　同意は，データ主体の自己決定によるものであり，処理が正当であるための

第2部　条文解説

本質的条件を満たす1つの要素となる（7条を参照）。

> **【例】加盟国DPAの共同調査**
> フランス，ベルギー，ドイツ・ハンブルグ州，スペインおよびオランダのDPAによる共同調査により，2017年4月，ソーシャルネットワーキングサービスFacebookが，サードパーティクッキー（datr）を通じて，利用者に対する広告配信および利用者の閲覧履歴の追跡について，利用者の明確な同意なしに大量に個人データを収集しているため，処理の根拠がないことなどを理由に15万ユーロの制裁金を科した。[12]

（2）契約の履行にとって必要な場合

　データ処理の根拠の1つにデータ主体が当事者となる契約の履行に必要な場合が含まれる。データ主体が当事者となる契約の利用に必要な場合として，たとえば，オンライン商品を届けるためデータ主体の自宅住所の処理，クレジットカード明細の処理，職場における給与情報の処理などである。契約履行の規定は厳格に解釈される必要があり，契約の履行にとって本質的に必要ではない処理は契約履行には該当しない。そのため，プロファイリングを実施する契約を締結していない以上，ウェブの閲覧利益や商品の購入履歴に基づき，利用者の嗜好やライフスタイルのプロフィールを構築するための処理は契約履行の法的根拠とはならない。たとえこのような処理が契約の細かな字で言及されているとしても，この事実のみでは，契約の履行にとって必要であるとはみなされない。また，労働者のメールや電話の利用，ビデオ監視等については，労働契約の履行に必要な場合を一般的には超えるものとして認められない。

　契約の締結前にデータ主体の要請により手続を進めるために契約の履行が必要な場合は，管理者や第三者の主導によるものではなく，データ主体の要請に基づく措置であるため正当な利益の対象となりうる。たとえば，自動車保険に加入目的で保険料の要請があった場合，自動車の車種などの必要なデータを処理することができる。これに対し，詳細なバックグランドチェックが必要となるダイレクトマーケティングや本人の要請によらないクレジットカードローン審査はこれを根拠とすることができない。

第Ⅱ章　原則（第5条〜第11条）

（3）法的義務の遂行にとって必要な場合

　法的義務の遂行に必要な場合は，適法な処理の根拠となりうる。たとえば，雇用者が労働者の給与データを社会保障当局や税務当局に提供する場合，または金融機関がマネーロンダリング対策に基づく当局へ疑わしい取引を報告しなければならない場合がこれに該当する。ここでいう法的義務は法令により課される義務を指しており，契約上の法的義務ではなく，同時にデータ保護法にも従わなければならないことを意味する。さらに，第三国の法令に基づく義務（たとえば，アメリカの公益通報者保護法に基づく通報義務）はこれに該当しない。第三国の法令に基づく義務は，法的義務ではなく，比較衡量を要する管理者の正当な利益の問題となる。また，規制当局による，執行権限を用いるために考慮される一般的な政策ガイドラインや条件もまた法的義務ではなく正当な利益の問題となる。

（4）データ主体または他の自然人の重要な利益を保護するために必要な場合

　データ主体等の重要な利益を保護するために必要な場合には，処理の法的根拠となりうる。「重要な利益」は，「データ主体の生命」（前文46項）を指しており，データ主体の生死，少なくともデータ主体の健康への被害のリスクまたはその他の損害に関わる問題に限定されているとみられる。なお，この重要な利益は制限的に解釈される必要があり，データ主体からの有効な同意の取得の可能性についても検討されるべきである。

（5）公共の利益または公務の行使において実施される任務の遂行に必要な場合

　公共の利益または管理者に付与された公務の行使において実施される任務の遂行に必要な場合は，処理の適法性の根拠が認められる。管理者自身が公的機関である場合と，公的任務のために必要な処理を民間事業者が行う場合が想定されている（たとえば，税務当局による個人の所得申告データの収集と処理，弁護士会や医師会が構成員に対する懲戒手続を行う場合，自治体の図書館運営や水泳プールの運営）。

第2部　条文解説

> 【例（Puśkár 判決）】税務当局による個人リストの作成
>
> 　EU 司法裁判所は，税徴収目的および脱税防止のための税務当局による個人リストの作成に関するスロバキアの事例について，個別の判断は国内裁判所の判断に委ねたものの，一般論として公共の利益に必要な場合に該当すると判断した。同時に，税務当局がこのような個人リストを作成する場合は，比例原則と必要性の原則の下，目的を実現するためにより制限的でない方法をとる必要があるほか，データ主体への情報提供などが条件とされるべきことを示した。[13]

（6）管理者または第三者の正当な利益の目的にとって必要な場合

　正当な利益については，「管理者との関係においてデータ主体の合理的な期待」（前文 47 項）が前提とされている。その上で，比較衡量が要求されており，管理者の正当な利益とデータ主体の基本権と自由が衡量されなければならない。もっとも，比較衡量には様々な要因を考慮した複雑な評価が要求しなければならない。EU 司法裁判所は，（ⅰ）管理者または第三者もしくはデータを開示された当事者が追求する正当な利益，（ⅱ）追求された正当な利益の目的ための個人データ処理の必要性，（ⅲ）対象となる者の基本権および自由の 3 段階の考慮が必要であることを示している。[14]

> 【例（Rigas satiksme 判決）】民事訴訟提起の必要性と正当な利益
>
> 　タクシーの乗客者が降車時にドアを開け，トローリーバスとの接触事故が起きた事件において，乗客が未成年者であったため，警察はこの乗客者の氏名のみを開示するにとどまり，住所等を開示しなかった。トローリーバス会社は住所等の開示を求めたが，正当な利益があると認められるためには，損害賠償請求の民事訴訟を提起することが必要か否かが争われた。EU 司法裁判所は，正当な利益の解釈について，第三者に個人データの開示のため対象となる人による民事訴訟を提起することまで要求するものではない，と判断した。[15]

（A）管理者（または第三者）の正当な利益

　管理者の利益は広範な概念であるが，衡量テストを行うにあたり，十分に明確化されていなければならない。また，利益が正当なものであるためには，（EU 法および加盟国法において）適法であること，衡量テストが行えるほど十分に明確であること，真正で現存した利益であり，投機的なものであっては

54

第Ⅱ章　原則（第5条〜第11条）

ならない。

　なお，第三者の利益については，たとえば管理者の利益というよりは，株主や労働者，メディア等への利益のために企業の経営陣の給与の公開をする場合，歴史研究や科学研究を目的とした活動，またマネーロンダリング等の違法活動への対処など一般市民の利益などが想定される。[16]

【例】マーケティング目的でパーソナライズされた製品やサービス提供のため，顧客の選好を知ることは管理者の正当な利益である。もっとも，このようなプロファイリング活動は，顧客のプライバシーへの侵害が大きいと考えられ，データ主体の利益と権利を上回ることができる場合のみ認められる。

【例】SWIFT（国際銀行間通信協会）におけるアメリカの機関による制裁のリスクを回避するため，送金履歴等の隠れた，体系的，大量でかつ長期間にわたる方法で個人データを処理していたことは，SWIFT の正当な利益が，データ主体の利益を上回るとは評価できないと第29条作業部会によって判断された。[17]

（B）データ主体の利益または基本権ならびに自由

　データ主体の基本権および自由は，GDPR1条に規定された文言を手がかりにする必要がある。また，情報の非対称性の観点から，個人のプライバシーと自律を保護する利益を確保することがいっそう重要になっている。さらに，管理者における利益の正当性が要求されるのに対し，データ主体の「利益」のみの規定とされており，たとえば，スーパーでの窃盗の犯罪を犯した個人が店外で写真や住所を公表されない利益なども含まれうるとされている。

（C）衡量テストの運用

　加盟国における衡量テストにおける考慮要因として，（ⅰ）管理者の正当な利益，（ⅱ）データ主体への影響，（ⅲ）暫定的な衡量，（ⅳ）データ主体への過度な影響を防止するための管理者による追加的措置が示されている。

【例】ピザをスマートフォンのアプリで予約したが，ウェブサイトでマーケティングのオプトアウトをしていなかった。クレジットカードの詳細が記録されており，ピザのチェーン店から割引クーポン券を受領した。ピザのチェーン店は正当な利益は有しており，連絡先のみが利用されており，データ主体への重大な侵害があるわけでもない。オプトアウトを簡単に利用できる状態にあり，最低限のデータ処理であるため，データ主体の利益が管理者の正当な利益を上

55

第 2 部　条文解説

回っているとはみられない。

【例】ピザチェーン店が顧客の住所，クレジットカード，3 年分の購入履歴とともに，同一企業が運営するスーパーでの購入履歴に基づき，ターゲティング広告をオンラインとオフラインの両方で行った。また，インターネット閲覧や携帯電話からの位置データを追跡していた。顧客がオプトアウトした結果，望まない顧客への料金を課しており，約 10% 分の増額となる食料費を支払うこととなった。この場合，価格の差別をもたらし，企業のデータ処理の透明性が不足しており，また顧客の資産への影響をもたらしうるため，正当な利益を法的根拠とすることはできない。この種のプロファイリングやターゲティング広告は通知をした上での同意が必要である。

2.　日本との比較

　日本の個人情報保護法制には，利用目的による制限（個人情報保護法 16 条），適正な取得（同法 17 条），データ内容の正確性の確保等（同法 19 条）の条文はあるものの，一対一で GDPR の処理の適法性に相当する条文はない。

同意の条件（第 7 条），情報社会サービスに関して児童の同意に適用される条件（第 8 条）

Point

・同意は，自由になされ，特定され，通知を受け，かつ明確なデータ主体の意思表示である。声明または明確な積極的行為を必要とする。
・データ主体はいつでも自らの同意を撤回する権利を有する。
・契約やサービスの条項に個人データの処理に関する同意を盛り込むことは極めて望ましくない。
・16 歳未満（加盟国法により年齢が異なる）の児童については，親権を有する者からの同意が必要となる。

第 7 条　同意の条件

1.　処理が同意に基づき行われる場合，管理者はデータ主体が自らの個人データの処理に同意したことを論証するものとする。
2.　データ主体の同意が他の事項を含む書面において与えられる場合，同意の要請は，

分かりやすく容易にアクセスできる形式で明確で平易な言葉を用いて，他の事項とは明確に区別される方法で提示されなければならない。本規則に違反する同意の付与はそのいかなる部分も拘束力を有しないものとする。

3. データ主体はいつでも自らの同意を撤回する権利を有すものとする。同意の撤回は，撤回前の同意に基づく処理の適法性に影響を及ぼさないものとする。同意の付与の前に，データ主体はそれに関して情報を受けるものとされる。同意の付与と同程度に撤回は容易なものとしなければならない。

4. 同意が自由に与えられたものであるか否かを評価する場合，特にサービス規約を含む契約の履行にとって不要な個人データの処理への同意を条件としているか否かが最大限考慮されなければならない。

第8条　情報社会サービスに関して児童の同意に適用される条件

1. 児童に対する情報社会サービスの直接的な提供に関連して，6条1項a号が適用される場合，児童の個人データの処理は，児童が少なくとも16歳であれば適法とされるものとする。児童が16歳未満の場合，かかる処理は児童に対する親権を持つ者による同意または許可が与えられるならばその限りにおいてのみ適法とされる。
   加盟国は，児童の年齢が13歳を下回ることがなければ，この目的のためより低い年齢を立法により設定することができる。

2. 管理者は，利用可能な技術を考慮に入れ，親権を持つ者による同意または許可が与えられることを証明するための合理的な措置を講ずるものとする。

3. 1項は，児童に関連する契約の効力，形式または効果に関する規則といった加盟国の一般的な契約法に影響を及ぼすものではない。

1. 同意の構成要素

　同意は自己情報コントロールの基盤をなす概念である。第29条作業部会の意見において示されているとおり，同意はドイツで発展した情報自己決定の概念とも結び付いている。[18]

　データ主体の「同意」とは，声明または明確な積極的行為により，自己が自らに関する個人データの処理について合意を示すこととなる，自由になされ，特定され，通知を受け，かつ明確なデータ主体の意思表示，と定義される（4条11項）。同意は，データ処理の適法な根拠の1つである。第29条作業部会は，同意に関する2011年の意見と2017年のガイドラインをそれぞれ公表している。[19]同意の概念の重要要素には，次の事項が含まれることとされている。

第2部　条文解説

（1）「自由になされた」（free/ freely given）

（A）力の不均衡

　詐欺，強制，その他消極的帰結の危険がある場合の同意は自由になされたものとみなされず，データ主体の自発的決定ないし真正な選択ができることが前提とされる。また，交渉の余地がない利用規約の一部として同意が含まれる場合には，同意が自由になされたものであるともみなされない。したがって，**データ主体が損害なく同意を拒否または撤回することができなければ，同意は自由になされたものとはみなされない。**

　データ主体とデータ管理者との間に明白な力の不均衡がある場合は，同意が自由になされたとはみなされない（前文43項）。特に公的機関と雇用関係（88条参照）において問題となる。また，フランスでは，デジタル共和国法により，交際解消後における交際中に同意を得て入手した写真・情報等の第三者への提供の制限に関する規定がある（67条）。

　【例】空港におけるボディスキャナは，それを拒否すれば怪しまれるため，実質的に自由な同意とはいえない（選択を認める立法措置が必要）。
　【例】写真編集のモバイルアプリについて，GPS情報を作動させたり，行動広告目的のためのデータ収集を行うなど中心的なサービスの目的以外ことについて同意を求め，これに同意しないと写真編集のアプリを利用できない場合，自由な同意があったとはみなされない。
　【例】自治体が道路舗装工事による交通への影響や工事状況の情報を市民へメールで連絡する場合，市民はいつでもメールの受信についての同意を拒否することができる。
　【例】土地所有者の許可書が市区町村と都道府県のそれぞれから要求され，それぞれの公的機関で同一の情報が必要となった場合，それぞれ保有するファイルの統合について土地所有者は同意しないことができる。
　【例】公立学校の学内誌における学生の写真が掲載される場合，その学生の教育やサービスの拒否などの損害なく，学生は写真掲載に同意しないことができる。
　【例】映画撮影のため，オフィスの一部撮影をする場合，雇用者が労働者にその撮影協力に同意するよう求めた場合，同意をしなかった者への不利益を課すことはできず，撮影中は別のデスクを用意されるものとする。

58

第Ⅱ章　原則（第5条〜第11条）

（B）条件

同意に関する条件についてみると，**同意と契約は統合され，曖昧な状況にされてはならない**。利用規約の受入と同意をまとめること，または契約やサービスの条項に同意を盛り込むことは極めて望ましくない（7条4項参照）。このような状況における同意は，自由になされた同意とはみなされないものと推定される。同意を付帯させる状況か否かは契約やサービスをどの範囲で決定するかが重要となり，契約の履行にとって必要であるという条件は厳格に理解される必要がある。

> 【例】銀行が顧客にマーケティング目的の支払い利用への同意を求めた場合，この処理は通常の銀行口座サービスにとって必要ないため，同意を拒否したことにより，銀行のサービスの拒否，口座の閉鎖，または手数料の増額を行うこととなれば，自由な同意とはいえない。

（C）きめ細やかさ

同意のきめ細やかさについて，同意は同一の目的のみに有効であり，複数の目的にはそれぞれ同意が与えられなければならない（前文43項）。

> 【例】1つの同意で不動産会社が顧客のデータの利用，マーケティング目的のEメール送信，またグループ会社への共有を行う場合，同意はきめ細やかなものとはいえず，異なる目的への同意は無効となる。

（D）損害

管理者は，データ主体に損害を与えることなく，同意を拒否したり撤回したりすることを可能とし，それを論証することが求められる。たとえば，管理者は同意を撤回する際データ主体に手数料を要しないことや不利益を及ぼさないことを示す必要がある。

(2)「特定的」（specific）

データ主体の同意は1つまたは複数の特定された目的との関係においてなされなければならず，個々の目的との関係において選択を行うことが必要とされる（6条1項a号）。特定的という要素を遵守するため，管理者は，（ⅰ）技術

59

第 2 部　条文解説

利用等による拡大に対抗する措置としての目的の特定，（ ii ）同意の要請のきめ細やかさ，および（ iii ）他の事項に関するデータ処理業務のための同意収集に関する情報との明確な分離の 3 点が履行されなければならない。

　そして，利用目的が限定されない包括同意（blanket consent）は認められない。同意は処理の目的に関連する合理的かつ必要な範囲を対象として与えられなければならないが，必ずしも単一の事業につき同一の目的内の新サービス提供ごとに同意が必須というわけではない。[20] もっとも，特にソーシャル・ネットワーキング・サービスにおいても，個々のサービスについて異なる利用目的があれば，目的ごとに同意を得ることが奨励される。

　【例】ケーブルテレビ会社が，同意に基づき視聴履歴を収集しており，その後，第三者にターゲット広告の配信を行う場合，新たな目的のためには新たな同意が必要とされる。

---

(3)「情報を受けた」（informed）

(A) 最低限の内容の要件

　情報を受けた同意には，**分かりやすい形での情報提供があること**，そして，**その情報に直接アクセス・認識できることが条件**となる。GDPR では，同意が情報を提供されなければならないという要件を強化した（5 条参照）。同意の前のデータ主体への情報提供は，情報に基づき決定を下すことを可能にし，何に同意をしているのかを理解し，かつ同意の撤回の権利を行使するためには不可欠である。仮に管理者がアクセス可能な情報を提供しなければ，利用者のコントロールは幻想となり，同意は無効となる。

　なお，消費者は，利用規約について 77.9% がその一部を読むとするものの，別のリンクを開けて読む者は 9.4% になり，データ主体に対して情報を提供することの工夫も必要となる。[21]

　【例】第 29 条作業部会は，ソーシャルメディアの冒頭のスクリーンにおいて当社の条件とプライバシーポリシーを「読んでください」と表示しているのみであり，同意を求めるための情報としては重大な欠陥があることを表明した。別

のソーシャルメディアとの情報共有に関するプライバシーポリシーの更新がある場合，このような更新情報のみでは利用者にミスリーディングな印象を与えることとなり，また既存の利用者に対しては自由な意思に基づく同意を与えることができないことも指摘されている。[22]

【例（オランダ）】オランダ DPA は，グーグルが様々なサービスの個人データの統合を図ったことに対して，利用者に十分に情報を提供し，明確な意思表示があったとはいえないと判断した。なお，オランダ DPA はこの判断を下す際に，データ市場におけるシェアの規模を考慮した。[23]

【例（ベルギー）】ベルギー裁判所（第一審）は，Facebook が利用者に対して情報収集の事実，収集された情報の性質，情報の利用，保存期間を十分に通知せず，同意を得ることなくデータ処理を行なっていたため，1 日につき 25 万ユーロ（最大 1 億ユーロ）の支払いを命じた。[24]

　同意の要件として最低限の通知の内容として，（ⅰ）**管理者の名称**，（ⅱ）**同意が求められている個々の処理業務の目的**，（ⅲ）**収集・利用されるデータ種類**，（ⅳ）**同意を撤回する権利の存在**，（ⅴ）**プロファイリングを含む自動処理のみに基づく決定のデータの利用に関する情報**，（ⅵ）**同意が移転に関する場合，十分性決定を受けていない第三国へのデータ移転の想定されるリスクに関する情報**が示されている。

（B）情報提供の方法

　情報提供の方法について，GDPR は特定の態様を指定しているわけではないため，書面，口頭，音声またはビデオメッセージなどの様々な方法を用いることができる。もっとも，情報の明確性とアクセス可能性については高い基準が求められる（前文 32 項，7 条 2 項）。法律家のみならず，通常の人にとって分かりやすく理解できるメッセージが必要であり，管理者は読みにくい長文のプライバシーポリシーを用いてはならないし，また同意は他の事項とは別に明確にされ，分かりやすく容易にアクセスできる形態で提供されるものとする。

【例】ある企業では，データ主体から求められた同意についてデータ利用に関する目的が不明確であるという苦情を受領した。この企業では自主的にデータ主体に理解できるようテストを行っており，この場合，テストの対象者にも理解できるまでテストを実施すれば，データ主体が明確な情報を受領したことを証明する方法となりうる。

第2部　条文解説

> 【例】データ保護責任者の連絡先をプライバシーポリシーに含まれていない場合，情報提供に関する規定（13条1項b号・14条1項b号）に従いデータ主体に連絡をとることができれば管理者は有効な情報を提供した上で同意を取得したことになる。
>
> 【例】犯罪マップを公開し，仮に公開されている情報から特定の被害者を特定することができる場合，当該情報が公開されることについての被害者からの同意が必要となる。

(4)「明確な意思表示」（unambiguous indication of wishes）

　GDPR では，明白な意思表示は声明または明確な積極的行為によることとされている（4条1項）。同意についてデータ主体の意図について曖昧さを残さないことが明確な同意である。そのため，個人の意図に疑問が残る場合は，明確な同意とはいえない。

　文字どおりにこの明確な同意の基準を満たすためには，書面へのサインや電子メールなどの書面による声明である。もっとも，すべての書面による声明を求めることは現実的ではないことがある。そのため，録音された音声による声明による同意も認められる。他方で，**チェック済みのボックスのオプトインはGDPR の下では無効**となる。データ主体による沈黙や不作為，さらにサービス手続の開始のみでは能動的な選択の表示であるとはみなされない。マーケティング目的でEメール等を配信する場合は，管理者の利用目的への同意とは別にEメール等の配信について再度同意を取得する**「ダブル・オプトイン」**が奨励されてきた。[25]

> 【例】ソフトウェアのインストールの際，プライバシーポリシーにも必要な情報が示され，「私は同意します」という選択式のボックスを能動的にクリックすることで，利用者は明確な積極的行為による同意を有効に行ったこととなる。
>
> 【例】スクリーンのスワイプ，スマートカメラの前での手を振ること，時計回りにスマートフォンを回すことなどは，明白な情報が提供されている限りにおいて同意を示す選択肢となりうる。管理者は同意がこのような方法で取得されたこと，またデータ主体が同意を撤回できることを証明できなければならない。
>
> 【例】ウェブ画面の同意の宣言を含む利用条件をスクロールしたり，スワイプ

したりするだけでは，明確かつ積極的行為の要件を満たしたことにはならない。データ主体が大量の文をすばやくスクロールすることで警告を見落とす可能性があり，このような行為は十分に明確であるとはいえない。

【例】オンライン上でホテルからのロイヤリティ・プログラムを受けようとする場合，そのプログラムのために個人データが利用されることをチェックするボックスが必要となる。

2. 明示の同意の取得

GDPR の下では，センシティブ・データの処理，十分性決定のない第三国へのデータ移転，またプロファイリングを含む自動処理決定には明示の同意が必要となる。**「明示（explicit）」とは，同意がデータ主体によって表明された方法**を意味し，データ主体は明示の宣言を行わなければならない。必要に応じ，管理者は，証拠の疑義等を取り除くため**書面による同意書を準備**しておくことができる。

たとえば，疫学研究のためのデータ利用については，データ主体からの異議申立てがあるまでデータ提供することは明示の同意の要件を満たしていない。そのため，いわゆるオプト・アウトは，明示による同意とはみなされず，異議申立権の行使の一環として位置付けられている[26]。

【例（フランス）】2016 年，デートサイトが利用者の性生活，信条，民族的出自等のセンシティブ・データの取得に十分に説明を行わずに，明示の同意を取得していなかったことについて監督機関が制裁金を科した[27]。

【例】美容整形のクリニックにデジタルファイルの治療歴を専門家に移転するための同意を求めており，有効な明示の同意を取得し，かつ明示の同意を取得した証明をするため，データ主体による電子署名を求めることができる。

【例】管理者が特定の目的で特定の情報の利用について同意を求め，データ主体が同意した場合，管理者は「私は同意します」という宣言を含むメールへの応答を依頼し，その後，データ主体に認証のリンクをクリックしてもらうかSMS を送信するなど 2 段階の同意の認証手続も明示の同意として有効である。

第2部　条文解説

3. 有効な同意取得のための追加的条件

（1）同意の証明

　データ主体から有効な同意を取得したことの証明は管理者次第であり，GDPR は特定の方式を指定しているわけではない。同意の有効性について時間的制限があるわけではない。処理業務が大きく変化したり進化した場合には，当初の同意はもはや有効ではなくなり，新たな同意を取得しなければならない。

> 【例】病院における研究プログラムのため，患者の歯科記録が必要である場合，電話で患者に希望を取り，同意が口頭による宣言であり，電話で録音された形で証明することができる。

（2）同意の撤回

　同意の撤回については，既存の第 29 条作業部会の意見が明文化される形でGDPR に導入された（7 条 3 項）。管理者は，**同意の撤回を同意の取得と同じくらい容易な方法でいつでも行われる**ものとしなければならない。同意の取得がマウスのクリック，画面のスワイプ，キーストロークを通じて行われるのであれば，同意の撤回も同様な電子的方式で行われることとされなければならない。また，同意の撤回は，データ主体の損害なしで行われなければならず，手数料の無料で行われ，サービスの低下を伴うことなく，同意は撤回されるものとする。

　同意の撤回の効果として，関連する処理業務を停止することとし，また他の処理の根拠がなければ，データは管理者により消去されるかまたは匿名化されなければならない。データ管理者の義務に加えて，同意が撤回されれば，管理者に残されているデータ主体に関する他のデータの消去についても要請することができる（17 条 1 項 b 号）。

> 【例】音楽祭でオンラインチケット業者を通じてチケット販売がされており，

個々のオンラインチケット販売にマーケティング目的の同意が要請されている。顧客は「いいえ」か「はい」でオンラインで選択できるのに対して，同意の撤回は，8時から5時の営業日に手数料無料で電話で行うこととされている。この場合，営業時間内に電話をしなければならず，24時間いつでも同意を与えることができる一回のマウスクリックよりもより重い負担を課しているため，7条3項を遵守しているとはいえない。

4. 同意と他の適法な根拠との関係（6条）

　適法な根拠は1つとは限らず，複数に依拠することはできる。しかし，処理の適法な根拠は，管理者において処理の前に決定されるものとされるため，処理の途中で変更することは認められない。GDPRの下では，同意が与えられたことを証明できない場合や同意が事後に撤回された場合，バックアップとして他の適法な根拠に依拠することはできない。その理由は，データ取得時において適法な根拠を開示する要件があり，管理者はあらかじめ適法な根拠を取得時に決定しておかなければならない。

5. 特定分野における考慮事項

　特に医療分野などの科学目的のために特別類型のデータが用いられる場合には，有効な同意を取得してから，科学研究目的の定義はデータ処理の実体的効果を有することとなる。同意は，科学研究が進み，次のステージが始まる前に当該プロジェクトの中で取得されるものとする。また，プロジェクトの明確化が行われていないと利用目的が特定されていないこととなるため，同意取得時にデータ主体にプロジェクトの包括的な研究予定を示さなければならない。同意の撤回は科学研究についても例外なく適用されるため，その場合，個人データを消去するか匿名化しなければならない。

第2部　条文解説

6. 児童の個人データ保護と同意の条件

(1) 原則

　児童の権利の保護に関する国際文書として，児童の権利に関するジュネーブ宣言（1924年），国連児童の権利条約（1989年），欧州評議会・児童の権利の行使に関する欧州条約（1996年），児童の権利に関するEUの戦略に向けての欧州議会決議（2008年）がある。

　第29条作業部会の意見では，児童の個人データ保護について，次の7原則を示している。[26]①核心にある法原則は，児童の最善の利益である。②児童の福利にとって必要な保護とケアである。③1人の人間として，児童のプライバシー権の尊重である。④児童は自らの権利を行使するための法的代理人を必要とし，個人データの処理には親権者の明示の同意が要求される。⑤児童の最善の利益の観点から，児童のプライバシーと他の利益との適切な較量が図られなければならない。⑥児童の成長の程度に応じた法制度の整備が必要である。⑦児童は自らの個人データに関する権利の行使に参画することができる。

　その上で，児童に対するデータ保護の原則として，次の点に留意が必要である。

① 　データの質

　　児童は十分に成熟していないため，管理者は善意で公平性に基づき児童の個人データを処理することとする。また，児童の最善の利益を考慮しつつ個人データ処理をしなければならない。さらに，必要な期間のみ個人データの処理が認められることから，「忘れられる権利」を考慮に入れる必要がある。

② 　正当性

　　児童の個人データの処理は児童と保護者の最善の利益を尊重する正当性を有しなければならない。国内法によっては，法定代理人の同意を必要としない法律行為（結婚，雇用，宗教行為など）については，児童の成熟の

66

程度を考慮に入れ，法定代理人が異議申立てをしない限りにおいて同意が有効なものであったと理解される。

③　データセキュリティ

児童は成人に比べてプライバシーのリスクの認識が小さいことを考慮に入れて，安全管理措置を講ずる必要がある。

④　データ主体の権利

個人データの収集における情報提供は必ず法定代理人にも通知されなければならない。アクセス権については，法定代理人によって行使されることが想定されているが，子どもの利益が常に考慮されなければならず，場合によっては児童のみの権利行使が認められる（たとえば児童は医療データや性的データを法定代理人に開示しないよう依頼することができる）。

【例（ドイツ）】2017 年 11 月 20 日，ドイツネットワーク機関は，5 歳から 12 歳までの児童の保護者に対し，いわゆるスマートウォッチが児童を取り巻く環境を聴き，データを送るシステムであり，プライバシー侵害となりうるため，使用を禁ずるため破壊するよう声明を公表した[27]。

【例（フランス）】消費者団体が，児童の質問にマイクで回答をすることができる 2 つのインターネット接続された玩具（ロボットと人形）に対して，安全管理が不足していることの警告を発出し，CNIL の委員長はこの警告を基に 2017 年 1 月と 11 月にこの玩具を製造した香港にある企業に対して調査を行った。調査結果を基に，CNIL は 2017 年 12 月 4 日，これらの玩具が，①9 メートル以内にいる者が標準的な Bluetooth を通じてこの玩具に接続できる状態であったことから安全管理措置違反であり，また②玩具が個人データの処理について通知を行っていないこと，かつこの企業が EU 域外の第三国に個人データを移転していたことを通知していないことから情報提供の違反である旨通知した。この通知に対する措置が行われない場合，この企業に対して制裁金を科す手続に入ることを公表した[28]。

（2）同意取得の条件

児童に関する個人データについては，プロファイリングのみならず，個人データの取得について格別の保護を必要とする（前文 38 項）。情報社会サービスの提供に関して，児童が 16 歳以上であれば，個人データの処理は適法とされ

第2部　条文解説

るが，16歳未満の児童については，親権を有する者からの同意が与えられるか，または承認された場合でなければ，適法とされない。

なお，加盟国は13歳以上であれば，年齢を規定することができる。国境を越えたサービスを提供する管理者は特定国の法律のみに依拠することができないため，それぞれの国内法に従う必要がある。

年齢認証については，過度なデータ処理を伴うものであってはならず，未成年者である，またはないことを示すための生まれ年のフォームへの入力などを要求することが適当である。疑義が生じた場合，所与の事案における年齢認証の見直しや別のチェックを要するか否か検討するべきである。

ただし，8条は，情報社会サービスの提供に関する処理と処理が同意に基づく場合に限り適用される。年齢が16歳に達した場合は，児童への同意が失効し，本人からの再確認が必要となる。

なお，加盟国法に基づく児童からの同意の条件に関する年齢制限については次のとおりである。

図表6　児童の個人データの同意取得の年齢に関する加盟国法（法案を含む）

13歳	チェコ，デンマーク，アイルランド，ラトビア，ポーランド，スペイン，スウェーデン，イギリス
14歳	オーストリア
15歳	フランス
16歳	ドイツ，ハンガリー，リトアニア，ルクセンブルク，スロバキア，オランダ

【例（スウェーデン）】大学が児童の精神問題に関する調査のため，約3,000名を対象にアンケートを実施したが，保護者からの同意を得られないものが生じたため，DPAはそのアンケート実施の停止を命じた。[29]

【例】オンラインゲームのプラットフォームが保護者の同意によりサービス提供を児童にする場合のステップとして，(i) 16歳（または加盟国が定めるデジタルな同意の年齢）未満であるか否かを利用者に尋ねる，もしも年齢が下回っていれば，(ii) サービスの提供には保護者の同意または承認が必要であることを児童に通知する，(iii) 保護者に連絡を取り，Eメールを通じて同意を取得し，その大人が保護者であることを確認するための合理的手続をとる，(iv)

第Ⅱ章　原則（第5条〜第11条）

苦情が出された場合，対象者の年齢を確認するための追加的措置をとる。その他の同意の要件を満たしている場合，8条の追加的基準に従うこととする。

7. クッキーのための同意取得

EU市民はインターネット上のサービスを受ける際に，54％が利用に関する条件等について事前に情報を受けていると回答しているが，28％が同意の手続がとられていないと回答している[30]。

電子プライバシー指令が2009年に改正され，ウェブ追跡のためのクッキーの利用について利用者の同意が必要であることが規定された（5条3項）。インターネットのウェブ・オペレーターは同意を得る際に，第29条作業部会の作業文書によれば特に次の点について留意が必要である[31]。すなわち，同意が真正なものであるというためには，①クッキーが設定されることに関する具体的で特定された情報が提供されていること，②クッキーが設定される前の事前のタイミングの同意，③ユーザーの積極的な行為または能動的な振る舞いによる同意，④自由な選択という4つの要件が必要である。

なお，インターネット上のサービスについて，ある国における同意が別の国における処理の根拠となりうるかどうかなどの論点について国ごとに異なる対応がとられてきた，という問題点が指摘されてきた[32]。そのため，2017年1月，欧州委員会は，電子プライバシー規則案を公表し，加盟国間の差異をなくす試みがみられる。

【例（スペイン）】スペインDPAは，2013年にクッキーの利用に関するガイドラインを公表し，2つの宝石店のウェブサイトでクッキーの利用に関する明確かつ十分な情報提供を行わずに，クッキーを利用していたため3,500ユーロの制裁金を科した。
【例】第29条作業部会は，2017年2月，Microsoft社のWindows10へのアップデートについて，利用者に対する事前に通知を行った上での自由な選択がなされる環境がなければ，同意に違反する可能性があることを表明した[33]。
【例（ドイツ）】2015年9月，ドイツのすべての州の監督機関は，スマートテレビに関するガイドラインを採択した[34]。このガイドラインに従えば，スマート

69

第2部　条文解説

テレビにおける個人データの処理は，法令で認められるかまたは本人の同意が
ない限り認められない。テレメディア法に基づき，利用者に関するデータや利
用者サービスのデータの処理は法令上の根拠に基づき処理が認められるが，コ
ンテンツデータの処理についてはデータ保護法の対象となり，本人の同意が必
要となる。ガイドラインでは，スマートテレビを通じて自動的に URL への接
続を行うのではなく，「注意喚起のボタン」を押して利用者に選択を与える方
法を奨励している。

8.　日本との比較

　個人情報保護法では，「本人の同意」について，利用目的の制限（16 条），
適正な取得（17 条），第三者提供の制限（23 条），外国にある第三者への提供
の制限（24 条）において規定されている。ガイドライン（通則編）によれば，
「本人の同意」とは，本人の個人情報が，個人情報取扱事業者によって示され
た取扱方法で取り扱われることを承諾する旨の当該本人の意思表示をいう（当
該本人であることを確認できていることが前提となる）。

■参考文献
・山本龍彦「インターネット時代の個人情報保護：実効的な告知と国家の両義性を
　中心に」慶應法学 33 号（2015）181 頁

個人データの特別類型の処理（第9条），前科犯罪に関する個人データの処理（第10条）

Point

・人種もしくは民族の出自，政治的見解，信仰もしくは哲学上の信念または労働組
　合の構成員を明らかにする個人データの処理，および自然人を特定して識別する
　目的の遺伝データ，生体データ，健康に関するデータまたは自然人の性生活もし
　くは性的指向に関するデータの処理は，原則として禁止。

第Ⅱ章　原則（第 5 条〜第 11 条）

第 9 条　個人データの特別類型の処理

1. 人種もしくは民族の出自，政治的見解，信仰もしくは哲学上の信念または労働組合の構成員を明らかにする個人データの処理，および遺伝データ，自然人を特定して識別する目的の生体データ，健康に関するデータまたは自然人の性生活もしくは性的指向に関するデータの処理は禁止する。

2. 前項の規定は次のいずれかの場合には適用しないものとする。

   （a）データ主体が，1 つまたは複数の特定された目的のためにこれらの個人データの処理について明示的な同意を与えた場合。ただし，1 項にいう禁止をデータ主体により解除することができないという EU 法または加盟国法の規定がある場合を除く。

   （b）処理が，データ主体の基本権および基本的利益に対する適切な措置を規定する連合法もしくは加盟国法または加盟国法に従った協約により承認されている限りにおいて，雇用分野および社会保障ならびに社会的保護の立法における管理者またはデータ主体の義務の実施および特定の権利の行使の目的にとって必要な場合

   （c）処理が，データ主体が同意を与えることが物理的にまたは法的にできず，データ主体または別の自然人の不可欠な利益の保護に必要な場合

   （d）政治的，哲学的，宗教的また労働組合目的の団体，組織またはその他の非営利団体による適切な安全管理を伴う正当な活動の過程において，かつ処理が組織の構成員もしくは元構成員または団体の目的との関係で定期的に連絡をとっている者に対してのみ関係する処理であり，データ主体の同意なしに団体の外に個人データが開示されないという条件の下で処理が実施される場合

   （e）データ主体により明確に公にされている個人データに関する処理

   （f）法的請求の立証，行使もしくは擁護または裁判所が司法権の行使している時のために必要な処理

   （g）求められる目的に比例し，データ保護の権利の本質を尊重し，およびデータ主体の基本権ならびに基本的利益の保護のための適当かつ特別の措置を規定している EU 法または加盟国法に基づき実質的な公共の利益のために必要な処理

   （h）予防医学または産業医学のため，従業員の労働能力の評価，医療診断，連合法もしくは加盟国法または 3 項にいう条件および安全管理に従う医療専門家との契約に基づく健康もしくは社会ケア治療の提供または健康もしくは社会ケアシステムおよびサービスの管理のために必要な処理

   （i）データ主体の権利および自由，特に専門職の秘密保持，を保護するための適当かつ特別の措置を規定した EU 法または加盟国法に基づき，健康への国境越えた重大な脅威に対する保護または健康ケアならびに医薬品と医療機器の質と安全性の高い水準の確保のような公衆衛生分野における公共の利益のために必要な処理

   （j）求められる目的に比例し，データ保護の権利の本質を尊重し，およびデータ主体の基本権ならびに基本的利益の保護のための適当かつ特別の措置を規定している連合法または加盟国法に基づき，89 条 1 項に従い公共の利益，科学的，歴史的研究の目的または　統計目的におけるアーカイブスのために必要な処理

3. 1 項にいう個人データは，EU 法もしくは国内の権限ある機関により制定された加

第2部　条文解説

盟国法や規則に基づく職業上の秘密保持義務に服する専門家の責任，または EU 法もしくは国内の権限ある機関により制定された加盟国法や規則に基づく職業上の守秘義務に服する別の者により，またはその責任の下において個人データが処理される場合，2 項 h 号にいう目的のための処理を行うことができる。

4. 加盟国は，遺伝データ，生体データまたは健康に関するデータの処理に関して，制限を含め追加の条件を維持または導入することができる。

第 10 条　前科犯罪に関する個人データの処理

前科および犯罪または 6 条 1 項に基づく安全措置に関する個人データの処理は，職権を有する管理の下，またはデータ主体の権利および自由の適切な保護を規定する EU 法もしくは加盟国法により処理が認可されている場合のみにおいて行われるものとする。前科の包括的登録は，職権を有する管理の下でのみ保存されるものとする。

1. センシティブデータ

(1) 個人データの特別類型

一般の個人データに比べ，センシティブデータの不適切な処理は，個人の基本権に対する影響，また取り返しのつかない長期間にわたる当該個人のみならずその個人の環境において影響を及ぼすことがある。そのため，指令の時から個人データの特別類型に関する規律が設けられてきた。[35]

GDPR では，いわゆるセンシティブデータとして，**人種もしくは民族の出自，政治的見解，信仰もしくは哲学上の信念または労働組合の構成員を明らかにする個人データの処理，および遺伝データ，自然人を特定して識別する目的の生体データ，健康に関するデータまたは自然人の性生活もしくは性的指向に関するデータの処理について原則として禁止**している（9 条 1 項）。また，**前科および犯罪に関する個人データの処理**についても列挙されている（10 条）。

第 29 条作業部会は，監視カメラを含めインターネット上に投稿された写真についても，データによっては民族的出自や健康に関するデータが明らかになる場合があり，このような場合には本人の同意が必要であるとして留意するべきであることを示している。[36] 顔認証から取得されたデジタル画像・映像については，特にその画像・映像から民族出自，宗教や健康に関する情報を取得する

第Ⅱ章　原則（第5条～第11条）

ために用いられる場合，追加処理をする際に特別類型に該当することがある。[37]

　なお，個人データの機微性ないしリスクの高さは加盟国間においても異なり，特にセンシティブデータの処理の例外については，個別の分野における特別法による対応がなされている場合が多い。

【例】民族出自に関するデータ

　スウェーデンでは，企業が職場の多様性確保の観点から，労働者の自発的な同意に基づき民族出自と性的志向に関するデータを人事記録に保存していたが，DPA は雇用関係における同意によりセンシティブデータの保存が認められないと命じた。[38]

【例】政治的見解に関するデータ

　政治的見解については，保護の対象があいまいであり，たとえば，イギリスでは気候変動に関するデータが政治的見解に該当するという判断された事例がある。[39] 他方で，Egan & Hackett 判決において，欧州議会の議員の元秘書であったことを明らかにすると，政治的見解が明らかにするという主張に対して，元秘書であったことがなぜプライバシー権を侵害することになるかを証明できていないとして，センシティブデータには該当しないと判断された。[40]

　また，アイルランドでは，DPA の決定により，政治活動におけるダイレクトマーケティングは認められるが，個人データの取得が，本人の同意なしにスポーツクラブ，大学や学校から取得することは認められないとされた。[41]

【例】信仰もしくは哲学上の信念に関するデータ

　ギリシャではフリーメイソンの主義に関する見解に関わらずメイソン協会への参加に関する情報が政治的見解であるとする DPA 決定がある。[42]

【例】健康に関するデータ

　Lindquist 判決において，教会の教師が自らのホームページにおいて同僚について足を怪我し治療中であることを明らかにした事案で，この個人データが健康に関するデータであるとされた。[43] また，キプロスでは，障害給付のため，保険会社が被保険者から審査目的に必要以上の健康に関するデータを収集したことが違法であると判断された裁判例がある。[44]

【例】前科等に関するデータ

　前科等に関する情報の取扱いについては，たとえば，イギリスで2935名の受刑者，面会者および被害者の個人データが暗号化されずに漏えいした事案において，情報コミッショナーは司法省に対して 18 万ポンドの制裁金を科した事例などがある。また，ポーランドでは，前科等を雇用の際に本人から提出させることを禁止している。[45]

【例】性生活に関するデータ

73

第2部　条文解説

　　フェイスブックが性生活に関するデータのほか，イデオロギー，宗教上の信
　仰，個人の選考，ブラウザ行動履歴等のデータを本人の同意なしに広告目的で
　利用していたため，スペイン DPA が 120 万ユーロの制裁金を科した。[46]
　【例】研究または統計のためのセンシティブデータの処理
　　研究または統計のためのセンシティブデータの処理について，スウェーデン
　では法律で当該研究機関の倫理委員会による事前承認を経た場合，またフラン
　スでは憲法院の決定に基づきそれぞれ処理できるとされている。[47]

(2) 特別類型の処理の例外

　特別類型の処理は原則として禁止されているものの，①データ主体が明示的
な同意を与えた場合，②加盟国法等により雇用分野や社会保障の目的にとって
必要な場合，③データ主体が同意を与えることができない中，本人または他の
自然人の不可欠な利益の保護に必要な場合，④政治的，哲学的，宗教的また労
働組合目的の団体の正当な活動の過程において，データ主体の同意なしに団体
の外に個人データが開示されないという条件の下で処理が実施される場合，⑤
データ主体により明確に公にされている個人データに関する処理，⑥法的請求
の立証，行使もしくは擁護等に必要な場合，⑦加盟国法等に基づき実質的な公
共の利益のために必要な処理，⑧予防医学，健康・社会ケア治療の提供等に必
要な場合，⑨公衆衛生分野における公共の利益のために必要な処理，⑩公共の
利益，科学的，歴史的研究の目的または統計目的におけるアーカイブスのため
に必要な処理については，処理が認められる場合がある（9条2項）。

　【例（Esch-Leonhardt 判決）】EU 司法裁判所は，本人が自ら公にした場合の
　例として，自らの労働組合へのメールの送信を明らかにした個人データについ
　ては，自ら公にしているため，特別類型の保護の対象とはならないとした。[48]

2. 日本との比較

　日本の個人情報保護法には，平成 27 年改正により，「要配慮個人情報」が追

第Ⅱ章　原則（第5条～第11条）

加され，「本人の人種，信条，社会的身分，病歴，犯罪の経歴，犯罪により害を被った事実その他本人に対する不当な差別，偏見その他の不利益が生じないようにその取扱いに特に配慮を要するものとして政令で定める記述等が含まれる個人情報」（2条3項）と定義されている。また，一定の場合を除き，あらかじめ本人の同意を得ないで，要配慮個人情報を取得してはならないと規定されている（同法17条2項）。なお，個別分野のガイドラインでは，法律とは異なる機微情報の範囲（労働組合への加盟や性生活など）が示されているものもある。

識別を必要としない処理（第11条）

Point
・識別されたまたは識別することができる自然人に関連しない情報である匿名情報についてデータ保護の原則は適用されない。
・匿名化技術の基準として，①一個人を見分けることが可能かどうか，②個人に関する記録と結びつけることが可能かどうか，③個人に関する情報を導き出すことができるかどうか，の3点を検討することが必要である。

第11条　識別を必要としない処理

1. 管理者が個人データを処理する目的が管理者によりデータ主体の識別を必要としない，またはもはや必要としない場合，本規則を遵守する唯一の目的のために管理者はデータ主体を識別するための追加の情報を維持し，取得しまたは処理する義務を負わない。
2. 1項にいう場合，管理者はデータ主体を識別することができる立場にないことを証明することができれば，管理者は可能であれば適宜データ主体に通知しなければならない。かかる場合，15条から20条に基づき権利を行使するための目的のため，データ主体が識別を可能とする追加的情報を提供する場合を除き，これらの条項は適用されない。

第2部　条文解説

1. 匿名化技術

(1) 匿名化に関する法制度

　GDPRでは，**自然人を識別するために用いられる合理的な手段によって識別ができず，識別されたまたは識別することができる自然人に関連しない情報である匿名情報**についてデータ保護の原則は適用されない（前文26項）。また，GDPRでは，処理の安全管理として，個人データの匿名化についても言及がされている（32条1項a号）。なお，GDPRでは，仮名化について規定があるが，匿名化とは別の概念であることに注意を要する。

　第29条作業部会は匿名化技術に関する意見を公表している。[49] EUデータ保護法の下では，①匿名化は，データ主体の識別を不可逆的に防止する目的をもって個人データを処理した結果であること，②いくつかの匿名化技術は想定されうるものの，EU法において明確な基準は存在しないこと，③管理者および第三者により識別が用いられるあらゆる想定される合理的な手段が考慮に入れられなければならないこと，そして④匿名化に内在するリスク要因が検討されなければならないこと，が前提とされなければならない。特に再識別化のリスクについての留意が必要となる。

　【例】ドナーの識別を取り除く技術が用いられても，遺伝データのプロフィールについては識別の危険がある。公に入手可能な遺伝子に関するリソースと，DNAドナーに関するメタデータ（提供の時期，年齢，居住場所）とを組み合わせることにより，DNAが匿名で提供されたとしても，特定の個人を識別することが可能となりうる。

　【例（スロバキア）】スロバキアの個人データ保護法では，個人データが対象となるデータ主体と照合できないような方法で加工されたデータを匿名化データとして明文で規定している（4条2項j号）。

---

(2) 匿名化技術とその基準

　一般に，匿名化には，2つの方法があり，無作為化（randomization）と一

第Ⅱ章　原則（第5条～第11条）

般化（generalization）がある。無作為化は，個人とデータとの間の強力な関係性を取り除き，データが十分に不確実になれば特定の個人を識別することができなくなる。また，属性にノイズを追加したり，順列を替えたりすることでデータ主体との関係性を人工的に減らすことなどが想定される。一般化は，規模や順序を修正して，データ主体の属性を一般化または希薄化させる手法である。k人の他の個人とともにグループ化させることでデータ主体を見分けることを防止する技術としてのk-匿名化が想定される。たとえば，誕生日については，生まれた月や年に一般化することでデータ主体が見分けられにくくすることができる。

　匿名化技術の基準として，**①一個人を見分ける（single out）ことが可能かどうか，②個人に関する記録と結びつけることが可能かどうか，③個人に関する情報を導き出すことができるかどうか，**の3つが列挙されている。これらの基準を基に，異なる技術を用いるなどして，ケースバイケースで判断することが求められる。多くの場合，匿名化されたデータセットにはデータ主体には残ったリスクが存在しており，他の情報により当該個人に関する情報を引き出すことが可能である。第29条作業部会は，匿名化技術がプライバシー保護に資するものであっても，その運用が適切になされることが前提であることへの言及がある。そして，グッドプラクティスとして，①新たなリスクを認識し，残ったリスクを定期的に再評価すること，②認識されたリスクへのコントロールが十分であり，適合されているか評価すること，そして③そのリスクを監視し管理すること，とされている。

　イギリスでは，匿名化に関する実務規範が公表され，個人データの匿名化とそれに付随するリスクの評価に関する指針が示された。⁵⁰⁾たとえば，再識別化のリスクに関連して，動機を有する侵入者のテスト（motivated intruder test）への言及がある。その情報についての前提知識を有していないが，合理的にみて能力のある人が，再識別化に成功するか否かによって，匿名化措置の効果を検証する必要がある。この再識別化には，異なる部分的情報からジグソーパズルのように全体像が推定できるか否か（いわゆる"jigsaw attack"），他の情報が公開されていたり，容易に入手しうるものであるか，再識別化のためにどのような技術が用いられるか，当該個人をどの程度知りうる状態にあるかなど

77

第2部　条文解説

を考慮する必要がある。

2. 日本との比較

　個人情報保護法では，「匿名加工情報」とは，一定の措置を講じて特定の個人を識別することができないように個人情報を加工して得られる個人に関する情報であって，当該個人情報を復元することができないようにしたものと定義されている（2条9項）。

■参考文献
・中川裕志『プライバシー保護入門』（勁草書房・2016）

第Ⅲ章　データ主体の権利（第12条〜第23条）

第1節　透明性および様式（第12条）

第2節　情報および個人データへのアクセス（第13条〜第15条）

第3節　訂正および削除（第16条〜第20条）

第4節　異議申立ておよび個人の自動処理（第21条〜第22条）

第5節　制限（第23条）

第1節　透明性および様式

データ主体の権利行使のための透明な情報・対話・様式（第12条）

Point

・管理者は，簡潔で，透明で，分かりやすく，容易に入手できる形で，明確かつ平易な言葉を用いて，データ主体に対してデータ処理に関する情報を提供しなければならない（口頭可）。

・データ主体からの，アクセス・訂正・消去（忘れられる権利）・異議申立て・データポータビリティ権の要請については，原則として1か月以内に対応しなければならない（さらに2か月の延長が認められる場合がある）。

第12条　データ主体の権利行使のための透明な情報・対話・様式

1. 管理者は，簡潔で，透明で，分かりやすく，容易に入手できる形で，明確かつ平易な言葉を用いて，特に特別に児童向けの情報については，13条ならびに14条における情報，およびデータ主体の処理に関連する15条から22条までと34条に基づく対話を提供するための適切な措置を講ずるものとする。この情報は，書面または，その他の適切な場合は電子媒体を含む方法で提供されなければならない。データ主体からの要請があった場合，当該データ主体の識別が他の方法で証明されている限りにおいて，情報は口頭で提供することができる。

第2部　条文解説

2.　管理者は，15条から22条に基づくデータ主体の権利の行使を容易なものとするようにしなければならない。11条2項にいう事案においては，管理者がデータ主体を識別することができない立場にあることを証明しない限り，管理者はデータ主体の権利を行使するため本人からの要請に基づく行為を拒否してはならない。

3.　管理者は，15条から22条に基づく要請に基づきとった行為に関する情報をデータ主体に遅滞なく，かつ要請受領からいかなる場合も1か月以内に提供しなければならない。要請の複雑性や数を考慮し，必要がある場合はさらに2か月間の期間を延長することができる。管理者は，要請受領から1か月以内にかかる期間延長を遅延の理由を付してデータ主体に通知しなければならない。データ主体が電子媒体による要請を行った場合，データ主体による要請が限り，可能であるときは電子媒体による提供を行うものとする。

4.　もしも管理者がデータ主体の要請に応じない場合，管理者は遅滞なく，当該要請に応じない理由および監督機関への苦情申立てと司法救済を求めることができる可能性を付して，遅滞なく，遅くとも要請受領から1か月以内にデータ主体に通知しなければならない。

5.　13条ならびに14条に基づき提供される情報および15条から22条ならびに34条に基づきとられる対話ならびに行為は，無料で提供されるものとする。データ主体からの要請が明白に根拠がない，または特に反復して行われるなどの理由で過度である場合，管理者は次のことを行うことができる。

　（a）情報もしくは対話を提供しまたは要請された行為をとるための管理費用を考慮し合理的な手数料を徴収することができる

　（b）要請を断ることができる

　　管理者は要請が明白に根拠がないことまたは過度であることを証明する責任を負うものとする。

6.　11条を損ねることなく，管理者が15条から21条にいう要請を行った自然人の識別に関する合理的な疑義を有する場合，管理者はデータ主体の識別を確認するための必要な追加的情報の項目を要請することができる。

7.　13条および14条に従いデータ主体に提供されることとなる情報は，容易に可視化され，分かりやすく，かつ明確に読みやすい方法で意図された処理の重要な概要を与えるため，標準化されたアイコンとともに提供することができる。アイコンが電子的に表示される場合，当該情報は機械で読み取り可能な形式であるものとする。

8.　委員会は92条に従い，アイコンにより提示されるべき情報および標準化されたアイコンを提供する手続を決定する目的で委任法令を制定する権限を有する。

第Ⅲ章　データ主体の権利（第12条〜第23条）

1. 透明性の原則

(1) 情報提供の方法

　管理者は，**簡潔で，透明で，分かりやすく，容易に入手できる形で，明確かつ平易な言葉を用いて，データ主体の処理に関連する情報を提供**するための適切な措置を講じなければならない。この情報は，責任の証明の観点からは，書面や電子版体を含む方法により提供されることが前提とされているが，口頭による提供でも認められる（12条1項）。

　「簡潔で，透明で」あるとは，管理者が情報の多さに疲労しないように効率的かつ手短に情報を提示することを意味する。「分かりやすく」とは，通知を受ける対象者の一般人によって理解されることを指し，明確で平易な言葉を用いる要件とも関連する。「容易に入手できる形で」とは，データ主体が情報を探し出すことなく，ただちに情報の存在が明白であることを意味する。

　一般に，透明性確保のためのプライバシーの通知については，下記のとおり行うことが望ましい。外国語への正確な翻訳が必要となる。[1]

図表7　透明性確保のためのプライバシー通知・プライバシーポリシー

	データ主体から直接データを取得した場合	データ主体から直接データを取得していない場合
どのような情報が提供されなければならないか	データ主体がすでに情報を有している場合は必要ない	データ主体がすでに情報を有している場合は必要ない，特例（公共の利益の実現のため不均衡な努力を有する場合）は必要ない
管理者の特定と連絡先，必要に応じ，管理者（代理人）のデータ保護責任者	○	○
処理の目的と処理のための法的根拠	○	○

第2部　条文解説

管理者の正当な利益または必要に応じ第三者	○	○
個人データの類型		○
受領者と個人データ受領者の類型	○	○
第三国への移転と保護措置の詳細	○	○
保存期間または保存期間を決定するために用いられる基準	○	○
個々のデータ主体の権利の存在	○	○
該当する場合は，いつでも同意を撤回する権利	○	○
監督機関への不服申立ての権利	○	○
個人データがどこから生じたかのソースおよび公に入手可能なソースから取得したか否か		○
個人データ保護の規定が制定法，契約上の条件または義務であるか否か，個人データを提供しない想定される帰結	○	
プロファイリングと決定方法に関する情報を含む自動処理決定の存在，その重大性と帰結	○	○
いつ情報は提供されるべきか	データの取得時	データ取得からの合理的期間内（1か月以内）データが個人への連絡に用いられる場合，遅くとも最初の連絡時データが別の受領者に開示されようとする場合，遅くともデータの開示前

　データ主体への情報提供に関して，加盟国の例としては，次のようなものがある。

　　【例（イギリス）】データブローカーがマーケティング目的で顧客の個人データを利用したが，データ主体に対して必要な情報提供を行っておらず，またDPAからの調査に対しても非協力的であったため，8万ポンドの制裁金が科

第Ⅲ章　データ主体の権利（第12条～第23条）

された。[2]

【例（オランダ）】Nikeがスマートフォンのランニングアプリを用いて，利用者の体重，ランニングの距離や頻度とともに何カロリーの消費を行ったかなどの個人データを13か月間自社の調査と分析目的で利用していたが，健康に関するセンシティブな情報であり，また13か月の後約4年にわたり暗号化した上で保存していた。利用者からの明示の同意を取得していないのみならず，利用者への十分な情報提供がなされていなかったとDPAから判断された。[3]

【例（スロヴェニア）】データ保護法でビデオによる監視については，あらかじめ個人が認識しうるように通知が必須であり，また①ビデオ監視が行われていること，②公的部門または民間部門のビデオ監視の責任者，③ビデオ監視システムのデータ保存の場所と期間に関する連絡先を通知に示さなければならない（スロヴェニア個人データ保護法74条）。

（2）情報提供の期日

15条から22条に基づく要請に基づきとった行為に関する情報をデータ主体に遅滞なく，かつ要請受領後からいかなる場合も**1か月以内に提供**しなければならない。要請の複雑性や数を考慮し，**必要がある場合はさらに2か月間の期間を延長**することができるが，遅滞の理由を付す必要がある（12条3項）。

（3）手数料

情報の提供や権利行使の要請に対する対応については，**原則として無料**でなされなければならない。ただし，データ主体からの要請が明白に根拠がない，または特に反復して行われるなどの理由で過度である場合，情報もしくは対話を提供しまたは要請された行為をとるための管理費用を考慮し合理的な手数料を徴収することができる（12条5項）。

第2部　条文解説

第2節　情報および個人データへのアクセス

個人データがデータ主体から収集された場合に提供されるべき情報（第13条），個人データがデータ主体から取得されていない場合に提供されるべき情報（第14条），データ主体によるアクセス権（第15条）

Point
- データ主体のアクセス権は，①処理の目的，②個人データの類型，③個人データの受領者またはその類型，④保存期間または保存期間の決定の基準，⑤訂正，削除，処理制限，異議申立ての権利の存在，⑥監督機関への苦情申立ての権利，⑦情報源，⑧自動処理の論理回路（アルゴリズム）とその意義と想定される帰結，⑨移転に関する安全管理措置を対象とする。
- アクセス権に対して，追加の複製が申請された場合には手数料を徴収することができる。

第13条　個人データがデータ主体から収集された場合に提供されるべき情報

1. データ主体に関連する個人データがデータ主体から収集された場合，管理者は個人データを取得した時点で次のいずれの情報もデータ主体に提供しなければならない。
   - (a) 管理者の名称と連絡先，また該当する場合には管理者の代理人
   - (b) 該当する場合は，データ保護責任者の連絡先
   - (c) 予定されている個人データの処理の目的および処理の法的根拠
   - (d) 6条1項f号に基づき処理が行われる場合，管理者または第三者により追求される正当な利益
   - (e) もしある場合は個人データの受領者または受領者の類型
   - (f) 該当する場合，管理者が個人データを第三国または国際機関へ移転する事実および委員会による十分性決定の存在または不存在，または46条もしくは47条，もしくは49条1項2文にいう移転の場合，適切または適当な安全管理および複写の入手もしくは利用可能な場合の手段の証明
2. 前項にいう情報に加えて，管理者は個人データを取得した時点で，公正かつ透明な処理を確保するのに必要な次の追加情報をデータ主体に対して提供しなければならない。
   - (a) 個人データが蓄積される期間，またはこれができない場合はその期間を決定するために用いられる基準
   - (b) 管理者から個人データのアクセス，訂正もしくは消去を要請する権利，またはデータ主体に関する処理の制限の権利もしくは処理の異議申立権ならびにデータポータビリティ権の存在
   - (c) 6条1項a号または9条2項a号に基づく処理が行われる場合，撤回前の同意

第Ⅲ章　データ主体の権利（第12条〜第23条）

に基づく処理の適法性に影響を及ぼすことなく，いつでも同意が撤回できる権利
の存在

　(d) 監督機関への苦情申立ての権利

　(e) 個人データの提供が法令上の要件もしくは契約上の要件または契約締結のため
に必要な要件であるか否か，またデータ主体が個人データを提供しなければなら
ないか否か，かつ当該データの提供をしない場合の想定される帰結

　(f) 22条1項ならびに4項にいうプロファイリングを含む自動処理決定の存在，
および少なくともこの場には関連する論理回路に関する意味ある情報ならびにデー
タ主体にとって当該処理の意義と想定される帰結

3. 管理者が，個人データを収集した以外の目的で個人データを追加で処理する予定が
ある場合，管理者はデータ主体に追加処理の前に他の目的に関する情報および2項に
いう関連する追加の情報を提供しなければならない。

4. 1項から3項は，データ主体がすでに情報を受領している場合，またその限りにお
いて，適用しないものとする。

第14条　個人データがデータ主体から取得されていない場合に提供されるべき情報

1. 個人データがデータ主体から収集されない場合，管理者はデータ主体に次の情報を
提供しなければならない。

　(a) 管理者の名称および連絡先，該当する場合は管理者の代理人

　(b) 該当する場合，データ保護責任者の連絡先

　(c) 予定されている個人データの処理の目的および処理の法的根拠

　(d) 対象となる個人データの類型

　(e) もしある場合は受領者または個人データの受領者の類型

　(f) 該当する場合，管理者が個人データを第三国または国際機関へ移転する事実お
よび委員会による十分性決定の存在または不存在，または46条もしくは47条，
もしくは49条1項2文にいう移転の場合，適切または適当な安全管理および複
写の入手もしくは利用可能な場合の手段の証明

2. 前項にいう情報に加えて，管理者は個人データを取得した時点で，公正かつ透明な
処理を確保するのに必要な次の追加情報をデータ主体に対して提供しなければならな
い。

　(a) 個人データが蓄積される期間，またはこれができない場合はその期間を決定
するために用いられる基準

　(b) 処理が6条1項f号に基づき行われる場合，管理者または第三者により追求さ
れる正当な利益

　(c) 管理者から個人データのアクセス，訂正もしくは消去を要請する権利，または
データ主体に関する処理の制限の権利もしくは処理の異議申立権ならびにデータ
ポータビリティ権の存在

　(d) 6条1項a号または9条2項a号に基づく処理が行われる場合，撤回前の同意
に基づく処理の適法性に影響を及ぼすことなく，いつでも同意が撤回できる権利
の存在

　(e) 監督機関への苦情申立ての権利

　(f) 個人データが生じたソース，かつ該当する場合は公に入手可能なソースから生

85

第2部　条文解説

じたか否か

　(g) 22条1項および4項にいうプロファイリングを含む自動決定の存在，および
　その場合，関連する論理に関する意義ある情報とデータ主体への当該処理の重大
　性と想定される帰結

3. 管理者は1項および2項にいう情報を提供しなければならない。

　(a) 個人データが処理されている具体的状況を踏まえ，少なくとも1か月以内の
　　個人データの取得後の合理的な期間内

　(b) 個人データがデータ主体と連絡をとるために用いられる場合，遅くともデー
　　タ主体への最初の連絡

　(c) 別の受領者への開示が予定されている場合，遅くとも個人データが最初に開示
　　された時

4. 管理者が，個人データを収集した以外の目的で個人データを追加で処理する予定が
　ある場合，管理者はデータ主体に追加処理の前に他の目的に関する情報および2項に
　いう関連する追加の情報を提供しなければならない。

5. 1項から4項は次の場合とその限りにおいて適用されないものとする。

　(a) データ主体がすでに情報を受領している場合

　(b) 当該情報の提供が不可能であり，または不均衡な労力を伴う場合，特に89条
　　1項にいう公共の利益のためのアーカイブ目的，科学的歴史的研究目的，もしく
　　は統計目的で処理される場合または本条1項にいう義務が不可能でありまたは処
　　理の目的の実現に重大な支障を及ぼす可能性がある場合。この場合，管理者は，
　　情報が公に入手できることを含め，データ主体の権利ならびに自由および正当な
　　利益を保護するための適切な措置を講じなければならない。

　(c) 取得または開示について，管理者に対して適用され，かつデータ主体の正当な
　　利益を保護するため適切な措置をとることが明文でEU法または加盟国法におい
　　て規定されている場合

　(d) 明文の秘密保持義務を含めEU法または加盟国法により専門職の秘密の義務
　　として個人データが秘密の状態に置かれなければならない場合

第15条　データ主体によるアクセス権

1. データ主体は自らに関する個人データが処理されたか否かについて管理者から確認
　を得て，個人データが処理されていた場合には個人データにアクセスし，次の情報を
　得る権利を有するものとする。

　(a) 処理の目的

　(b) 対象となる個人データの類型

　(c) 個人データが開示されたまたはされる予定の受領者または受領者の類型，特に
　　第三国または国際機関における受領者

　(d) 可能な場合には，個人データが蓄積される想定の期間，またはそれが不可能
　　な場合には，保存期間を決定するために用いられる基準

　(e) 管理者から個人データの訂正もしくは削除，またはデータ主体に関する個人デ
　　ータ処理を制限もしくはかかる処理への異議申立てを要請する権利の存在

　(f) 監督機関への苦情申立ての権利

　(g) データ主体から個人データが収集されていない場合は，その情報源に関する

第Ⅲ章　データ主体の権利（第12条〜第23条）

　　　　入手可能なあらゆる情報
　　（h）22条1項および4項にいうプロファイリングを含む自動処理決定の存在，か
　　　　つ少なくともこのような場合には関連する論理回路に関する意味のある情報なら
　　　　びにデータ主体にとってかかる処理の意義と想定される帰結
　2.　個人データが第三国または国際機関に移転される場合，データ主体は，移転に関す
　　る46条に従い適切な措置について通知を受ける権利を有している。
　3.　管理者は，現在処理している個人データの複製を提供するものとする。データ主体
　　から追加の複製が申請された場合，管理者は運営費用に基づき合理的な手数料を徴収
　　することができる。データ主体が電子媒体により申請し，データ主体によりその他の
　　方法で申請されない場合，かかる情報は一般的に用いられた電子媒体で提供されなけ
　　ればならない。
　4.　第3項にいう複製を取得する権利は，他者の権利および自由に悪影響をもたらすも
　　のであってはならない。

1.　データ主体への情報提供

（1）情報提供の原則

　データ主体への情報提供は，一般にデータ保護通知，プライバシー通知，プ
ライバシーポリシー等として運用されている。GDPR は特定の書式を要求し
ているわけではないが，透明性を確保するため必要な情報の提供について，第
29条作業部会の透明性に関するガイドライン[4]を参照し，管理者は「適切な措
置」を講ずる責任を負っている。透明性に関する説明責任は，情報収集時点の
みならず，処理のライフサイクルすべてにおいて適用される。そのため，プラ
イバシーポリシー等の変更が生じた場合，電子メール，紙媒体等で常に適切な
方法で連絡がとられなければならない。

　GDPR は，**管理者がデータ主体から直接データを収集する場合**（13条）と
直接データを収集しない場合（14条）についてそれぞれ規定を設けている。
具体的には，データ主体から直接個人データを収集する場合には，データ主体
が自覚的に管理者に提供する場合（オンラインフォームの入力），管理者がデ
ータ主体を観察することで収集する場合（デバイス，カメラ，ネットワーク機
器，wifi 追跡，その他のセンサー等の自動データ取得）が含まれる。データ
主体から直接収集しない場合としては，第三者の管理者，公に入手可能なソー

ス，データブローカー，その他のデータ主体のソースから入手する場合が想定
されている。

（2）情報提供および変更通知のタイミング

情報提供は，管理者の個人データの収集時において行われるものとされる
（13 条 1 項）。間接的な取得の場合は，個人データ取得後の 1 か月以内の合理
的な期間内に情報が提供されなければならない（14 条 3 項 a 号）。情報提供の
タイミングは，説明責任の観点から，データ主体に対して，個人データの処理
関連するリスク，ルール，安全管理，権利およびどのように当該処理に対して
権利行使をしうるかについて管理者において論証できるようにしておくことが
重要となる（前文 39 項）。

提供するべき情報の内容の変更が生じた場合，明文規定はないものの，公平
性と説明責任の原則から，データ主体の合理的期待に沿うタイミングで通知を
しなければならない。その際には，データ主体において変更によりどのような
影響が生じるかについて管理者は通知しなければならない。

（3）プライバシーポリシー等

第 29 条作業部会のガイドラインでは，多くの情報が含まれる長文のプライ
バシーポリシー等を回避するため，重要部分を抜き出して様々な情報の類型へ
のリンクを設ける形式で情報提供をすることが推奨されている。特にこれらの
データ主体への最も影響が大きな処理やデータ主体が予期せぬ処理に関する情
報が含まれるべきであるとされている。

また，具体的な情報提供の方法としては，プライバシー専用のダッシュボー
ドを設ける方法，または特定のプライバシーに関する情報をその都度表示する
方法が例として示されている。その他の適切な措置の例として，書面，パンフ
レット，契約書等の紙媒体の配布，電話による説明，アイコン表示，QR コー
ド音声警告，SMS メッセージの送信等の技術を用いた伝達，直接口頭での説
明，監視カメラ等においては目に見える表示板が想定される。

第Ⅲ章　データ主体の権利（第12条～第23条）

（4）追加処理に関する情報

　管理者は当初の目的以外の追加の処理を行う場合，データ主体に対してあらかじめ情報提供を行われなければならない（13条3項，14条4項）。この情報には，当該処理の目的が当初の目的と両立可能であることの説明が求められ，データ主体に処理の制限権や異議申立権などの権利行使を行うべきか否かの判断を行う機会を与えるものとならなければならない。また，あらかじめ連絡をとる場合のタイミングについても，データ主体への通知後すぐに追加の処理を行うのではなく，通知と追加の処理との合理的な期間を設けた上で，事前に通知することが求められる。

（5）データ主体の権利行使との関係

　データ主体の権利行使を容易にするための様式が提供されなければならず，また電子的方法で処理されている場合には電子的な方法での権利行使を行えるよう管理者は措置を講じなければならない。

> 【例（良い例）】健康サービスの提供者が，データ主体がオンライン上での個人データのアクセス要請を提出することができるようウェブサイトで電子書面を用いている。さらに，病院で提出できるよう紙媒体の書面でも提供している。
> 【例（悪い例）】健康サービスの提供者が，ウェブサイトですべてのデータ主体に対して個人データのアクセス要請については顧客サービスの窓口へ問い合わせをするように通知している。

（6）情報提供の義務の例外

　データ主体に対してすでに情報提供を行っている場合は，その限りにおいて情報提供の義務は該当しない（13条4項）。

　また，14条における情報提供の例外として，データ主体にすでに情報提供を行っている場合以外に，①情報の提供が不可能であるかまたは不均衡な労力を要し，処理の目的に重大な支障を及ぼす場合，②加盟国法やEU法によりデータ主体の正当な利益を保護することが規定されている場合，または③専門職

第2部　条文解説

の秘密保持義務がある場合である（14条5項b〜d号）。

【例】オンライン電子メールサービスに契約した個人が，すべての必要な情報を受領した。6か月後にデータ主体がインスタントメッセージ機能を稼働させるために，電話番号を新たに提供したので，当該情報の処理の目的，根拠，受領者，保存期間等の必要な情報を提供したが，管理者の名称や連絡先等の6か月前の変更のない情報は提供していない。ベストプラクティスとしては，すべての情報をデータ主体に対して再度提供するべきである。

【例】管理者が，サービス利用の提供を決定するため，信用機関からデータ主体のクレジットデータを収集している。管理者の規定ではデータ収集から3日後にデータ主体に情報を提供するというものであった。しかし，データ主体が外国に在住しているなど，住所と電話番号が登録されておらず，電子メールアドレスも登録されていない。この場合，管理者はクレジット信用情報の収集に関する情報をウェブサイトで公表することができる。このような場合，14条に従い情報提供をすることはできないとはいえない。

【例】歴史研究者が2万人のデータ主体に関する大規模なデータセットを取得し，名字に基づく家系の調査を行っているが，データセットは50年前に収集し，更新されていないものである。ここに連絡先は含まれていない。研究者にはすべてのデータ主体に個別に情報提供を行うことは不均衡な労力を伴うことになるであろう。

【例】銀行Aはマネーロンダリング対策に関する立法に基づき疑わしい取引を金融監督機関に報告する義務がある。銀行Aは，ある口座所有者が疑わしい取引を行っていることを銀行Bから情報を受けており，銀行Aはこの所有者のデータを金融監督機関に報告した。この場合，立法の目的に重大な支障を及ぼすため，銀行Bから受領した口座所有者の個人データの処理に関する情報については，14条5項が該当する。

【例】税務当局が国内法に基づき労働者の給与の詳細を雇用者から入手することが義務付けられていた。税務当局はデータ主体から直接個人データを取得していないため，14条の要件に従うこととなる。しかし，税務当局からの個人データの取得は法律によって明確に定められているため，税務当局に対して14条は適用されない。

【例】医者が患者の医療情報について専門職としての守秘義務を負っており，その患者の親族がかかっている遺伝性の疾患を医師に提供した。また，その患者は同様の疾患に関する親族の個人データも医師に提供した。医師は，14条5項d号の例外が該当し，親族に対して情報提供を行う必要はない。

90

第III章　データ主体の権利（第12条〜第23条）

図表 8　データ主体に対して提供されなければならない情報

必要とされる情報の類型	データ主体から収集する場合	データ主体から収集しない場合	情報の要件に関する第29条作業部会のコメント
管理者の名称と連絡先，また該当する場合には管理者の代理人	13条1項a号	14条1項a号	管理者を容易に認定できるような情報（電話番号，電子メール，住所等）
該当する場合は，データ保護責任者の連絡先	13条1項b号	14条1項b号	データ保護責任者ガイドライン参照
予定されている個人データの処理の目的および処理の法的根拠	13条1項c号	14条1項c号	処理の目的のほか6条・9条に基づく法的根拠
6条1項f号に基づき処理が行われる場合，管理者または第三者による正当な利益	13条1項d号	14条2項b号	データ主体への恩恵が分かる特定された利益（衡量テスト）
対象となる個人データの類型	不要	14条1項d号	14条のみで必要
個人データの受領者（または受領者の類型）	13条1項e号	14条1項e号	受領者の定義は4条9号
該当する場合，管理者が個人データを第三国または国際機関へ移転する事実および委員会による十分性決定の存在または不存在，または46条もしくは47条，もしくは49条1項第2節にいう移転の場合，適切または適当な安全管理および複写の入手もしくは利用可能な場合の手段の証明	13条1項f号	14条1項f号	関連するGDPRの規定（45条，46条2項，9条）の参照。可能であれば，関連する文書へのアクセスまたは入手のためのリンクを用意
保存期間（不可能でなければ，保存期間を決定するために用いられる基準）	13条2項a号	14条2項a号	データ最小限化の原則（5条1項c号）および保存制限の原則（5条1項e号）
データ主体の権利	13条2項b号	14条2項c号	いかなる権利をどのように行使するかについ

第 2 部　条文解説

			てのステップ
同意に基づく処理の場合，同意の撤回の権利	13 条 2 項 c 号	14 条 2 項 d 号	同意撤回に関する情報を含む
監督機関への苦情申立権	13 条 2 項 d 号	14 条 2 項 e 号	77 条に従い苦情申立ての説明
個人データの提供が法令上の要件もしくは契約上の要件または契約締結のために必要な要件であるか否か，またデータ主体が個人データを提供しなければならないか否か，かつ当該データの提供をしない場合の想定される帰結	13 条 2 項 e 号	不要	たとえば，雇用関係では，労働者に一定の情報を提供するため契約上の要件となりうる。オンラインフォームの場合は，どの項目が必要とされるかを明確にする
個人データが生じたソース，かつ該当する場合は公に入手可能なソースから生じたか否か	不要	14 条 2 項 f 号	ソースの性質を含めること（例：公的機関，民間，組織の類型，事業分野，EU 域内か域外か），データの特定のソースが不可能でない限り提供しなければならない
プロファイリングを含む自動処理決定の存在，かつ少なくともこのような場合には関連する論理回路に関する意味のある情報ならびにデータ主体にとってかかる処理の意義と想定される帰結	13 条 2 項 f 号	14 条 2 項 g 号	自動的決定とプロファイリングに関する第 29 条作業部会ガイドラインを参照

2.　アクセス権の内容

(1) アクセス権の対象

　アクセス権は，データ主体の情報のコントロール権の一内容をなす重要な権利である。また，**自らの個人データにアクセスすることは処理の適法性を確認し証明してもらうことにもなる**（前文 63 項）。GDPR では，指令におけるア

第Ⅲ章　データ主体の権利（第12条〜第23条）

クセス権の対象が拡張された。

　アクセス権の対象は，①処理の目的，②個人データの類型，③個人データの受領者またはその類型，④保存期間または保存期間の決定の基準，⑤訂正，削除，処理制限，異議申立ての権利の存在，⑥監督機関への苦情申立ての権利，⑦情報源，⑧自動処理の論理回路（アルゴリズム）とその意義と想定される帰結，さらに，⑨第三国または国際機関への個人データの移転を行っている場合，移転に関する安全管理措置である（12条1項，2項）（指令では，①〜③と⑧のみが対象）。

【例（M事件）[5]】オランダの移民帰化当局に居住許可を申請した者の申請が却下されたため，議事録へのアクセスを求めた。EU司法裁判所は，行政機関における議事録における法的分析の箇所は個人データが含まれていたとしても，アクセス権が公的機関のすべての文書を透明化することを企図しているわけではないことを指摘する。そして，申請者には分かりやすい形式で個人データに関する完全な概要が提供されており，処理された個人データが正確であるか否かを確認することができれば十分であると判断された。

【例（Nowak判決）】EU司法裁判所は，会計士研修生が受験した手書きの答案と採点者のコメントが個人データに該当すると判断した。仮に答案にデータ保護の原則が適用されなければ，適法性の確認ができず，答案を違法に第三者に提供されることも許されることとなりかねない。個人データが適法に処理・保存されるためにも，答案に採点者のコメントが含まれていたとしても受験者の答案へのアクセス権と訂正権が認められると判断された。[6]

（2）本人による行使

　アクセス権は，データ主体の本人のみが行使することができるものとされている。契約によってアクセス権の内容を制限することや，アクセス権を本人以外の第三者に移譲することは認められない。もっとも，死者の個人データのアクセス権については，遺族等によるアクセスが権利としてではなく，故人への善意として尊重されなければならない。[7]

【例（アイルランド）】ナイトクラブで財布を盗まれた男性がクラブ経営者に監

93

第 2 部　条文解説

視カメラに写っている自身の画像を開示請求したが，40 日以内に開示しなかった。アイルランド DPA は，監視カメラの個人データの開示が必要であったという決定を下した（CASE STUDY 11/06）[8]。

（3）申請への対応

　アクセス権の申請に対しては，**原則として申請を受領してから 1 か月以内に対応をしなければならない。**申請の複雑性や数量を考慮に入れて，さらに **2 か月の延長が可能**である（12 条 3 項）。

　申請に対しては，電子媒体を含む書面や口頭でも可能である。

　管理者にとって特定の個人を識別することができず，権限のない人物への情報アクセスを許すことになり，他者の権利と自由を侵害することになると論証できる場合は，アクセスを拒否することができる（12 条 4 項参照）。オンラインによるアクセス権の申請に対して，本人確認をメール等で行うなどすることが想定されている。

　また，電子媒体でのアクセスについては，遠隔で安全な IT システムを用いることとされている。具体的には，銀行，通信会社，教育機関における個人データのオンラインアクセスが想定されている（前文 63 項）。

【例】College van burgemeester en wethouders van Rotterdam 判決[9]
　データの受領者またはその類型とデータの内容へのアクセス権を行使したが，データ主体が権利行使した時点から 1 年前のものに限定することが認められるか否かが争われた。EU 司法裁判所は，アクセス権はデータ主体に対して時間制限を設けることなく行使することができなければならないと判断した。ただし，管理者に情報の保存を義務付けることは管理者の負担にもなり，データ主体の権利との衡量を行う必要があるため，情報の保存に関する時間制限については加盟国法において定める問題であるとした。

（4）手数料

　手数料については，指令では規定がなかったものの，規則において，**追加の複製の申請があった場合にのみ手数料を徴収**することが認められた（12 条 5

第Ⅲ章　データ主体の権利（第12条〜第23条）

項）。また，一般に反復継続してアクセス権を行使した場合には，管理者は手数料徴収をすることができると考えられている。なお，反復継続したアクセス権の行使を理由にアクセス権を拒否できず，手数料の支払いを拒否した場合にのみアクセス権を拒否できるものと考えられている。[10]

3.　日本との比較

日本の個人情報保護法では，個人情報取扱事業者が取得に際して利用目的を本人に通知または公表しなければならない（18条1項）。

日本における保有個人データの開示（28条）との比較で考えてみると，単に個人データそのものがアクセス権の対象となるのみではなく，訂正・削除権の存在，情報源，保存期間やプロファイリングのための論理回路，アルゴリズムに関する情報提供もアクセス権の対象となっていることに注意を要する。

第3節　訂正および削除

訂正権（第16条），削除権（忘れられる権利）（第17条），処理の制限権（第18条），個人データの訂正もしくは削除または処理の制限に関する義務の通知（第19条）

Point
・データ主体は，管理者に対して，一定の要件の下遅滞なく自らに関する個人データを削除してもらう権利を有する。
・管理者は遅滞なく個人データを削除する義務を負うとともに，あらゆるリンク，コピーまたは複製の削除について合理的手段を講じなければならない。
・削除権・忘れられる権利は表現の自由などとの公正な衡量が必要となる。
・EU司法裁判所先決判決により，検索エンジンは，情報が不適切，関連性がない，過度な場合，検索結果の表示を削除しなければならない。

第16条　訂正権

データ主体は自らに関する不正確な個人データを管理者から遅滞なく訂正してもらう権利を有する。処理の目的を考慮に入れて，データ主体は補足的説明を提供する方法

95

第2部　条文解説

等により，不完全な個人データを完全なものにしてもらう権利を有する。

第17条　削除権（忘れられる権利）

1. データ主体は，次のいずれかの根拠に該当する場合，管理者に対し遅滞なく自らに関する個人データを削除してもらう権利を有し，管理者は遅滞なく個人データを削除する義務を負う。

    (a) 個人データが収集またはそうでなければ処理された目的との関係においてもはや必要でなくなった場合

    (b) データ主体が6条1項a号または9条2項a号に基づく処理に対し同意を撤回し，および処理に関し他の法的根拠がない場合

    (c) データ主体が21条1項に従い処理に異議申立てを行いかつ処理に優先的な正当な根拠がない場合，またはデータ主体が21条2項に従い処理に異議申立てを行った場合

    (d) 個人データが違法に処理された場合

    (e) 個人データが管理者に適用されるEU法または加盟国法の法的義務の履行のために削除されなければならない場合

    (f) 個人データが8条1項にいう情報社会サービスの提供に関連して収集された場合

2. 管理者が個人データを公表し，前項に従い個人データの削除義務を負う場合，管理者は執行に要する技術および費用を考慮に入れ，データを処理する管理者に対しデータ主体が個人データに関するリンク，コピーまたは複製の削除を請求したことを通知するための技術的措置を含む合理的手段を講ずるものとする。

3. 1項および2項は次の処理が必要である限りにおいて適用されない。

    (a) 表現および情報の自由に関する権利行使の場合

    (b) 管理者に適用されるEU法は加盟国法により処理が必要な法的義務を履行する場合，または公益のため実行される任務を遂行する若しくは管理者に付与された職権行使を実現する場合

    (c) 9条2項h号ならびにi号および3項に従い公衆衛生分野における公益に資する場合

    (d) 1項にいう権利を不可能とするまたは処理の目的実現を著しく害する限りにおいて，89条1項に従い公益目的，科学的または歴史的研究もしくは統計目的に資する場合

    (e) 法的権利の立証・行使・保護に必要な場合

第18条　処理の制限権

1. データ主体は次のいずれかに該当する場合，管理者に処理の制限をしてもらう権利を有する。

    (a) 個人データの正確性がデータ主体により争われている場合，管理者が個人データの正確性を証明できるまでの期間

    (b) 処理が違法にされ，かつデータ主体が個人データの削除をせず，代わりに利用の制限を申請した場合

    (c) 管理者が処理の目的のためにもはや個人データを必要としていないが，データ

主体により法的主張の証明，行使または擁護のため要求されている場合

(d) データ主体が 21 条 1 項に従い処理に異議申立てを行い，管理者の正当な根拠がデータ主体のそれを上回るか否かの証明がなされていない場合

2. 前項に基づき処理が制限されている場合，かかる個人データは，保存を例外として，データ主体の同意によるか，または別の自然人もしくは法人の法的主張の証明，行使または擁護または権利または EU もしくは加盟国の重要な公の利益の理由のためであれば処理することができる。

3. 1 項に従い処理の制限をしてもらったデータ主体は，処理の制限が行われる前に管理者から通知を受けるものとする。

第 19 条　個人データの訂正もしくは削除または処理の制限に関する義務の通知

管理者は，不可能であると証明されるか，または不均衡な取組みを伴うものでない限り，16 条，17 条 1 項および 18 条に従い行われる個人データの訂正もしくは削除または処理の制限を個人データが開示された各受領者に連絡しなければならない。データ主体が要求した場合，管理者はデータ主体にこれらの受領者に関する情報を通知しなければならない。

1.「忘れられる権利（right to be forgotten）」とは

(1) 背景

　人は忘れる。しかし，インターネットは忘れない。だからこそ，忘れることを法的権利として保障する必要性が認識されてきた。欧州委員会レディング副委員長（当時）は「神は許しを与え，忘れるが，ウェブは決してそうではない。だから私にとって『忘れられる権利』は極めて重要である」と主張し，忘れられる権利の法制化を呼びかけてきた。「忘れられる権利」は，「自我への権利」ないし「アイデンティティへの権利」としての性格を有しており，インターネット空間における自我造形の権利に寄与するものとして議論されてきた。

　欧州委員会の調査（2010 年 11 月〜同年 12 月実施）によれば，インターネットを利用する EU 市民のうち 75% の者が自らが希望すればいつでも自らの個人データを消去できることを希望している。これに対し，消去を希望しないと回答した者は 4% にすぎない。このような背景から，特にインターネットにおける自らの個人データを対象として削除の権利が忘れられる権利として法的に

第 2 部　条文解説

明文化された。

　なお，EU の法制化の過程では，フランスにおける忘れられる権利（droit à l'oubli）の立法議論（デジタル世界におけるプライバシーの権利の保障強化に関する法案解説（2009 年 11 月上院に法案提出，その後，2016 年 10 月 7 日デジタル共和国法で未成年者の忘れられる権利が明文化）[13]）がしばしば引き合いに出されてきた。

(2) 法的性格

　削除権・忘れられる権利として，**①データ主体が自らに関する個人データの削除を管理者に対し遅滞なく削除させる権利を有すること**，そして，**②データ管理者は遅滞なく個人データを削除する義務を負うこと**が規定された（17条 1 項）。削除権・忘れられる権利を行使できる要件としては，①収集または処理された目的との関係においてデータがもはや必要ないとされる場合，②データ主体が同意の撤回を行い，かつ当該データ処理に法的根拠がない場合，③データ主体が個人データ処理に異議申立てを行い，かつ優先されるべきデータ処理の根拠がない場合，またはダイレクトマーケティングへの異議申立てを行った場合，④データが違法に処理された場合，⑤ EU 法または加盟国法における法的義務の履行のためにデータが削除されるべき場合，⑥保護者の同意に基づき 16 歳未満（加盟国法により 13 歳以下）の情報社会サービスの提供に関連してデータが収集された場合，という 6 つの場合が規定されている（17 条 1 項）。

　データ管理者は，個人データの削除のために，データ処理を行っている管理者に対し，データ主体が当該個人のデータに関するリンク，コピーまたは複製の削除要請を行っていることを通知するための技術的措置を含む合理的な手段を講じなければならないとされる（17 条 2 項）。通知のための合理的手段には，利用できる技術と執行に要するコストを考慮に入れ，通知手段が不可能であることを証明できる場合または不均衡なほど労力を要する場合には免除される（19 条）。

　削除権・忘れられる権利は，インターネット上にある個人データに関するあらゆるリンク，コピーまたは複製も削除の対象とされている。そのため，「忘

れられる権利」の執行実務の観点からは，公開されたインターネットにおいて
この権利を執行することは「一般論として不可能（generally impossible）」
であるものの，プラグマティックな実践方法として，検索エンジンのオペレー
ター等に対して忘れられるべき情報への参照にフィルターをかけるよう要請し，
この権利を支えることが適当であると考えられてきた。[14]なお，忘れられる権利
は，特に検索エンジン等のインターネットを念頭に置いているが，それに限ら
れない（前文65項）。そのため，条文では「消去（delete）」ではなく，「削除
（erase）」が用いられている。

　忘れられる権利は絶対的な権利ではなく，「歴史の完全な消去の権利に相当
するものではない」[15]。そのため，他の権利や自由との調整が必要なため，忘れ
られる権利の行使の例外規定として，①表現の行使の自由の場合，②EU法ま
たは加盟国法により個人データ処理が必要な法的義務を履行する，または公益
のためもしくは管理者に付与された職権行使を履行する場合，③公衆衛生にお
ける公益に資する場合，④公益目的に資する場合，または科学的・歴史的研究
若しくは統計目的の場合，⑤法的権利の立証・行使・保護に必要な場合の5つ
の場合が列挙された（17条3項）。

2. EU 司法裁判所先決判決（Google Spain 判決）

(1) 事案

　スペインのデータ保護監督機関（Agencia Española de Protección de
Datos（AEPD））には2012年3月2日にEU司法裁判所に事案が付託される
までの間に約90名の原告から約150件の忘れられる権利に関連する訴訟が提
起されていた。[16]EU司法裁判所が審理の対象として取り上げた事件は，スペイ
ン国内における過去の社会保障費滞納に伴う不動産競売に関する新聞記事を検
索結果から削除を求めた男性がグーグルおよびグーグル・スペインに対して提
起した訴訟である。その事例は，男性の16年前の社会保障費の滞納を理由と
する自宅の競売に関する新聞記事（1998年1月19日と1998年3月9日のLa
Vangaurdia紙の36ワード）が，新聞社のニュースアーカイブ上に掲載さ

第2部　条文解説

れており，検索エンジンのグーグルでその記事が表示されるというものである。男性は，1998年末までに滞納していた社会保障費を完納していたため，自らの個人データに関連する記事の情報の検索結果の表示を新聞社とグーグルに対して求めたものであった。スペインデータ保護監督機関は紙面記事における個人データの削除は認めなかったものの，検索サイト上の個人データの表示については削除を命じた。これにグーグルが不服申立てを行い，スペイン国内裁判所で争われた事件が，EU司法裁判所において先決判決として下されたのであった。本件では，現行のEUデータ保護指令に基づき判断されることとなるが，次の3点が審理された。

(2) 争点

(A) 適用範囲

第1に，EUデータ保護指令の適用範囲の問題である。すなわち，アメリカに拠点を置くグーグルが「加盟国内に設置されたデータ管理者」（4条a項）といえるかどうか，あるいは域内の設置が認められない場合，「個人データの処理を目的として加盟国の域内に設置された…設備を利用」しているかどうか，である。

(B) データ管理者

第2に，データ処理者および管理者の該当性である。グーグルはインターネットの検索エンジンによるインデックス情報を一時的に蓄積しているだけであり，データを処理し（2条b項），管理している（2条d項）とみなすことができるかどうかである。

(C) データの削除・ブロック・異議申立ての権利

第3に，検索サイトから公表された自らの情報について，データ主体が削除およびブロックする権利（12条），そして異議申立ての権利（14条）が認められるかどうかという問題がある。この点，指令12条は，規則17条のように，「忘れられる権利」を明言しているわけではないが，「データの修正，削除またはブロック」を定めている。

これら3点について，2013年6月25日に法務官による意見では，①スペイン在住の者をターゲットに広告配信などしていることから，EU域内に管理者

を設置したものとみなし，指令の適用を受けるが，②検索エンジンは表示され
てくるウェブページの内容に責任を有しているわけではなく，管理者とみなす
ことはできないこと，そして③削除権や異議申立権を根拠に検索サイトからの
情報の削除を一般的な権利として容認することはできない，とされた。

（3）先決判決

2014年5月13日，EU司法裁判所大法廷による先決判決[17]は，スペインの私
人の16年前の社会保障費の滞納に伴う不動産競売に関する新聞記事の検索結
果の表示について，この表示がEU基本権憲章第8条が保障する個人データへ
の権利に照らし，EUデータ保護指令が保障する削除の権利および異議申立権
に違反するという判決を言い渡した。本判決の中では，原告が主張するいわゆ
る「忘れられる権利」という言葉を用いて，個人データ処理の本来の目的から
見て「不適切な，無関係もしくはもはや関連性がない，または過度な」情報に
ついては検索サイトからの関連語句の削除が認められると判断した。法務官が
検討した3つの論点については，データ管理者と削除権について異なる見解を
示し，それぞれ次のように判示している。

① 適用範囲

第1に，EUデータ保護指令の適用の可否について，グーグル・スペイ
ンは情報のインデックスや蓄積に直接関与しているわけではなく，あくま
でグーグル本社が個人データの処理を排他的に行っており，グーグルグル
ープの商業活動を行っているにすぎない点をどうみるかが問題とされた。
司法裁判所によれば，「自然人の基本的権利と自由，特にプライバシーの
権利の効果的かつ十分な保護を確保するEU指令の目的に照らし，適用範
囲に関する文言を制限的に解釈することはできない」（para53）。

そして，グーグル本社とグーグル・スペインの関係について，「検索エ
ンジンの運営者の活動と加盟国に設置された運営者の活動は密接に関係し
ている（inextricable link）」（para56）点に着目した。なぜなら，広告の
スペースに関連する活動が検索エンジンの経済的な利益を生み出しており，
その経済活動を可能とする手段となっているためである。したがって，広

第2部　条文解説

告スペースを促進し販売を意図し，かつある加盟国の住民に向けられた活動を方向付けている支店を加盟国内に設置している場合，加盟国内の領土において管理者の設置の活動に関連して個人データの処理が行われていると解することができる。このように解釈される以上，「検索エンジンの運営を目的として実施された個人データ処理は，EU 指令で定められた義務と保護から逃げることはできない」（para58）。

② データ管理者

　第2に，データ管理者に該当するかどうかの論点について，検索エンジンの性質に着目して判断された。検索エンジンは，「（ⅰ）第三者によってインターネット上に発行・公表された情報を見つけ，（ⅱ）自動的に情報に索引をつけ，（ⅲ）一次的に情報を蓄積し，（ⅳ）特定の順番または選好に従いインターネット利用者に入手可能な状態にしている」（para21，番号は筆者が加筆）。また，「検索エンジンの行為の文脈において実施される個人データの処理は，ウェブサイトの発行者によって実施されている個人データ処理とは区別され，追加的行為をおこなっている」（para35）。個人データが含まれている限りにおいて，Lindqvist 判決において確認されたとおり，インターネット上にそれをアップロードする行為についても個人データの処理を行っているとみなされる。

　他方，個人データの管理者への該当については，自然人，法人，官庁または公的機関その他の団体が単独または共同して個人データの処理の目的および手段を決定付けているかどうかを判断基準とした。先例から，たとえすでにインターネット上に公開されている情報について変更が加えられていない形態のメディアの公表のみの場合であってもデータの処理がされているものと類型化してきた。そして，氏名の検索により，「検索エンジンの活動が，あらゆるインターネット・ユーザーに対し個人データの全面的な拡散の決定的な役割を果たしている」（para36）。インターネット・ユーザーの多くは，「これらのデータが公表されたウェブウェブページに本来であれば見つけ出すことができなかったであろう」（para36）が，氏名による検索で，検索エンジンはインターネット上の情報を蓄積することで「その個人に関連する情報の体系的な概要」が示されることとなり，

第Ⅲ章　データ主体の権利（第12条〜第23条）

「データ主体の多かれ少なかれ詳細なプロフィールを確立することを可能とさせている」（para37）。個人データ処理の活動の目的および意義を決定付けているのは検索エンジンであって，個人データの処理はその活動の中で実施されている。したがって，「検索エンジンの行為が，プライバシーと個人データの保護の基本的権利に対して重大に，またウェブサイトの発行者の行為と比較してみて追加的に影響を及ぼしていることに責任を負っている」（para38）。検索エンジンの運営者は「管理者」とみなされ，EU指令で定められた義務と責任を負うこととなる。

③　データの削除・ブロック・異議申立ての権利

　第3に，基本権としての個人情報の削除の問題についてである。司法裁判所はまず個人データの処理を伴うプライバシーの権利が，先例に照らしても，「基本権および自由の高い水準の保護」（para66）をEU指令が定めていることを確認する。そして，基本権憲章で保障された私生活尊重の権利（第7条）と個人データ保護の権利（第8条）は，「特にEU指令の第6条，第7条，第12条，第14条，第28条において執行される」（para69）ことを指摘する。データの質の原則（指令6条）やデータ処理の正当性（指令7条）に違反した場合，データ主体は削除・ブロックの権利（指令12条）や異議申立ての権利（指令14条）を行使することができ，データ保護監督機関は権利保護のため調査権限を行使することができる（指令28条）。

　ここで司法裁判所は，eDate Advertising and Others 判決[18]を引用して，「検索結果のリストを含む情報をユビキタスなものにさせる，現代社会におけるインターネットと検索エンジンの重要な役割が原因となり，データ主体の基本権に対する干渉の効果が高められている」（para80）ことに言及し，検索エンジンがもたらす「基本権の干渉の潜在的重大さ」（para81）を指摘する。このような基本権侵害の可能性に照らせば，「検索エンジンの運営者が個人データ処理において有している経済的利益のみによって正当化されるものではないことは明白である」（para81）。もっとも，検索結果の削除については，問題となっている情報の性質に依存しており，「インターネット・ユーザーがその情報

第2部　条文解説

にアクセスしたいと潜在的に関心を有する正当な利益に影響をもたらす」こととなり，「**公正な衡量（a fair balance）**」（para81）が必要となる。この衡量には，「特定の事案において，（ⅰ）**問題とされている情報の性質，（ⅱ）データ主体の私生活の機微性，（ⅲ）その情報がもたらす公共の利益，すなわちデータ主体が公的生活において果たす役割によって特に異なりうる利益**」（para81 番号は筆者が加筆）に基づいて検討されることとなる。

　そこで，データ保護監督機関ないし司法機関はデータ保護指令 12 条と 14 条に照らし，「人の氏名に基づいてなされた検索に従い表示される結果のリストから，その人に関連する情報を含む第三者によって公表されたウェブページへのリンクを検索エンジン運営者に対し削除を命じることができる」（para82）。すなわち，「一定の状況の下では，ウェブページの発行者に対してではなく，その運営者に対する 12 条削除権および 14 条異議申立権の行使をデータ主体ができることを除外することはできない」（para85）。なぜなら，検索エンジンは「情報の拡散に決定的な役割を果たしており，データ主体へのプライバシーの基本的権利への干渉はウェブページの公表よりも重大なものを構成する責任を有している」（para87）。そこで，司法裁判所は，「たとえ当初は正確なデータの適法な処理」であったとしても，「処理の目的との関係において，また時の経過に照らして，**不適切で（inadequate），無関係（irrelevant）もしくはもはや関連性が失われ（no longer relevant），または過度である（excessive）とみなされる場合**」（para93）において情報の削除が可能であるという判断基準を示した。

　本件についてみると，「男性の氏名に基づきなされた検索に従い表示された結果のリストの中に，第三者によって適法に公表されたウェブページへのリンクとこの男性の個人的な事柄に関する真実の情報を含むことは，現時点において，EU 指令の 6 条 1 項 c 号から e 号と矛盾する」（para94）ことを指摘する。「なぜなら，本件のあらゆる事情を考慮して，この情報が検索エンジンの運営者によって実施された本件の処理の目的との関係において，不適切で，無関係でもしくはもはや関連性が失われ，または過度であるようにみられるためである」（para94）。したがって，「検索結果のリストにおける情報およびリンクは削除されなければならない」（para94）。検索結果で表示されるリストがその

第Ⅲ章　データ主体の権利（第12条～第23条）

時点でもはやリンクが張られるべきでないとすれば,「結果のリストの中に当該情報を含むことがデータ主体に不利益をもたらすことは，そのような権利を認めるための要件ではない」（para96）。すなわち，基本権憲章第7条（私生活の保護）および第8条（個人データ保護の権利）に基づくデータ主体の権利は,「検索エンジン運営者の経済的利益のみならず，データ主体の氏名に関連する検索から情報をアクセスするという公衆の利益よりも優越する」（para97）。もっとも,「公的生活におけるデータ主体などの一定の理由がある場合」（para97）にはこのことは当てはまらない。本件では，グーグル検索の手段を用いてデータ主体の氏名に基づく検索結果のリストからこの男性の社会保障費の滞納による競売に関する記事を含む日刊紙のオンライン・アーカイブスのページへのリンクに表示していた。「データ主体の私生活にとってこの公表に含まれる情報の機微性と最初の公表は16年前に起きたことであった点において，この情報は検索リストを通じて男性の氏名はもはやリンクがはられるべきではないという権利をデータ主体が確立していると判示するべきである」（para98）。

　このように，本先決判決は,「忘れられる権利」を明文化し，審議中であったEUデータ保護規則提案ではなく，データ保護指令の解釈の問題の中で示された。先決判決は従来の削除権と異議申立権，すなわち元となる新聞記事の削除に関する論理ではなく，新聞記事を検索結果で表示することを違法とする「リスト化されない権利」を新たに認めたものとして大きな注目を集めた。

（4）先決判決後の動向

　EU司法裁判所の先決判決が下されるまでの間にスペイン国内で220名以上がグーグルを相手に訴訟を提起しており，先決判決は大きな影響を及ぼした。2015年10月15日，スペイン最高裁判所が，EU司法裁判所の先決判決に基づき，ニュース記事に関する検索結果の削除の可否に関する事案の判断を下した。スペイン最高裁は，オリジナルの新聞における過去の逮捕歴の報道について削除を命じなかったものの，20年前の公的・歴史的意義のないその報道に関する個人情報を検索エンジンの結果で表示できないような技術的措置を講じなければならないことを命じている。なお，スペイン国内では2014年にデータ保

護監督機関が処理したデータ処理の停止に関する案件は 1047 件に上る。[20]

このほか加盟国では，たとえば，イギリス情報コミッショナー事務局では，忘れられる権利に関する異議申立てを約 18 か月間に 472 件受理し，そのうち 441 件について決定を下している。[21]そのうち削除が認められたのは 20% にとどまっている。

フランスのデータ保護監督機関 CNIL では，2014 年に 702 件の URL を対象として，138 件（内 1% 以下がグーグルに拒否された案件）の削除要請を受け付けている。[22]CNIL が 2015 年 5 月 21 日付でグーグルに対しすべてのドメインにおいて非表示を運用するよう命じる決定を通知した。[23]これに違反したとして，2016 年 3 月 10 日 CNIL はグーグルに対し 10 万ユーロ（約 1,250 万円）の制裁金を科した。[24]

イタリアでは，新聞社の記事に含まれる個人データについて，すでに新聞社のサイトで閲覧ができないにもかかわらず，グーグルでは検索結果に表示されることがデータ消去の観点から違法と 2005 年データ保護監督機関の決定で判断された。[25]他方で，グーグルビデオに投稿された学生のいじめ動画に対する検索エンジンサービス提供者の法的責任について，能動的なホスティング・プロバイダとみなすことができないとして削除責任が否定された裁判例もある。[26]

（5）商業登記に関する個人データの削除（Manni 判決）

EU 司法裁判所は，2017 年 3 月 9 日，過去に破産した企業の取締役で清算人となった者が商業登記簿に掲載された自らの個人に関するデータの削除，匿名化またはブロックを請求した事案において，この請求を認めない先決判決を下した。[27]本件では，イタリアで 1992 年に破産宣告をされた企業の清算人が 2005 年 7 月に商業登録簿から削除されたものの，マーケット情報を収集している企業によりこの清算人に関する個人データが公表されるため，このかつての清算人であり，後に建設会社の代表となった者が個人データの削除，匿名化またはブロックを請求した。EU では，一定の企業に係る開示要件に関する指令（2003/58（68/151 指令）3 条）において，第三者が会社に関する情報を確認することを可能にするため，商業登記において会社の代表等の情報の開示が義務付けられている。

第Ⅲ章　データ主体の権利（第12条〜第23条）

　そのため，EU 司法裁判所は，会社の破産から一定期間が経過しても，原則として，自然人が自らに関する個人データを削除してもらう権利はないと判断した。その理由として，第1に，商業登記簿に掲載される個人データは限られた項目のみであること，第2に，会社を通じて取引に参画しようとした自然人に対し，会社を識別するための情報とその機能に関連して個人に関するデータが公開されることは正当化されること，もっとも，第3に，個別の事案における正当な理由によって，会社の破産後十分に時が経過した場合，例外的に登記簿における第三者に対する個人データへのアクセスが限定されることが認められることが指摘された。本件では，かつての清算人が建設会社の代表として観光施設の財産が売れない理由として登記簿の情報を挙げているが，この事実は登記簿の情報を削除等する正当かつ優越する理由とはならないと判断された。そして，登記簿における個人データの削除等の請求については，個別の事案における例外的な場合の正当な理由を加盟国においてケースバイケースで判断するべきことが示された。

　なお，先決判決では，忘れられる権利への言及はなかったが，法務官の意見によれば，本件において忘れられる権利は，法的義務の履行のための場合，または公益目的の場合に該当することから適用されない（17条3項b号・d号）。

3.　検索エンジンの法的責任

（1）第29条作業部会の削除ガイドライン

　EU 司法裁判所の判決を受けて，第29条作業部会はガイドラインの中で，次の削除指針示した。

①　管理者としての検索エンジンと法的根拠：判決は検索結果の「リスト化されない権利」を認めたものであって，オリジナルの情報の削除を求めたものではない。仮に検索結果から情報が非表示とされても，当該情報を含むウェブのコンテンツは依然として利用可能であり，他の検索用語を用いるなどの検索エンジンを通じてその情報にアクセスすることが可能である。

第2部　条文解説

② データ主体の権利行使：各人は検索エンジンに対する権利を行使する前提として，オリジナルのサイト管理者に連絡する義務はない。データ主体が検索エンジンの回答に納得しない場合，データ主体にはデータ保護監督機関または裁判所に係争することが可能であることを通知しなければならない。

③ 適用範囲：権利の効果的かつ完全な保護を保障する形で実施されなければならず，Google Spain 判決の射程が".com"を含むすべての関連するドメインに対して有効なものとしなければならない。

④ ウェブ管理者への通知：検索画結果が非表示とされたことが公にされてしまうと，判決の趣旨を大きく損ねることとなる。検索エンジンは削除によって影響を受けるページのウェブマスターに対して当該ウェブページが検索結果で非表示とされた事実を通知するべきではない。

⑤ データ保護監督機関の役割：データ主体によって提出された非表示の拒否または一部拒否に関する苦情については，データ保護指令 28 条 4 項に基づき正式な苦情として処理しなければならない。

　以上の指針のほか，検索エンジンサービス提供者に対して削除の運用ガイドラインとして次の 13 項目にわたる削除基準を公表した[28]。この 13 項目にわたる基準に照らして，検索エンジンサービス提供者はケースバイケースで削除の可否の決定を行うこととされている。

① 検索結果は自然人に関するものであるか（仮名化データやニックネームも関連用語）

② データ主体は公人か（公人の基準については，政治家等による民主社会における討議に寄与することができる事実とそのような機能を有していない個人の私生活の詳細とを区別して判断する（ECtHR, van Hannover v. Germany, 2012））

③ データ主体は未成年者であるか（18 歳未満の者のデータであればリスト化されにくい）

④ データは正確であるか（事実に関する情報と意見との違い）

第Ⅲ章　データ主体の権利（第12条～第23条）

⑤　データは関連性があり，過度なものではないか（データの時間的経過，私生活と仕事の区別，違法な表現，事実と意見との違い）

⑥　情報は指令第8条のセンシティブなものである（センシティブデータは私生活に大きな影響を及ぼす）

⑦　データは最新のものであるか。利用目的以上に長期間に利用されているか（合理的に判断して現在の情報といえるか）

⑧　データ処理がデータ主体に偏見をもたらすものであるか（偏見をもたらす証拠があればリスト化されにくい）

⑨　検索結果のリンクがデータ主体に危険をもたらすものであるか（ID盗難やストーカーなどのリスクがあるか）

⑩　どのような経緯で情報が公表されたものであるか（同意の自発性，公表されることに対する同意，公表に関する同意の撤回）

⑪　オリジナルのコンテンツが報道目的で公表されたものであるか（メディアによる公表の法的根拠がある場合とそうでない場合との区別）

⑫　公表者が個人データの公表に法的権限を有しているか（選挙登録などの法的義務があって公表する場合）

⑬　データは前科に関係しているか（前科情報の取扱いについては加盟国では異なるアプローチ）

（2）検索エンジンサービス提供者による対応

　検索エンジングーグルは，2014年5月30日から削除リクエストのフォームを設けた。また，グーグルでは，判決後から1年間だけで約93万件のURLを対象として約25万件の削除要請があった。2015年2月6日，グーグル諮問委員会は，削除基準に関する「忘れられる権利に関するグーグルに対するアドバイザリー・カウンシル」[29]報告書を公表した。そこでは，EU司法裁判所の判決に基づき，①公的生活におけるデータ主体の役割，②情報の性質，③情報源，④時の経過について基準が示されている。

　グーグルの削除フォームでは次の事項を入力して，削除申請を行うことができる。2016年3月4日，グーグル・ヨーロッパは，ヨーロッパにおける忘れ

109

第 2 部　条文解説

られる権利に基づき，「来週から運用を変更することにした」と述べ，すべて
のドメインにおいて検索結果の非表示の措置を講ずることを公表した。この公[30)]
表によれば，データ保護監督機関の要請に基づき，".com" ドメインを含むす
べてのグーグルの検索ドメインに対し URL の非表示のためにアクセス制限を
行うこととしている。

① 　あなたの申請が適用される法律の該当国
② 　個人情報
　　検索で使われた氏名，申請者の氏名，代理の場合の氏名，連絡先 E メ
　　ール
③ 　氏名で検索した際の表示される結果のリストから削除を希望する検索結
　　果
　　URLs，各 URL にあなたがどのように関係しているか，URL のコンテ
　　ンツがなぜ違法，不正確，古くなっているかについての理由，本人確認の
　　ID（パスポートや政府発行の ID である必要はなく，不必要な情報や写真
　　を削除することが可能，削除要請を受け付け後 1 か月以内に個人情報は原
　　則削除）
④ 　署名
　　氏名と日付

　削除の対象ドメインや検索エンジンの削除義務等をめぐり，EU 司法裁判所
において新たに審理が行われている（2018 年 3 月時点）。対象となった検索結
果における個人データは，①政治的意見に関わるビデオ，②宗教的意見に関わ
る記事，③起訴されたことに関する記事，④性犯罪の刑事裁判に関わる記事で
あり，1978 年フランス法における異議申立権（38 条）および訂正権（40 条）
に基づく訴訟である。これに対し，グーグルが CNIL の決定に不服申立てを
行い，裁判所において審理が行われた。国務院は，2017 年 2 月 24 日付けで
EU 司法裁判所への判断付託決定を行い，本件は 2017 年 7 月 19 日，EU 司法[31)]
裁判所に判断が付託された。

4. 日本との比較

　個人情報保護法 19 条では，個人情報取扱事業者は，「利用する必要がなくなったときは，当該個人データを遅滞なく消去するよう努めなければならない」と定められている。EU におけるデータ保護の権利としての位置付けではなく，個人情報取扱事業者の義務等の中の 1 つとして努力義務の規定となっている。

　日本では，民法上の人格権侵害を理由とする検索エンジンに対する検索結果表示の差止めを求める仮処分申立決定や裁判例がみられる。たとえば，2015年 12 月 22 日，さいたま地裁の決定（判例時報 2282 号（2016）82 頁）では，「犯罪の性質等にもよるが，ある程度の期間が経過した後は過去の犯罪を社会から『忘れられる権利』を有するというべきである」と「忘れられる権利」に言及されている。他方で，2017 年 1 月 31 日最高裁決定は，忘れられる権利に言及しなかった。

■参考文献
・東史彦「忘れられる権利と表現の自由はどちらが上か？」庄司克宏編『インターネットの自由と不自由』（法律文化社・2017）71 頁
・宇賀克也「『忘れられる権利』について」論究ジュリスト（有斐閣・2016）24 頁
・上机美穂「忘れられる権利とプライバシー」札幌法学 25 巻 2 号（2014）59 頁
・奥田喜道編『ネット社会と忘れられる権利』（現代人文社・2015）
・羽賀由利子「忘れられる権利：忘れることを忘れた世界の新たな権利」コピライト 655 号（2015）44 頁
・宮下紘「『忘れられる権利』をめぐる攻防」比較法雑誌 47 巻 4 号（2014）29 頁
・宮下紘「忘れられる権利と検索エンジンの法的責任」比較法雑誌 50 巻 1 号（2016）35 頁

第2部　条文解説

データポータビリティ権（第20条）

Point
- データポータビリティ権は，個人データを受け取った管理者から別の管理者へと個人のデータを送信する権利である。
- データの受け取り，送信は，体系的で，一般に利用され，かつ機械で読み取り可能な形式で行われるものとする。
- 事業者は，過度な負担を証明できるなどの例外を除き，手数料を徴収してはならない。

第20条　データポータビリティ権

1. データ主体は，次の場合，体系的で，一般に利用され，かつ機械で読み取り可能な形式で，管理者に提供した自らに関する個人データを受け取る権利，および個人データが提供された当該管理者から別の管理者へと支障なしにこれらのデータを送信する権利を有する。
    - (a) 6条1項a号もしくは9条2項に従い同意し，または6条1項b号に従い契約に基づき処理された場合
    - (b) 自動的方法によって処理が行われた場合
2. 前項に従いデータポータビリティ権を行使する場合，データ主体は，技術的に可能であれば，ある管理者から別の管理者へと個人データを直接送信してもらう権利を有するものとする。
3. 1項における権利の行使は，17条を損ねることないものとする。この権利は，公共の利益または管理者に付与された職権の行使において実施される任務の遂行にとって必要な処理には適用しないものとする。
4. 1項における権利は，他者の権利および自由を阻害してはならない。

---

1. データポータビリティ権の法的性格

(1) 背景

　2007年9月，「ソーシャルウェブの利用者のための権利章典」のプロジェクトが立ち上がり，その後グーグルやフェイスブックが参画した「データポータビリティプロジェクト」が動き出したことがデータポータビリティ権の背景に

ある。[32]

　個人情報を取り扱う事業者と消費者との間には情報を保有する量と質において大きな不均衡があり，いわゆる情報の非対称性の観点から，消費者が劣位の立場に置かれてきた。これまで電子商取引において消費者がロックインされる不利益が問題視されてきたが，近年，フリーメールサービスやソーシャルネットワークサービスにおいて，消費者が利用しているサービスを変更したい場合，同じようにロックインされる効果が生じる。そのため，データ主体とデータ管理者との間の関係の「再均衡化」を図るための権利が必要となってきたことが背景にある。[33]

　また，インターネット上の様々なサービスが異なるソフトウェアを用いている中，共通のソフトウェアにおけるデータの持ち運びが行うことができれば，インターネット上の「システム相互運用性」を向上させる観点からも歓迎されることとなる。[34]

　なお，オンラインのプラットフォームを変更することは消費者にとってデータの持ち運びのコスト削減になるとされる一方で，事業者の革新の萎縮効果を招くものとなる可能性があるという見方も示されている。今後，欧州委員会は，ポータビリティ権の経済効果を考慮し，モノのインターネットの台頭に伴い，個人データとそれ以外のデータのポータビリティ権について検討していくこととされている。[35]

（2）データポータビリティ権の基本要素

　データポータビリティ（data portability）権には，**①個人データを受け取る権利，②ある管理者から別の管理者へと個人のデータを送信する権利，③データポータビリティツール，④管理機能，そして⑤データ主体の他の権利との調整**がある。[36]

①　個人データを受け取る権利

　　　データポータビリティ権は，データを管理し再利用すること容易にさせている点で，アクセス権を補強するものである。また，体系的で，一般に利用され，かつ機械で読み取り可能な形式でなければならない。

第2部　条文解説

> 【例】ある音楽配信サービスにおいて，自分がある曲を何回聴いているかを知るため，または別のプラットフォームでどの音楽を購入や視聴したいか確認するため，自らのプレイリストで視聴履歴を受け取ることができる。
> 【例】結婚式の招待リストを作成するため，ウェブメールの連絡先リストを再利用することができる。

② ある管理者から別の管理者へと個人のデータを送信する権利

　　データ主体は，自らのデータを取得し再利用することができるだけでなく，自らのデータを事業分野を問わず別のサービスプロバイダに送信してもらうことができる。この権利は，「ロックイン」を防止し，消費者の権利に力を付与するものである。

　　同時に，データポータビリティ権は，データ主体により管理・制限された組織間のデータ共有を促進することができ，またサービスと顧客体験を向上させることを目的としている。

③ 管理機能（controllership）

　　データポータビリティ権は，利用目的に必要な期間や特定の保存期間を超えて個人データを保全することを義務付けるわけではない。また，データの送信を受ける管理者は，新たなデータ処理が過度なものであってはならないよう責任を負っている。新たな管理者は，5条における基本原則を遵守しなければならず，新たな処理の目的を明確かつ直接公表しなければならない。なお，管理者は，データ主体からのデータの受け入れを義務付けられておらず，その可否を選択することができる。

> 【例】ウェブメールサービスにおいて，メールを回収するためにデータポータビリティ権を用いることができ，アーカイブフォームにそれらを送信したとき，その新たな管理者は連絡先まで処理する必要はない。
> 【例】銀行の取引サービスの詳細を送信するよう要求された場合，新たなデータ管理者はすべてデータを受け取る必要はなく，また，すべての取引履歴の詳細を保有する必要はない。

④　データ主体の他の権利との調整

　　データポータビリティ権は，管理者のシステムから自動的にデータの削除をもたらすことにはならず，当初の保存期間に影響を及ぼさない。データポータビリティ権は，データの削除権を遅延させたり拒否したりする理由にはならない。また，データポータビリティ権に基づくデータ主体の要請に応じることができない場合，個人データの開示権に基づく追加要請には対応しなければならない。

(3)　データポータビリティ権が適用される要件

　データポータビリティ権が適用されるためには，**データ主体の同意がある場合か契約に基づいて個人データが処理されている場合**であることを必要とする（20条1項9号）。そのため，たとえば，公的機関が保有する個人の過去の所得税の記録については，公共の利益のために行う任務ないし法的義務を伴うための処理であるため，データポータビリティ権は適用されない。また，**個人データの処理が自動的な手段に基づく場合**も，データポータビリティ権が適用されることとなる（20条1項b号）。

　個人データに関する要件として，第1に，データ主体に関するデータであることが必要である。匿名データは含まれないが，仮名化データは含まれる。

　第2に，データ主体によって提供されたデータであることとされているが，広く解釈されなければならなず，データの出自の違う，次の2つの類型が当てはまる（もっとも，スマートメーターによって生み出された生のデータのような利用者の活動によって生み出されその活動から収集されたデータもデータポータビリティ権の対象となる）。

　①積極的かつ意識的にデータ主体によって提供されたデータ。具体的には，メールアドレス，ユーザー名，年齢等のデータ主体によって積極的に提供されたデータ。②サービスやデバイスの利用を通じてデータ主体によって提供されたデータ。検索履歴，トラフィックデータ，位置データ。また，ウェアラブル端末により計測される心拍数等の生データも含まれる。ただし，クレジットスコアや健康に関する評価をはじめとした，データ主体によって提供されたデー

タに基づいた推測を伴うデータは，データ主体によって提供されたものとはみなされないため，データポータビリティ権の対象とはならない。

そして，第3に，他者の権利や自由に影響を及ぼすデータについては除外されることとされている。たとえば，ある個人がウェブメールの連絡先や銀行口座の取引履歴に関するデータを持ち運ぶ場合，同じ目的でデータを利用する限り第三者の権利や自由に影響を及ぼすことはなさそうである。しかし，持ち運んだ先のデータ管理者において，ウェブメールの連絡先や銀行口座の取引履歴に基づくマーケティングを行う場合，第三者の権利や自由を侵害するおそれが生じる。そのため，データが送信された新たな管理者は，送信された第三者のデータを自らの利用目的のために扱ってはならない。そのような取扱いは，第三者が通知を受ける権利行使ができなければ，違法かつ不正処理であるとみなされる可能性がある。他者のデータへのリスクを減らすため，送受信する当事者となるデータ管理者は，データ主体に対して，関連するデータを選択し，他者のデータを排除することを可能とさせるツールを設けることが奨励される。追加的措置として，管理者はデータ送信を安心なものにするため他のデータ主体のための同意の仕組みを設定する必要がある。特にソーシャルネットワーキングサービスにおいてこのような状況が生じる。なお，データポータビリティ権は不正な方法で情報を乱用する権利ではないため，知的財産や取引の秘密に関するデータについて対象外とされている（20条4項にいう「他者の権利および自由」は，知的財産および取引の秘密を含むと考えられる）。ただし，潜在的なビジネスリスクのみをもって，データポータビリティ権の要請を拒否することはできない。

（4）データポータビリティ権の行使に関する一般的ルール

（A）データ主体への通知

データ主体への通知に関する規定に基づき，データ管理者はデータポータビリティ権があることをデータ主体に通知しなければならない（13条2項b号および14条2項c号）。特にアクセス権とは異なる権利であることの明確な説明が必要である。また，アカウントの閉鎖前にはデータポータビリティ権に関する情報提供を常に行うこと，そして個人データの性質に関する完全な情報を

第Ⅲ章　データ主体の権利（第12条〜第23条）

提供することが奨励される。

　(B)　データ主体の識別の仕方

　データ主体の識別を必要としないデータ処理であるか，データ主体の識別を
することができないことを証明できない限り，データ主体の権利を拒否するこ
とができない（12条2項，参照）。Eメールアカウントやソーシャルネットワ
ーキングサービスにおけるユーザー名とパスワードなどの仮名化や固有の識別
子の場合であっても，データ管理者はデータ主体本人であること確実にするた
めの本人確認などの適切な手続をとり，データを送信しなければならない。

　(C)　要請への回答期限

　データ管理者は，ポータビリティ権の要請を受け付けてから，遅滞なくデー
タ送信に応じなければならず，要請を受け付けて原則として1か月以内を期限
とする（12条3項，参照）。なお，複雑な事案については，データ主体に遅滞
の通知の上，最長で3か月間以内でデータを送信しなければならない。

　(D)　要請拒否と手数料

　データ管理者が反復して要請があるなど根拠のない過度な負担を強いている
ことを証明できない限り，データポータビリティ権について手数料を徴収する
ことができない（12条，参照）。なお，ここでいう根拠のない過度な負担とは
個々のデータ主体による要請に伴う負担であるため，データポータビリティ権
の行使の全体数が過度な負担であることを理由に要請を拒否することはできな
い。

(5)　持ち運び対象のデータの提供方法

　(A)　データの提供方法

　GDPRは，データ主体が妨げなく個人データが提供された管理者から別の
管理者へとデータを送信する権利を有することとされている（20条1項）。こ
こでいう妨げとは，法的，技術的または財政的障害を意味する。たとえば，デ
ータ伝達のための手数料，過度な遅滞，またはデータセットの引き出しの複雑
性，データセットの意図的な難読化，または過度な縦割り標準化が想定される。

　また，「技術的に可能な場合」には，管理者は別の管理者に直接データを転
送する義務が課されている（20条2項）。データ転送の技術的可能性について

117

は，ケースバイケースの判断が求められるが，新たな処理システムの作成や維持を管理者に義務付けるものではない。もっとも，データの転送は，相互運用可能なフォーマットで行われることが期待されている。技術的な観点からは，管理者は，①持ち運び可能なデータのデータセット全体を直接転送すること（グローバルなデータセットの一部を取り出して直接転送すること），②関連するデータを抜き出する自動ツールを用いて転送すること，の2つの方法を検討するべきである。

　(B) データフォーマット

　データ管理者は，個人データの再利用を支援するフォーマットで提供することとされている。体系化され，一般に用いられ，そして機械で読み取り可能であるという要件は最低限のものであり，データフォーマットの相互運用を容易にするものと理解されるべきである。ポータビリティは，互換性あるシステムではなく，相互運用なシステムを生み出すことを狙いとしている。

　第29条作業部会は，産業界等に対し，データポータビリティ権の要件を満たすため相互運用性の基準やフォーマットについて共通の指針の設定をするよう奨励している。

　(C) 大規模・複雑な個人データの収集の取扱い

　規則には，大規模・複雑な個人データの収集について特別の規定がないものの，管理者がデータ主体には十分に個人データの持ち運びについて事前に説明することとされている（12条1項）。なお，大規模で複雑な個人データの持ち運びに対応する実務的方法の1つに，自社または第三者のソフトウェアコンポーネントの相互やりとりをするために使用するインターフェイス（API application programming interface）の提供が挙げられる。

　(D) 安全管理措置

　データの送信については，管理者が無権限もしくは違法な処理，偶発的な滅失，破棄もしくは損害に対する適切な技術的かつ組織的措置を講ずることとされている（5条1項f号）。データ送信の際には，追加的な本人確認を行うなど適切な人物に対して，暗号化を用いるなど安全に送信されるよう管理者が責任を負うこととされている。また，データ主体はオンラインサービスから個人データを持ち出すことにより，以前のサービスよりも安全性が劣るシステムに

第Ⅲ章　データ主体の権利（第12条〜第23条）

データが蓄積される可能性のリスクを考慮に入れる必要がある。

4. 日本との比較

我が国における政府の報告書において，データポータビリティ権に言及するものがみられる（たとえば，公正取引委員会「データと競争政策に関する検討会」報告書（平成29年6月6日），経済産業省「オープンなデータ流通構造に向けた環境整備」（平成28年8月29日）など）。

■参考文献
・佐々木勉「欧州におけるデータ・ポータビリティの在り方を巡る議論の動向」（2016年4月）
・生貝直人「自律・分散・協調社会とデータポータビリティの権利」経済産業省分散戦略ワーキンググループ（2016年7月27日）

第4節　異議申立ておよび個人の自動処理

異議申立権および個人の自動決定（第21条），プロファイリング等の個人の自動決定（第22条）

Point
・ダイレクトマーケティングを目的とする個人データの処理について，データ主体は，いつでも無償で異議申立権を有する（21条2項）。
・プロファイリングとは，自然人に関する一定の個人の特性を評価する，特に当該自然人の仕事の成績，経済状況，健康，個人的選好，興味，信頼度，行動，位置もしくは移動に関する特性を分析または予測するために個人データの利用から構成される個人データの自動処理のすべての形態である。
・データ主体は，自らに関する法的効果を生み出すまたは同様に重大な影響をもらす，プロファイリングを含むもっぱら自動処理に基づく決定をされない権利を有する（22条）。

119

第2部　条文解説

第21条　異議申立権および個人の自動決定

1. データ主体は，自らの特定の状況に関する根拠に基づき，6条1項e号またはf号に基づき，ならびにこれらの規定に基づくプロファイリングを含め，個人データの処理に対し，いつでも異議申立ての権利を有する。管理者は，データ主体の利益，権利および自由もしくは法的請求の確定，行使あるいは擁護を上回る処理のための不可欠な正当な根拠を示さない限り，個人データの処理をもはやすることができない。

2. 個人データが，ダイレクトマーケティングの目的で処理される場合，データ主体は当該マーケティングに関係する範囲でのプロファイリングを含むマーケティングに対して自らの個人データの処理にいつでも異議申立ての権利を有する。

3. データ主体がデータマーケティング目的のため処理に異議申立てを行った場合，個人データはかかる目的ではもはや処理してはならない。

4. 遅くともデータ主体との最初の対話において，1項および2項における権利はデータ主体の注意を明確に喚起するようにされ，明確にかつ他の情報とは区別されて提示されなければならない。

5. 情報社会サービスの利用の文脈においては，2002/58/EC指令に関わらず，データ主体が技術仕様を用いた自動手段による異議申立ての権利を行使することができる。

6. 個人データが，89条1項に従い科学研究もしくは歴史研究の目的または統計目的のために処理される場合，公共の利益を理由とする任務の遂行にとって処理が必要でない限り，データ主体は，自らの特定の状況に関する根拠に基づき，自らの個人データの処理に異議申立ての権利を有するものとする。

第22条　プロファイリング等の個人の自動決定

1. データ主体は，自らに関する法的効果を生み出すまたは同様に重大な影響をもらす，プロファイリングを含むもっぱら自動処理に基づく決定をされない権利を有する。

2. 次の決定の場合には，前項は適用しないものとする。
    （a）データ主体とデータ管理者との間の契約の締結または履行のために必要な場合
    （b）管理者が従い，かつデータ主体の権利と自由および法的利益を保護するための適当な措置を定める欧州連合または加盟国の法によって認められる場合
    （c）データ主体の明示の同意に基づく場合

3. 前項a号およびc号における場合，データ管理者は，少なくともデータ主体の見解を示し決定に異議を唱えるために管理者の役割に人間の介入を認める権利を含む，データ主体の権利と自由および法的利益を保護するための適当な措置を講ずるものとする。

4. 2項における決定は，9条2項a号またはg号が適用され，かつデータ主体の権利と自由および法的利益を保護するための適当な措置が講じられていない限り，9条1項における個人データの特定の類型に基づくものであってはならない。

1. 異議申立権

　データ主体は，処理の適法性について不可欠な利益に必要な場合または公共の利益等に必要な場合（6条1項e号またはf号）に基づくときは，**プロファイリングを含む処理に対して異議申立権を行使することができる**（21条1項）。管理者は，異議申立権が行使された場合，データ主体の利益または権利および自由に優越する不可欠な正当な根拠を示すことができなければ，データ処理を中止または開始をやめなければならない。ここでの「不可欠な正当な根拠」については，GDPRでの定義はないものの，管理者のビジネス利益のみならず，たとえば科学研究の実施の利益や伝染病の拡大の予測のためのプロファイリングなどの社会全体（より広い共同体）への便益が想定されうる。[37]

　ダイレクトマーケティング目的の個人データ処理については，プロファイリングを含むマーケティングに対して個人は異議申立権を有している（21条2項）。これは，他の利益とのバランスを考慮する必要がなく，データ主体に無条件に認められる権利である。また，この異議申立権は，いつでも無償で行使が可能である（前文70項）。2009年に改正された電子プライバシー指令において，いわゆる迷惑メール等に関連する規定がある（13条）。ダイレクトマーケティング目的で人間の介入のないシステムを用いてファックスや電子メールの送付については，利用者の事前の同意がある場合においてのみ認められている。黙示の同意やウェブ上であらかじめチェックの入ったボックスにより，マーケティング目的のメール等を送付することは認められない。[38]

　ドイツ，フランス，イギリス，スペインなどの加盟国では，広告（オンラインとオフラインの広告）の受領を希望しない者が登録された名簿である，いわゆる「ロビンソンリスト（Robinson lists）」と呼ばれる名簿が存在している。[39]また，「データ主体の合理的期待」（前文47項）が前提とされており，ドイツでは，マーケティング目的でEメール等を配信する場合は，管理者の利用目的への同意とは別にEメール等の配信について再度同意を取得する「**ダブル・オプトイン**」が奨励されてきた。[40]なお，ダイレクトマーケティングにおいては，「不公正な取引慣行に関する指令」がしばしば参照され，本人が望まな

第2部　条文解説

い執拗な電話や電子メール等による勧誘は禁止されている。

> 【例（イギリス）日系自動車企業が約29万通のマーケティングのためメールを顧客に送り，この企業はマーケティング目的ではなく顧客サービス目的であると主張したが，メールを受領する顧客の同意があったことの証明ができなかったため，イギリスDPAから1万3,000ポンドの制裁金が科された。将来的なマーケティングのための同意を求める場合のメール送付についてもこのメールを受領するか否かの同意が必要となる。[41]
> 【例（ドイツ）】大手保険会社がダイレクトマーケティングの規則に違反したため，ラインラント・プファルツ州DPAが130万ユーロの制裁金を科した。金融当局からもすべての個人データの出所を文書化すること，適切なデータ保護部署を設置することなどが命じられた。[42]
> 【例（イタリア）】イタリアDPAは，事前の同意をしていないにもかかわらず約200万人の過去の顧客で電話勧誘をおこなった企業に対して84万ユーロの制裁金を科した（企業側の不服申立訴訟は棄却）。[43]

2. プロファイリング等の個人の自動決定

(1) 背景

「『デジタル空間』の搾取」は自然人の自由と権利への脅威になるのみならず，民主主義のプロセスへの影響を及ぼすおそれがある。[44]プロファイリングは権力のバランスのシフトをもたらすとともに，その結果によっては法において予定されている予測可能性を覆し，法の支配をも揺るがしかねない。[45]そのため，1981年の欧州評議会条約第108号は，「個人データの自動処理に関する個人の保護に関する条約」という正式名称のとおり，個人データの自動処理によって決定を規制の主な対象としていた。また，EU基本権憲章第21条は，人種，民族，出自等を根拠とした差別を禁じており，基本権としての個人データ保護権とともに，データによる不当な差別を禁止している。

第29条作業部会では，1999年の勧告において，データ主体が気づかないところで，**本人にとって「見えない」あらゆる処理への警戒**を示していた。[46]また，第29条作業部会は，生体情報がプロファイリングや自動追跡の道具となり，

第Ⅲ章　データ主体の権利（第12条〜第23条）

対象者に差別的効果をもたらしうることへの警鐘を鳴らしてきた。そのため，[47] GDPR の成立過程においても，透明性とデータ主体のコントロールを高める観点から，プロファイリングのリスクを低減させる必要性が指摘されてきた。[48]

【例（ドイツ）】ドイツの GDPR 施行法では，いわゆる商取引に関するスコアリングについて，個人の一定の行為の可能性に関する価値（スコアリング）の利用は，①データ保護法に従い，②科学的に認められた数学統計の手続に基づく行為の可能性の計算が不可欠であることを証明し，③住所データ以外のデータがその可能性の価値の計算に用いられ，かつ④データ主体への文書による通知が行われる場合にのみ認められる（31 条 1 項）。

【例（フランス）】フランスでは，高等教育システムにおける名簿や個人情報ファイルが多いため，届け出制度が定められている。その中には高等教育機関事前登録システム（ポストバカロレアシステム）について，高校，志望校，家庭状況の 3 つの基準に基づき，完全に自動化されたプログラムによって判断が下され，人間の介入なしにアルゴリズムのみにより志願者への影響を及ぼす決定を下すこととされていた。CNIL は，2017 年 8 月 30 日付決定において，このシステムが個人データの自動処理により個人の行動を評価し法的効果をもたらしており，かつ，自らのアイデンティティに関して質問し異議申立てを行う権利を侵害しており，1978 年法 10 条，同法 39 条 1 項 5 号に違反するため認められない旨，CNIL から高等教育省に対する勧告を公表した。[49]これを受け，高等教育省における APB プラットフォームが変更され，新たなシステムのためのプラットフォームを作成したこと（Parcours up），アルゴリズムについて出願者への情報提供を行うこと，さらに個人の救済への対応が図られるようになったことの改善が行われたため，2018 年 1 月 22 日，CNIL は 1978 年法に基づく勧告手続を終了することを公表した。[50]なお，デジタル共和国法では，行政行為の判断基準が，機械の自動処理によるアルゴリズムによってなされる場合，国民への通知義務がある（4 条）。

　また，CNIL は 2017 年 12 月 26 日に報告書を公表した。[51]同報告書において，アルゴリズムと人工知能がもたらす 6 つの懸念は次のようにまとめられる。①実質的な選択を自動的に導くことで，自律的機械が自由意思と責任への脅威がもたらしうること，②機械学習のアルゴリズムが個人や集団に対して偏見，差別および排除を生み出す可能性があること，③アルゴリズムによるプロファイリングによるパーソナライゼーションが可能になる一方で，政治的文化的多様性などの集団的恩恵への脅威を導きうること，④人工知能を推進する一方で大規模なデータファイルが生み出されることに伴い，データ保護法における新たなバランスが必要となること，⑤データの質，正確性，関連性があり，偏見が

123

第2部　条文解説

ないものというデータの選別の課題が生じること，⑥人間と機械との交差がみられる中，人工知能時代における人間のアイデンティティの再考が求められていること，である。

そして，報告書では，2つの基本原則が示された。すなわち，第1に，利用者の利益がいかなる場合においても中心に据えるべきであるとする「忠誠（loyauté）の原則」と，第2にデジタル社会における進化する技術への疑問を持ち続け継続的な啓発が必要であるとする「警戒（vigilance）の原則」である。そして，この基本原則を基に，以下の6つの政策勧告が示された。

① アルゴリズムのシステムに関与するすべてのプレイヤーへの啓発の促進，アルゴリズムによる危険をすべての者が理解しうるデジタルリテラシー

② 既存の権利の強化と利用者との仲介の在り方の再考により，アルゴリズムシステムを分かりやすいものとすること

③ 「ブラックボックス」効果を防止するため，アルゴリズムシステムのデザインの改善

④ アルゴリズムを監査するための国のプラットフォームの創設

⑤ 倫理的人工知能に関する研究のインセンティブの向上および研究プロジェクトの立ち上げ

⑥ 企業における倫理委員会の創設，グッドプラクティスの共有，倫理規程の改正等による倫理観の向上

(2) プロファイリングと自動処理の定義

第29条作業部会は，個人の自動決定とプロファイリングに関するガイドラインを公表した。[52]同ガイドラインでは，ビッグデータ分析，人工知能，機械学習によるプロファイリングや自動処理に伴う個人の権利と自由への重大な影響の可能性について示している。

プロファイリングとは，自然人に関する一定の個人の特性を評価する，特に当該自然人の仕事の成績，経済状況，健康，個人的選好，興味，信頼度，行動，位置もしくは移動に関する特性を分析または予測するために個人データの利用から構成される個人データの自動処理のすべての形態をいう（4条4項）。すなわち，①自動処理，②個人データに関連すること，③個人の特性を評価することが含まれる。ここで，注意しなければならないことは，プロファイリングは，個人に関する「評価（evaluating）」すること，とされており，何らかの個人に関する評価（assessment）や決定（judgement）を伴うものと理解さ

第Ⅲ章　データ主体の権利（第12条〜第23条）

れる。したがって，年齢，性別，身長といった既知の特性に基づく個人の分類は，必ずしもプロファイリングとしてみなされるとは限らない。たとえば，企業が，統計目的で顧客を年齢や性別に基づき分類し，予測等の個人に関する結論を出さずに，その集計結果を得ることは，個人の特性の評価を目的としないから，プロファイリングとはみなされない。そして，欧州評議会のプロファイリングに関する勧告のとおり，①データ収集，②相関関係の特定のための自動分析，③現在または将来の行動の特性を特定するため，個人に対してその相関関係の適用，のいずれの過程においてもプロファイリングが生じうる。[53] 広い定義によれば，プロファイリングは，個人（または個人の集団）に関する情報を収集し，一定の類型または集団に分類するため（とりわけ，個人の職務能力，興味または予想される行動について分析および・または予測を行うため）の特性または行動を評価することを意味する。

　また，オンライン行動ターゲティングについても第29条作業部会は意見を公表しており，その中で，プロフィール構築のためには，①個人または集団の利用者の行動を時間をかけて訪問したページ，閲覧やクリックした広告を監視することで作成する予測的プロフィールと，②データ主体がウェブサービスで個人データの登録等を通じて提供することで生成される明示のプロフィールの2種類があることを示している。[54] その上で，オンライン行動ターゲティングについては，電子プライバシー指令に基づき，明確かつ包括的な情報を受けた上で，利用者による同意があった場合に広告配信を行うことが望ましいとされている（5条3項）。

【例】データブローカーが官民の様々なソースからデータ収集し，個人に関するプロフィールを作成するためデータを収集し，そのデータの分類を行っている。このブローカーが商品およびサービスのターゲティングを改良したい企業にこの情報を販売した。ブローカーは，個人の関心に応じて一定の類型に個人を分類することでプロファイリングを行っている。この場合，22条1項にいう自動処理の有無にかかわらず，状況によって判断されることとなる。

　自動処理とプロファイリングは，異なる範囲であるものの，部分的に重なり合うことがある。自動処理は，人間の介入なしによる技術的手段による決定を

第2部　条文解説

行うことが可能である。たとえば，対象となる個人が直接的に提供したデータ，個人について観察されたデータ，またはすでに作り出された個人のプロフィール等から演繹されたまたは推測されたデータといった種類のデータに基づき行われる。この点，**自動処理は，プロファイリングを伴うこともあれば，伴わないこともある。**これに対し，プロファイリングは自動処理を伴わずとも成立する。

【例】スピード違反を検知するカメラのみによって罰金を科すことは，プロファイリングを伴わない自動処理決定である。もっとも，運転者の癖を監視していた場合は，プロファイリングに基づく決定となる（たとえば，繰り返しスピード違反をしているか，または他の交通違反を最近したか否かなどの他の要因を評価した結果罰金を科す場合）

つまり，プロファイリングは，①一般的なプロファイリング，②プロファイリングに基づく自動処理（自動的な手段のみにより作り出されたプロフィールに基づきローン審査を人間が決定），③法的効果または同様に重大な影響をもたらすプロファイリングを含むもっぱら自動処理のみ（ローン審査がアルゴリズムによって決められ，自動的に個人に通知），の3つの類型が想定されることとなる。

(3) 自動処理に関する規定（22条）

データ主体は，自らに関する法的効果を生み出すまたは同様に重大な影響をもらす，**プロファイリングを含むもっぱら自動処理に基づく決定をされない権利**を有するとされている。すなわち，この権利には，①一般に，法的または同様の重大な影響をもたらすプロファイリングを含む完全に自動化された決定の禁止（22条1項），②一定の例外（犯罪の防止等）（23条），③データ主体の権利ならびに自由および正当な利益を保護するための措置（前文71項）という3つの要素が含まれている。なお，自動処理に基づく決定をされない権利は，いくつかの加盟国において，個々のデータ主体が行使する「権利（right）」ではなく，データ主体の意思にかかわらず，データ処理に対する一般的「禁止（prohibition）」であると解釈されている。

第Ⅲ章　データ主体の権利（第12条〜第23条）

① 「もっぱら自動処理に基づく」（22条1項）

　　管理者は，人間の介入を無理に組み込むことにより22条を回避することはできない。たとえば，結果に事実上の影響を及ぼさないで個人のプロフィールを自動的に生み出すような場合，自動処理に基づく決定であるとなる。人間の介入が認められるためには，管理者は決定の管理が形だけのものではなく実質的なものとなることを確約しなければならない。すなわち，自動処理決定を変更する権限ある者による介入が行われなければならない。

【例】自動処理により，データ主体に関する事実上のおすすめを生み出す場合，人間がその結果を審査し，他の要素を考慮して最終決定した場合は，「もっぱら」自動処理に基づくものとはならない。

② 「法的」または「同様に重大な」影響

　　「法的」効果とは，もっぱら自動処理に基づいて，結社，投票，訴訟提起の自由といった法的権利への影響を及ぼすことを指し，またある人の法的地位や契約に基づく権利への影響も含まれる。具体的には，具体的な児童手当や住宅手当等の社会保障の付与または拒否，入国拒否，市民権の拒否などである。

　　「同様に重大な影響」については，法的効果を生み出さないとしても，その影響において同等または同様の重大な効果を生み出す場合を指す。すなわち，制定法または契約法における法的権利義務関係に具体的な影響がないとしても，22条の対象となる。前文71項では，オンラインでのクレジット審査の自動拒否と人間の介入なしのオンライン採用慣行を例として挙げている。対象となる個人の状況，行動または選択に重大な影響を及ぼす可能性のある決定が問題となり，場合によってはその決定が個人の排除や差別を生み出すことがある。「同様に重要な影響」の基準を満たすのかを正確に判断するのは困難であるものの，経済状況，健康管理サービスのアクセス，雇用機会，さらに大学入学等の教育機会に影響を与える決定は当該影響に該当することがある。

　　なお，典型的なオンラインにおける行動ターゲティング（たとえば，ブ

第2部　条文解説

リュッセル地域在住でファッションと特定の衣服に興味のある，20歳～
25歳の女性）については，個人への重大な影響を及ぼすものではないと
される。しかし，事案における個別の特性に応じて，プロフィール作成プ
ロセスへの侵入，対象となる個人の期待や願望，広告配信の方法，または
対象となるデータ主体の特別な脆弱性に応じて重大な影響を及ぼしうる場
合がある。なお，行動ターゲティングについては，GDPRの他の規定お
よび電子プライバシー指令が関連してくる。

【例】仮定の話として，クレジットカードカード会社が，顧客の返済履歴では
なく，同一地域で同一の店舗を利用する他の顧客の分析に基づき，カードの利
用限度額を減らした。この場合，個人は他者の行動に基づき機会を奪われたこ
とを意味する。

③　例外事項

例外事項については，①契約の履行または締結のために必要な場合，②
管理者に適用され，かつデータ主体の権利ならびに自由および正当な利益
の保護措置をとることとされているEU法または加盟国法によって認めら
れている場合，③データ主体の明示の同意がある場合である。（22条2
項）。

①契約の履行については，それが目的を達するのに最も適切な方法とする場
合である。なお，管理者は，よりプライバシーに影響の少ない方法がないか考
慮した上でかかる処理が必要であると示すことが可能でなければならない。た
とえば，企業採用において，例外的に大量の応募者がいる場合，データ主体と
の契約締結の意図をもって，候補者を絞るため自動化された決定が必要となる
場合がある。

②EU法または加盟国法については，詐欺や課税回避のための監視の利用ま
たはサービスの安全性や信頼性確保などが含まれる。

③明示的な同意については，第29条作業部会のガイドラインを参照（7条
参照）。

第Ⅲ章　データ主体の権利（第12条〜第23条）

④　データ主体の権利

　データ主体は，（ⅰ）情報提供を受ける権利（13条2項f号，14条2項g号），（ⅱ）アクセス権（15条1項h号），を有している。

　（ⅰ）情報提供を受ける権利について，プロファイリングによるデータ主体の権利へのリスクと干渉の可能性を考慮して，管理者は透明性の原則に留意する必要がある。具体的には，管理者は，プロファイリングの類型の業務を行っていることをデータ主体へ通知すること，関連する論理についての実質的な情報を提供すること，および処理の重大性と予想される帰結について説明を行うこと，という（他の適切な措置とともに）3つの透明性の要件を満たさなければならない。

　ビッグデータ分析や人工知能の利用の場面においては，アルゴリズム技術の監査や倫理委員会等による「アルゴリズム透明性」を確保する仕組みについても検討が必要である。[55]

【例】関連する論理についての実質的な情報

　管理者は，個人のローン申請を評価し拒否するために信用情報のスコアを用いている。スコアは信用情報機関により提供されるか，または，管理者が保有する情報に基づき直接計算される。情報のソースに関わらず，管理者は，データ主体に対して決定に至る際に考慮された主な要素，情報源，および関連する情報について説明を行わなければならない。具体的には，申請書に関してデータ主体によって提供された情報，支払延滞を含む過去の口座情報，および詐欺や破産の記録等の公的な記録に関する情報が含まれなければならない。クレジットスコアの方法が公正で効果的で中立なものであることを確保するために定期的に検査されていることなども伝えることとされる。さらに，拒否された決定の再審査のための連絡先も提供しなければならない。

【例】重大かつ予想される帰結

　保険会社が，顧客の運転状況を監視することに基づき自動車保険のプレミアム設定のプロセスに自動処理決定を用いている。危険な運転により保険の支払額が高くなることを説明し，急発進や急ブレーキなどの危険な運転癖のある仮想の運転手との比較を示している。これらの習慣を改善し保険料を安く抑えるためのグラフを用いている。

（ⅱ）アクセス権については，プロファイリングを含む自動処理決定の存在，

第 2 部　条文解説

関連する論理についての実質的な情報およびデータ主体に対する当該処理の重大性と予想される帰結について情報を提供しなければならない。

⑤　特別の類型のデータ

　特別の類型のデータを伴う自動処理決定については，データ主体の明示の同意がある場合かまたは EU 法もしくは加盟国法に基づき実質的な公共の利益を理由とし，適切な保護措置とともに目的にとって比例している限りにおいて必要な処理が生じた場合のみにおいて認められる（9 条 2 項 a 号および g 号）。

⑥　適切な保護措置の確立

　管理者は，22 条 a 号および c 号に基づく処理についてはいかなる場合においても，データ主体の権利と自由および正当な利益を保護するための適当な措置を講ずるものとされる。データ主体に評価の後に至った決定の説明を求め，その決定への異議申立てのための具体的な情報提供を行う必要がある。

　収集または共有されたデータに誤りや偏見が含まれていると，個人に否定的な影響を及ぼす不正確な分類や不正確な予測に基づく評価をもたらすことになりうる。そのため，アルゴリズムの監査システムや自動処理決定の正確性と関連性の定期的な審査を含め，管理者は，誤謬，不正確，差別を防止するための適切な手続と措置を整備しなければならない。

（4）プロファイリングおよび自動処理に関する一般条項

（A）データ保護基本原則（5 条 1 項 a～e 号）

　プロファイリングおよび自動処理については，①適法性，公平性，ならびに透明性，②追加処理と目的制限，③データ最小限化，④正確性，および⑤保存制限というデータ保護の基本原則を遵守する必要がある。

　プロファイリングの過程はデータ主体にはみえないものであるため，管理者はデータ主体に正確で，透明性のある，分かりやすく，アクセスしやすい形で，個人データ処理に関する情報を提供しなければならない。処理は，公正かつ透

第Ⅲ章　データ主体の権利（第12条〜第23条）

明でなければならない。プロファイリングが，雇用，信用情報または保険の機会を奪われたり，リスクの高いまたは価格の高い製品の狙いとされるなど，不公正で差別を生み出す可能性があることに注意を要する。

　管理者はプロファイリングのためのデータの収集と保有について説明し，その必要性を正当化できなければならず，さもなければ，集合体として利用するか，またはプロファイリングのためのデータを匿名化（もしくは十分な保護を提供する場合には仮名化）するなどしなければならない。

　また，管理者は，プロファイリングの過程のあらゆる段階で正確性に配慮しなければならない。不正確なデータは健康，信用情報，または保険のリスクについて不適切な予測や結果を生み出すこととなる。[56]

　さらに，長期間の保有は個人のプロファイリングを包括的に詳細に行うことを可能とするが，管理者は，必要最低限の期間で，処理の目的に比例した個人データを保有しなければならない。

【例】不公正・差別を生み出す可能性がある場合
　データブローカーが消費者のプロフィールを承諾または通知せずに金融機関に売却し，このプロフィールには経済状況に関して田舎質素な暮らしなど消費者の類型やスコアがつけられている。金融機関がローンサービスや他の金融を行っている。
【例】取得当初の目的とは別の目的のための利用
　携帯のアプリが近くのレストランを見つけるために利用者に位置情報サービスを提供している。そのデータが食べ物の好みやライフスタイルを識別するためマーケティング目的で利用データ主体のプロフィールが作成されている。データ主体はレストランを見つけるためにデータが用いられることを予定しており，帰宅が遅いためピザ配達の広告を受け取ることを予期していない。位置データの追加利用は当初の収集時の目的とは両立しえないため，本人の同意が必要である。

(B) 処理の法的根拠

　個人データを処理するため，管理者は，①同意，②契約履行のために必要な場合，③法的義務の履行に必要な場合，④不可欠な利益の保護に必要な場合，⑤公共の利益等において実施される任務の遂行に必要な場合，⑥管理者または

第2部　条文解説

第三者による正当な利益に必要な場合，のいずれかに法的根拠を求めなければ
ならない（6条1項a～f号）。

> 【例】契約履行のために必要な場合
>
> 　オンラインショップで利用者が買い物をする場合，契約履行のため，支払目
> 的のクレジットカード情報と商品配達のための利用者の住所を処理しなければ
> ならない。この契約履行のため，利用者のウェブ閲覧履歴に基づく好みやライ
> フスタイルのプロフィールを構築することまで求めることができない。仮に契
> 約にプロファイリングについて記載があったとしても，契約の履行のために
> 「必要」であることにはならない。

（C）特別の類型のデータ

　プロファイリングは，特別の類型のデータではない他のデータによる推測か
ら特別の類型のデータを作り出すことができる。たとえば，食べ物の買い物履
歴と食べ物のエネルギー内容のデータから健康状態を推測することが可能であ
る。

> 【例】Facebook の「いいね」とその他の限られた情報から，ある調査によれ
> ば，男性利用者の性的指向88%，民族的出自95%，利用者がキリスト教信者
> かイスラム教信者か82% がそれぞれ正確に予測された。

（D）データ主体の権利

　データ主体は，①情報を受け取る権利（13条，14条），アクセス権（15条），
訂正権（16条），削除権（17条），処理の制限権（18条）および異議申立権
（21条）を有している。特に異議申立権については，管理者は正当な利益を証
明するまでの間処理を停止しなければならない。管理者はこの正当な利益につ
いて，①特定の目的に対するプロファイリングの重要性の検討，②データ主体
の利益，権利および自由に関するプロファイリングの影響の検討，および③衡
量の実施をする必要がある。また，ダイレクトマーケティング目的の個人デー
タの処理については，データ主体の無条件の権利として異議申立てをする権利
が認められている。

第Ⅲ章　データ主体の権利（第12条〜第23条）

【例】データブローカーが個人データのプロファイリングを行っている場合，他の組織への提供の予定があるか否かを含め処理について個人に通知しなければならない（13条，14条）。この情報とは別に異議申立権に関する詳細を示す必要がある。

　ある会社がダイレクトマーケティング目的でデータブローカーからこのプロフィールを利用する場合，個人に対し，このプロフィールの利用目的（14条1項c号）と情報の取得元（14条2項f号）を通知しなければならない。さらに，データ主体にダイレクトマーケティングへの異議申立権を知らせなければならない（21条2項）。

　データブローカーとこの会社は，利用された情報へのアクセス権（15条），誤った情報の訂正権（16条），さらに一定の要件の下プロフィールまたは個人データの削除権（17条）を付与しなければならない。また，データ主体は自らのプロフィールについてどの「区分」または「類型」に置かれているかなどの情報を得ることができる。

　この会社が，もっぱら自動処理決定のプロセスにより，法的効果または同様の重大な効果を生み出している場合，企業には22条が適用される。

【例】病院のコンピュータシステムが心臓病にかかりそうな集団にある個人を追加した。このプロフィールはこの個人が一度も心臓病にかかっていないとしても，必ずしも不正確とは限らない。ここでは，心臓病に「かかりそうである」ことを述べているだけである。しかし，データ主体は処理の目的を考慮して追加の証明を提出する権利を有している。1つの限られた病院のシステムよりも追加データを判断要素とし，より詳細に診断が可能な医療コンピュータシステムに基づきこのような権利を行使しうる。

(5) 児童とプロファイリング

　GDPRでは，22条において成人と児童との区別をしてないものの，前文71項において児童に対する法的効果または同様の重大な効果を生み出すプロファイリングを含むもっぱら自動処理決定を行うことを制約している。そのため，児童の権利，自由および正当な利益を保護するための効果的な措置が確保されている場合に限って，プロファイリング等の例外規定に基づく処理が認められうる（22条2項b号および22条3項，参照）。

　なお，児童に対する法的効果または同様の重大な効果を生み出さない決定については22条の対象外ではあるものの，児童の選択や行動に潜在的に法的効

第2部　条文解説

果または同様の重大な効果を生み出す可能性に留意する必要がある。たとえば，オンラインゲームにおいて，アルゴリズムからお金を費やしそうな児童をターゲットにしてプロファイリングが用いられうるが，この種のマーケティングとその帰結の背後にある同期を理解するか否かは児童の年齢と成長によって変わりうる。

(6) データ保護影響評価とデータ保護責任者

プロファイリングを含む自動処理に基づき自然人に関する個人的側面を体系的かつ広範に評価を行う場合，データ保護影響評価が必要となる（35条3項）。管理者の主な活動がプロファイリングおよび・または自動処理決定であること，そして当該処理がデータ主体に対して，規則的・体系的な監視を大規模に要する場合，データ保護責任者を任命しなければならない（37条1項b号）。

3.　日本との比較

日本の個人情報保護法には，プロファイリングを明文化した規定はないが，2015年法改正の中で継続課題とされた（高度情報通信ネットワーク社会推進戦略本部「パーソナルデータの利活用に関する制度改正大綱」平成26年6月24日）。

■参考文献
・加藤隆之「個人データに関する『新たな権利』」ビジネス法務17巻8号（2017）27頁
・山本龍彦「ビッグデータ社会とプロファイリング」論究ジュリスト18号（2016）34頁
・宮下紘「ビッグデータ時代におけるプライバシー」都市問題104巻7号（2013）19頁

第Ⅲ章　データ主体の権利（第12条～第23条）

第5節　制限

制限（第23条）

Point
・個人データの基本権への制限は，民主社会における必要性と比例性に照らして判
断されなければならない。

第23条　制限

1. 管理者または処理者に適用される EU 法または加盟国法は，当該制限が基本権およ
   び自由の本質を尊重し，かつ民主社会における必要性と比例性をみたしているとき，
   規定が12条から22条における権利と義務に相当する限りにおいて，立法的措置によ
   り12条から22条，34条および5条に規定された義務と権利の範囲を制限すること
   ができる。
   - (a) 国土の安全
   - (b) 防衛
   - (c) 公共の安全
   - (d) 公共の安全への安全管理およびその脅威への防止を含む刑罰の執行刑事犯罪
     の防止，捜査，探知または訴追
   - (e) EU または加盟国のその他の一般的な公共の利益の重要な目的，金銭上，予算
     上および税制上の問題，公衆衛生および社会保障を含む特に EU または加盟国の
     重要な経済的財政的利益
   - (f) 司法の独立および司法手続の保護
   - (g) 規制のある専門職の倫理違反の防止，調査，探知および訴追
   - (h) a 号，e 号，g 号における場合にいう公務の行使に関連する監視，検査または
     規制的機能
   - (i) データ主体の保護または他者の権利および自由
   - (j) 民事法の請求の執行
2. 特に前項におけるいかなる立法措置についても，少なくとも関連する場合次の具体
   的規定を含むものとしなければならない。
   - (a) 処理の目的または処理の類型
   - (b) 個人データの類型
   - (c) 導入された制限の範囲
   - (d) 乱用または不正アクセスもしくは移転の防止の措置
   - (e) 管理者の特定または管理者の類型
   - (f) 処理の性質，範囲および目的または処理の類型を考慮に入れた保存期間および
     適用される措置

135

第2部　条文解説

> （g）データ主体の権利と自由へのリスク
> （h）制限の目的を損ねることがない限り，制限に関する通知を受けるデータ主体
> 　の権利

1.　制限

　基本権憲章では，基本権の制約には，民主社会における必要性と比例性が要件とされている（52条）。したがって，個人データの基本権への制約については，基本権憲章や欧州人権条約に示された要件に従わければならない（前文73項）。

　GDPRでは，①国土の安全，②防衛，③公共の安全，④公共の安全への安全管理およびその脅威への防止を含む刑罰の執行刑事犯罪の防止，捜査，探知または訴追，⑤EUまたは加盟国のその他の一般的な公共の利益の重要な目的，金銭上，予算上および税制上の問題，公衆衛生および社会保障を含む特にEUまたは加盟国の重要な経済的財政的利益，⑥司法の独立および司法手続の保護，⑦規制のある専門職の倫理違反の防止，調査，探知および訴追，⑧公務の行使に関連する監視，検査または規制的機能，⑨データ主体の保護または他者の権利および自由，⑩民事法の請求の執行について，EU法または加盟国法による制限を課すことが認められている（23条）。

2.　必要性（necessity）および比例性（proportionality）の原則

　必要性とは，緊急の社会的必要性の存在を意味している。[57]比例性は，追求されている正当な目的を実現するための必要であるか否かが尺度となる。[58]EU司法裁判所においても，欧州人権裁判所における判例の蓄積を踏まえつつ，基本権への制限が，①立法により規定されていること，②基本権の本質を尊重すること，③比例性の原則に従い必要であること，かつ，④EUにより承認された一般的利益の目的または他者の権利および自由を保護する必要性の目的を満たすことが示されている。[59]

第Ⅲ章　データ主体の権利（第12条〜第23条）

■参考文献
・宍戸常寿「安全・安心とプライバシー」論究ジュリスト 18 号（2016）54 頁

第Ⅳ章 管理者および処理者（第24条～第43条）

第1節 管理者・処理者等の義務（第24条～第31条）

第2節 個人データの安全管理（第32条～第34条）

第3節 データ保護影響評価および事前相談（第35条～第36条）

第4節 データ保護責任者（第37条～第39条）

第5節 行動規範および認証（第40条～第43条）

第1節 管理者・処理者等の義務

管理者の責任（第24条），共同管理者（第26条），EUに設置されていない管理者または処理者の代理人（第27条），処理者（第28条），管理者または処理者の権限に基づく処理（第29条）

Point

・管理者は個人データ処理の目的および手段を決定する主体であり，処理者は管理者に代わって個人データ処理を行う主体である。複数の管理者が共同して処理の目的および手段を決定する場合は，共同管理者となる。

・管理者が処理者に個人データ処理を委託する場合，一定の事項を記載した書面による契約で行う。処理者の再委託には，管理者の許可が必要である。

・GDPRが適用される場合，日本企業はEU域内に代理人を指定しなければならない。

第24条 管理者の責任

1. 処理の性質，範囲ならびに文脈および自然人の権利ならびに自由へのリスクの様々な可能性と程度を考慮して，管理者は処理が本規則に従い行われていることを証明す

第IV章　管理者および処理者（第24条～第43条）

ることを確保し可能とするため，適切な技術的組織的措置を講じなければならない。これらの措置は必要に応じて見直し更新されなければならない。

2.　処理業務との関係において相応する場合には，前項にいう措置は管理者による適切なデータ保護ポリシーの実施を含むものとする。

3.　40条にいう承認された行動規範または42条にいう承認された認証構造への遵守は，管理者の義務の遵守を証明する要素として用いることができる。

第25条　（後掲（154頁））

第26条　共同管理者

1.　複数の管理者が共同して処理の目的および手段を決定する場合，これらの者は共同管理者とする。共同管理者は，これらの者の間における取決めを通じて，特にデータ主体の権利の行使および13条ならびに14条にいう情報提供のそれぞれの義務に関して，本規則に基づく義務の遵守のそれぞれの責任を透明性のある形で決定しなければならない。ただし，管理者のそれぞれの責任が，管理者に適用される連合法または加盟国法によって決定される場合はこの限りではない。管理者間の取決めは，データ主体のために連絡先を指定することができる。

2.　前項にいう取決めは，共同管理者がデータ主体に対してそれぞれの役割および関係を十分に反映しなければならない。取決めの重要事項はデータ主体に利用可能な状態にされなければならない。

3.　1項にいう取決めの擁護に関わらず，データ主体は個々の管理者に対して本規則に基づく権利を行使することができる。

第27条　EUに設置されていない管理者または処理者の代理人

1.　3条2項が適用される場合，管理者または処理者はEU域内に代理人を書面で指定しなければならない。

2.　1項に定められた義務は，次の場合には適用しない。

　　（a）臨時の処理であり，大規模な処理を含むのではなく，9条1項にいうデータの特別類型または10条にいう前科および犯罪に関する個人データの処理が含まれず，かつ，処理の性質，背景，範囲ならびに目的を考慮して自然人の権利および自由に対するリスクを生じさせる可能性がない処理

　　（b）公的機関または団体

3.　代理人は，データ主体の個人データが商品またはサービスの提供もしくはデータ主体の行動の監視に関連して処理されるところの加盟国のいずれかの国において配置されなければならない。

4.　代理人は，管理者または処理者とともに，またはこれらに代わり，本規則の遵守を確保する目的で，特に監督機関およびデータ主体に対して処理に関連するすべての事項に対応するため管理者または処理者から指示を与えられるものとする。

5.　管理者または処理者による代理人の配置によって，管理者自身または処理者自身に対してとられる法的措置は妨げられないものとする。

第2部　条文解説

第28条　処理者

1. 管理者に代わって処理を行わなければならない場合，管理者は，処理が本規則の要件を満たし，かつデータ主体の権利の保護を確保する方法で適切な技術的組織的措置を講じている十分な保証がある処理者のみを利用しなければならない。

2. 処理者は事前に管理者による特別のまたは一般的な書面による許可なしに別の処理者を雇ってはならない。一般的な書面による認可の場合，他の処理者による追加または代替に関して予定されるいかなる変更も処理者は管理者に通知するものとし，これにより管理者はかかる変更に異議申立てをする機会が付与されるものとする。

3. 処理者による処理は，管理者との関係で処理者に拘束力を有し，かつ処理の目的ならびに期間，処理の性質ならびに目的，個人データの類型およびデータ主体の類型ならびに管理者の義務と権利を明示した契約またはEU法もしくは加盟国法に基づく他の法律行為により規律されるものとする。契約またはその他の法律行為は特に処理者に対して次の項目を条件とするものとする。

   (a) 管理者から文書による指示がある場合のみ，個人データの第三国または国際機関への移転を含め，個人データを処理すること。ただし，処理者に適用される連合法または加盟国法により処理をすることが要求される場合はこの限りではなく，この場合，法が公共の利益の重要な根拠に基づき通知を禁止している場合を除き，処理者は管理者にこの法的要件を処理の前に通知しなければならない。

   (b) 個人データを処理することが認められた人が秘密保持に誓約しているか，または秘密保持に関する適切な制定法上の義務に基づいていることを確保すること。

   (c) 32条に従い要求されるすべての措置を講じていること

   (d) 別の処理者を雇うため2項および4項にいう条件を尊重していること

   (e) 処理の性質を考慮して，第Ⅲ章で定められたデータ主体の権利行使のための要請に対応する管理者の義務を果たすために可能な限り適切な技術的かつ組織的措置により管理者を支援すること

   (f) 処理の性質および処理者が入手可能な情報を考慮して，32条から36条に従い義務の遵守を確保するために管理者を支援すること

   (g) 管理者の選択において，処理に関するサービス提供の終了後すべての個人データを消去または管理者に返却，および既存の複製を消去すること。ただし，EU法または加盟国法が個人データの保存を命じている場合はこの限りではない。

   (h) 本条で定められた義務の遵守を証明するのに必要な管理者にすべての情報を入手できるようにし，管理者または管理者から任命された別の監査役によって実施される検査を含む監査を可能にし，役立つようにすること

   h号の前段に関して，指示が本規則または他の連合もしくは加盟国のデータ保護規定に違反するという見解がある場合，処理者は管理者に速やかに通知するものとする。

4. 処理者が，管理者に代わり特定の処理業務を実施するため別の処理者を雇う場合，特に処理が本規則の要件を満たすような形で適切な技術的組織的措置を講じるよう十分な保証を提供するため，契約またはEU法または加盟国法に基づくその他の法律行為を通じて，3項にいう管理者と処理者との間の契約またはその他の法律行為で示された同様のデータ保護の義務が当該他の処理者に対しても課されなければならない。当該他の処理者がデータ保護の義務を履行できない場合，最初の処理者が他の処理者

第IV章　管理者および処理者（第24条〜第43条）

の義務の履行について管理者に対して全面的な責任を負うものとする。

5.　40条にいう承認された行動規範または42条にいう承認された認証構造への処理者の遵守は，1項および4項にいう十分な保証の証明のための要素として用いることができる。

6.　管理者および処理者との間の個別の契約を損ねることなく，3項および4項にいう契約またはその他の法律行為の全部または一部は，42条および43条に従い管理者または処理者に付与された認証の一部であるときを含め，7項および8項にいう標準契約条項に基づくことができる。

7.　委員会は，3項および4項にいう問題のため，93条2項にいう一貫性の体制に従い，標準契約条項を定めることができる。

8.　監督機関は，3項および4項にいう問題のため，63条にいう一貫性の体制に従い，標準契約条項を採択することができる。

9.　3条および4条にいう契約またはその他の法律行為は，電子媒体を含む書面で行わなければならない。

10.　82条，83条および84条を損ねることなく，処理者が処理の目的および方法を決定することにより本規則に違反するとき，処理者は当該処理に関して管理者であるとみなされなければならない。

第29条　管理者または処理者の権限に基づく処理

　管理者または処理者の権限に基づき行動する処理者およびいかなる者も，個人データへのアクセスができても管理者からの指示がある場合を除いて個人データを処理してはならない。EU法または加盟国法による要請がある場合はこの限りではない。

1.　管理者と処理者

（1）管理者と処理者の区別

　GDPRでは，指令と同様に管理者と処理者を区別している。[1]指令草案当初において，欧州評議会条約第108号における「ファイルの管理者」と「個人データの処理者」という定義が示されていたが，より広い概念である「管理者」と「処理者」という定義に変更がされた。この背景には，情報のライフサイクルを反映した「ファイル」という静的な物のみを対象するべきではないという理解に基づいている。

　結局のところ，指令においても，またGDPRにおいても管理者と処理者の概念は，データ処理の責任を明確化し，効果的に運用されるための両者の「明

第2部　条文解説

確な責任の分担」（前文79項）を明らかにすることが目的にある。すなわち，管理者は，データ保護のルールへの遵守の証明とデータ主体の権利行使への責任を有しており，処理者は処理の秘密保持と安全管理の文脈において重要な責任を有している（24条1項，28条1項，参照）。

（2）管理者

管理者（controller）とは，単独または他者と共同で個人データの処理の目的および手段を決定する自然人もしくは法人，公的機関，官庁もしくはその他の機関をいう（4条7項）。

管理者の概念は「機能的」に理解され，形式的分析ではなく，事実に基づく分析により事実上の影響力の有無によって判断される。個人データの管理は，①明示の法的権限に基づく場合（たとえば，公的機関が社会保障に関する個人データの処理をする場合），②黙示の法的権限に基づく場合（たとえば，雇用者が労働者のデータを処理する場合，出版社が購読者のデータを処理する場合，団体がその構成員のデータを処理する場合），③事実上の影響に基づく場合（たとえば，契約において明示されていなくても管理者の責任が十分に明確な場合）において生じる。

個人データ処理の目的および手段の決定については，その詳細の程度が問題となるが，個々の事情に応じて異なりうる。なお，モノのインターネットの場面においては，様々なアクターが関与しうるが，デバイス製造者，ソーシャルプラットフォーム，第三者のアプリデベロパー，IoTデータプラットフォームは基本的にデータ管理者とみなされる[2]。

【例】マーケティング会社が，郵送業務を委託した場合，どのようなソフトウェアを用いるかという程度の裁量が委ねられたとしても，誰にいつ郵便を送付するかという指示を受けていれば十分に処理の目的と方法が明確かつ制限されたものである。

【例】プロモーション広告を行なっている企業へのデータ処理を委託し，その企業が独自に価値を付加したサービスを行い，対象以外の顧客にも広告配信を行う目的を追加した場合，管理者の処理の目的を超えており，データ処理の適法性の観点から疑義が生じることとなる。

第Ⅳ章　管理者および処理者（第24条～第43条）

（3）共同管理者

　複数の管理者が共同して処理の目的および手段を決定する場合，共同管理者（joint controllers）**となる**（26条1項）。共同管理者の間でデータ主体の権利の行使や情報提供のそれぞれの義務の取決めを通じて，重要事項をデータ主体に対して利用可能な状態にして置かなければならない（26条2項）。

　共同管理者であるためには，マクロの立場からみて，共通の目的を追求し，または共通に定義された手段を用いているかといった点で判断され，重要な点は，データ保護の遵守への責任が明確に割り当てられているか否かである。また，データ保護への完全な遵守が保証されている限り，責任の分担については共同管理者の間で一定程度の柔軟な対応が可能である。

> 【例】旅行代理店が，旅行パッケージの予約に基づき，顧客の個人データを航空会社とホテルに送信した場合，旅行会社，航空会社，ホテルの三者が異なる管理者となる。これに対し，たとえ旅行代理店，航空会社，ホテルのそれぞれで人事管理等のデータ処理が別々に行われていても，インターネット予約のための共通のプラットフォームを作成し，データ保存，予約分担，保存された情報へのアクセスなどのデータの利用方法の重要な要素に合意した場合，共同利用者とみなされる。
>
> 【例】金融機関における銀行と金融情報メッセージのキャリアとの関係，政府の電子ポータルにおける個人データ処理を行う政府とポータルとの関係は，それぞれ共同管理者である。
>
> 【例】行動ターゲィング広告については，ウェブ発行者が広告ネットワーク提供者に対して個人データの移転を可能にしている場合には，共同管理者であるとみなすことができる。この場合，共同管理者は，第三者が個人データにアクセスできることを利用者に通知すること，また広告ネットワーク提供者に対する個人データのアクセスの条件などについて適切な形で公表を妨げてはならない。
>
> 【例】企業と税務当局は同じ給与に関するデータを処理しているが，処理の目的が異なるため共同管理者とはみなされない。

（4）処理者

　処理者（processor）**とは，**管理者に代わって個人データの処理を行う自然

第2部　条文解説

人もしくは法人，公的機関，官庁もしくはその他の機関をいう（4条8項）。処理者は，管理者とは別の主体であり，適切な技術的組織的措置の十分な補償がある場合にのみ，特定の文脈において具体的な処理業務を行うこととされている（28条1項）。管理者から処理者への個人データの処理の委託については，文書による定められた事項の指示がある場合のほかEU法・加盟国法に基づくその他の法律行為がある場合にのみ行うことができる（28条3項）。

　処理者は，管理者による書面による許可がない限り，別の管理者への再委託を禁止されている（28条2項）。再委託が認められる場合，最初の処理者が他の処理者の義務の履行について管理者に対して全面的な責任を負うこととなる（28条4項）。また，処理者は行動規範（40条）や認証（42条）により，十分な保護措置を有していることの証明となる。

　処理の委託に際しての留意事項としては，①管理者による事前の指示の内容（処理の目的ならびに期間，処理の性質ならびに目的，個人データの類型およびデータ主体の類型ならびに管理者の義務と権利を明示した契約），②処理者の継続的かつ注意深い監視監督（秘密保持に誓約，サービス終了後のデータ消去・返却，監査），③データ主体に対する透明性の確保，（④専門性（クライアントを代理する弁護士は独立した管理者とみなされる））である。28条8項に基づく管理者と処理者とのモデル契約については，フランスDPAが公表しており，参考として添付してある。

【例】社会保障局に代わって手当通知に関する郵送作業を行う場合，管理者によって決められた目的にとって必要な処理業務のみを行うため処理者である。
【例】コールセンター業務を委託された場合，管理者に代わって個人データの処理を行う処理者である。
【例】電子メールのプラットフォームについて，長時間にわたって保存し，十分な保護措置がないまま第三国への個人データが移転されていた場合，データ保護原則への遵守をしていないため別の処理者に委託をしなければならない。

第IV章　管理者および処理者（第24条〜第43条）

【例】フランスのモデル契約条項（28条8項）

委託に関するモデル契約条項

　GDPR28条8項の意味における標準的契約条項の採択のために提示されたものである。これらのモデル条項はあなたの契約に挿入することができる。対象となる委託契約のサービスにおいて調整され特定されなければならない。これ自体が委託契約を構成するものではないことに注意されたい。

一当事者である，［…］に所在し，［…］が代表する［…］（以下，「管理者」という）
および
もう一方当事者である，［…］に所在し，［…］が代表する［…］（以下，「処理者」という）

Ⅰ．目的
　本条項の目的は，以下に示された個人データ処理業務を管理者の代わりに実施する処理者が負う条件を定義するものである。
　契約関係の一部として，当事者は個人データ処理に関する適用される規則および2018年5月25日に施行される2016年4月27日欧州議会および理事会の欧州連合規則2016/679（以下，「一般データ保護規則」という）を遵守する責任を負うものとする。

Ⅱ．委託された処理の説明
　処理者は，次の［…］のサービスを提供するために必要な個人データを，管理者に代わり，処理することが認められる。
　データに関する処理業務の性質は，［…］とする。
　処理に関する目的は，［…］とする。
　処理される個人データは，［…］とする。
　データ主体の類型は，［…］とする。
　ここにおいて対象とされるサービスの提供のため，管理者は次の必要な情報を処理者に提供する［…］。

Ⅲ．契約の期間
　本契約の有効期間は，［…］から［…］までとする。

第 2 部　条文解説

IV.　管理者に関する処理者の義務

処理者は次の責任を負うものとする。

1.　委託契約の対象とされている目的のみにデータを処理すること

2.　管理者からここに添えられた文書の指示に従いデータを処理すること。指示が一般データ保護規則またはその他のデータ保護に関する連合もしくは加盟国の法規定に違反すると処理者が判断した場合，それについて管理者にただちに通知しなければならない。また，処理者が第三国または国際機関への個人データを移転しなければならない場合，処理者に適用される連合法または加盟国法に基づき，当該法が公共の利益に関する重要な根拠により当該通知を禁止している場合を除き，処理者は処理の前に法的要件について管理者に通知しなければならない。

3.　ここの記載に従い処理された個人データの秘密保持を約束すること。

4.　ここに従い個人データの処理が認められている者は，次のことを確実にすること。

- ・秘密保持を自ら守ること，または法律上の秘密保持の義務の状態にあること
- ・個人データ保護の適切な研修を受けること

5.　ツールの観点から製品，アプリまたはサービスを考慮に入れ，データ保護バイデザインまたはデータ保護バイデフォルトの原則を考慮に入れること

6.　**委託契約**

次の 2 つの選択肢のいずれかを選択すること

選択肢 A（一般的認可）

処理者は，特定の処理業務を行うため，別の処理者（以下，「再委託者」という）を雇用することができる。この場合，処理者は管理者に他の処理者の追加または代行に関して予定される変更点をあらかじめ書面で通知しなければならない。この情報は，どの処理業務が再委託されるかについて，再委託者の氏名ならびに連絡先，および再委託の日付について明確に示されなければならない。管理者は，それに異議を述べるため当該情報を受領する日付から ［…］ に関する最低限の時間枠を入手する。当該再委託は，管理者が同意した時間枠においてそれに異議を述べない場合においてのみ可能となる。

選択肢 B（特別の認可）

処理者は，次の ［…］ の処理業務を実施するため，［…］ という者（以下，「再委託者」という）を雇用することが認められる。

処理者が別の委託者を採用する場合，管理者からあらかじめ特定された書面による承認を受けなければならない。

選択肢に関係なく（一般的または特別の認可）

再委託者は管理者の代わりにこの記載に従い，かつ管理者からの指示に基づ

き義務を遵守しなければならない。処理が一般データ保護規則の要件を満たす方法で適切な技術的組織的措置を実施するため，再委託者が同等の十分な保護を行うことを確実にすることは最初の処理者の責任である。再委託者がデータ保護の義務を履行しない場合，再委託者による義務の履行について最初の処理者は管理者との関係において全面的な責任を負うものとする。

7. データ主体の情報を受ける権利

　　次の2つの選択肢のいずれかを選択すること

選択肢A

　データが収集された時点で処理業務の対象となるデータ主体に対して通知することは管理者の責任である。

選択肢B

　データが収集された時点で，処理者は処理業務による対象となるデータ主体に対し実施されるデータ処理に関する情報を提供しなければならない。情報に関する文言および書式はデータ収集前に管理者から承認を得なければならない。

8. データ主体の権利の行使

　処理者は，アクセス権，訂正権，消去権および異議申立権，処理の制限権，データポータビリティ権，（プロファイリングを含む）自動的な個人決定をされない権利というデータ主体の権利を行使するための要請への応答義務を実現するため，可能な限り管理者を支援しなければならない。

　　次の2つの選択肢のいずれかを選択すること

選択肢A

　データ主体が処理者に対して権利行使の要請を提出した場合，処理者はこの要請を受領後速やかに電子メールで［…］（管理者の拠点内の連絡先を明示）に転送しなければならない。

選択肢B

　処理者は，管理者の名で，かつ管理者に代わり，一般データ保護規則に示された期間内に，この記載に従い提供された委託契約により対象となるデータに関して，データ主体の権利行使の要請に応答しなければならない。

9. 個人データ侵害の通知

　処理者は，いかなる個人データ侵害も知りえた後［…］時間以内に［…］の手段を用いてその侵害を管理者に通知しなければならない。必要に応じ，管理者が監督機関へこの侵害を通知するため，当該通知にはすべての必要な文書とともに送付されなければならない。

想定される選択肢

　管理者が承認すれば，管理者の名で管理者に代わり，処理者は監督機関に対して過度の遅滞なく，かつ可能な場合には侵害を知りえた後72時間以内に個人データ侵害を通知しなければならない。問題となる個人データ侵害が自然人

第2部　条文解説

の権利および自由へのリスクをもたらす可能性がない場合はこの限りではない。

通知には少なくとも次の項目を含むものとする。

- 個人データ侵害の性質の説明，可能であれば，対象となるデータ主体の類型と概ねの人数および対象となる個人データの記録の類型と概ねの人数を含むものとする
- データ保護責任者の氏名および連絡先またはより多くの情報が入手しうる他の連絡先への連絡
- 個人データ侵害の想定される帰結の説明
- 個人データ侵害に対処するために管理者がとった措置またはとる予定の措置，必要な場合には，悪影響を低減させるための措置を含むものとする

同時に情報を提供することができない場合，かつその限りにおいて，さらなる過度な遅延なしに同時に情報が提供することができる。

管理者が承認すれば，管理者の名で管理者に代わり，個人データ侵害が自然人の権利および自由へのリスクをもたらす可能性がある場合には，処理者はデータ主体に対して遅滞なく連絡をとらなければならない。

データ主体への連絡は，明確かつ平易な言葉で個人データ侵害の性質および，少なくとも次の項目が説明されなければならない。

- 個人データ侵害の性質の説明，可能な場合は，対象となるデータ主体の類型と概ねの人数および対象となる個人データの記録の類型と概ねの人数
- データ保護責任者の氏名および連絡先またはより多くの情報が入手しうる他の連絡先への連絡
- 個人データ侵害の想定される帰結の説明
- 個人データ侵害に対処するために管理者がとった措置またはとる予定の措置，必要な場合には，悪影響を低減させるための措置を含むものとする

10. 義務の履行に関して管理者に対して処理者に与えられた支援

処理者はデータ保護影響評価の実施に際して管理者を支援する。

処理者は監督機関への事前相談に関して管理者を支援する。

11. 安全管理措置

処理者は，次の安全管理措置を実施する責任を負う。

［リスクに応じた安全管理の水準を確保するため適切な技術的組織的措置の説明。特に次の項目を含む。］

- 個人データの仮名化および暗号化
- 処理システムおよびサービスの現在の秘密保持，完全性，可用性および耐久力を確実にするための能力
- 物理的技術的インシデント発生時における迅速な方法で可用性を復元し個人データへのアクセスするための能力
- 処理の安全性を確実にするための技術的組織的措置の効果の定期的なテス

ト，審査および評価の過程

処理者は，［行動規範，認証］において示された安全管理措置を運用する責任を負う。

［GDPR32条が管理者と処理者に安全管理措置の運用に責任があると規定している限りにおいて，措置の運用の観点から当事者の双方の責任を正確に決定することが推奨される］

12. データの運命

当該データ処理に関するサービスの終了時に，処理者は次の責任を負う。当事者の選択において，

- ・すべての個人データを破壊すること
- ・すべての個人データを管理者に返還すること
- ・管理者により指定された処理者に個人データを返還すること

これらの返還とともに，処理者の情報システムにおけるすべての存在する複製は破壊されなければならない。破壊された後，処理者は書面によりこの破壊が行われたことを証明しなければならない。

13. データ保護責任者

処理者は，GDPR37条に従いデータ保護責任者を配置している場合，その責任者の氏名および連絡先を管理者に連絡を行う。

14. 処理業務の類型の記録

処理者は，次の項目について，管理者に代わり処理業務のすべての類型の書面での記録を保存していることを証明する。

- ・代わりに処理者として行動している管理者の氏名および連絡先，および必要に応じてデータ保護責任者
- ・管理者の代わりに実施されている処理の類型
- ・該当する場合，第三国または国際機関の名称を含む第三国または国際機関に対する個人データの移転およびGDPR49条1項二文にいう移転の場合の適切な安全管理措置の文書
- ・可能な場合，次の項目を含む，技術的組織的安全管理措置の一般的説明
  - ○個人データの仮名化および暗号化
  - ○処理システムおよびサービスの現在の秘密保持，完全性，可用性および耐久力を確実にするための能力
  - ○物理的技術的インシデント発生時における迅速な方法で可用性を復元し個人データへのアクセスするための能力
  - ○処理の安全性を確実にするための技術的組織的措置の効果の定期的なテスト，審査および評価の過程

15. 文書

処理者は，義務のすべての遵守を証明し，管理者その他の監査人が調査を含

第 2 部　条文解説

む監査の実施を認めるおよび当該監査に寄与するための必要な文書を管理者に提供する。

Ⅴ．処理者に関する管理者の義務
管理者は次の責任を負う。
1. Ⅱにおいて示されたデータを処理者に提供すること
2. 処理者によるデータ処理に関するいかなる指示も書面で文書を作成すること
3. 処理の前とその間に処理者の方で一般データ保護規則に示された義務の遵守を確保すること
4. 処理者とともに監査および調査の実施を含め処理を監督すること

2. 代理人の配置

GDPR が適用される場合，管理者・処理者は EU 域内に代理人（representatives）を書面で指定しなければならない（27 条 1 項）。代理人は，商品・サービスの提供またはデータ主体の行動の監視に関連して処理されるところの加盟国に配置されなければならない（27 条 3 項）。

ただし，①臨時の処理であり，大規模な処理を含むのではなく，センシティブデータや前科等の個人データの処理が含まれず，かつ，処理の性質，背景，範囲ならびに目的を考慮して自然人の権利および自由に対するリスクを生じさせる可能性がない処理を行う者，②公的機関等についてはこの義務は免除される（27 条 2 項）。

【例（オランダ）】2016 年 12 月，オランダデータ保護監督機関は，WhatsApp に対して，オランダ域内に代理人を配置するよう命じた。[3]

3. 管理者または処理者にとっての主たる拠点

複数の加盟国において越境処理業務を行っている管理者または処理者にとって「**主たる拠点（main establishment）**」とは，次の 2 つの場合が想定される

第Ⅳ章　管理者および処理者（第24条～第43条）

$(4 条 16 項)^{4)}$。

① 　複数の加盟国において拠点を置く管理者に関して，EU における中心的運営の拠点をいう。ただし，個人データの処理の目的および方法に関する決定が EU における管理者の別の拠点において行われ，その事務所がその決定を執行する権限を有する場合は，かかる決定が行われる拠点が，主たる拠点としてみなされなければならない。

② 　複数の加盟国において拠点がある処理者に関して，EU における中心的運営の拠点をいう。ただし，処理者が EU 域内で中心的運営を行っていない場合，処理者の拠点の活動の文脈において主たる処理業務が行われている EU 内における処理の拠点が本規則における指定の義務を受けることとなる。

この「主たる拠点」に対応する形で，GDPR では「主たる監督機関」（56条）を規定している。

（1）実質的影響

GDPR では「実質的影響」を定義していないが，この文言は，1 つの加盟国の拠点において行われるすべての処理業務が，何らかの影響を及ぼしうるのであれば，越境処理を行っていると解されないようにする意図がある。もっとも，実質的影響はその影響が現実に生じることを条件としておらず，その可能性（影響が及ぼされない可能性よりも及ぼす可能性が高い）があれば実質的影響とみなされる。

実質的影響の解釈は，処理の背景，データの類型，処理の目的および次の他の要因を考慮し，ケースバイケースに判断されるものとする。また，実質的影響の判断は，複数の加盟国における多数のデータ主体に実質的影響を及ぼす処理に対しては，一貫性の構造に基づき監督機関における連携が行われる（前文135 項）。

・個人に対して損害，損失または苦痛をもたらす（可能性がある）

第2部　条文解説

・権利の制限または機会の拒否の観点から影響を及ぼす（可能性がある）
・個人の健康，幸福または精神的安定に影響を及ぼす（可能性がある）
・個人の財政的経済的地位または状況に影響を及ぼす（可能性がある）
・個人に差別または不公正な取扱いをもたらす（可能性がある）
・特に児童の個人データについて，個人データ等の特別の類型の分析を伴う
・個人の行動を重大な形で変更をもたらす（可能性がある）
・個人に対して予期せぬまたは望まない帰結をもたらす可能性がある
・困惑または他の否定的な結果を生み出す
・広範囲にわたる個人データの処理を伴う

(2) 主たる監督機関

　主たる監督機関とは，越境データ処理業務の取扱いにかかる第一次的責任を有する機関をいう。具体的には，データ主体が苦情申立てをした場合に，その機関が苦情申立てを受け付けることとなり，対象となる他の監督機関と調査を調整することとなる（56条，参照）。

(3) 主たる拠点

　中心的な運営を行っている以外の場所でも個人データの処理に関する目的と手段を自律的に決定することがある。仮に中心的な運営の場所によって主たる拠点が定まらない場合，効果的かつ真の管理業務の行使が行われている場所が主たる拠点となる。多国籍企業に対しては，EU域内のいずれか1つの主たる監督機関のみが認定されることとなる。次の項目が管理者の主たる拠点の場所を決定するのに有益である。

・処理の目的と手段に関する決定について最終的な署名を与える場所はどこか
・データ処理が行われるビジネス業務に関する決定の場所はどこか
・決定を効果的に執行する権限を持つ場所はどこか
・越境処理のための全体の管理責任を有する者はどこにいるか
・管理者または処理者が会社登録した場所はどこか

第Ⅳ章　管理者および処理者（第 24 条〜第 43 条）

　なお，個人データの処理技術の存在や利用のみでは，主たる拠点の基準の決定の根拠とはならない（前文 36 項）。GDPR の下では，処理業務の実体がないのに当該加盟国の監督機関を主たる監督機関として指定するようなフォーラムショッピングは認められていない。EDPB のガイドラインに基づき，関係する監督機関は管理者に対して処理業務に関する明確な証拠の提示を求めることになることが第 29 条作業部会の意見において示されている。

【例】オランダのロッテルダムに本社がある食品会社は，複数の他の EU 加盟国に拠点を有している。すべての拠点でマーケティング目的の同一のソフトウェアを利用している。マーケティング目的の顧客の個人データ処理の目的と手段に関するすべての決定がロッテルダムで行われている。この場合，越境処理業務のための主たる監督機関はオランダとなる。

【例】フランクフルトに本社を置く銀行が，すべての銀行の処理業務をここで行っている。しかし，保険部門はウィーンにあり，保険に関するデータの処理業務の決定権限を有し，EU 全域にわたるこれらの決定を行っている。この場合，保険目的の個人データの越境処理はオーストリアが主たる監督機関となり，銀行目的の個人データの処理はドイツ（ヘッセン州）の監督機関となる。

4.　日本法との比較

　個人情報の適正な「取扱い」に関する法的規律を行なっている日本の個人情報保護法については，個人情報データベース等を事業の用に供している者である「個人情報保護法取扱事業者」という概念が用いられてきた。また，委託先の監督責任（個人情報保護法 22 条）に関する規定もあり，「講ずべき安全管理措置の内容」に定める各項目が，委託する業務内容に沿って，確実に実施されるようあらかじめ確認が求められる。再委託については，委託先から事前報告を受けまたは承認を行うこととされている（個人情報保護法ガイドライン（通則編））。さらに，共同利用については，共同して利用される個人データの項目，共同して利用する者の範囲，利用する者の利用目的および当該個人データの管理について責任を有する者の氏名または名称について，あらかじめ，本人に通

153

第 2 部　条文解説

知し，または本人が容易に知りうる状態に置いているときに認められている（同法 23 条 5 項 3 号）。

■参考文献
・杉本武重「EU 域内における義務強化：データ管理者・処理者の新たな責任」ビジネス法務 17 巻 8 号（2017）19 頁

データ保護バイデザインおよび初期設定によるデータ保護（第 25 条）

Point
・管理者は，技術水準や運用費用等を考慮し，処理の段階においてデータ処理最小限化や仮名化の措置等の適切な技術的・組織的措置を講ずるものとする。
・管理者は初期設定において利用目的を超えて個人データが処理されないように適切な技術的・組織的措置を講ずるものとする

第 25 条　データ保護バイデザインと初期設定によるデータ保護

1. 管理者は，技術水準，運用費用，処理の性質，範囲，文脈ならびに目的，および処理に伴う自然人の権利ならびに自由に対する変動する可能性と重大性の危険を考慮に入れ，処理の手段決定時および処理する際に仮名化等の適切な技術的・組織的措置を講ずるものとする。この措置は，データ最小限化等のデータ保護の原則を効果的な方法で執行し，かつ本規則の要件を満たし，データ主体の権利を保護する目的で処理の過程に必要な措置が組み込まれるよう計画されるものとする。
2. 管理者は，初期設定において，処理の個々の特定された目的にとって必要な個人データのみが処理されることを確実にするための適切な技術的・組織的措置を講ずるものとする。この義務は，収集された個人データの量，処理の範囲，蓄積およびアクセス可能性の期間に対して適用される。特に，かかる措置は個人の関与なしに初期設定において個人データが不特定多数の自然人にアクセスされないことを確実なものとしなければならない。
3. 42 条に従い承認された認証制度は，1 項および 2 項にいう要件の遵守を証明する要素として用いることができる。

第IV章　管理者および処理者（第24条〜第43条）

1. データ保護バイデザイン

(1) 背景

　データ保護バイデザインは，もともとカナダ・オンタリオ州元コミッショナーのアン・カブキアン博士が1990年代に提唱した「プライバシー・バイ・デザイン[5]」に由来する。プライバシー・バイ・デザインは，①事後ではなく事前，救済的ではなく予防的，②初期設定としてのプライバシー，③デザインに組み込まれたプライバシー，④ゼロサムではなく，win-winの関係のポジティブサム，⑤すべてのライフサイクルで保護するための最初から最後までのセキュリティ，⑥可視性と透明性による公開の維持，⑦利用者中心主義に立脚した利用者のプライバシー尊重を7つの基本原則としている。

　プライバシー・バイ・デザインは，2010年第32回データ保護プライバシー・コミッショナー国際会議のプライバシー・バイ・デザインに関する決議[6]で採択された。2011年国際標準化機構におけるプライバシー・フレームワーク（ISO/IEC29100），2013年に改正されたOECDプライバシー・ガイドライン，さらに2012年に公表された欧州評議会現代化文書にもプライバシー・バイ・デザインを反映した記述がみられ，プライバシー・バイ・デザインが国際的に受容されるに至った。

　このようなことから，EUにおいても，個人の保護につながるのみならず，新たなサービスや製品への信頼向上にもつながるものとして，プライバシー・バイ・デザインの法制化が検討されてきた[7]。EUにおけるデータ保護バイデザインは，単にセキュリティ管理のみならず，利用目的に必要な限り個人データの処理の最小限化を可能とさせることを目的としている[8]。この目的を実現するために，初期設定におけるプライバシー保護を目的とした「プライバシー強化技術（privacy-enhancing technologies）[9]」の利用が推奨されてきた。プライバシー強化技術の例として，一定の時間の経過による自動匿名化措置，暗号化ツール，クッキー利用の通知と拒否の仕組みなどが挙げられる。なお，電子プライバシー指令では，情報通信技術の分野におけるターミナル設備は利用者の

第 2 部　条文解説

権利と整合する方法で設計されるべきであることが規定されている（14条3項）。

このように，データ保護の問題について，法律家から技術家へ，そして政策論からアーキテクチャー論への橋渡しをするための概念としてデータ保護バイデザインは発展してきた。

（2）義務の内容

管理者はデータ保護バイデザインと初期設定によるデータ保護の原則を取り入れた企業内ポリシーの策定と措置の実施が求められる。具体的には，**個人データ処理の最小限化，個人データの仮名化，個人データ処理に関する透明性確保などの措置**が考えられる（前文78項）。

データ保護バイデザインに関連して，管理者は，処理の手段決定時および処理する際に仮名化等の適切な技術的・組織的措置を講ずるものとする。その際に，技術水準，運用費用，処理の性質，範囲，文脈，目的，および処理に伴う自然人の権利ならびに自由にもたらしうる重大性の危険を考慮に入れるものとする（25条1項）。

初期設定によるデータ保護に関連して，管理者は，初期設定において，処理の個々の特定された目的にとって必要な範囲でのみ個人データが処理されることを確実にするための適切な技術的・組織的措置を講ずるものとする（25条2項）。特に初期設定において個人データが不特定多数の自然人にアクセスされない措置を講ずることが重要である。

2.　具体例

（1）ビッグデータとモノのインターネット

ビッグデータの時代において，大量の個人データの処理は新たな知見をもたらす。しかし，データ保護バイデザインはそもそもデータ処理の最小限化を原則としている。そこで，利用目的に必要な範囲内で個人データ処理が行われているかどうか，そして，匿名化技術の利用，データ保存の分散化，データ主体

第Ⅳ章　管理者および処理者（第24条〜第43条）

によるアクセスコントロールの担保，ログの監査，再識別化のリスク回避など
の措置が具体的な措置として奨励されている。[10]

　モノのインターネットについては，ハードウェアとソフトウェアのそれぞれ
の段階においてセキュリティ保護の設計がなされるべきことが注意喚起されて
いる。特に初期段階における不要な機能の停止やマルウェア攻撃対策の観点か
ら信頼できないソフトウェアの自動更新の制限の措置が示されている。[11]

> 【例（フランス）】スピーカーとマイクを備えた自動音声アシスト機器のスマー
> トスピーカーについて，CNIL は，①家庭内での子どもとの会話が記録されて
> いることの喚起，②話を聞かれたくないときには電源をオフにしておくこと，
> ③ゲストなどの第三者への周知，④子どもにはフィルタリングまたは初期設定
> でオフにしておくこと，の注意喚起を行った。また，CNIL は，ダッシュボー
> ドにアクセスして会話の履歴の削除をすることを推奨している。さらに，
> CNIL はスマートスピーカーの利用とプライバシー保護に関する質問を受け付
> けている。[12]

（2）スマートメーター

　各家庭に設置されるスマートメーターによる電力量は一般的に個人データと
して保護される。[13] まず，基本事項として，電力量の検針値の計測データは，シ
ステムの運用や顧客が同意したサービス条項に基づき必要な頻度でしか送信が
認められない。たとえば，スマートメーターから 10 分から 60 分ごとに計測デ
ータが遠隔操作により調整の上送信され，メーター内部では 2 か月分の記録が
残されている場合，プライバシー・バイ・デザインの下では，このようなグラ
フ用の計測データは，必要がある場合にのみしか送信できないよう調整がされ
なければならない。また，スマートメーターにおける各種機能については，本
人の同意と同意撤回の仕組みが担保されるよう「プッシュ・ボタン」式のパネ
ルのデザインなどが奨励されている。さらに，利用目的に必要な要素のみがス
マートメーターを通じて送信されるべきであり，それ以外のデータの送信は停
止されなければならない。

第 2 部　条文解説

（3）ドローン

　第 29 条作業部会は，ドローンの利用についてデータ保護バイデザインを奨励している[14]。たとえば，データ保護の観点からは，荷物宅配用のドローンには，顔認証カメラを付けるなどして不要な個人データの収集を防止する措置を講じたり，仮にカメラによる録画が必要な場合も，離陸から着陸までのすべての航程を録画するのではなく，必要な部分のみを録画し，後のフライトの事故等による個人データの紛失防止の観点からドローンからデータ削除をするなどの措置を講じるべきである。加盟国では，ベルギーにおいて，ドローン利用についてプライバシー・バイ・デザインを奨励し，私的レクレーション目的のドローンについては製造段階で飛行高度を制限する技術的措置の必要性を指摘する[15]。このほかにも，飛行禁止区域への侵入を防止するために仮想的な飛行空域にフェンスを設置する技術としてのジオ・フェンシングを用いたドローンの悪用防止措置などが想定される。

3.　日本との比較

　2015 年個人情報保護法の改正に伴い，「情報通信技術の進展により，漏えいした個人情報の拡散が容易になるなどの環境変化の中で，個人の権利利益侵害を未然に防ぐことが一層重要になっていることから，民間におけるプライバシー影響評価等によるプライバシー・バイ・デザインの取組を支援し，さらなる個人情報の適正な取扱いの確保を図ること」が附帯決議 10 に明記され採択された。

　また，スマートフォン・プライバシー・イニシアティブでは，関係事業者等は，新たなアプリケーションやサービスの開発時，あるいはアプリケーション提供サイト等やソフトウェア，端末の開発時から，利用者の個人情報やプライバシーが尊重され保護されるようにあらかじめ設計するものとして，プライバシー・バイ・デザインの原則が含まれている（総務省「スマートフォン　プライバシー　イニシアティブ」（2012 年 8 月））。

158

第IV章　管理者および処理者（第24条～第43条）

■参考文献
・堀部政男・日本情報経済社会推進協会編『プライバシー・バイ・デザイン』（日経BP社・2012）

処理業務の記録（第30条），監督機関との協力（第31条），処理の安全管理（第32条）

Point
・管理者は処理業務の記録を保存しなければならない。ただし，原則として，250人以下の従業員の企業は除く。
・管理者・処理者は，リスクに対する適切な安全管理の水準を確保するため，適切な技術的かつ組織的措置を講ずる必要がある。
・リスクに基づくアプローチを参考にして，安全管理措置を検討することが望ましい。

第30条　処理業務の記録

1. 各管理者および該当する場合は管理者の代理人は，自らの責任で処理業務の記録を保存しなければならない。かかる規則は次のすべての情報を含むものとする。
    (a) 管理者，また該当する場合は，共同管理者，管理者の代理人およびデータ保護担当者の氏名と連絡先
    (b) 処理の目的
    (c) データ主体の類型と個人データの類型に関する説明
    (d) 第三国または国際機関における受領者を含む，個人データが開示されたまたはされる予定の受領者の類型
    (e) 該当する場合は，第三国または国際機関の識別情報を含む第三国または国際機関への個人データの移転および，49条1項二文にいう移転の場合の適当な措置に関する文書
    (f) 可能な場合は，データの異なる類型の削除のための想定される時間的制限
    (g) 可能な場合は，32条1項にいう技術的組織的安全管理措置の一般的概要
2. 各処理者および該当する場合は処理者の代理人は，次の項目について管理者に代わり実施する処理業務のすべての類型の記録を保存しなければならない。
    (a) 処理者または複数の処理者および処理者に業務を代行させている各管理者および該当する場合は管理者または処理者の代理人ならびにデータ保護責任者の氏名と連絡先
    (b) 各管理者に代わって実施される処理の類型

第2部 条文解説

(c) 該当する場合，第三国または国際機関の識別情報を含む第三国または国際機関への個人データの移転および，49条1項二文にいう移転の場合の適当な措置に関する文書

(d) 可能な場合は，32条1項にいう技術的組織的安全管理措置の一般的概要

3. 1項および2項にいう記録は，電子媒体を含む書面においてなされるものとする。

4. 管理者または処理者，および該当する場合は管理者または処理者の代理人は，要請に応じて監督機関に対して記録が入手できるようにしなければならない。

5. 1項および2項にいう義務は，実施される処理がデータ主体の権利および自由へのリスクをもたらされることなく，処理が日常的でなく，または処理が9条1項にいうデータの特別類型または10条にいう前科前歴に関する個人データを含まない限り，250人以下の従業員を雇用している企業または組織には適用しない。

第31条 監督機関との協力

管理者および処理者，また該当する場合，代理人は，任務の遂行において監督機関の要請に対し協力しなければならない。

第2節 個人データの安全管理

第32条 処理の安全管理

1. 技術水準，運用の費用および処理の性質，範囲，文脈ならびに目的，そして自然人の権利と自由への様々な可能性と重大性のリスクを考慮に入れて，管理者および処理者はリスクに対する適切な安全管理の水準を確保するため，特に次の項目を適切なものとして，適切な技術的かつ組織的措置を講ずるものとする。

　(a) 個人データの仮名化および匿名化

　(b) 処理システムとサービスの現在の秘密保持，完全性，利用可能性および抵抗力を確保するための能力

　(c) 物理的または技術的インシデント発生時の迅速な方法での個人データへの利用可能性とアクセスするための能力

　(d) 処理の安全管理を確保するための技術的組織的措置の効果に関する定期的な検査，評価，査定のための過程

2. 安全管理の適切な水準を評価するには，送信され，保存され，またはその他の方法で処理された個人データに対する過失または違法な破壊，紛失，改ざん，権限のない開示またはアクセスといった処理によって提起されたリスクを特に考慮に入れなければならない。

3. 40条にいう承認された行動規範または42条にいう承認された認証の構造への遵守は1項に示された要件の遵守を論証するための要素として用いることができる。

4. 管理者および処理者は，管理者または処理者の権限に基づき個人データにアクセスしたいかなる自然人も，EU法または加盟国法によって処理が認められる場合以外に，管理者からの指示を除くほか処理しないように確保するための措置を講ずるものとする。

第IV章　管理者および処理者（第24条～第43条）

1. 処理業務の記録

　管理者またはその代理人は**処理業務について，次の項目を自らの責任で記録し保存しなければならない**（30条1項）。電子媒体による保存も認められる。ただし，特別の類型のデータ処理をしないなどの要件を満たしている場合，この記録保存義務は250人以下の従業員を雇用している企業には適用されない（30条5項）。

① 管理者（共同管理者，管理者の代理人およびデータ保護担当者）の氏名と連絡先
② 処理の目的
③ データ主体の類型と個人データの類型に関する説明
④ 第三国または国際機関における受領者・個人データが開示されたまたはされる予定の受領者の類型
⑤ 該当する場合は，第三国または国際機関の識別情報を含む第三国または国際機関への個人データの移転・移転の場合の適当な措置に関する文書
⑥ 可能な場合は，データの異なる類型の削除のための想定される時間的制限
⑦ 可能な場合は，技術的組織的安全管理措置の一般的概要

　また，処理者または処理者の代理人は，次の項目について管理者に代わり実施する処理業務のすべての類型の記録を保存しなければならない（30条2項）。

① 処理者または複数の処理者および処理者に活動を代行させている各管理者（管理者または処理者の代理人ならびにデータ保護責任者）の氏名と連絡先
② 各管理者に代わって実施される処理の類型
③ 該当する場合，第三国または国際機関の識別情報を含む第三国または国際機関への個人データの移転・移転の場合の適当な措置に関する文書

第2部　条文解説

④　可能な場合は，技術的組織的安全管理措置の一般的概要

　これらの記録保存の義務は，万一データ侵害等の事案が生じた場合に，監督機関に入手できる状態にしておかなければならない（30条4項）。記録保存の書式は指定されていないものの，イギリスDPAは管理者と処理者向けの次のようなテンプレートを公表している。[16)]

図表9　管理者の文書保存義務のテンプレート（イギリス法に関連する部分は省略）

名称・連絡先		データ保護責任者		代理人（該当する場合）
名称		氏名		氏名
住所		住所		住所
Eメール		Eメール		Eメール
電話番号		電話番号		電話番号

30条の処理業務の記録

ビジネス機能	処理の目的	共同管理者の名称・連絡先＊	個人の類型	個人データの類型	受領者の類型	処理者への連絡のリンク	個人データが移転される第三国または国際機関の名称＊	第三国または国際機関への個人データ移転の特例の措置＊	保存のスケジュール＊	技術的組織的安全管理措置の一般概要＊

プライバシーポリシー

6条適法な処理	9条特別な類型のデータ	正当な利益の評価の記録のリンク＊	個人が利用できる権利	プロファイリングを含む自動決定の存在＊	個人データのソース＊

同意	アクセス要請	データ保護影響評価			データ侵害	
同意の記録へのリンク	個人データの場所	データ保護影響評価は必要か	データ保護影響評価の進捗	データ保護影響評価へのリンク	個人データ侵害は起きたか	個人データ侵害の記録へのリンク

＊は該当する場合

162

第IV章　管理者および処理者（第 24 条〜第 43 条）

図表 10　処理者の文書保存義務のテンプレート

名称・連絡先		データ保護責任者	代理人（該当する場合）
名称		氏名	氏名
住所		住所	住所
E メール		E メール	E メール
電話番号		電話番号	電話番号
30 条の処理業務の記録			

管理者への連絡先リンク	管理者の名称・連絡先	管理者の代理人の名称・連絡先＊	処理の類型	個人データが移転される第三国または国際機関の名称＊	第三国または国際機関への個人データ移転の特例の措置＊	技術的組織的安全管理措置の一般概要＊

＊は該当する場合

2.　監督機関との協力

　管理者と処理者，またその代理人は，処理業務に関連して，監督機関の要請に対し協力することが要求される（31 条）。データ侵害等の事案が生じた場合，監督機関の調査協力を拒むとその行為自体が制裁の対象となりうる。

> 【例（フランス）】歯科医院が保有する医療記録への患者のアクセスを拒否し，CNIL からの 3 回にわたる手紙の調査に応答しないなど非協力であることを理由に 10,000 ユーロの制裁金が科された。[17]

3.　安全管理措置

（1）技術的組織的措置

　2016 年におけるデータ侵害のグローバルなコストに関する調査によれば，

第2部　条文解説

2014年から2015年にかけて2倍以上になり，また個々の紛失等への支払われるべきコストは約150ユーロであった。[18] また，GDPRにはプライバシー強化技術（privacy enhancing technologies（PETs））について直接規定はしていないものの，仮名化や暗号化が個人データの安全管理措置としてみなされてきた。

　GDPRでは，自然人の権利と自由を保護するため，管理者と処理者は個人データの処理について適切な技術的かつ組織的措置を講ずる義務を負っている（32条1項）。そして，個人データに対する過失または違法な破壊，紛失，改ざん，権限のない開示・不正アクセスといった処理によって提起されたリスクをあらかじめ評価しておくことが求められる。具体的には，技術水準，運用の費用および処理の性質，範囲，文脈ならびに目的を踏まえて，次の事項について技術的組織的措置を検討しなければならない。

① 　個人データの仮名化および匿名化
② 　処理システムとサービスの現在の秘密保持，完全性，利用可能性および抵抗力を確保するための能力
③ 　物理的または技術的インシデント発生時の迅速な方法での個人データへの利用可能性とアクセスするための能力
④ 　処理の安全管理を確保するための技術的組織的措置の効果に関する定期的な検査，評価，査定のための過程

　GDPRでは，データ保護責任者の任務としてサイバーセキュリティ対応が明記されているわけではないが，EUでは，サイバーセキュリティに関する指令を2016年7月に採択し，加盟国はコンピュータセキュリティーのインシデント対応のチームや機関を設置するなどセキュリティ対策の法制度を整備してきた。たとえば，イギリスでは，サイバー攻撃による個人情報の漏えい事件を受け，2016年下院報告書において，①CEOがサイバーセキュリティの脅威に主導的に対処する必要があること，②日々の取締役による監督が重要であること，③サイバー攻撃に十分な対応を図っていない企業に対する罰則を強化し，CEOがその補償に対処するべきことが示された。[19]

164

第Ⅳ章　管理者および処理者（第24条〜第43条）

【例（フランス）】CNIL は，2017 年 1 月 19 日付の決定においてパスワードに関する勧告を採択した[20]。管理者は，適切な保護措置（34 条）および委託者の監督（35 条）の責任を負っているため，その一環としてパスワードに関しては，①パスワード単独で利用する場合は，最低限 12 文字とし，大文字，小文字，数字，特殊文字を含むこと，②アカウント保有者によるアクセスの場合は，最低限 8 文字とし，4 種類の文字の中から 3 種類を含め，アカウント制限を設けること（1 分間で 5 回以上また 24 時間ごとに最大 25 回のうち間違えの場合のタイムアウトの設定），③パスワードと追加情報を必要とする場合は，最低限 5 文字とし，認証の追加情報（7 文字以上と IP アドレス等の技術パラメーター）に加え，アカウント制限を設けること，④認証が対象の個人の端末である場合，最低限 4 文字とし，SIM カード等のハードウェアデバイスを用い，かつ 3 回以上連続で認証を失敗した場合の制限を設けること，が示された。

(2) 中小企業向けの安全管理措置

　EU では 99% の事業者が中小企業として位置付けられている（中規模の基準は 250 名以下の従業員で 5,000 万ユーロ以下の年間売上または 4,300 万ユーロ以下の貸借対照表，小規模の基準は 50 名以下の従業員で 1,000 万ユーロ以下の年間売上または 1,000 万ユーロ以下の賃借対照表[21]）。中小企業においては，GDPR を遵守するために多くの課題に直面することになる可能性があるが，リスク評価については，ENISA から次の 4 点において特に留意するべきことが示されており，また具体的な組織的・技術的措置の項目が公表された[22]。

① 処理業務とその文脈を明確にすること
　　いかなる処理業務で，どんな種類の個人データを処理し，処理の目的は何か，処理の手段は何か，どこで処理するか，データ主体の類型はどのようなものか，データの受領者は誰か，といった項目を明確にしておく。
② 影響の理解と評価
　　個人の権利と自由への影響が，低い，ある程度，高い，非常に高い，の 4 段階で分けて，その影響を評価する。
③ 想定される脅威の明確化とその可能性の評価
　　ネットワークと技術（ハードウェアとソフトウェア），処理業務の過程

第2部　条文解説

と手続，処理業務に関与する外部の者，事業分野と処理の規模について，
それぞれ脅威が生じる可能性を低い，ある程度，高い，の3段階に分けて
評価する。

④　リスクの評価（脅威の可能性と影響）

　リスクの水準は一般に脅威が生じる可能性にその影響を掛けたものである。

$$\boxed{脅威が生じる可能性} \times \boxed{影響} = \boxed{リスクの水準}$$

　その上で，安全管理措置については，ISO 27001:2013 を参照しつつ，組織
的措置と技術的措置に分けて次のような項目をチェックする必要がある。

組織的措置

①セキュリティ管理 ・個人データ保護のための安全に関するポリシーと手続（情報セキュリティポリシー） ・役割と責任（個人データにアクセスできるすべての部署における役割と責任の明確化） ・アクセスコントロールポリシー（システムへのアクセス制限） ・リソースと資産管理（ハードウェア，ソフトウェア，ネットワークの適切な管理） ・管理の変更（IT システムの変更への監視） ・データ処理者（処理を対象としたガイドラインと手続）
②インシデント対応とビジネスの継続性 ・個人データ侵害等のインシデント対応（インシデント発生時の計画と事後対応） ・IT システム処理の継続性と利用，ビジネス継続性の計画の策定 ③ヒューマンリソース ・従業員への責任の周知，秘密保持義務 ・研修

技術的措置

①アクセスコントロールと認証（共通の利用者アカウント利用の回避）
②ログ活動と監視（ログファイルから異常活動の検知）
③停止中のデータの管理 ・サーバー／データベースの管理（データベースサーバーでは必要な処理のみ，暗号化による保存）

第IV章　管理者および処理者（第24条〜第43条）

・ワークステーションの管理（ウイルス対策，個人データの持ち出し禁止）
④ネットワーク・コミュニケーションの管理（暗号化，トラフィックの監視）
⑤バックアップ（バックアップの手続，計画，監視）
⑥モバイル・ポータブルデバイス（利用の事前登録や事前許可，明確な役割と責任）
⑦ライフサイクルの管理（初期の段階で具体的安全管理の要件の明確化，テスト実施）
⑧データ削除・廃棄（個人データの不可逆的な消去，物理的廃棄）
⑨物理的措置（IT システムのインフラへの物理的侵入の防止，施錠）

4. リスクに基づくアプローチ

　安全管理においては，指令の下では事前相談や特別類型のデータなどリスクに応じた処理への義務が規定されていた。第29条作業部会は，このような処理のリスクに相応した措置の必要性を認識し，「リスクに基づくアプローチ（risk-based approach）」を奨励してきた。[23]GDPR では，自然人の権利と自由への様々な可能性と重大性のリスクを考慮に入れつつ，管理者と処理者がリスクに対する適切な安全管理の水準を確保することが義務付けられている（32条1項）。また，データ保護影響評価（35条）やデータ侵害通知義務や連絡（33条および34条），事前相談（36条）とともに，GDPR にはリスクに基づくアプローチが反映されている。

　リスクには，①データ主体へのリスク（差別，ID 盗難・詐欺，財産的損失，名誉への損害またはその他の重大な経済的社会的不利益，権利行使の制限，特別の類型のデータ，データ主体の選好等の個人的側面，児童または弱い立場にある者の個人データ，大規模なデータ処理），②第三者によるリスク（法執行目的の通信履歴アクセスの政府等の第三者の介入によるリスク），そして③管理者・処理者へのリスク（違反による法的リスク，損害賠償や再発防止策等の財産的リスク，レピュテーションリスク等のビジネスリスク）を総合的に考慮して判断されるべきである。[24]

　ここでリスクに基づくアプローチとして，理解するべき 13 項目は次のとお

167

第 2 部　条文解説

りである。

① 　個人データの保護は基本権憲章第 8 条で保障された基本的権利であり，いかなる処理業務もこの権利を尊重しなければならない。

② 　EU 法により付与されたデータ主体の権利は，リスクの水準にかかわらず尊重されなければならない。

③ 　処理がもたらすリスクに応じた説明責任の義務には異なる水準がありうる。管理者はデータ保護の義務の履行について遵守の証明を含め常の説明責任を負うものとする。

④ 　管理者に適用される基本原則は，どのような処理やリスクであっても，同一である。しかし，当該処理の性質や範囲の考慮がこれらの原則の適用において取り入れる。

⑤ 　データ保護影響評価等の説明責任のツールや措置を通じた管理者の義務の遂行は処理の類型やプライバシーリスクに従い変わりうる。

⑥ 　処理業務の文書の書式は，処理がもたらすリスクに応じて異なりうる。しかし，透明性と説明責任を高めるため，すべての管理者は一定程度の処理業務に関する文書を作成しなければならない。

⑦ 　データ主体の権利，自由および利益への想定される消極的影響のリスクは，個人データの性質，データ主体の類型，影響を受けるデータ主体の数，処理の目的を考慮に入れて，決定される。

⑧ 　データ主体の権利および自由の範囲は，第一次的にはプライバシー権への問題であるが，言論の自由，思想の自由，移動の自由，差別の禁止等の他の基本権も含む。

⑨ 　リスクに基づくアプローチは具体的リスクが認定されたとき，追加措置を必要とし，高度なリスクの処理には監督機関に相談しなければならない。

⑩ 　個人を識別することができる限り，仮名化データや暗号化されたデータに対してもデータ保護のルールは適用される。仮名化の利用のみでは説明責任の義務を正当化するのに不十分である。

⑪ 　リスクに基づくアプローチは，具体的な損害に焦点を当てる狭義の害悪に基づくアプローチよりも広く，現実の悪影響のみならず潜在的な悪影響

第Ⅳ章　管理者および処理者（第24条〜第43条）

も考慮に入れなければならない。

⑫　管理者または第三者が追求する正当な利益は，データ主体にとってのリスクの評価とは無関係である。

⑬　リスクに基づくアプローチに関する DPA の役割は，具体的リスクをもたらしうる処理のリストの更新，影響評価や説明責任のツールのガイドライン策定，違反した管理者への執行手続，リスクの大きな分野への遵守や執行のターゲットが含まれる。

【参考（フランス）[25)]】フランス DPA はプライバシーリスクの管理アプローチのガイドラインにおいて，次の5段階について解説を行っている。

①個人データ処理の背景

　ⅰ）どのデータを保護する必要があるか。

　　　―どの処理作業が関係しているか

　　　―処理の目的は何か

　　　―誰が処理を意図しているか

　　　―この処理作業によってどのビジネス・プロセスが遂行されるか

　　　―どのような方法で適法な処理が実施されるか

　　　―どの類型の個人データが処理されるか

　　　―どの類型の個人データが適法なプロセスによって用いられるか

　ⅱ）どの個人データが処理されるデータとして用いられるか。

　　　―どの種類のハードウェア（コンピュータ，ルーター，電子メディア等）で処理されるか

　　　―どの種類のソフトウェア（オペレイティング・システム，メッセージング・システム，データベース，ビジネス・アプリケーション等）で処理されるか

　　　―コンピュータ通信ネットワークはどのような種類か（ケーブル，Wi-Fi，繊維工学等）

　　　―処理に関係する人はだれか

　　　―どの種類のペーパーで処理されるか（プリントアウト，写真複製等）

　　　―どのペーパーによる通信手段を用いるか（郵便，作業の流れ等）

　ⅲ）データ主体または社会全体にとって処理されることによってもたらされる主要な恩恵は何か。

　ⅳ）どの主要なガイドライン（規制的なもの，分野別のもの等）を遵守すべきか。

　ⅴ）何が検討中の処理作業の特定の背景に影響を及ぼしうるリスクの関連す

169

第2部　条文解説

　　　るソースであるか。
　　　―どの内部の人間が処理作業にかかわると想定しているか（ユーザー，
　　　　アドミニストレーター，デベロパー，政策立案者等）
　　　―どの外部の人間が処理作業にかかわると想定しているか（顧客，受領
　　　　者，プロバイダー，競合相手，関与する者，関心を有している者，悪
　　　　意を持った者，政府，取り巻く活動等）
　　　―どの人間以外のソースが処理作業にかかわると想定しているか（損害
　　　　を与える出来事，未知のソースからの悪意のあるソフトウェア，自然
　　　　現象，自然災害・健康的災害等）
②特定の背景において生じるおそれ
　ⅰ）適法な処理が行われているか。
　ⅱ）処理作業が変更されていないか。
　ⅲ）不正な人物が個人データにアクセスしていないか。
　ⅳ）個人データが修正されていないか。
　ⅴ）個人データがなくなっていないか。
　ⅵ）すべての個人データの識別性のレベルが評価されなければならない。す
　　　なわち，データ主体をどの程度容易に識別しうるか。個人の識別性につ
　　　いては，
　　　・無視できるほど識別性がないもの（たとえば，フランス人全員の中で
　　　　ある個人のファーストネームの検索から導き出される個人）
　　　・限定的な識別性を有するもの（たとえば，フランス人全員の中である
　　　　個人のフルネームの検索から導き出される個人）
　　　・重大な識別性を有するもの（たとえば，フランス人全員の中である個
　　　　人のフルネームと生年月日の検索から導き出される個人）
　　　・最大級の識別性を有するもの（たとえば，フランス人全員の中である
　　　　個人のフルネーム，生年月日，住所の検索から導き出される個人）
　　　の4段階がある。
　ⅶ）特定の背景において生じるおそれが算定されなければならない。すなわ
　　　ち，あらゆる影響によってどの程度損害がもたらされるか。損害の算定
　　　については，
　　　・無視できるほど小さな損害（たとえば，情報の再入力の手間，いらだ
　　　　ち等）
　　　・限定的な損害（たとえば，余分な費用，サービスへのアクセス拒否，
　　　　恐怖，ストレス等）
　　　・重大な損害（たとえば，横領，銀行のブラックリスト化，財産損害，
　　　　雇用喪失，裁判所出頭，健康状態の悪化等）
　　　・最大級の損害（たとえば，財政的困窮，長期間の心理的または身体的

第IV章　管理者および処理者（第24条〜第43条）

病等）

③潜在的な脅威（必要に応じて）

　ⅰ）脆弱性の評価として，脅威がもたらされるためにどの程度保護すべきデータの財産が開発されていたか。

　　・無視できるほど小さなもの（たとえば，カード・リーダーおよびアクセスコードにより保護されていた部屋における書類の盗難）

　　・限定的なもの（たとえば，カード・リーダーにより保護されていた部屋における書類の盗難）

　　・重大なもの（たとえば，受付でのチェックを経なければ，アクセスできないオフィスにおける書類の盗難）

　　・最大級のもの（たとえば，ロビーに置かれていた書類の盗難）

　ⅱ）それぞれの脅威によってもたらされるリスク・ソースの状況はどのようなものか。

　ⅲ）脆弱性とリスク・ソースの状況から得られた価値の総和として脅威の可能性はどの程度になるか。

④関連するリスク（必要に応じて）

　リスクは，生じうるおそれがもつ重度と脅威がもたらされる可能性から成り，それぞれの場合ごとにリスクへの対処がなされなければならない（以下のリスクマップ参照）。

（重度）

	1. 無視できる	2. 限定的	3. 重大	4. 最大級
4. 最大級			個人データへの不正なアクセス	
3. 重大				適法な処理の欠如
2. 限定的		処理の変更 個人データの喪失	個人データの望まない変更	
1. 無視できる				

リスクマップ
（可能性）

⑤リスクに対処するための適当な措置

　リスク対処の措置が決定されなければならず，リスクにはそれに比例した方法で対処され，法の遵守がされ，データ管理者の要件（法的，財政的，技術的

第 2 部　条文解説

等）に一致した保護の体制を構築しなければならない。

　　ⅰ）リスク対処への措置が決定されなければならない。

　　ⅱ）残ったリスクの重度と可能性が再評価されなければならない。

　　ⅲ）除去できないリスクが残されている理由の説明が付与されなければならない。

第 2 節　個人データの管理

個人データ侵害の監督機関への通知（第 33 条），個人データ侵害のデータ主体への通知（第 34 条）

Point

・個人データ侵害の事案が発生した場合，管理者は原則として 72 時間以内に監督機関に通知しなければならない。

・監督機関への通知には，少なくとも①データ主体の類型と概ねの人数等の個人データ侵害の性質に関する説明，②データ保護担当者の氏名と連絡先またはその他連絡先，③個人データ侵害の想定される結果に関する説明，④管理者による対策・措置を含むものとする。

・管理者は個人データ侵害が高度のリスクをもたらす可能性がある場合，原則としてデータ主体に遅滞なく連絡しなければならない。

第 33 条　個人データ侵害の監督機関への通知

1. 個人データ侵害の事案が生じた場合，個人データ侵害が自然人の権利および自由に対するリスクを生じさせる可能性がない場合を除き，管理者は遅滞なく，かつ可能な場合は事案を知ってから 72 時間以内に個人データの侵害を 55 条に従い権限ある監督機関に通知しなければならない。監督機関への通知が 72 時間以内になされない場合，その遅滞の理由を添えるものとする。

2. 処理者は，個人データ侵害を知ってから遅滞なく管理者に通知しなければならない。

3. 1 項にいう通知には，少なくとも次の項目を含むものとする。

　（a）可能な場合は関係するデータ主体の類型ならびに概ねの人数および記録された関係する個人データの類型ならびに概ねの人数を含む，個人データ侵害の性質に関する説明

　（b）データ保護担当者の氏名および連絡先またはより多くの情報が得られる場合の他の連絡先の伝達

　（c）個人データ侵害の想定される結果に関する説明

第Ⅳ章　管理者および処理者（第24条〜第43条）

　　(d) 該当する場合には想定される悪影響の軽減措置を含む，個人データ侵害に対
　　　　処するための管理者によって講じられるまたは予定されている措置に関する説明
4.　情報を同時に提出することができない場合，またその限りにおいて，情報はさらな
　　る遅滞なく段階的に提出されてもよいものとする。
5.　管理者は個人データ侵害に関連する事実，その結果，救済措置からなる個人データ
　　侵害に関する文書を作成するものとする。当該文書は監督機関に対し本条を遵守して
　　いることの証明を可能なものとしなければならない。

第34条　個人データ侵害のデータ主体への通知

1.　個人データ侵害が自然人の権利および自由に高度のリスクをもたらす可能性がある
　　場合，管理者はデータ主体に対し遅滞なく個人データ侵害を連絡しなければならない。
2.　1項にいうデータ主体への連絡は明確かつ容易な言葉で個人データ侵害の性質につ
　　いて説明し，33条3項の (b)，(c)，(d) の各号にいう情報および措置を少なくとも
　　含めなければならない。
3.　1項にいうデータ主体への連絡は，次の条件のいずれを満たす場合は必要としない。
　　(a) 管理者が，特に暗号化等により個人データにアクセスすることを認められて
　　　　いない者にとって解読できない個人データの状態にした，適切な技術的かつ組織
　　　　的保護措置を実施し，これらの措置が個人データ侵害によって影響を受けた個人
　　　　データに適用されていた場合
　　(b) 管理者が1項にいうデータ主体の権利および自由への高度なリスクがもはや
　　　　実質的に生じる可能性がないことを確保する事後的な措置を講じた場合
　　(c) 不均衡な労力を伴う場合。かかる場合，代わりに公表または同様の措置により，
　　　　データ主体が同様に効果的な方法で通知を受けるものとする。
4.　管理者がデータ主体に対し個人データ侵害の連絡をすでに行っていない場合，監督
　　機関は，個人データ侵害がもたらす高度なリスクの可能性を考慮し，連絡を行うよう
　　要求するか，または3項にいういずれかの条件が満たされているかを決定することが
　　できる。

1.　個人データ侵害とは

（1）定義

　「個人データ侵害」とは，送信され，保存され，またはその他の方法で処理
された個人データについて偶発的または不法な破壊，紛失，改変，権限のない
開示またはアクセスをもたらす安全管理の侵害をいう（4条12項）。対象は
「個人データ」の侵害であるため，すべての個人データ侵害がセキュリティ事
故となるが，セキュリティ事故のすべてが個人データ侵害になるわけではない。

第2部　条文解説

> 【例】個人データの紛失には，管理者の顧客データベースのコピーを含むデバイスが盗難にあった場合を含む。また，ランサムウェアにより個人データのコピーが暗号化されてしまったり，また管理者が暗号化したがその暗号を解読するための鍵をもはや利用できない場合なども含まれる。

(2) 類型

第29条作業部会ガイドライン[26)]によれば，データセキュリティの政策の重要な要素は，可能な限り侵害を防止し，万一生じた場合には速やかにそれに対応することができる状態にある点である。管理者と処理者は，自然人の権利および自由へのリスクとともに実施の費用，処理の性質，範囲，背景および目的を考慮に入れる必要がある。

個人データ侵害の類型には，①個人データの権限のない開示や不正アクセスまたは事故による開示やアクセスを意味する秘密保持義務侵害，②個人データの権限のないまたは不正な改変を意味する完全性の侵害，③事故または不正な形による個人データのアクセス不能または破壊を意味する可用性の侵害がある。事案によってはこれらの侵害が同時に関連する場合もある。

> 【例】可用性の侵害の例として，暗号化されたデータの暗号を紛失し，解読できずデータを復元できない，病院において患者の医療データが利用できず手術が中止になるなど個人の権利と自由へのリスクが生じるといった場合がある。
> 【例】ランサムウェアに感染し，バックアップデータへのアクセスが一時的にできない場合（可用性侵害が一時的な場合）であっても，攻撃者による個人データのアクセスがされるなど秘密保持義務の違反とみなされれば，通知が必要となる。

(3) 個人データ侵害の想定される帰結

個人データ侵害は，個人に対して重大な悪影響を及ぼすことが想定される。そのため，速やかに監督機関またはデータ主体に対して侵害の通知や連絡を行うことが求められ，これを怠った場合は，制裁金の対象となる。また，通知義

務違反（33条，34条）と安全管理措置違反（32条）は別の違反行為であり，それぞれ独立に制裁金の対象ともなりうる。

2．個人データ侵害の監督機関への通知（33条）

（1）原則

　個人データの侵害が適切かつ迅速な方法で対処されない場合，自然人に対し様々な損害がもたらされうる。たとえば，個人データのコントロールの喪失，個人の権利の制約，差別，ID盗難やID詐欺，財産の損失，仮名化の許可権限のない識別化，名誉に対する損害，専門職の秘密に保護された個人データへの信頼の喪失，その他の重大な経済的もしくは社会的不利益が具体的な損害として想定される（前文85項）。

　そこで，データ保護規則では，これらの個人データ侵害による自然人の権利および自由に対するリスクが生じうる場合，管理者はその侵害を知ってから72時間以内に監督機関に対し通知を行わなければならない。仮に72時間を経過した場合は，その理由を添えなければならない（33条1項）。処理者も管理者に対し遅滞なく個人データ侵害の通知義務を負っている（33条2項）。もしも同時に通知することができない場合は，個人データ侵害に関する説明等を段階的に通知することができる（33条4項）。このような，個人データ侵害の通知義務は，管理者が自然人の権利および自由への想定されるリスクに説明責任を負っているという「説明責任の原則」を反映している（前文85項）。

　個人データ侵害の通知を監督機関に行う場合，少なくとも①データ主体の類型と概ねの人数等の個人データ侵害の性質に関する説明，②データ保護担当者の氏名と連絡先またはその他連絡先，③個人データ侵害の想定される帰結に関する説明，④管理者による対策・措置を含むものとされている（33条3項）。また，個人データ侵害が生じた場合，管理者は監督機関に通知義務を履行していることを証明するため，関連する事実，結果，救済措置の文書を作成しなければならない（33条5項）。

第 2 部　条文解説

（2）いつ通知するべきか

　個人データ侵害の発生を知ってから 72 時間以内に管理者は監督機関に通知することが求められるが，ここで侵害を知ったとは，管理者が個人データを含むセキュリティ事故が生じたという確実性の合理的な程度を有していることを意味する。そのため，特定の侵害の状況に依拠することとなる。もっとも，個人データが実際に侵害されているか否かを決定するため事故の調査を行い，実際に侵害されていれば，救済措置と通知という行動を即座にとることが重要となる。

　個人データの侵害が探知された場合に備え，管理体制の適切なレベルにまで報告がなされ，管理者のインシデント対応の計画またはガバナンスの取り決めが用意されていなければならない。このような内部のプロセスにより，管理者は組織内の誰が侵害に対処する運営上の責任を有するべきかを決定することができる。

　GDPR には，共同管理者の間における通知や処理者がいつ管理者に対して通知するべきかについては明文の規定がない。共同管理者については，契約において，GDPR の侵害通知義務の遵守についてどの管理者が責任を負うべきかについて明確にしておくことが奨励される。処理者については，72 時間以内に監督機関へ通知するための要件を満たすため，速やかに処理者から管理者への報告がなされることが推奨される。なお，処理者が同一のインシデントに関わっていた場合，処理者はそれぞれの管理者に報告をしなければならない。

　【例】USB の中に暗号化されていない個人データが含まれており，紛失した場合，USB の紛失時点で管理者は個人データ侵害を知ったこととなる。
　第三者から顧客の個人データを偶然受けとった旨の連絡があった管理者への場合，確実に個人データ侵害を知ったこととなる。ネットワークへの侵害があった場合やサイバー犯罪を行った者が連絡をしてきた場合には，管理者が確実に個人データ侵害を知った明白な証拠となる。

第IV章　管理者および処理者（第24条〜第43条）

（3）監督機関への情報提供

　管理者は監督機関への通知において，少なくとも下記の情報を提供しなければならない（33条3項）。

　① 　可能な場合は関係するデータ主体の類型ならびに概ねの人数および記録された関係する個人データの類型ならびに概ねの人数を含む，個人データ侵害の性質に関する説明
　② 　データ保護担当者の氏名および連絡先またはより多くの情報が得られる場合の他の連絡先の伝達
　③ 　個人データ侵害の想定される結果に関する説明
　④ 　該当する場合には想定される悪影響の軽減措置を含む，個人データ侵害に対処するための管理者によって講じられるまたは予定されている措置に関する説明

　以上のほかに，侵害の原因が処理者にある場合には，処理者の名称についても監督機関に通知することが望ましい。
　72時間の要件があるため，事案によっては調査の初期段階にあり，追加の調査が必要となる場合がある。この場合は，追加の調査が必要である具体的な理由を通知するとともに，通知の段階ですべての情報をしていなければその旨を監督機関に報告することが望ましい。また，通知後にフォローアップ調査を行った結果などの最新情報や場合によっては実際に侵害が生じていなかった結果を監督機関に提供することができる。

> 【例】USBを紛失した管理者が72時間に監督機関に通知し，その後，管理者の施設内で発見された場合，管理者は監督機関に情報を更新し，通知を修正するよう要請することができる。

（4）複数の加盟国における個人に影響を及ぼす侵害

　複数の加盟国において処理を行い，侵害により複数の加盟国におけるデータ

主体に被害が及んだ場合，管理者は主たる監督機関に通知をする必要がある（55条1項，56条1項および56条6項，参照）。

EU域内に設置されていない管理者による侵害が生じた場合には，27条の代理人の規定に基づき，**管理者の代理人が設置されている加盟国の監督機関に対して通知することが奨励**されている。

(5) 通知が必要とされない条件

自然人の権利と自由へのリスクをもたらす可能性のない侵害であることが明白な場合，監督機関への通知は不要である（33条1項）。たとえば，すでに公に入手可能な個人データや個人データが公表されている場合には個人へのリスクの可能性はない。

データが暗号化されている場合については，利用可能な技術の手段を用いていかなる者によってもそのデータへのアクセスができないことが確約されている限り，監督機関への通知は必要ない。しかし，暗号化されたデータであっても，管理者がバックアップをとっていなければ，紛失や改変によりデータ主体には不利益が生ずる場合があり，データ主体への連絡が必要となる。第29条作業部会によれば，データ主体への連絡が不要な場合として，次の例を挙げている。[27]

① アルゴリズムによりデータが安全に暗号化されており，データ解読のための鍵が漏えいされていない，かつ不正アクセスを試みるいかなる者によってもデータ解読のための鍵を生成できない場合
② パスワード等のデータが安全にハッシュとソルトされており，暗号学的ハッシュ関数が用いられ，ハッシュに用いられる鍵が漏えいされていない，かつ鍵へのアクセスを不正に行おうとするいかなる者によっても利用可能な技術的方法を用いてハッシュに用いられた鍵を生成することができない場合

第IV章　管理者および処理者（第24条〜第43条）

3. 個人データ侵害のデータ主体への通知（34条）

（1）個人への情報提供

　個人データ侵害が生じた場合，管理者は監督機関のみならず，**データ主体にも遅滞なく連絡**をしなければならない場合がある（34条1項）。監督機関への通知は義務であるが，データ主体への連絡は自然人への権利と自由への高度なリスクが生じる可能性がある場合である。そのため，すべての侵害についてデータ主体への連絡は行う必要はない。

（2）提供されるべき情報

　データ主体への連絡は，**明確かつ容易な言葉を用いて，①個人データ侵害の性質に関する説明，②データ保護担当者の氏名と連絡先またはその他連絡先，③個人データ侵害の想定される結果に関する説明，④管理者による対策・措置**を含むものとされている（34条2項）。

　なお，管理者は必要に応じてデータ主体には，侵害による悪影響から自らを保護するための具体的なアドバイスを提供する必要もある。

（3）個人への連絡

　管理者は，原則として，データ主体に対して侵害について直接連絡をとらなければならないが，不均衡な労力を要する場合には，公表等の同様の効果的措置をとることができる。ただし，特別な形でのメッセージを必要としており，ニュースレーター等の定期的な情報や普通のメッセージによりデータ主体への連絡を行ってはならない。また，プレスリリースや企業のブログのみの情報発信では不十分である。**個人への連絡には通常用いられる言語を利用**するなど連絡へのアクセス可能性についても確保しなければならない。

（4）連絡が不要な条件

　個人データ侵害に伴う自然人の権利および自由に高度のリスクの可能性がな

第 2 部　条文解説

い場合などは，この限りではない。具体的には，①管理者が，高度な暗号化等を用いて適切な技術的かつ組織的保護措置を施していた場合，②管理者がデータ主体の権利および自由への高度なリスクがもはや実質的に生じる可能性がないことを確保する事後的な措置を講じた場合，③不均衡な労力を伴う場合，公表（プレスリリース等）による通知を行う場合である。このようにデータ主体への連絡を行っていない場合，監督機関が高度なリスクを考慮に入れ，管理者に対し連絡を要求することができる（34 条 4 項）。

4.　加盟国等における従来の運用

図表 11　主な加盟国におけるデータ侵害通知義務の例

オランダ	2016 年 1 月より 72 時間以内に監督機関に通知，82 万ユーロまたは年間総売り上げの 10% を上限とする制裁金
フランス	2 段階の通知義務があり，24 時間以内に監督機関に通知，さらに詳細を報告しなければならない場合 72 時間以内に通知，違反は 30 万ユーロの制裁金
ドイツ	遅滞なく通知，ただし，新聞紙を通じた公表でも可
イタリア	データ主体と契約を締結している者への速やかな通知，6 か月以上 3 年以下の懲役
イギリス	24 時間以内の通知（サービスプロバイダ），1,000 ポンドの制裁金

　上記のほか，電子プライバシー指令を受けて，多くの加盟国で電気通信分野における侵害通知義務が規定されている。なお，2013 年の OECD ガイドライン改正においても，セキュリティ侵害が生じ個人に悪影響がもたらされる場合に監督機関と個人に対し通知を義務付ける「データセキュリティ侵害の通知」という項目を新たに設けるに至った。[28]

　オランダ DPA は，加盟国の中でも最も厳格なデータ保護侵害通知義務を課しているが，通知に必要とされる項目は下記のとおりとなっている。[29]

通知の性質
1) 最初の報告のフォローアップであるか？
　a) はい　b) いいえ

180

第IV章　管理者および処理者（第24条〜第43条）

2）最初の通知の番号は何番か？（1番の質問が，はい，である場合は回答）

3）フォローアップの通知の範囲はどのようなものか？（1番の質問が，はい，である場合は選択）

　　a）情報の追加または最初の報告からの情報の訂正

　　b）最初の報告の撤回

4）撤回の理由は何ですか？（質問3でbを選択した場合は回答）

通知の法的枠組み

5）いずれの法律の規定に基づく通知をしていますか？

　a）オランダデータ保護法34a条1項

　b）電気通信法11.3a条1項

一般情報と連絡先

6）どの企業または組織のことですか？

　　a）企業または組織の名称

　　b）所在

　　c）郵便番号

　　d）町

　　e）商工会議所登録番号

7）誰がデータ侵害を報告していますか？

　　a）報告者の氏名

　　b）報告者の役割

　　c）報告者の電子メールアドレス

　　d）報告者の電話番号

　　e）報告者のその他の電話番号

8）通知に関する追加の情報を受けるため，誰がオランダデータ保護監督機関との連絡をとることができますか？（報告者以外の異なる者であれば下記の情報を記入）

　　a）連絡者の氏名

　　b）連絡者の肩書

　　c）連絡者の電子メールアドレス

　　d）連絡者の電話番号

　　e）連絡者の代わりの電話番号

9）企業または組織はどの事業分野で運営されていますか？

データ侵害に関する情報

10）データ侵害を発生させたインシデントの概要を記述してください。

11）何人の個人が侵害を被っていますか（数次を記入）

　　a）最低人数：（記入）

　　b）最高人数：（記入）

12）個人データが侵害に関与している人の集団を記述してください。

13）データ侵害はいつ発生しましたか（選択肢から選択・必要に応じて追加コメント）

　　a）日付（　）

　　b）（　）から（　）までの間

　　c）現在のところ不明

14）侵害の性質はどのようなものですか（複数選択可）

第2部　条文解説

a) 読解（秘密性）

b) 複写

c) 修正（完全性）

d) 削除または破壊（可用性）

e) 盗難

f) 現在のところ不明

15) どのような個人データの類型が被害にあっていますか（複数選択可）

a) 氏名および住所連絡先

b) 電話番号

c) 電子メールアドレスまたは他の電子的通信のアドレス

d) 情報のアクセスまたは認定（たとえば，利用者名，パスワードまたはアカウント番号）

e) 財産に関するデータ（たとえば，口座番号，クレジットカード番号）

f) 市民セキュリティ番号または社会保障番号

g) パスポートのコピーまたは他の身分証明書のコピー

h) 特別類型の個人データ（たとえば，人種，民族，犯罪情報，政治的信条，労働組合員，宗教，性的指向，医療データ）

i) その他の情報（完全に記述）

16) 侵害が被害を受けた人のプライバシーにどのような影響をもたらしますか（複数選択可）

a) スティグマまたは排除

b) 健康への被害

c) （ID）詐欺の可能性

d) スパムまたはフィッシングの可能性

e) その他（完全に記述）

データ侵害に対処するための追加の措置

17) 侵害に対処し，さらなる違反を防止するため，どのような技術的組織的措置をあなたの組織では講じていますか。

データ主体への通知

18) 侵害に関連する人たちに通知をしましたか，またはその予定がありますか。

a) はい

b) いいえ

c) 現時点では不明

19) データ主体にはデータ侵害についていつ通知をしましたか，またはいつその予定ですか。（18で「はい」と答えた場合に回答，いずれかを選択または完全に記述）

a) （日付）にデータ侵害についてデータ主体に通知しました。

b) （日付）にデータ侵害についてデータ主体に通知する予定です。

c) 現時点では不明

20) データ主体への通知の内容はどのようなものですか。（18で「はい」と答えた場合に回答）

21) 何人のデータ主体が通知を受けていますか，またはその予定がありますか。（18で「はい」と答えた場合に回答）

第IV章　管理者および処理者（第24条～第43条）

22) データ主体への通知にはどのような通信手段を用いて行いますか，または用いる予定ですか。（18で「はい」と答えた場合に回答）
23) データ主体への通知をしない決定をしたのはなぜですか。（18で「はい」と答えた場合に回答）
　a) 講じた技術的保護措置が対象の個人への通知を省略することが認められるほど十分な保護がされている。
　b) データ侵害がデータ主体のプライバシーに悪影響を及ぼす可能性がない。その理由は（完全に記述）
　c) データ侵害についてデータ主体へ通知しない重大な理由がある。その理由は（完全に記述）
　d) その他（完全に記述）

技術的保護措置
24) 個人データは暗号化されていたか，または権限のない者からの解読不能・アクセス不能とされていましたか。（いずれかを回答，または完全に記述）
　a) はい
　b) いいえ
　c) 一部（完全に記述）
25) 個人データの全部または一部が解読不能・アクセス不能である場合，どのような方法でこれがなされていますか（24でaまたはcを選択した場合に回答，暗号化を用いている場合は，その方法を具体的に記述）

国際的性格
26) その他のEU加盟国における個人に関するデータ侵害ですか（いずれかを回答）
　a) はい
　b) いいえ
　c) 現時点では不明
27) あなたの企業または組織は他のEU加盟国における監督機関にデータ侵害を報告しましたか。
　a) はい（完全に記述）
　b) いいえ

フォローアップ通知
28) このフォームはあなたの見解に従い完全なものですか（いずれかを回答）
　a) はい，必要とされる情報が提供され，フォローアップの通知は必要ありません。
　b) いいえ，この侵害に関する追加の情報とともにフォローアップの通知が事後的に行われます。

5. 具体例

　第29条作業部会の意見は，個人データ侵害の通知義務に関する意見の中で，個人データ侵害の事例とその影響について次の7つの具体例を示している。[30)]

第2部　条文解説

① 児童ヘルスケア施設から4台のノート型パソコンが盗難にあい，そのパソコンには2,050名の児童の健康や社会福祉に関する機微な個人データが含まれていた。

→医療機密の漏えい，学校や家庭環境への影響，いじめの可能性，児童の継続的治療の妨げなどの悪影響が生じるため，通知が必要。

② 生命保険のブローカーがウェブの脆弱性につけこみ，顧客の個人データに不正アクセスした。その中には700名のデータ主体の氏名，住所，および医療に関する質問事項が含まれていた。

→漏えいされたデータ主体の仕事の採用，精神的影響，詐欺，フィッシング被害などの悪影響が生じるため，データ主体への通知が必要。

③ インターネット・サービス・プロバイダの労働者がクライアントのデータベースにアクセスするためのログインとパスワードを第三者に提供した。このアカウントを用いれば，第三者は何の制限もなくすべての顧客情報にアクセスすることが可能となる。データベースには氏名，住所，Eメール，電話番号，顧客IDやパスワードの顧客の識別データのほか，口座番号やクレジットカード等の支払いデータが含まれている。支払いデータはアルゴリズムを用いた暗号化がされていたが，マスターアカウントからはアクセスができ，そのため第三者も支払いデータにアクセスできた。この会社は10万人以上の顧客を有していた。

→クレジットカード情報の不正利用による経済損失，パスワードがハッシュのみされていれば推測によりアクセス可能（多くの人が同一のパスワードを用いるため別のサービスへもアクセス可能），などの悪影響が生じるため通知が必要，ただし，データが安全に暗号化され，アクセス権限のない者が利用可能な技術的手段を用いても暗号を解読できない場合には通知が免除されることもある。

④ クレジットカード明細が入っている封筒が安全な形で廃棄されるのではなく誤ってごみ箱に捨てられてしまった。このごみ箱はごみ収集のため外に放置されていた。ある個人がごみ箱から封筒をとりだし，クレジットカード明細を近くの不動産に配布した。データにはクレジットカード明細とカード所有者の氏名が含まれ，いくつかは所有者のサインも含まれていた。800名のデータ主体が影響を受けることとなった。

→有効期限内のクレジットカード明細が乱用されれば，財政的損失を被るなどの悪影響が生じるため，データ主体とカード会社への通知が必要である。ただし，ごみ箱に捨てたカード明細を未開封のまま回収できた場合には，通知の必要はない。

第Ⅳ章　管理者および処理者（第24条〜第43条）

⑤　ファイナンシャル・アドバイザーの暗号化されたノート型パソコンが自動車から盗まれた。1,000名のデータ主体の抵当，給与，ローン申請等の財政状況に関する詳細が影響を受けることとなった。暗号解読のカギとパスフレーズは出ていないが，バックアップはとられていなかった。

→データ乱用の可能性があるが，ラップトップのディスクの暗号化がされていれば，不正な開示は生じない。バックアップがないため顧客情報が再度必要になることや提出や申請の期限が過ぎてしまうことで顧客の財産的損失などの悪影響が生じ，データ主体への通知が必要。

⑥　携帯電話のネットワークオペレーターは利用者がログインし，最近の請求書や口座状況を閲覧できるオンライン口座を提供していた。ウェブサイトのパスワードを保存していたデータベースへの不正アクセスが探知された。第三者はユーザーの認証データ（ユーザー氏名とパスワード）にアクセスしていた。

→第三者がパスワードを推測し，口座にアクセスする可能性があり，データ主体の他のオンラインアカウントへアクセスする可能性があり，悪影響が生じるため，データ主体への通知が必要である。

⑦　インターネット・サービス・プロバイダは利用者が自らのアカウントと月々の容量と頻繁に閲覧したドメインを含むインターネット利用履歴の詳細を閲覧できる設定を提供していた。ウェブサイトのコードエラーにより，利用者のアカウント認証が確認できず，利用者IDが改ざんされ，データにアクセスできる状態になっていた。すべての顧客のアカウントの詳細が，通し番号からなる利用者IDを通じてアクセスすることができるようになっていた。

→迷惑メールや電話に使われる，センシティブ情報を含むネット行動の詳細が明らかになるなどの悪影響が生じるため，データ主体への通知が必要である。

6.　日本との比較

　個人情報保護法において，漏えい時の対応を明文規定はしていないものの，「個人データの漏えい等の事案が発生した場合等の対応について（平成29年個人情報保護委員会告示第1号）」において，個人データの漏えい，滅失または毀損などの場合にその事実関係および再発防止策等を個人情報保護委員会に速やかに報告するよう努めるものとされている。また，事業分野によってはガイドラインにおいて事実関係等の公表や本人への報告の義務がある（金融分野における個人情報保護に関するガイドラインなど）。

第2部　条文解説

第3節　データ保護影響評価および事前相談

データ保護影響評価（第35条），事前相談（第36条）

Point
・自然人の権利および自由に対して高度のリスクをもたらす場合，管理者は処理の前に個人データの保護に関して想定される処理の運用の影響評価を実施することが必要となる（35条）。
・管理者は，データ保護影響評価において高度のリスクをもたらすことを示した場合，処理の前に監督機関と相談しなければならない（36条）。

第35条　データ保護影響評価

1. 特に新たな技術を用いた処理の類型が，処理の性質，範囲，文脈および目的を考慮に入れ，自然人の権利および自由に対して高度のリスクをもたらしうる場合，管理者は処理の前に個人データの保護に関して想定される処理の運用の影響評価を実施しなければならない。同様の高度のリスクがもたらされる同様の一連の処理の運用に対しては単一の評価によって対応することができる。
2. 管理者は，配置されている場合には，データ保護影響評価を実施する際にデータ保護責任者のアドバイスを求めなければならない。
3. 1項にいうデータ保護影響評価には，特に次の場合に求められる。
    (a) プロファイリングを含む自動処理に基づき，かつ自然人に関する法的効果を生み出すまたは自然人に同様に重大な影響を及ぼす決定に基づいて自然人に関する個人の側面について体系的かつ広範な評価を行う場合
    (b) 9条1項にいうデータの特別類型または10条にいう前科前歴に関する個人データを大規模に処理する場合
    (c) 大規模に公衆がアクセス可能な場所での体系的な監視を行う場合
4. 監督機関は，1項に従いデータ保護影響評価のための要件の対象となる処理の運用の種類の項目を確立し公表するものとする。
5. 監督機関はデータ保護影響評価が必要とされない処理の運用の類型の項目を確立し公表することができる。監督機関は欧州データ保護評議会に対してこれらの項目を連絡するものとする。
6. 4項および5項にいう項目の採択前に，権限ある監督機関が，複数の加盟国においてデータ主体への商品もしくはサービスの提供またはデータ主体の行動の監視に関連するまたはEU域内において個人データの自由な流通に実質的に影響を及ぼす活動の処理を伴う場合，63条にいう一貫性の構造を適用するものとする。
7. 影響評価には次の項目を少なくとも含むものとする。
    (a) 想定される処理の運用の体系的概要および処理の目的，該当する場合は管理

第IV章　管理者および処理者（第24条〜第43条）

　　者が求める正当な利益を含む

　(b) 目的との関連において処理の運用の必要性および比例性の評価

　(c) 1項にいうデータ主体の権利および自由へのリスクの評価

　(d) 個人データ保護を確保し，かつデータ主体および対象となる他者の権利および正当な利益を考慮に入れて，本規則を遵守することを論証するための措置，安全管理および構造を含むリスクに対応するための想定される措置

8. 関連する管理者または処理者による40条にいう承認された行動規範の遵守については，特にデータ保護影響評価の目的にとって，管理者または処理者による処理の運用の影響の評価がされる際に適正な考慮がなされなければならない。

9. 該当する場合，管理者は，商業的もしくは公的利益の保護または処理の運用の安全性にかかわらず，意図する処理に関してデータ主体または代理人の見解を求めるものとする。

10. 6条1項（c）または（e）に従う処理が，管理者に適用されるEU法または加盟国法において法的根拠を有する場合

11. 必要な場合，少なくとも処理の運用によってもたらされるリスクに変化が生じた場合，管理者は処理がデータ保護影響評価に従い実施されているか否かの評価のみ見直しを行うものとする。

第36条　事前相談

1. 管理者は，35条に基づくデータ保護影響評価が管理者によってリスクを低減させる措置がない中で高度のリスクをもたらすことを示した場合，処理の前に監督機関と相談しなければならない。

2. 監督機関が，前項にいう意図された処理が，特にリスクを十分認識していないまたは十分低減できていない場合に本規則に違反するであろうとみなした場合，監督機関は相談を受領してから8週間以内の間に書面で管理者に対し助言を行うものとし，また処理者に適用される場合には，58条にいう権限を行使することができる。この期間は，意図された処理の複雑性を考慮し，6週間延長することができる。監督機関は，管理者，また該当する場合には処理者に対し，相談の申請を受領後1か月以内に遅滞の理由とともにかかる延長について通知するものとする。これらの期間は，相談のために申請が行われた情報を監督機関が得るまでの間停止することができる。

3. 1項に従い監督機関に相談する場合，管理者は監督機関に対し次の項目を提供するものとする。

　(a) 該当する場合，管理者，共同管理者および処理者の処理，特にグループ事業内部における処理に伴う各責任

　(b) 意図された処理の目的および方法

　(c) 本規則に従いデータ主体の権利および自由を尊重するためにされた措置および保護措置

　(d) 該当する場合にはデータ保護責任者の連絡先

　(e) 35条にいうデータ保護影響評価

　(f) 監督機関によって要請されたその他の情報

4. 加盟国は，処理に関連して，国の議会によって採択された立法措置の提案または立法措置に基づく規制措置の準備の間，監督機関と相談するものとする。

第2部　条文解説

5. 1項の規定に関わらず，加盟国法は管理者に対し，社会保障および公衆衛生に関連する処理を含む公共の利益における管理者によって実施される任務の遂行のため管理者による処理に関して，監督機関との相談および監督機関から事前の認可を得ることを要求することができる。

1. データ保護影響評価とは

　データ保護影響評価（Data Protection Impact Assessment）とは，「処理について説明し，処理の必要性と比例性を評価し，そして個人データの処理から生じる自然人の権利および自由へのリスクを管理することを手助けするために企図されたプロセス[31]」を意味する。第29条作業部会は2017年10月4日に影響評価に関するガイドラインを公表し，その内容が下記のとおりとなっている。

　影響評価は，説明責任の原則の一環として，管理者にとって単に規則の要件を遵守するだけでなく，遵守するための適切な措置を講じていることを論証することにも役立つものである。影響評価は，コンプライアンスを構築し説明するためのプロセスである（前文84項）。影響評価の要件を履行しない場合，また，影響評価を実施しない場合や監督機関への相談を怠った場合には，DPAは制裁金を科すことができることが明文化されていることに注意を要する（35条1項～4項，7項～9項および36条3項e号）。

2. データ保護影響評価の手順

　影響評価の手順については右図のとおりである。

図表 12　データ保護影響評価の手順

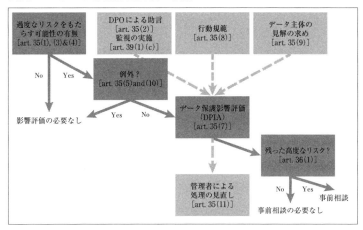

出典　Article 29 Data Protection Working Party, Guidelines on Data Protection Impact Assessment (DPIA) and determining whether processing is "likely to result in a high risk" for the purposes of Regulation 2016/679 (wp248rev.01), 4 October 2017.

(1) 影響評価は何を対象としているか

　単一の影響評価は，処理に関する特定の性質，範囲，文脈，目的およびリスクが十分に検討されていれば，示されたリスクの観点から同様の複数の処理業務を評価するために用いることができる。すなわち，同様の技術が同一の目的で同種のデータを収集するために用いられる場合を含む（35 条 1 項，前文 92 項）。たとえば，複数の地方公共団体が同様の監視カメラシステムを設置する場合，異なる管理者による単一の影響評価や鉄道会社がすべての駅のビデオ監視を 1 つの影響評価で実施することが認められる。

(2) どの処理業務が影響評価の対象となるか

　GDPR はすべての処理業務に対して影響評価の実施を要求しているわけではない。**自然人の権利および自由への高度なリスクをもたらす可能性がある場合**に影響評価が求められ，次の場合に影響評価の実施が必要であることを示している（35 条 3 項）。

第 2 部　条文解説

(a) プロファイリングを含む自動処理に基づき，かつ自然人に関する法的
効果を生み出すまたは自然人に同様に重大な影響を及ぼす決定に基づいて
自然人に関する個人の側面について体系的かつ広範な評価を行う場合

(b) 9 条 1 項にいうデータの特別類型または 10 条にいう前科前歴に関する
個人データを大規模に処理する場合

(c) 大規模に公衆がアクセス可能な場所での体系的な監視を行う場合

　影響評価の実施の有無については，国内法レベルや GDPR の他の規定を手
掛かりにした場合，下記の 9 つのリストが考慮されなければならない（下記の
表も参照）。管理者において「高度なリスクをもたらす」ことがないと考える
場合，データ保護責任者の見解とともに，影響評価を実施しないことを文書化
しておかなければならない。

①　評価またはスコアリング（金融機関が審査目的でクレジットデータベー
スを利用する場合，バイオ産業が病気のリスク予測のため消費者向けの遺
伝子テストを行う場合，企業がウェブサイトの利用に基づき行動履歴を作
成したりマーケティング用のプロフィール作成をする場合）

②　法的効果または同様の重大な効果をもたらす自動決定（個人の排除や差
別をもたらしうる処理を行う場合）

③　体系的監視（個人が避けることのできない公共の場所での処理）

④　センシティブデータまたは高度な私事性を有するデータ（病院が患者の
病歴を保管している場合，私的探偵が犯罪者の情報を保管している場合）

⑤　大規模なデータ処理（データ主体の数，データの量，期間，地理的範囲
が大規模な処理）

⑥　マッチングまたは連結したデータセット（データ主体の合理的期待を超
えて複数の処理業務が異なる目的で異なる管理者によって行われる場合）

⑦　弱い立場にあるデータ主体に関するデータ（未成年者，労働者，精神病
患者，施設収容者，高齢者，患者等の管理者との関係に大きな不均衡があ
る場合）

⑧　新たな技術的または組織的解決への革新的な利用または適用（個人の日

第IV章　管理者および処理者（第24条〜第43条）

常生活に重大な影響を及ぼしうるモノのインターネットの利用）

⑨　処理自体がデータ主体の権利行使やサービスまたは契約の妨げになる場
合（銀行のローン審査のため顧客のクレジットデータベースを利用する場
合）

図表 13　影響評価の有無の基準例

処理の例	想定される関連する基準	影響評価の必要の有無
患者の遺伝子や健康のデータの処理（病院の情報システム）	−センシティブデータまたは高度な私事性を有するデータ −弱い立場にあるデータ主体に関するデータ −大規模なデータ処理	必要
高速道路の運転状況の監視のためのカメラシステムの利用，ビデオ分析から自動車を見つけ，自動的にプレートを認識	−体系的監視 −技術的組織的解決の利用または適用	必要
企業による労働者の活動の体系的な監視（労働状況やウェブの活動等）	−体系的監視 −弱い立場にあるデータ主体に関するデータ	必要
プロフィールを作成するための公にされたソーシャルメディアのデータの収集	−評価またはスコアリング −大規模なデータ処理 −マッチングまたは連結したデータセット −センシティブデータまたは高度な私事性を有するデータ	必要
クレジットの評価や詐欺に関するデータベースを保有する国レベルの機関	−評価またはスコアリング −大規模なデータ処理 −マッチングまたは連結したデータセット −センシティブデータまたは高度	必要
研究や実験の弱い立場にあるデータ主体に関する仮名化されたセンシティブデータのアーカイブ目的の保存	−センシティブデータ −弱い立場にあるデータ主体に関するデータ −データ主体の権利行使やサービスまたは契約の妨げになる場合	必要

第2部　条文解説

個人医師による患者または弁護士によるクライアントの個人データ処理	-センシティブデータまたは高度な私事性を有するデータ -弱い立場にあるデータ主体に関するデータ	不要
メーリングリストを利用したオンライン雑誌による不特定の購読者へのダイジェスト配信	-大規模なデータ処理	不要
自社のウェブの閲覧または購入履歴に基づく限定的なプロファイリングによる電子商取引のウェブサイトにおける広告表示	-評価またはスコアリング	不要

(3) 既存の処理について，影響評価が必要とされる場合

　影響評価の実施の要件は，自然人の権利および自由への高度なリスクを持たす場合には既存の処理業務についても該当する。このリスクは，処理の性質，範囲，背景および目的に応じて変化し続けるためである。そのため，影響評価は，継続的に見直され，定期的に再評価されなければならない。

(4) 影響評価の実施方法

(A) いつ実施するか

　影響評価の実施は，**処理の前に実施**することが求められる（35条1項，35条10項，前文90項，93項）。このことは，データ保護バイデザインやデータ保護バイデフォルトの原則とも整合する（25条，前文78項）。特に処理業務への変化が生じる場合など，影響評価は，1回の実施ではなく，継続的なプロセスとして行われるものである。

(B) 誰が実施するか

　影響評価の実施は管理者の責任で行うものとされる（35条2項）。管理者はデータ保護責任者のアドバイスを求めることもしなければならない（39条1項c号）。全部または一部の処理が処理者によって行われる場合，処理者は影響評価の実施に際して管理者を支援しなければならない（28条3項f号）。

　また，遺伝子研究のための処理において質問を行う場合や将来の顧客にアン

第Ⅳ章　管理者および処理者（第24条〜第43条）

ケートを送付する場合などは，データ主体またはその代理から見解を求めることとされている（35条9項）。特に管理者とデータ主体・代理人との見解が異なる場合は，文書化しておかなければならない。

（C）どのように実施するか

影響評価は，GDPRが示した最低限の項目として，次のものがある（35条7項）。

- 想定される処理の運用の体系的概要および処理の目的
- 目的との関連において処理の運用の必要性および比例性の評価
- データ主体の権利および自由へのリスクの評価
- 本規則を遵守することを論証するための措置，リスクに対応するための想定される措置

影響評価の多くの要素は，ISO31000などのリスク管理の要素が重なり合う（前文90項）。具体的には，リスクの背景の確認，リスクの評価，そしてリスクへの対応というリスク管理である。ただし，リスク管理は組織のリスクに焦点があてられるのに対し，GDPRにおける影響評価はデータ主体の権利へのリスク管理である点に注意を要する。なお，ISO27001/ISMSにおいて情報セキュリティを管理するための国際規格もある。加盟国においては，ベルギー，[32] スペイン，[33] フランス，[34] オランダ，[35] イギリス[36]などがすでに影響評価に関するガイドラインをそれぞれ公表している。

影響評価の方法は管理者次第であるが，第29条作業部会は付属文書において次の影響評価の基準（影響評価の実施有無の基準を含む）を公表している。

処理の体系的概要があること（35条7項a号）
- 処理の性質，範囲，背景および目的が考慮に入れられている（前文90項）
- 個人データ，受領者，個人データが保存される期間が記録されている
- 処理業務の運用上の概要がある
- 個人データが依拠する資産が特定されている（ハードウェア，ソフトウェア，ネットワーク，人，紙または紙の回覧経路）
- 承認を受けた行動規範への遵守が考慮に入れられている（35条8項）

必要性と比例性が評価されている（35条7項b号）
- 規則を遵守するために想定された措置が決められている（35条7項d号，前文90項）。次の点を考慮している
  - 処理の比例性と必要性へ寄与する措置
    - 特定され，明示されかつ正当な目的（5条1項b号）
    - 処理の適法性（6条）
    - データにとって必要な十分性，関連性および限定（5条1項c号）
    - 保存期間（5条1項e号）
  - データ主体の権利へ寄与する措置
    - データ主体に提供された情報（12条，13条，14条）
    - アクセス権およびデータポータビリティ権（15条，20条）
    - 訂正権，削除権（16条，17条，19条）
    - 異議申立権，処理制限権（18条，19条，21条）
    - 処理者との関係（28条）
    - 国際移転に伴う安全管理（第V章）
    - 事前の相談（36条）

データ主体の権利および自由へのリスクが管理されている（35条7項c号）
- リスクの起源，性質，特定および重度が認識されている（前文84項参照）または，具体的にはデータ主体の視点からのそれぞれのリスク（データへの違法なアクセス，望ましくない変更および消去）
  - リスクのソースが考慮されている（前文90項）
  - データへの違法なアクセス，望ましくない変更および消去を含む事故発生時にデータ主体の権利および自由への潜在的影響が認識されている
  - データへの違法なアクセス，望ましくない変更および消去をもたらしうる脅威が認識されている
  - 発生可能性と重度が見積もられている（前文90項）
- これらのリスクの取扱いのため想定された措置が決められている（35条7項d号，前文90項）

当事者が関与する
- データ保護責任者のアドバイスを求める（35条2項）
- 該当する場合は，データ主体またはその代理人の見解を求める（35条9項）

（D）影響評価の公表

　GDPRにおいて**影響評価の公表は義務ではない**。しかし，管理者は少なくとも影響評価の概要や結論等を公表することを検討する必要がある。このような，公表の検討は，管理者の処理業務への信頼構築につながり，説明責任と透明性を示すことにもなる。

(5) いつ監督機関に相談するべきか──残ったリスクが高い場合

　データ管理者においてリスクが十分に低減されたと考えた場合には，監督機関への事前相談は不要である。しかし，影響評価の後，**リスクを低減する十分な措置を用意することができない場合や残ったリスクが依然として高い場合には，管理者は監督機関に相談**しなければならない（36条1項）。なお，個々の処理業務における背景やリスクにもよるが，個人データの仮名化や暗号化のみでは必ずしも適切な措置とはならないことに留意が必要である。

　加盟国法において，特に公衆衛生，介護，監視カメラや生体情報の取扱いなど事前の認可を義務付ける例がみられる。指令の下では，データ処理の登録とともに，事前相談や事前の認可の例が多くみられてきた。たとえば，フランスDPA は，2016 年に 3,078 件の事前認可の決定を下しており，EU 域外への移転に関する認可が 1,976 件，医療研究または介護に関する認可の 697 件等が含まれる。[37)]

3.　日本との比較

　日本では，いわゆる番号法において，国の行政機関や地方公共団体等を対象として特定個人情報保護評価が実施されてきている（行政手続における特定の個人を識別するための番号の利用等に関する法律 27 条，28 条，参照）。

　■参考文献
- ・森大樹・原田真紀子「データ保護影響評価（DPIA）」NBL1110 号（2017）26 頁
- ・村上康二郎『現代情報社会におけるプライバシー・個人情報の保護』（日本評論社・2017）第 2 部第 4 章
- ・新保史生「プライバシーバイデザイン」論究ジュリスト 18 号（2016）16 頁
- ・瀬戸洋一ほか『プライバシー影響評価 PIA と個人情報保護』（中央経済社・2010年）

第2部　条文解説

第4節　データ保護責任者

データ保護責任者の配置（第37条），データ保護責任者の地位（第38条），
データ保護責任者の任務（第39条）

Point

・主な活動が大規模な形で定期的かつ体系的に監視するような場合，または加盟国
　法によって要求される場合，データ保護責任者を配置しなければならない。
・データ保護責任者は，最高経営層に対して直接連絡をとることができる独立した
　地位でなければならない。

第37条　データ保護責任者の配置

1. 管理者および処理者は次のいずれかの場合データ保護責任者を配置しなければなら
　ない。
　　（a）処理が，法曹資格の下裁判所の行為を除き，公的機関または組織によって実
　　　　施されている場合
　　（b）管理者または処理者の主な活動が，その性質上範囲および・または目的が大
　　　　規模な形でデータ主体を定期的かつ体系的に監視することを必要とする処理業務
　　　　を成す場合
　　（c）管理者または処理者の主な活動が，9条に従いデータの特別な類型および10
　　　　条にいう前科および犯罪に関連する個人データを大規模に処理する場合
2. グループ事業は，データ保護責任者がそれぞれの拠点から容易にアクセスができる
　場合，1人のデータ保護責任者を任命することができる。
3. 管理者または処理者が公的機関または組織である場合，組織の構造および規模を考
　慮して，複数の機関または組織において1人のデータ保護責任者を配置することがで
　きる。
4. 1項にいう場合のほか，管理者，処理者，組織，管理者または処理者の類型を代表
　する他の組織は，EU法または加盟国法が要求する場合，データ保護責任者を配置す
　ることができる。データ保護責任者は当該組織および管理者または処理者を代表する
　他の組織のために行動することができる。
5. データ保護責任者は，専門的資質および特にデータ保護の法と実務の専門的知識お
　よび39条にいう任務を遂行する能力に基づき配置されなければならない。
6. データ保護責任者は管理者または処理者の構成員であるか，またはサービス契約に
　基づき任務を遂行することができる。
7. 管理者または処理者は，データ保護責任者の連絡先を公表し，監督機関に連絡先を
　通知しなければならない。

第IV章　管理者および処理者（第 24 条〜第 43 条）

第 38 条　データ保護責任者の地位

1. 管理者および処理者はデータ保護責任者が適切かつ時期に適った方法で個人データ
   の保護に関するすべての事項に関与することを確保しなければならない。
2. 管理者および処理者は，任務を実施し，個人データおよび処理の運営にアクセスし，
   かつ専門的な知識を維持するために必要な財源を提供することにより，39 条にいう
   任務を遂行するにあたりデータ保護責任者を支援するものとする。
3. 管理者および処理者は，データ保護責任者が任務の遂行に関連していかなる指示も
   受けないことを確保しなければならない。データ保護責任者は管理者または処理者に
   より，その職務を遂行するため解職されてはならずまたは罰則を受けてはならない。
   データ保護責任者は管理者または処理者の最高経営陣に対し直接報告するものとする。
4. データ主体は個人データの処理に関連するすべての事項および本規則に基づく権利
   の行使に関してデータ保護責任者に連絡をとることができる。
5. データ保護責任者は，EU 法または加盟国法に従い，職務の遂行に関して秘密また
   は機密を保持する義務を負うものとする。
6. データ保護責任者は他の任務および義務を遂行することができる。管理者または処
   理者は利益相反をもたらすこととならないことを確保しなければならない。

第 39 条　データ保護責任者の任務

1. データ保護責任者は少なくとも次の任務を行うものとする。
   (a) 本規則および EU または加盟国のデータ保護の他の条項に従い，処理の義務
       を遂行する管理者または処理者および労働者に対し通知し助言すること
   (b) 処理業務における責任配分，意識向上および研修等の本規則，EU または加盟
       国のデータ保護の他の条項，および個人データの保護に関連する管理者または処
       理者の政策への法令遵守および監査を監視すること
   (c) データ保護影響評価に関する要請があった場合の助言をすることおよび 35 条
       に従い任務の監視を行うこと
   (d) 監督機関との協力を行うこと
   (e) 36 条にいう事前の協議を含む処理に関連する問題について監督機関への連絡
       先として行動すること，および必要に応じ他の問題に関する協議を行うこと
2. データ保護責任者は，処理の性質，範囲，文脈および目的を考慮に入れ，自らの任
   務を遂行において処理の運用に取り巻くリスクに配慮するものとする。

1.　データ保護責任者の配置（37 条）

　データ保護責任者の配置は，データ保護の説明責任の観点から本規則の遵守
を促進するため，データ保護の管理システムの「キープレーヤー」として任務
に遂行することが求められている。[38]第 29 条作業部会が示したガイドラインに

第2部　条文解説

よると，次のような配置の基準等を参照する必要がある。

（1）配置が求められる場合

　管理者と処理者は，**①公的機関・組織におけるデータ処理の場合**，**②データ主体を定期的かつ体系的に監視する大規模なデータ処理を行う場合**，あるいは**③センシティブデータを大規模に処理する場合**，データ保護責任者を配置しなければならない（37条1項）。また，これらの要件を満たすか否かについては，EU の監督機関からは必ずしも容易に判別できない場合もあるため，各企業内において検討のプロセスを文書として残しておき，仮に配置しないとの決定を行った場合には説明責任を果たすことが求められる。

　なお，規則が要求するデータ保護責任者以外の専門家を配置することを妨げるものではないが，このような専門家がデータ保護責任者と混同されないような肩書を使用することが望ましいとされている。

　① 　公的機関・組織

　　規則には，具体的な定義がないため，加盟国法に基づき決定されるべきものである。公的な機関や組織のみならず，公共交通機関，水道局，電力会社，道路公団，公共放送機関，公的施設等の公的分野において法律に基づき統治された自然人や法人を含むものとされる。

　　ベストプラックティスとして，公的任務を実施する私的組織であってもデータ保護責任者を配置し，公的任務の遂行に関係しないすべての処理についてもデータ保護責任者の任務が及ぶものとされている。

　② 　主な活動

　　管理者または処理者の目的を実現するためにとって必要な重要な業務を指すと理解される。付随的な活動としての個人データの処理は含まない（前文97項）。

　　データ処理が管理者または処理者の活動の不可分な（inextricable）部分をなしている場合は，「主な活動」に含まれる。

第Ⅳ章　管理者および処理者（第24条〜第43条）

【例】病院において患者の医療記録などのデータの処理をすることなしに医療ケアを提供できない場合や，警備会社が民間のショッピングセンターや公共の空間の監視を行っている場合が含まれる。なお，労働者への給与支払いや ITサポートの活動はすべての企業において行われているが，「主な活動」ではなく，付随的活動とみなされる。

③　大規模なデータ処理

　大規模なデータ処理について，正確なデータ処理の量や対象となる個人の数を示すことは難しいものの，一定の地域・国・国境を越えるレベルで相当量の個人データを処理し，多くのデータ主体に高いリスクの影響を及ぼす場合を指す（前文 91 項）。「大規模なデータ」の考慮事項として，対象となるデータ主体の数，データの量・異なる項目のデータの範囲，データ処理の活動の期間・運用，処理活動の地理的範囲が挙げられる。

【例】病院の通常業務において患者のデータの処理，町の公共交通システムを用いた個人の移動データの処理，顧客のリアルタイムの位置情報の処理，保険会社や銀行による通常業務における顧客データの処理，電話・インターネットサービスプロバイダによるデータ処理が挙げられる。一方で，個人医師による患者データの処理や個人弁護士による犯罪歴に関する個人データの処理は「大規模なデータ処理」には含まれない。

④　定期的かつ体系的に監視すること

　「定期的かつ体系的に監視すること」の明確な定義はないものの，**インターネット上のあらゆる形態の追跡やプロファイリングが含まれることは明白**である。オンライン環境以外のデータ主体の行動の監視についても含まれることに注意を要する。

　「定期的」とは，特定の期間と間隔で継続されること，一定回数反復されること，そして継続的・周期的に生じること，のいずれか 1 つまたは複数の要件を含むものとする。

　「体系的」とは，体系に従い生じていること，あらかじめ取り決められ，組織化され，系統的であること，データ収集の一般的な計画の一部として

199

第 2 部　条文解説

行われていること，戦略の一部として実行されていること，のいずれか 1

つまたは複数の要件を含むものとする。

　具体例として，電気通信ネットワークの運用，電気通信サービスの提供，

メールのリターゲティング広告，信用スコア，保険プレミアム，詐欺防止，

マネーロンダリングの探知等のリスク評価目的のプロファイリングとスコ

アリング，モバイルアプリによる位置情報の追跡，ロイヤリティプログラ

ム，行動ターゲティング広告，ウェアラブルデバイスによる医療データの

監視，監視カメラ，スマートメーター，スマートカーなどの接続されたデ

バイスが挙げられる。

⑤　データの特別な類型および前科ならびに犯罪に関連する個人データ

　9 条にいうデータの特別の類型と 10 条にいう前科ならびに犯罪に関連

するデータをさしている。両者のデータについては，同時に適用される政

策上の理由があるわけではないため，条文では，「および」となっている

ものの「または」と解釈するべきである。

⑥　加盟国に基づく場合

　指令の下でも多くの加盟国法でデータ保護責任者の配置を規定している。[39]

【主な加盟国の例】

　クロアチア：個人データファイリングシステムの管理者に 20 名以上の従業

員がいる場合，データ保護責任者の配置が必要である。任命後 1 か月以内に監

督機関に通知する（18a 条）

　ドイツ：自動処理システムの処理を行っている 10 名以上の従業員がいる場

合はデータ保護責任者の配置が必要である（GDPR 施行法 38 条）。移転の目

的またはマーケティングやアンケート目的で処理を行っている場合，さらに公

的機関は人数に関係なく配置が必要である（5〜6 条）。任期を 1 年未満とする

ことができない。

　スロバキア：管理者が処理業務の 60 日前に個人データ保護の監督のためデ

ータ保護責任者を配置することができるが，仮に責任者を配置しない場合には

DPA への処理の届出を条件としている（個人データ保護法 23 条）。

　ハンガリー：①雇用関係および犯罪記録のファイルを処理する管理者・処理

者，②金融機関，③電力・公益事業の提供者はデータ保護責任者の配置が必要

とされている（情報自己決定権および情報公開に関する法律 24 条）。

　上記のほか，ベルギー（17bis 条），エストニア（30 条〜31 条），ラトビア

第Ⅳ章　管理者および処理者（第24条〜第43条）

（21条），リトアニア（32条），ルクセンブルク（40条），ポーランド（36a条），スウェーデン（38条〜40条），イギリス（23条）などの個人データ保護に関連する立法おいてデータ保護責任者の配置義務に関する規定がある。

（2）処理者のデータ保護責任者

　データ保護責任者の配置は，管理者のみ，処理者のみ，あるいは両者とにも義務付けられる場合がある。データ保護責任者は，次のような例に基づき配置することが望ましい。

【例】1つの町における家庭用機器の配布を行う小規模事業者が，ウェブ閲覧分析サービスやターゲット広告やマーケティングを行っている処理者に委託し，この処理者が同様の小規模事業の多くを顧客としている場合，全体として大規模な処理を行なっているため，37条1項b号に基づき処理者においてデータ保護責任者の配置が必要である。なお，管理者であるこの小規模事業者は大規模な処理を行なっていないため，データ保護責任者の配置が義務付けられているわけではない。
【例】中規模の製造業者が，多くの同様の顧客を抱えている外部の処理者に医療サービスを委託した場合，37条1項c号に基づき処理者はデータ保護責任者を配置しなければならない。なお，管理者の製造業者はデータ保護責任者の配置が必ずしも要求されるわけではない。

（3）それぞれの拠点から容易にアクセスができる

　データ保護責任者への容易にアクセスできることを条件としているのは，データ主体と監督機関との関係での**コンタクトポイントとしての任務**があるとともに，組織との緊密な連携を図るために求められている。複数の公的機関では，組織の構造と規模に応じて，1人のデータ保護責任者の配置が認められているが（37条3項），データ保護責任者の任務が効率的に遂行できることを確約しなければならない。

　データ保護責任者は守秘義務を課せられているが（38条5項），監督機関との連絡や助言を受ける場合においてはこの義務は課せられない。

第2部 条文解説

(4) 専門的資質および専門的知識

　専門的知識の水準はデータ処理の運用と個人データに求められる保護に従い決定されるべきである（前文 97 項）。

　専門性の水準については，その組織において処理されるデータの機微性，複雑性および量を考慮に入れなければならない。データ処理が複雑かつ大量の機微データを対象とする場合，データ保護責任者には**高度な専門性**が要求される。データが EU の域外に体系的に移転されるか否かによっても異なる。

　専門的資質については，国内とヨーロッパのデータ保護の法と実務についての専門知識を有し，本規則の十分な理解をしていなければならない。管理者の事業分野の知識は有益であり，公的部門では，行政の規則と手続についての知識を有することが求められる。また，管理者の情報システム，データセキュリティ，データ保護の需要についての十分な理解も有するべきである。

　任務の遂行能力については，個人的な資質と知識のみならず，組織における地位の観点から解釈されなければならない。個人的な資質については，高度な専門的倫理観と本規則への遵守が求められ，企業内部のデータ保護の教養を高めるための重要な役割を果たさなければならない。

　契約に基づくデータ保護責任者の場合，管理者・処理者の外部の個人・組織との間でサービス契約に基づき配置することが認められる。この場合，**利益相反がないこと，不当な契約終了や解雇がないことなどが条件**とされなければならない。同時に，複数の個人で共同する場合，データ保護責任者のチーム内における任務の明確な分担を行うとともに，クライアントに対して主導的な立場にある人物と連絡先としての 1 人の個人を任命することが推奨される。

【例（ハンガリー）】データ保護責任者は，法学，経済学もしくは情報技術に関する学位を有する者またはそれ以上高い同等の学位を有する者が条件とされている（情報決定権および情報公開に関する法律 24 条）。
【例（ルクセンブルク）】データ保護責任者は，法学，経済学，経営学，自然科学または情報技術の学位を有する証明がされなければならない。また，DPA はデータ保護責任者の資質を確認することができる（個人データの処理に係る個人の保護に関する法律 40 条 7 項，9 項）。

第IV章　管理者および処理者（第24条～第43条）

（5）連絡先の公表と監督機関への通知

　データ保護責任者の連絡先の公表と監督機関への通知は，データ主体と監督機関が直接かつ秘密にデータ保護責任者と連絡をとることができることを保証するための要件である（37条7項，オーストリア法57条4項など）。容易に連絡をとることができるようにするため，住所，電話番号，Eメールアドレスを含むものとする。必要に応じ，組織内のウェブからの問い合わせフォームなどを設けることも望ましい。データ保護責任者の氏名の公表は義務付けられていないものの，データ侵害通知の場合には担当者の氏名を通知する必要があるため，特定の状況の下では氏名の公表は望ましい。さらに，データ保護責任者の氏名と連絡先は労働者にも組織の内部で公表しておくことが奨励される。

2. データ保護責任者の地位（38条）

　GDPRの下では，**データ保護責任者は，企業の最高経営層に個人情報の取扱いに関して直接進言できる独立した立場**にある。データ保護責任者の任務遂行について，いかなる指示も受けず，また解職されたり罰則を受けたりする立場にはない。第29条作業部会はデータ保護責任者の地位について次のようなガイドラインを示している。

（1）個人データ保護に関するすべての問題への関与

　データ保護責任者は，個人データ保護に関するすべての問題について迅速かつ時宜に適った方法で関与することとされている（38条1項）。データ保護責任者は可能な限り早い段階ですべてのデータ保護に関する問題に関与することが不可欠である。GDPRでは，データ保護影響評価においてデータ保護責任者の関与を規定しており，管理者はその評価について助言を求めることとされている（35条2項）。データ保護責任者は，プライバシーバイデザインのアプローチを確実なものにするためにも，組織内部のデータ処理の活動に関するディスカッションパートナーとして位置付けられることが重要である。

203

第2部　条文解説

【例】
・データ保護責任者は経営幹部または中級の経営層の会議への定期的な参加
・データ保護に関する事項の決定が下される時の出席（十分な助言をするため，すべての関連する情報がデータ保護責任者に迅速に提供されなければならない）
・データ保護責任者の意見は常に十分尊重（意見の不一致が生じた場合，データ保護責任者の忠告に従わない理由を記録しておくことが奨励される）
・データ侵害や事故が生じた場合，迅速な相談の受付

（2）必要な財源

　データ保護責任者には自らの任務を遂行するのに必要な財源を提供され，個人データや処理の運用へのアクセス，専門知識の維持をすることとされている（38条2項）。データ保護責任者の任務遂行のための必要な財源として次の項目についてそれぞれの組織において検討されなければならない。処理の仕事が複雑で機微データの場合，より多くの財源がデータ保護責任者に与えられなければならない。

・経営幹部（たとえば，取締役クラス）によるデータ保護責任者の職務の積極的なサポート。

・データ保護責任者の義務を果たすための十分な時間，企業内のパートタイム担当者または外部の担当者を任命した場合は，データ保護責任者の任務の時間，任務の遂行に必要な時間，任務の優先順位，および作業計画を取り決めておくことが望ましい。

・財源，インフラストラクチャー，そしてスタッフの観点からの十分なサポート。

・組織内において認識されるためすべてのスタッフに対しデータ保護責任者の配置の正式な発表。

・サポート，インプット，情報提供のための人事，法務，IT，セキュリティ等の他のサービスへの必要なアクセス。

・継続的な研修，データ保護責任者は，専門知識の向上の観点から，ワーク

204

ショップ等への参加を通じてデータ保護の進展に関する最新状況を把握する機会を与えられなければならない。

・組織の規模と構造に照らし，データ保護責任者のチームの設立が必要な場合がある，この場合，チームの構造と個々のメンバーの任務と責任が明確にされなければならない。

(3) 独立した行動

データ保護責任者は，自らの職務についていかなる指示も受けない立場にあり，また管理者の労働者であるか否かに関わらず，**独立して義務と任務の遂行に当たる地位**になければならない（38条3項，前文97項）。そのため，データ保護責任者の職務遂行のための十分な自律性が確保されなければならない。

データ保護責任者は，結果がどのようになるべきか，どのように苦情処理するべきか，また監督機関への相談をどのようにするべきかといった事柄に指示を受けてはならない。同時に，特にデータ保護法の解釈を含むデータ保護法に関する問題についての一定の見解をとることの指示も受けてはならない。

もっとも，データ保護責任者の独立性は，39条の任務以外の意思決定の権限を有することまで意味するものではない。

管理者または処理者はデータ保護法の遵守についての責任をおっており，遵守していることの説明を求められる（5条2項）。もしも管理者と処理者との意見が一致しない場合，データ保護責任者はその決定についての反対意見を述べる機会を与えられなければならない。

(4) 解雇または懲罰

データ保護責任者は管理者または処理者によって自らの任務を理由として解雇されたり，懲戒処分を受けない（38条3項）。この要件は，データ保護責任者が独立して活動に当たることを強化するためのものである。

懲罰を科すことができないのは，データ保護責任者の職責を全うする場合についてのみ当てはまる。たとえば，データ保護責任者が高いリスクがあり，データ保護影響評価の実施を忠告しても，管理者または処理者がそれに同意しな

第 2 部　条文解説

くても，解雇をすることはできない。懲罰には直接・間接の様々な形態がある
として，たとえば，昇進の停止や遅れ，他の労働者が受けている恩恵の拒否な
どがある。

　なお，窃盗，身体的・精神的理由，セクシャルハラスメント等の自らの職務
以外の正当な理由により，適用される契約法・労働法・刑事法にもとづきデー
タ保護責任者を解雇することを妨げるものではない。データ保護責任者の交代
については特段の規定はないものの，安定した契約が独立した行動につながる
ものと解されている。

(5) 利益相反

　データ保護責任者が任務を遂行するにあたり，**利益相反とならないよう留意
が必要**である（38 条 6 項）。

　利益相反の要件は，独立して行動する要件と緊密に関係している。データ保
護責任者は他の任務を引き受けることができるが，それは利益相反による問題
が生じないことが条件となる。そのため，個人データの処理の目的と手段を決
定する組織内の他の地位を引き受けることができない。利益相反の有無はケー
スバイケースで判断されることとなる。具体的には，最高責任者，処理責任者，
会計責任者，医療責任者，マーケティン部門の責任者，人事責任者，IT 部門
の責任者，さらにデータ処理の目的と手段を決定するそれよりも低い地位は，
一般的に利益相反の問題を生じさせる地位である。

　組織の活動・規模・構造に応じ，次の点を考慮することが望ましい。

- ・データ保護責任者の職務と両立することができない地位の認識
- ・利益相反を回避するための試みの内部規則の策定
- ・データ保護責任者が職務に関して利益相反がないことの公表
- ・内部規則における利益相反に関する規定を含むこと，またデータ保護責任
　　者の採用情報が利益相反を回避するための正確かつ詳細なものであること

　【例（ドイツ）】バイエルン州 DPA は，2016 年 10 月，企業の IT 管理部門の
　担当者に内部のデータ保護責任者を任命することは利益相反に当たり，独立性

第Ⅳ章　管理者および処理者（第24条〜第43条）

> が確保できていないとしてこの企業に制裁金を科した。[40]

3. データ保護責任者の任務

(1) GDPR 遵守の監視

　データ保護責任者の任務の1つに本規則の遵守状況の監視義務がある（39条1項ｂ号）。また，データ保護責任者は，管理者または処理者がGDPRを内部で遵守していることを支援することも必要となる（前文97項）。

　データ保護責任者は，特に，①処理活動を認識するため情報収集を行うこと，②処理活動の遵守を分析し，チェックすること，③管理者または処理者に通知，助言，勧告を行うことを通じて遵守状況の監視を行うこととされている。GDPRの遵守の責任はデータ保護責任者ではなく，管理者にあり，適切な技術的組織的措置を講ずることとし，また処理がGDPRに従い行われていることを証明することとされている（24条1項）。

(2) データ保護影響評価

　管理者の任務としてデータ保護影響評価の実施があるが，データ保護責任者はこの評価のため管理者を支援するための重要な役割を果たしうる。特にデータ保護影響評価の実施には，管理者がデータ保護責任者の忠告を求めることを要求している（35条2項）。

- ・影響評価実施の必要の有無
- ・影響評価実施の際の実施方法
- ・影響評価の内部の実施または外部への委託の決定
- ・リスク低減のために用いる技術的組織的措置
- ・影響評価の適切な実施と結果の本規則への遵守の確認，特にデータ保護責任者の忠告を管理者が受け入れない場合は，影響評価にはその理由について書面で残しておかなければならない

第 2 部　条文解説

(3) リスクに基づくアプローチ

　データ保護責任者は，処理の性質，範囲，文脈および目的を考慮に入れ，処理の運用に取り巻くリスクに配慮することが求められる（39 条 2 項）。

　この規定は，一般的な常識に基づく原則であって，日々のデータ保護責任者の仕事の多くの側面に関連している。特に，データ保護のリスクの高い問題への対処を優先することが要求される。選択的でプラグマティックなアプローチがデータ保護責任者の任務において役立つと考えられる。

(4) 記録作成の役割

　管理者または処理者は処理の記録を保存しておくこととされているが，実務ではデータ保護責任者が処理の記録の一覧表を作成し，保存している。39 条 1 項は，データ保護責任者が処理の記録の作成と保存を行うことを支援することを妨げるものではない。GDPR の遵守の監視の観点からもデータ保護責任者が記録を保存することは許容される。

■参考文献
・杉本武重・川島章裕「EU 一般データ保護規則上のデータ保護責任者の選任に関する一考察（1）」国際商事法務 45 巻 11 号（2017）1655 頁，国際商事法務 45 巻 11 号（2017）1803 頁。

第 5 節　行動および認証

行動規範（第 40 条），承認された行動規範の監視（第 41 条）

Point
・GDPR において有効な行動規範となるためには，一定の項目を含む規範を策定し，

第IV章　管理者および処理者（第24条〜第43条）

監督機関の承認を受けなければならない。

第40条　行動規範

1. 加盟国，監督機関，欧州データ保護評議会，欧州委員会は，様々な処理分野の特別の特徴および大小零細企業の特別の必要性を考慮し，本規則の適切な適用に寄与することを目的とする行動規範を作成することを奨励するものとする。
2. 管理者または処理者の類型を代表する組織またはその他の機関は，本規則の適用を特定する目的で，次に関する事項について行動規範を準備し，その規範を修正または追加することができる。
    - (a) 公正かつ透明な処理
    - (b) 特定の状況における管理者が求める正当な利益
    - (c) 個人データの収集
    - (d) 個人データの仮名化
    - (e) 公衆およびデータ主体に提供される情報
    - (f) データ主体の権利の行使
    - (g) 児童に提供される情報ならびに児童の保護，および児童に対する保護者の責任を有する者の同意を取得する方法
    - (h) 24条および25条にいう措置ならびに手続および32条にいう処理の安全管理を確保するための措置
    - (i) 個人データ侵害の監督機関への通知および当該個人データ侵害のデータ主体への連絡
    - (j) 個人データの第三国または国際機関への移転
    - (k) 77条および79条に従ったデータ主体の権利を損ねることなしに，処理に関する管理者とデータ主体との間の法廷外の手続およびその他の紛争解決手続
3. 本規則の対象となる管理者または処理者による遵守に加え，5項に従い承認され，かつ9項に従い一般的効力を有する行動規範についても，46条2項e号にいう条件に基づき第三国または国際機関へ個人データを移転する枠組みにおける適切な措置を講じるため，3条に従い本規則が適用されない管理者または処理者により遵守される。
4. 2項にいう行動規範は，41条1項にいう主体がその適用を引き受ける管理者または処理者による本規定の遵守の強制的な監視を実施することを可能とさせる体制を含むものとする。
5. 行動規範を作成し，既存の規範を修正または追加しようとする2項にいう組織またはその他の機関は，規範の草案，修正または追加を55条に従い権限ある監督機関に提出するものとする。監督機関は，規範の草案，修正または追加が本規則を遵守しているか否かについて意見を公表し，十分に適切な安全管理措置を講じていると認定した場合は規範，修正または追加の草案を承認するものとする。
6. 規範の草案，修正または追加が5項に従い承認され，かつ関係する行動規範が複数の加盟国における処理の活動に関係していない場合，監督機関は規範を登録し公表するものとする。

第 2 部　条文解説

7. 行動規範の草案が複数の加盟国における処理の活動に関係している場合，第 55 条に
　従い権限ある監督機関は，規範の草案，修正または追加を承認する前に，規範の草案，
　修正または追加が本規則を遵守し，または 3 項にいう状況の下適切な安全管理措置を
　講じているか否かに関する意見を付与する EDPB に対し 63 条にいう手続においてそ
　れを提出するものとする。

8. 7 項にいう意見において，規範の草案，修正または追加が本規則を遵守し，または 3
　項にいう状況の下で適切な安全管理措置を講じていると確認が行われた場合，欧州デー
　タ保護評議会は欧州委員会に対し意見を提出するものとする。

9. 欧州委員会は，実施行為により，8 項に従い提出され承認された行動規範，修正ま
　たは追加された規範が EU 域内において一般的効力を有することを決定することがで
　きる。これらの実施行為は 93 条 2 項において示された審査手続に従い採択されるも
　のとする。

10. 欧州委員会は 9 項に従い一般的効力を有すると決定を受け，承認された規範の適切
　な公表を確実にしなければならない。

11. 欧州データ保護評議会はすべての承認された登録上の行動規範，修正および追加さ
　れた規範を照合するものとし，適切な手段を用いて公に入手可能な状態にしなければ
　ならない。

第 41 条　承認された行動規範の監視

1. 57 条および 58 条に基づく権限ある監督機関の任務および権限にかかわらず，40 条
　に従い行動規範の遵守の監視は，規範の内容に関係ある専門性の適切な水準を有し，
　かつ権限ある監督機関によりその目的を認証された機関によって実施されることがで
　きる

2. 1 項にいう機関は，当該機関が次の事項を有する場合行動規範の遵守を監視するた
　め認証されることができる。
　　（a）権限ある監督機関の要望に対して行動規範の主題に関連する独立性と専門性
　　　の論証すること
　　（b）規範を適用し，その既定の履行を監視し，かつその運用を定期的に審査する
　　　ため，対象となる管理者および処理者の資格を評価することを認めた手続を確立
　　　していること
　　（c）行動規範の違反または行動規範が管理者もしくは処理者によって運用されてき
　　　たもしくはされている方法の違反に関する苦情申立てを取り扱うための手続およ
　　　び構造を確立し，かつデータ主体と公衆に対しこれらの手続および構造を透明性
　　　あるものにするための手続および構造を確立していること
　　（d）権限ある監督機関の要望に対して任務および義務が利益相反とならないこと
　　　を論証すること

3. 権限ある監督機関は，63 条にいう一貫性の構造に従い委員会に対して，1 項にいう
　認証機関の基準の草案を提出するものとする。

4. 権限ある監督機関の任務ならびに権限および第 8 章の規定にかかわらず，1 項にい
　う認証機関は，適切な安全管理措置を施し，対象となる管理者または処理者の行動規
　範から一時停止または取消しを含む管理者または処理者による行動規範の違反の事例
　に適切な措置を講ずるものとする。かかる行動およびその理由を権限ある監督機関に

210

通知しなければならない。

5. 権限ある監督機関は，認証の条件を満たさない，またはもはや満たしていない場合または認証機関による行動が本規則に違反する場合には，1項にいう認証機関を取り消すものとする。

6. 本条は公的機関または組織によって実施される処理には適用しない。

1. 行動規範の作成

　行動規範は，本来自主規制の一種であったが，GDPR では監督機関の承認を前提として，新たに導入された。行動規範の策定にあたり，データ処理から生じる自然人の権利と自由のリスクを考慮に入れることが重要となる（前文98項）。

　行動規範には次の項目が含まれなければならない（40条2項）。

① 　公正かつ透明な処理

② 　特定の状況における管理者が求める正当な利益

③ 　個人データの収集

④ 　個人データの仮名化

⑤ 　公衆およびデータ主体に提供される情報

⑥ 　データ主体の権利の行使

⑦ 　児童に提供される情報ならびに児童の保護，および保護者からの同意取得の方法

⑧ 　管理者・処理者の措置・手続および処理の安全管理を確保するための措置

⑨ 　個人データ侵害の監督機関への通知および当該個人データ侵害のデータ主体への連絡

⑩ 　個人データの第三国または国際機関への移転

⑪ 　処理に関する管理者とデータ主体との間の法廷外の手続およびその他の紛争解決手続

第2部　条文解説

　また，作成された行動規範は監督機関に提出し，承認を受けなければ
GDPR に基づく有効な行動規範とはならない（40 条 5 項）。承認された行動規
範は，その遵守の状況について監督機関により監視されなければならない（41
条 1 項）。

　なお，指令の下では，行動規範の案は，EU 域内の言語のほか，英語版とフ
ランス語版が用意され，説明文書とともに第 29 条作業部会へ送付されること
が要求されていた。[41]

【例（ドイツ）】2011 年，ドイツ産業界（BITKOM）が作成した位置情報サー
　ビスの行動規範を拒否する決定を行なった。これに対し，2015 年，ベルリン
　州監督機関は位置情報サービスに関する行動規範を認める決定を下した。[42]
【例（イタリア）】イタリア法に基づき，これまで捜査機関や消費者信用機関に
　おける処理，統計・科学・歴史の目的の処理，報道活動における処理，ビジネ
　ス情報目的の処理の分野において行動規範等を DPA が承認してきた（英語で
　入手可能）。[43]
【例（スペイン）】各事業分野の行動規範やスペインの自治体において承認され
　た行動規範が承認されている。[44]

2.　ダイレクトマーケティングに関する行動規範

　第 29 条作業部会は，FEDMA が提出したダイレクトマーケティングに関す
る行動規範が指令において示された要件を満たしているとの判断を下した。[45]
FEDMA が公表した行動規範は，2003 年に承認されたがオンラインマーケテ
ィング向けに更新され，2010 年に再び承認された。

　定義のほか，①適用法，②データ主体から個人データの直接の取得，③デー
タ主体以外からの個人データの取得，④望ましいサービスシステム，⑤プライ
バシーポリシーとクッキーの利用，⑥児童の保護のための特別の規定，⑦禁止
行為に関する特別の規定，さらに付属文書としてベストプラクティスの例が示
されている。

212

第IV章　管理者および処理者（第24条～第43条）

3.　クラウドサービスに関する行動規範

　第29条作業部会は，クラウドサービスに関する行動規範について産業界からの提案を受けて審査を行い，2015年に次の点について意見を表明している。[46]

　まず，行動規範とDPAの執行活動との関係について，仮に行動規範を遵守していたとしても，自動的にDPAの執行活動における介入や活動からの保護にはならない。すなわち，行動規範への遵守は説明責任を果たすことに貢献するものとみなされるが，法執行の免除の対象とはならない。

　つぎに，GDPRへの移行に伴う管理の戦略が必要であり，特に自己評価に関する構造における明確なコミットメントが必要であること，認証を取り入れるとしてもクラウドサービスに特化した認証でなければならないこと，そして認証はコンプライアンスに関するものとクラウドサービスプロバイダへの認証とを明確に分けることが指摘された。

　そして，センシティブデータへの対応，クラウドサービスの処理が行われる場所の特定，個人データの概念の整合性（仮名化データはデータ保護法の責任を負うこと），国際データ移転における法執行機関からの個人データの開示の要請の在り方などが課題として挙げられた。

　さらに，データ侵害の事案が生じた場合の責任の在り方について，管理者と処理者との間での責任配分を明確にしておくことがクラウドサービスにおいては必要であることが示された。これに関連して，クラウドサービスの安全管理やリスク管理，また利用者のポータビリティ権への言及などについても行動規範における検討課題であることが指摘された。

認証（第42条），認承機関（第43条）

Point
・データ保護認証の構造およびデータ保護シール・マークを設立するものとする（一部の加盟国では運用実績がある）。認証は3年間有効とする。

213

第2部 条文解説

・認証付与は，監督機関または一定の要件を満たした国の機関により行われるものとする。

第42条 認証

1. 加盟国，監督機関，欧州データ保護評議会および欧州委員会は，管理者および処理者による処理の運用に関する本規則の遵守を証明する目的で，特にEUの水準においてデータ保護認証の構造およびデータ保護シールならびにマークの設立を奨励するものとする。

2. 本規則の対象となる管理者または処理者による遵守に加え，5項に従い承認されたデータ保護認証，シールまたはマークは，46条2項f号にいう条件に基づき個人データの第三国または国際機関への移転の枠組みにおいて3条に従い本規則の対象とはならない管理者または処理者が講じる適切な安全管理措置の存在を証明する目的で設立されることができる。かかる管理者または処理者は，契約その他の法的拘束力を有する文書を通じて，データ主体の権利に関する事項を含む適切な安全管理措置を適用するための拘束的かつ執行しうる関与をするものとする。

3. 認証は自発的でかつ透明性ある過程を通じて利用されるものとする。

4. 本条に従う認証は，本規則の履行のための管理者または処理者の責任を減ずるものとはならず，また55条または56条に従い権限ある監督機関の任務および権限を損なうことはない。

5. 本条に従う認証は，58条3項に従い権限ある監督機関または63条に従い欧州データ保護評議会により承認された基準に基づき，43条にいう認証機関によって発行されるものとする。

6. 認証制度に対し処理を提出した管理者または処理者は，43条にいう認証機関，また該当する場合は権限ある監督機関に対して認証手続を実施するのに必要な処理の活動に対するあらゆる情報とアクセスを提供なければならない。

7. 認証は，管理者または処理者に対し最大で3年の期間発行するものとし，関連する要件が継続して満たされていれば同じ条件の下で更新できる。認証は，認証の要件が充足されていないまたはもはや充足されなくなった場合，43条にいう認証機関または権限ある監督機関によって該当する場合撤回されなければならない。

8. 欧州データ保護評議会は，登録上のすべての認証構造およびデータ保護シールならびにマークを照合し，適切な方法で公に入手できるようにしなければならない。

第43条 認証機関

1. 57条および58条に基づく権限ある監督機関の任務および権限にかかわらず，データ保護に関連して適切な専門性の水準を有する認証機関は，58条2項h号に従い権限を行使することを認めてもらうために監督機関への通知をした後，認証を発行し更新するものとする。加盟国はこれらの認証機関が次のいずれかまたは両方により認定されることを確保しなければならない。

   (a) 55条および56条に従い権限ある監督機関

   (b) EN-ISO/IEC17065/2012および55条ならびに56条に従い権限のある監督機

第Ⅳ章　管理者および処理者（第24条〜第43条）

関により設定された追加要件に適合した欧州議会および欧州理事会の規則765/2008に従い命名された国の認証機関

2. 前項にいう認証機関は，次に掲げる項目に該当する場合のみ認定されるものとする。

(a) 権限ある監督機関の要望に対して認証の主題に関連して独立性および専門性を論証すること

(b) 42条5項にいう基準を尊重する責任を負い，55条または56条に従い権限ある監督機関または63条に従う欧州データ保護評議会により承認されること

(c) データ保護認証，シールならびにマークの発行，定期的な見直しおよび撤回に関する手続を定めること

(d) 認証違反または管理者もしくは処理者によって認証が運用されたもしくは運用されている方法への違反に関する苦情申立てを処理するための手続および構造を確立すること，そしてこれらの手続および構造をデータ主体および公衆に対して透明性あるものにするための手続および構造を確立すること

(e) 権限ある監督機関の要望に対して，任務と義務において利益相反が生じていないことを論証すること

3. 1項および2項にいう認証機関の認定は，55条もしくは56条または63条に従い欧州データ保護評議会によって権限を認められた監督機関によって承認された基準に基づき行われるものとする。1項b号に従い認定される場合，これらの要件は，規則765/2008において示された項目および認証機関の手順ならびに手続を記した技術的規則を補足するものとする。

4. 1項にいう認証機関は，管理者または処理者が本規則を遵守するべき責任を損なうことなく，認証の手順に関する適切な評価および認証の取消しに責任を有するものとする。認定は，最大で5年間の期間において発行されるものとし，認証機関が本条において示された要件を満たしている場合には同様の条件で更新されることができる。

5. 1項にいう認証機関は，権限ある監督機関に対し，申請された認証を付与したまたは取り消した理由を提供しなければならない。

6. 3項にいう要件および42条5項にいう基準は，容易にアクセスしうる形式で監督機関により公表されなければならない。監督機関は，これらの要件および基準を欧州データ保護評議会に送付するものとする。欧州データ保護評議会はすべての認証の構造およびデータ保護シールを登録簿に整理し，適切な方法を用いて公表するものとする。

7. 第8章を損ねることなく，認定の条件が満たされていないもしくはもはや満たしていない場合，または認証機関がとる行為が本規則に違反する場合，権限ある監督機関または国の認定機関は1項に従い認証機関の認定を取り消すものとする。

8. 欧州委員会は，42条1項にいうデータ保護認証の構造において考慮されるべき要件を特定するために，92条に従い委任行為を行う権限を有するものとする。

9. 欧州委員会は，認証の構造およびデータ保護シールならびにマークの技術的水準およびこれらの認証の構造，シールならびにマークを推進し認識するための制度を記述した実施行為を採択することができる。これらの実施行為は93条2項にいう審査手続に従い採択されるものとする。

215

第2部　条文解説

1. 認証制度

(1) 背景

　EU では，データ保護に関する統一的な認証の仕組みが存在しなかった。しかし，ドイツのシュレースヴィヒ＝ホルシュタイン州における 2000 年の法改正を契機とした認証がみられる[47]。また，フランスやイギリスにおいて認証制度が開始されるとともに，EU における EuroPriSe という認証制度の構想も議論されてきた。第 29 条作業部会は，認証機関に関するガイドラインを公表した[48]。

　意義ある認証体制は，GDPR の遵守とデータ主体および管理者と処理者との間の透明性の促進となりうる。また，管理者と処理者にとっても，独立した第三者から処理業務の遵守を証明する恩恵を受けることができる。

　2017 年 8 月に公表された調査によれば，90.9% が ICT 技術に関する認証制度の相互認証の必要性を，また 81.8% が認証が透明性を高めるために有効なツールであると回答している[49]。

【例（フランス）】CNIL は 2011 年から認証ラベルの発行を開始した[50]。認証ラベルは，競争における優位，信頼性の証明，他のプレイヤーとの差別化，責任ある行動の証明，将来の欧州における規制への対応というメリットがあるとされている。認証ラベルの取得には，CNIL の所定の申請書を提出し，審査を受けて付与される仕組みである。審査には 2 か月程度要し，申請後発行は 6 か月以内に行われることとされている。2017 年現在，①ガバナンス・処理・自由の認証ラベル，②教育（研修）の認証ラベル，③デジタル金庫の認証ラベル，④システム監査の認証ラベルの 4 類型の認証が存在する。なお，2016 年は 97 件の認証ラベルが発行され，13 件中 12 件の認証更新が行われた。

【例（ドイツ）】シュレースヴィッヒ＝ホルシュタイン州において，2009 年にデータ保護シール制度を導入し，IT 関連製品に対するシールとデータ保護監査に対するシールの 2 種類の運用が行われている。

第IV章　管理者および処理者（第24条〜第43条）

(2) 43条における認証

　認証機関にいう認証は，評価機関による一定の基準により定められた要件を満たした国の認証機関による証明書または特定の評価任務を実施する能力を正式に証明する評価機関に関する第三者による証明書のことをいう（規則765/2008 および ISO17011 参照）。

　一般に，認証は，ガバナンスや管理システムを対象とするのか，または処理またはサービスや製品の一部としての処理を対象とするかによって，その射程は異なりうる[51]。フランスでは，処理の過程の手続のみならず，デジタル製品が安全であるかのガバナンスにも認証がみられ，認証の形態が多様である。

　GDPR の下では，認証は，①監督機関が定める要件に基づく場合，②国の認証機関であり，EN-ISO/IEC17065/2012 に従い認証業務が行われ，かつ監督機関による追加の要件が必要を満たした場合，③監督機関および国の認証機関による場合の3つの選択肢が用意されている（43条1項）。いずれの方法を採用するかは個々の加盟国の判断である。

　監督機関は認証機関として，また実際に認証付与を行い，必要に応じて認証を撤回し，認証を発行しない機関としての権限を有することとなる。また，加盟国によっては，監督機関と認証機関が共存し，認証を行う場合も想定される。監督機関は利益相反のないよう十分な組織的措置を講ずるものとされ，また，EU レベルでの調和に留意することが求められる。

(3) 認証の基準

　認証の基準については，第29条作業部会がガイダンスを作成し，公表する予定である。監督機関と国内の認証機関が GDPR の遵守を確保できるよう認証の要件と基準を明らかにする予定である。GDPR における基本権保護に照らし，ISO/IEC 17065/2012 が基準として考慮されることとなる。

217

第Ⅴ章　第三国または国際機関への個人データの移転（第44条～第50条）

移転の一般原則（第44条），十分性決定に基づく移転（第45条）

Point
・欧州委員会が認定した十分性決定がある第三国または国際組織へのEUおよびEEAからの個人データの移転が認められる。
・十分性審査の要素は，①法の支配・人権等，②独立した監督機関その効果的運用，③国際的関与である。11か国・地域が十分性認定を受けてきた（2018年3月現在）。

第44条　移転の一般原則

　　第三国または国際組織への移転後，現在処理中である，または処理を予定された個人データのいかなる移転も，第三国または国際組織から別の第三国または別の国際組織への個人データの再移転を含め，本章に定められた条件が，本規則の他の規定の適用がある中，管理者および処理者により遵守される場合に限り行われるものとする。本章におけるすべての条項は本規則によって保障される自然人の保護の水準が害されることがないことを確保するために適用されなければならない。

第45条　十分性決定に基づく移転

1. 個人データの第三国または国際組織への移転は，委員会が第三国もしくは第三国のその領土ないし1つあるいは複数の分野，または当該国際組織が保護の十分な水準を確保している場合において行うことができる。かかる移転については特別の許可を必要としない。
2. 保護の十分な水準の評価については，委員会が次の要素を特に考慮に入れるものとする。
   　（a）法の支配，人権と基本的自由の尊重，公共の安全，防衛，安全保障，刑事法ならびに個人データへの公的機関によるアクセスを含む一般的・分野別の関連する立法，ならびに当該立法の執行，別の第三国もしくは国際機関に応じてその第三国もしくは国際機関への個人データの再移転の規則を含むデータ保護規則，専門的規則ならびに安全管理措置，および効果的かつ執行可能なデータ主体の権利

第Ⅴ章　第三国または国際機関への個人データの移転（第 44 条～第 50 条）

　　　ならびに個人データが移転されたデータ主体への効果的な行政・司法による救済

　（b）権利の行使においてデータ主体を支援し助言し，加盟国の監督機関と協力するため，十分な執行権限を含む，データ保護規則を遵守することを確保し執行する責任を有した，当該第三国における，もしくは国際組織が従うことになる 1 つもしくは複数の独立した監督機関の存在と効果的運用

　（c）第三国もしくは国際組織が加盟している国際的関与，または法的拘束力ある条約もしくは法的文書から生じる他の義務，および特に個人データの保護に関連する多国間または地域間の制度における参画

3.　保護の十分な水準を評価した後，委員会は施行令を用いて当該第三国，領土，もしくは第三国内の特定の分野または国際機関が前項の意味における保護の十分な水準を確保していることを決定することができる。施行令は，当該第三国または国際組織におけるあらゆる進捗状況を考慮に入れ，少なくも 4 年ごとの定期的な審査の体制を規定するものとする。施行令は領土および分野の適用を特定するものとし，該当する場合，2 項 b 号が参照する監督機関を認定するものとする。施行令は 93 条 2 項に示された審査手続に従い採択されなければならない。

4.　委員会は前項に従いなされた決定および 95/46/EC 指令 25 条 6 項に基づきなされた決定の機能に影響を及ぼす第三国および国際組織における状況を継続的に監視するものとする。

5.　委員会は，第三国，第三国内の領土または単一もしくは複数の特定された分野，または国際組織が 2 項の意味における十分な保護の水準をもはや確保してないことが入手可能な情報が明らかになっている場合，特に 3 項にいう審査に従い，遡及効を伴うことなく実施行為の方法により，3 項にいう決定を必要な範囲において廃止，修正または停止するものとする。これらの実施行為は 93 条 2 項にいう審査手続に従い採択されるものとする。

　　緊急の適切な正当性を備えた不可欠な根拠に基づき，委員会は 93 条 3 項にいう手続に従い速やかに適用可能な実施行為を採択しなければならない。

6.　委員会は，5 項に従ってなされた決定から生じた状況を改善するため，第三国または国際組織と相談に入るものとする。

7.　5 項に従う決定は，46 条から 49 条に従い，対象となる第三国，第三国内における領土または単一もしくは複数の特定された分野または国際組織への個人データの移転を損なうものではない。

8.　委員会は，欧州連合官報およびそのウェブサイトに十分な保護の水準を確保したまたはもはや確保してないと決定された第三国，第三国内の領土ならびに特定の分野，および国際組織のリストを公表するものとする。

9.　指令 95/46/EC 25 条 6 項に基づく委員会により採択された決定は，3 号または 5 号に従い採択された委員会決定により修正，変更または廃止がなされるまでの間有効なものとする。

219

第 2 部　条文解説

1.　データ移転の選択肢——地理的移転と組織的移転

　個人データを EU および欧州経済領域（EEA）から日本などの第三国もしくは国際機関に移転するためには，**地理的移転**と**組織的移転**の 2 つがある。[1]

　ここで，データが第三国への「移転」とは何を意味するか。EU 司法裁判所 Bodil Lindqvist 判決[2]において，**インターネット掲示板での不特定多数の者への公開は移転に該当せず**，特定の名宛人に対しデータを移転する場合のみが EU データ保護指令の規制に服することが明らかにされた。本件では，スウェーデンにおける小さな教会コミュニティがインターネット上に公開した個人データについて第三国の市民がそれにアクセスすることができるとしても，「加盟国における個人がインターネットのページに個人データを掲載した場合，EU 指令 95/46 の 25 条の意味における『第三国への［データの］移転』があるとはいえない」とされたのである。

　もっとも，同判決に対しては，インターネット上のデータがたとえ第三国に公開されているとしてもデータ移転とみなさなかったため，十分性認定なしにデータ移転が行える抜け道となりかねないという批判がある。[3]したがって，同判決は個人が個人利用の目的でインターネットにデータを掲載した場合に限定しているとみるべきであり，この判決を広く解釈することは適切でない。

　また，データの移転のみならず，十分性認定を受けた国・地域の経由によるデータ転送についても問題とされてきた。[4]いわゆる「データ・ヘブン」あるいは「データ・ショッピング」と呼ばれる問題である。すなわち，EU 域内からのデータ移転を行う場合，十分性の認定を受けて国・地域へデータを一時的に移転し，そこから十分性認定を受けていない国へのデータを転送する場合は，実質的に十分性の要件が空文化されてしまうことになる。そこで，このようなデータの十分な保護水準を確保している第三国経由のデータの転送についても留意する規定が置かれることとなった（44 条）。

　なお，クラウドコンピューティングについては，EU および EEA に設置されたクラウド提供者のネットワークからデータを移転されたものを域外移転であるとみなした上で法的規律を課している。[5]

第Ⅴ章　第三国または国際機関への個人データの移転（第44条〜第50条）

> 【例（イタリア）】国際送金を行っている5社の企業が，イタリアから中国への個人データ移転を本人の同意なしに行い，イタリアDPAから1,100万ユーロの制裁金が科された。なお，本件はマネーロンダリング対策法にも違反した事例である[6]。

2.　十分性審査

（1）十分性とは

　欧州委員会による十分性審査については，1998年7月24日，第29条作業部会が公表した「第三国への個人データ移転（EUデータ保護指令第25条および第26条の適用）に関する作業文書」[7]に基づき審査が行われる。また，第29条作業部会は，1998年の十分性に関する文書を更新する形で2017年11月28日文書を公表した。

　「十分な保護水準」の概念は指令においても存在していたが，EUにおける保護水準と「**本質的に同等（essentially equivalent）**」であることを要件としたEU司法裁判所において強化されていった。十分性の要件は，ヨーロッパの立法を逐一反映させることを目的としているわけではなく，立法の核心となる要件である本質部分を確立させることを狙いとしている。

　欧州委員会による十分性決定の目的は，加盟国間への拘束力ある効果を正式に遵守することである。十分性は，データ主体の権利やデータ処理者や管理者の義務，および独立した機関による監督により実現しうるが，実際に執行しうることでデータ保護は効果的になる。そのため，データ保護に関する効果を確保する体制が重要となる。欧州委員会が，実務上における効果的運用を証明することとなる。

　なお，データ保護の国際協定である第108号条約等も考慮に入れられるべきである。また，公的機関による個人データへのアクセスに関する法体系についても留意されなければならない。

第 2 部　条文解説

（2）審査手順

　EDPB が欧州委員会にアドバイスを付与する任務を有しており（70 条 1 項 s 号），第三国または国際機関のデータ保護の水準を含む欧州委員会による認定等に関連文書を提出することができる。EDPB は欧州委員会による認定に対し，意見を提出し，十分性の枠組みにおける不十分性が存在すれば認定することができる。

　十分性を認められた国等については，少なくとも 4 年ごとの定期的な審査が要求されている（45 条 3 項）。特別な状況が生ずれば，より短期間の審査も可能であるし，また第三国等における法改正があれば予定より前に審査を行う必要性もありうる。

　十分性は機能的概念であり，十分性の審査には，予定されている処理業務のリスク評価を必要とし，予定される移転先における効果的な適用が確保されていることが確保されている必要がある。[8]

（3）審査基準

　審査の基準として，データ保護に関する「**内容の原則**」と「**手続・執行の構造**」の 2 点がある。

　① 　内容原則
　　ⅰ）概念
　　　GDPR を反映しないとしても，ヨーロッパのデータ保護法で規定された概念と整合するものでなければならない。たとえば，個人データ，個人データの処理，データ管理者，データ処理者，受領者，センシティブデータの重要概念が含まれる。
　　ⅱ）正当な目的のための適法かつ公正な処理の根拠
　　　データは適法，公正かつ正当な方法で処理されなければならない。処理の正当な根拠として，国内法の規定，データ主体の同意，契約の履行，または管理者もしくは第三者の正当な利益がヨーロッパの制度では認められている。

第Ⅴ章　第三国または国際機関への個人データの移転（第44条〜第50条）

iii）利用目的制限の原則

　　特定された目的および，事後的にこの目的と両立しうる限りにおいて
データは処理されなければならない。

iv）データの質および比例性の原則

　　データは正確で，必要に応じ最新状態におかれることとされる。処理
される目的との関係において適切で，関連性を有し，過度なものであっ
てはならない。

ⅴ）データ保全の原則

　　一般にデータ処理の目的にとって必要以上の期間保全してはならない。

ⅵ）安全管理および秘密保持の原則

　　不正処理および過失による紛失，破壊もしくは損害からの保護を含む
個人データの安全管理措置を講じた方法でデータが処理されなければな
らない。

ⅶ）透明性の原則

　　明確で，容易にアクセスでき，簡素で，透明性あり，かつ分かりやす
い形式で個人データの処理のすべての要素の情報が各人に与えられなけ
ればならない。なお，23条の例外がある。

ⅷ）アクセス・訂正・削除および異議申立ての権利

　　データ主体は，処理されたデータの複製の取得を含め，自らに関する
データ処理に関する確認を行う権利，必要に応じ，訂正してもらう権利，
また特定の状況下では異議申立ての権利を有する。これらの権利行使が
過度に制約されてはならないが，23条の制限がある。

ⅸ）再移転の制限

　　最初の受領者による個人データの再移転は，再移転先の受領者が十分
な保護水準を確保している場合にのみ許される。再移転により保護水準
が害されてはならない。十分性決定がない場合には，最初の受領者が個
人データの再移転の適切な措置が確保されていることに責任を有するも
のでなければならない。

②　特定の類型処理に適用される追加的内容原則

ⅰ）データの特別類型

223

第 2 部　条文解説

9 条および 10 条における特別な類型のデータについては，明示の同意や追加的安全管理措置等の格別の措置が講じられなければならない。

ⅱ）ダイレクトマーケティング

ダイレクトマーケティング目的でデータが処理された場合，データ主体は無料で異議申立てを行うことができる。

ⅲ）自動処理およびプロファイリング

プロファイリングを含む自動処理のみに基づく処理で，法的効果や重大な影響を及ぼすものは，第三国の法的枠組みにおいて確立された特定の条件に基づくときのみ行うことができる。データ主体の明示の同意や契約の締結のために必要な場合などがヨーロッパにおけるかかる条件である。

③　手続・執行の体制

ⅰ）権限ある独立した監督機関

第三国におけるデータ保護およびプライバシーの法律の遵守を監視，確保，執行する任務を与えられた独立した 1 つまたは複数の監督機関が存在しなければならない。監督機関は，指示を求めたり受けたりせず，完全に独立し，中立に任務を遂行し権限を行使するものとされる。監督機関は，自ら調査を行うこととされる。監督機関の職員数や予算も考慮されなければならない。

ⅱ）優れた遵守水準を確保したデータ保護体制

第三国はデータ管理者の間で高度な説明責任と意識を確保しなければならない。効果的かつ抑止的な制裁の存在はデータ保護の規則を尊重するには重要となる。

ⅲ）説明責任

管理者と処理者が監督機関に対してデータ保護規則を遵守し，その遵守を論証することを義務付けなければならない。たとえば，データ保護影響評価，記録保存，データ処理業務のログファイル保存，データ保護責任者の任命，データ保護バイデザイン，データ保護バイデフォルトなどがある。

第Ⅴ章　第三国または国際機関への個人データの移転（第44条～第50条）

　iv）個々のデータ主体を支援・援助できるデータ保護体制

　　　個人は，法外な費用を請求されることなく，自らの権利を速やかに効果的に執行するための法的救済を求めることができなければならない。データ主体は，不正な処理により生じた損害賠償を含む効果的な行政・司法の救済を付与されなければならない。これは損害が賠償され制裁が科されるような独立した裁定や仲裁の制度を伴う重要な要素である。

　GDPR では，この作業部会文書をより具体化する形で次の項目が審査対象となることが明文化された（45条2項）。

・法の支配，人権と基本的自由の尊重，公共の安全，防衛，安全保障，刑事法ならびに個人データへの公的機関によるアクセスを含む一般的・分野別の関連する立法，ならびに当該立法の執行，別の第三国もしくは国際機関に応じてその第三国もしくは国際機関への個人データの再移転の規則を含むデータ保護規則，専門的規則ならびに安全管理措置，および効果的かつ執行可能なデータ主体の権利ならびに個人データが移転されたデータ主体への効果的な行政・司法による救済
・権利の行使においてデータ主体を支援し助言し，加盟国の監督機関と協力するため，十分な執行権限を含む，データ保護規則を遵守することを確保し執行する責任を有した，当該第三国における，もしくは国際組織が従うことになる1つもしくは複数の独立した監督機関の存在と効果的運用
・第三国もしくは国際組織が加盟している国際的関与，または法的拘束力ある条約もしくは法的文書から生じる他の義務，および特に個人データの保護に関連する多国間または地域間の制度における参画

（4）法執行および国土の安全からの保護

　GDPR では，**公共の安全，防衛，安全保障，刑事法ならびに個人データへの公的機関によるアクセスを含む一般的・分野別の関連する立法**についても十分な保護水準の審査に含まれる（45条2項a号）。

第2部　条文解説

　EU 司法裁判所は，Schrems 判決において，第三国における救済が EU にお
けるそれと異なる場合であっても，実務上効果的であると認められるものでな
ければならないことを示した。そこで，第 29 条作業部会は，法執行や国土の
安全を目的とした公的機関によるデータのアクセスについて，WP237 に基づ
き，十分制審査において，①処理が明確で，詳細でかつアクセスできる規則
（法的根拠）に基づき行われなければならないこと，②正当な目的に関して必
要性と比例性が証明される必要があること，③処理が独立した監督に服するこ
と，そして④効果的な救済が個人に対して付与されている必要があることがす
べての第三国において考慮されることを公表した。[9]

(5) 審査結果

　欧州委員会からの十分性審査については，いわゆるホワイト・リストとブラ
ック・リストがある。すなわち，十分性審査の結果，データの移転　が認めら
れる第三国のホワイト・リストと，データ移転が禁止される第三国のブラッ
ク・リストである。これまでのところ，スイス[10]，カナダ（民間部門）[11]，アルゼ
ンチン[12]，ガンジー島[13]，マン島[14]，ジャージ島[15]，フェロー諸島[16]，アンドラ[17]，イスラ
エル[18]，ウルグアイ[19]，ニュージーランド[20]の 11 の国・地域が通常審査によるホワ
イト・リストに掲載されている（2018 年 3 月現在）。これに対し，「ブラッ
ク・リストの国を明示的に列挙することは政治的に極めてセンシティブ」[21]であ
ることから，ブラック・リストに正式に指定された国は存在していない。もっ
とも，後に紹介するとおり，議会の決議により，アメリカ国家安全保障局
（NSA）の監視活動に協力を行ったニュージーランドとカナダの十分性認定に
ついては停止とともに再調査の必要性が示されている。
　なお，セクトラル方式で法整備を進める米国においては，EU データ保護指
令への準拠が困難であることから，2000 年 7 月 26 日付の欧州委員会の決定に
より「セーフハーバー原則（Safe Harbour Principles）」に基づく協定を締結
し，その後，2016 年 7 月「プライバシーシールド」が新たに締結された。[22]ま
た，第 29 条作業部会の 2001 年 1 月 26 日の意見において，オーストラリアが
一定の条件を満たさない限り，十分な保護措置を確保しているとは認められな
い，というネガティブな評価が下されている。[23]米国とオーストラリアはこのほ

226

第Ⅴ章　第三国または国際機関への個人データの移転（第 44 条〜第 50 条）

かに旅客機の乗客データの移転について，欧州委員会と別途協定を締結している[24]。

（6）日 EU の対話

　2017 年 1 月 10 日，欧州委員会は，「グローバル化した世界における個人データの交換と保護に関するコミュニケーション」を公表した[25]。その中で，十分性審査について，①自由貿易協定・交渉中の協定を含む EU との経済的関係，②地理的文化的つながりを考慮した個人データ移転の程度，③その地域において他国のモデルとなりうる先駆的役割，および④共通の価値と共有する目的の促進に関する政治的関係性を考慮して第三国との十分性の対話を行っていくことが示された。そして，日本と韓国を列挙して，十分性審査に関する交渉を進めていきたいとの言及がある。

　2017 年 7 月 6 日，日 EU 首脳会談の共同宣言では，「双方によって十分なレベルの保護を同時に見出すこと等を通じ，データの交換を促進するための新しい機会を提供する」ことが公表された。また，個人情報保護委員会は「日 EU 間の相互の円滑な個人データ移転について」（平成 29 年 7 月 4 日）を公表し，「欧州委員会司法総局と累次の対話を重ねてきており，相互の制度に関する理解は相当程度進んできた」ことが示された。

3．アメリカの対応

（1）セーフハーバーと無効判決

　1998 年に EU データ保護指令が施行されてから，約 2 年にわたる交渉を経て，欧州委員会は 2000 年 7 月 26 日にセーフハーバー決定を公表し，2000 年 11 月 1 日に発効した[26]。

　EU のプライバシー保護の基準を政府が押し付けることができない以上，合衆国商務省は，各企業のセーフハーバーのプライバシー 7 原則に基づき自己宣言した企業を認証し，その一覧を公表する仕組みをとった[27]。セーフハーバーのプライバシー原則に違反した場合，アメリカ合衆国連邦取引委員会が通商に関

227

第2部　条文解説

して不公正または欺瞞的な行為または慣行への執行権限を有しており，プライバシー原則の履行を担保することとされている（なお，連邦取引委員会以外にも，連邦運輸省が所管する分野において同省の執行権限が認められる[28]）。2015年10月までにセーフハーバー認証を受け，個人データ移転の恩恵を受けていたアメリカ企業は約 4,500 社に上る[29]。

　2013 年 6 月，エドワード・スノーデンが NSA による EU 市民を含む外国人の SNS 等における個人データを監視していた問題が明らかになった[30]。ヴィヴィアン・レディング欧州委員会副委員長は，「セーフハーバーはもはや全くセーフではない[31]」とアメリカの監視活動を批判し，セーフハーバーの見直しを表明した。2013 年 11 月 27 日，欧州委員会はアメリカの監視活動の実態とプライバシー保護の透明性がないことや救済措置が整備されていないことを理由に，現状のセーフハーバーを維持することはできず見直す必要がある，と結論付けた[32]。

　2015 年 10 月 6 日，EU 司法裁判所大法廷は，セーフハーバー決定を無効とする判決を下した[33]。まず，欧州委員会のセーフハーバー決定とプライバシーおよび基本権の保護と整合的であるか否かについては，確かに，それぞれの加盟国が欧州委員会の決定自体を無効とすることはできない。しかし，決定自体を無効とすることと，決定に基づき権利と自由が保護されているかを審査することは別の問題であって，「国内の監督機関が相当の注意を払いつつ申立てを審査することを義務としている[34]」ことを明らかにする。

　その上で，セーフハーバー決定の当否について審査する。第 1 に，セーフハーバー決定の根拠となった十分な水準の確保を要求する EU データ保護指令25 条 6 項については，基本権憲章の個人データの保護の権利に基づき「個人データが第三国に移転される場合，かかる保護の高度な水準（the high level）が継続されていることを確保することを企図している[35]」とする。

　第 2 に，「十分な（adequate）」保護の水準とは，EU 法秩序と「同一（identical）」な保護の水準を確保することまで要求するものではない。しかし，「十分な保護の水準」は当該第三国が国内法または国際的関与によって，「基本権憲章に照らし解釈された指令によって欧州連合域内で保障される基本権および自由の保護と**本質的に同等**（essentially equivalent）である保護の水準[36]」

228

第Ⅴ章　第三国または国際機関への個人データの移転（第44条〜第50条）

（強調筆者）を指すものと理解されるとした。すなわち，十分性の要件は，EU
の基本権および自由の保護と「本質的に同等」と言い換えることができる。

　以上のことから，たとえ欧州委員会による十分性の決定が存在したとしても，
十分な保護の水準を確保していないことで，個人データの保護の重要な部分が
大多数の人々の権利が侵害されているとすれば，委員会の裁量が認められない
こととなる。

　そこで，欧州委員会によるセーフハーバー決定についてみると，第1条では
セーフハーバーのプライバシー原則をもって十分な保護の水準を確保している
としているが，このプライバシー原則よりも「国土の安全，公共の利益，また
は法執行の要件」が制限なく優先されることとなっている（附属文書Ⅰ）。そ
のため，第1に，国土の安全等を目的とするデータの移転について，大量かつ
無差別な監視による干渉に対する効果的な法的保護についてセーフハーバー決
定は何ら言及していない。また，国土の安全の保護にとって厳格に必要であり，
かつ比例原則に即した要件を超えて，EUからアメリカに移転された個人デー
タへのNSA等によるアクセスが行われていた。個人データの自動処理が行わ
れ，違法なアクセスの重大なリスクがある場合にこそ，個人データの保護の措
置の必要性が生じるがその措置が存在しなかった[37]。第2に，セーフハーバー決
定は，法の支配の要請の下，司法による審査が担保されていなかった。個人は
自らに関するデータについて，アクセスし，必要に応じ，訂正や削除を求める
権利を有しているが，セーフハーバー決定には国土の安全等を理由にこのよう
な効果的な救済を求める権利に違反している[38]。

　以上のとおり，セーフハーバー決定は，EU法秩序で保障された基本権の保
護の水準と本質的同等であるとはいえず，無効である。

（2）プライバシーシールド

　セーフハーバー決定無効判決以降，欧州委員会と合衆国商務省との間の交渉
が行われ，新たなデータ移転枠組みであるプライバシーシールドが，2016年2
月29日に公表された。その後，欧州議会における審議を経て，第29条作業部
会の意見に基づく修正が行われ，2016年7月12日付で委員会による決定が公
表された。この欧州委員会の決定のために，アメリカ側は，商務長官，国務長

229

官，連邦取引委員会委員長，運輸長官をはじめ，6つの連邦政府機関が関与し，EU 市民のデータ保護の権利を保護するための措置を講ずることが示された。

（A）プライバシー原則

EU-US プライバシーシールドは，合衆国商務省が公表した本決定附属文書Ⅱに含まれるアメリカ企業のプライバシー諸原則の履行による自己認証の制度に基づき運用される。プライバシー原則の執行については，アメリカ側の連邦取引委員会および運輸省が附属文書ⅣおよびⅤに基づき運用されると説明されている。

附属文書Ⅱにおけるプライバシー原則については，①通知，②選択，③安全管理，④データの正確性および目的制限，⑤データへのアクセス権，⑥データ移転の説明責任，⑦依頼，救済，信頼が列挙されている。なお，すでにビジネス慣行でデータ移転を行っている既存の取引がある場合は，9か月以内に通知と選択の機会を EU 市民に付与し，オプトアウトの機会を設けることとされている。

従来のセーフハーバー決定におけるプライバシー原則よりも特に強化された原則としては，クレジットカード，抵当権，雇用等の分野における自動処理に伴う個人への影響について情報の通知を受ける権利が認められ，また不正確な情報への訂正や削除の権利が認められた。また，EU 市民の救済の原則については，アメリカの認証を受けた企業における苦情処理への義務が明確にされた。さらに，個人データの再移転についても，特定された目的のみに行われ，またはグループ企業等における契約履行の場合，契約にも同じ水準の保護を条件とすることなど制約が加えられている。

（B）透明性の確保

次に，このプライバシー原則を確保するため，アメリカ商務省が認証企業のリストを公表する透明性が確保されるとされている。

（C）救済，苦情処理，執行

履行審査と苦情処理については，① EU 市民がアメリカ企業への直接問い合わせを可能とし，企業は 45 日以内に回答とすること，②独立した紛争解決機関による無償での調査，③アメリカ商務省による職権調査による認証チェック，④連邦取引委員会による付託調査と優先的な調査の実施，⑤ EU 加盟国のデー

タ保護監督機関による苦情に対するアドバイス，さらに⑥米EUが指名する20名の仲裁人からなるプライバシーシールドパネルによる調査が整備されている。

(D) 利用の制限

アメリカの公的機関による個人データへのアクセスおよび利用，いわゆる監視活動については，合衆国憲法と大統領政策指令28号に従い，国務省内に設置される独立したオンブズパーソンの設置と監督と苦情処理への対応にあたることとなった。

(E) 加盟国データ保護監督機関による調査

EU司法裁判所の判決に示されたとおり，プライバシーシールドの運用については加盟国のデータ保護監督機関が効果的に監視を行うとともに，各監督機関による必要な措置を欧州委員会に通知することとされている。

(F) 定期的な見直し

プライバシーシールドにおける運用が十分な保護の水準を確保しているかをチェックするため，欧州委員会はアメリカ側の機関が所要の措置を講じているか毎年見直しを行うこととされた。欧州委員会が作成する年次報告書は欧州議会と理事会に対し提出されるものとする。

これらの要件を満たした場合，EUデータ保護指令25条2項に基づく十分な水準を満たしていると認定されることとなる。もっとも，各加盟国のデータ保護監督機関は独立して十分性の適合性審査を行うことができ，違反を発覚した場合欧州委員会への情報提供をするものとされている[39]。また，十分性を担保しているか確認するため，欧米間で年次共同審査の実施と議会と理事会への報告書提出が規定された。そして，①アメリカの機関が本文書を履行しないとき，②効果的な救済が行われないとき，③オンブズパーソンが迅速かつ適切な応答をしないとき，十分性認定が停止・撤回されうることが明記された。

プライバシーシールドは，第29条作業部会，欧州議会，欧州データ保護監督官による批判を受け，当初の案が改正され，2016年6月25日に第31条委員会による審査を受け，2016年7月12日に欧州委員会の決定により十分性認定が行われた[40]。2016年8月1日より，合衆国商務省はプライバシーシールドの認証を受け付け，1か月間で約100社が認証を受けた。

第 2 部　条文解説

4.　日本との比較

　個人情報取扱事業者は，外国にある第三者に個人データを提供する場合には，前条 1 項各号に掲げる場合を除くほか，あらかじめ外国にある第三者への提供を認める旨の本人の同意を得なければならない，とする規定がある（個人情報保護法 24 条）。ただし，ここでいう外国の中には，個人の権利利益を保護する上で我が国と同等の水準にあると認められる個人情報の保護に関する制度を有している外国として個人情報保護委員会規則で定めるものは除かれる。また，第三者については，個人データの取扱いについてこの節の規定により個人情報取扱事業者が講ずべきこととされている措置に相当する措置を継続的に講ずるために必要なものとして個人情報保護委員会規則で定める基準に適合する体制を整備している者を除く。

■参考文献

・石井純一「日 EU 間における個人データの円滑な越境移転に向けて」Business Law Journal121 号（2018）30 頁
・タンギー・ヴァン・オーヴァーストラーテン・石井夏生利訳「越境データ流通」NBL1105 号（2017）12 頁
・加藤隆之「EU 個人データ保護法における十分性審査と日本の対応」亜細亜法学 51 巻 2 号（2017）1 頁
・板倉陽一郎「平成 27 年改正個人情報保護法と欧州委員会十分性認定の距離」情報ネットワーク・ローレビュー 14 号（2016）156 頁
・宮下紘「EU-US プライバシーシールド」慶應法学 36 号（2016）145 頁
・藤原静雄「個人情報保護法制の国際的動向」法律のひろば 69 巻 5 号（2016）6 頁
・堀部政男「プライバシー・個人情報保護の国際的整合性」堀部政男編『プライバシー・個人情報保護の新課題』（商事法務・2010）1 頁
・新保史生「個人情報保護マネジメントシステム」法とコンピュータ 25 号（2007）73 頁

第Ⅴ章　第三国または国際機関への個人データの移転（第44条〜第50条）

適切な措置を条件とする移転（第46条）

Point
・十分性決定のない第三国においては，①公的機関等との間の文書，②拘束的企業準則，③標準データ保護条項，④行動規範，⑤認証によりEU/EEAから個人データを移転することができる。
・標準的データ保護条項には，管理者＝管理者と管理者＝処理者との間の移転に関するモデル契約が欧州委員会によって示されている（なお，EU司法裁判所で係争中）。

第46条　適切な措置を条件とする移転

1. 45条3項に従った決定がない場合，管理者または処理者が適切な措置を講じており，かつデータ主体の権利の執行とデータ主体への効果的な法的救済があるという条件の限りにおいて，第三国または国際機関に個人データを移転することができる。
2. 前項で示された適切な措置は，監督機関からの特別な許可なしに，次のいずれかの場合に与えられているものとする。
   (a) 法的に拘束力があり，かつ執行可能な公的機関または団体との間の文書
   (b) 47条に従った拘束的企業準則
   (c) 93条2項に示された審査手続に従い委員会が採択した標準的データ保護条項
   (d) 93条2項に示された審査手続に従い監督機関によって採択され，かつ委員会によって承認された標準的データ保護条項
   (e) データ主体の権利に関する事項含む適切な措置を講じる目的で，第三国における管理者または処理者の拘束的かつ執行可能な関与を伴う，40条に従い，承認された行動規範
   (f) データ主体の権利に関する事項を含む適切な措置を講じる目的で，第三国における管理者または処理者の拘束的かつ執行可能な関与を伴う，42条に従い，承認された認証構造
3. 権限ある監督機関からの認可を受けることができれば，特に次のいずれかの場合，1項にいう適切な措置が講じられているものとする。
   (a) 管理者または処理者と，第三国または国際機関における管理者，処理者，もしくは個人データの受領者との間の契約条項
   (b) 拘束的でかつ効果的なデータ主体の権利を含む公的機関または組織の間における行政決定において掲載された条項
4. 監督機関は，3項に該当する場合，63条にいう一貫性の体制を適用するものとする。
5. 95年指令26条2項に基づく加盟国または監督機関による認可は，必要に応じ，監督機関による修正，変更，廃止があるまでの間，有効なものとする。95年指令26条4項に基づく委員会が採択した決定は，必要に応じ2項に従い委員会の決定により修

第 2 部　条文解説

正，変更，廃止があるまでの間，有効なものとする。

1. データ移転の選択肢

　第三国または国際組織が欧州委員会から十分性の認定を受けていない場合，当該第三国における管理者・処理者は，EU/EEA から個人データを移転するための方法として，46 条で示された 5 つの選択肢がある。

　　①　公的機関等との間の文書
　　②　拘束的企業準則（47 条を参照）
　　③　標準データ保護条項
　　④　行動規範（40 条を参照）
　　⑤　認証（42 条を参照）

2. 公的機関等との間の文書

　監督機関からの認可なしに，法的に拘束力があり，かつ執行可能な公的機関または団体との間の文書があれば，移転が認められる（46 条 2 項 a 号）。

【例（Smaranda Bara 判決）】健康保険の保険料の支払い滞納に伴う調査のため，ルーマニアの税務当局から社会保障当局への収入に関する個人データの移転が争われた。[41] EU 司法裁判所は，データ主体への情報提供に関する指令 10 条および 11 条を根拠として，受領者またはデータ受領者の所属およびアクセス等の権利の存在についてあらかじめ情報提供する必要があり，データ移転を受領した社会保障局がデータの種類，受領者，アクセス権等の存在についてデータ主体に情報提供を求められると判断した。

第Ⅴ章　第三国または国際機関への個人データの移転（第44条〜第50条）

3. 標準的データ保護条項（標準契約条項）等

（1）標準データ保護条項

　EU データ保護指令の下では，国際商工会議所等のビジネス団体の要請に基づき，標準契約条項が草案された[42]。第29条作業部会によれば，特例によるデータ移転の1つであるものの，標準契約に基づく移転は制限的に用いられるべきであることが示されてきた[43]。

　管理者または処理者が委員会または監督機関が採択した標準データ保護条項を用いる場合，当該契約に新たな処理者との間の契約を含むような広い契約を含むことや直接的・間接的に標準データ保護条項と矛盾しない限りにおいて追加の条項や追加的措置を加えることを妨げてはならない（前文109項）。すなわち，欧州委員会が示した**標準的データ保護条項の項目に義務等を追加することは認められるものの，列挙された義務を削除することは認められていない**[44]。また，実務では，拘束的企業準則（47条）のバックアップとして標準契約も用意しておき，EU 域内のみならず，グローバルなデータ移転を円滑に行うことが求められる。

　2018年3月現在，標準的データ保護条項に基づく契約モデルは，3種類（管理者間の移転2001年決定・2004年決定，管理者と処理者との間の移転2010年決定）が存在する。実務においてよく用いられる2004年決定の管理者間の移転に関する標準契約条項の内容は次の項目からなる。

共同体から第三国への個人データの移転のための標準契約条項（管理者から管理者への移転）2004年決定
　データ移転協定
　_____（名称）
　_____（住所および設置国）（以後，データ移転者という）
　および
　_____（名称）
　_____（住所および設置国）（以後，データ受領者という）
（以後，「当事者」;「両当事者」という）

235

第2部　条文解説

データ移転に合意する当事者名・住所・設置国
定義

  (a) 個人データ，データの特別類型／センシティブ・データ，処理，管理者，処理者，データ主体およびデータ保護監督機関は，指令と同一の意味を有するものとする。

  (b) データ移転者は，個人データを移転する管理者をいう。

  (c) データ受領者は，本条項の用語に従い追加の処理のためデータ移転者から個人データを受領することを同意し，かつ十分な保護を確保する第三国の制度の対象とならない者をいう。

  (d) 条項は，別の商取引に基づく両当事者間が設定した商取引の条件を含まない独立文書である本契約条項をいう。

移転の詳細（および対象となる個人データ）については，本条項の一部をなす附属文書Bにおいて特定されるものとする。

I　データ移転者の義務

データ移転者は，次のことについて保証し，責任を負うものとする。

  (a) 個人データが，データ受領者に適用される法律に従って収集，処理および移転されていること。

  (b) データ受領者が本条項に基づく法的義務を履行することができることを確保するための合理的取組みを行っていること。

  (c) データ受領者の要請に応じ，データ受領者が設置されている国の関連するデータ保護法または参考資料（関連がある場合の法的助言は含まない）の複写を提供すること。

  (d) データ受領者による個人データの処理に関してデータ主体およびデータ保護監督機関からの問い合わせに対応すること。ただし，データ受領者が対応することを両当事者が同意した場合はこの限りではない。この場合，データ受領者が対応しないまたはすることができない場合，データ移転者が合理的に可能な範囲で合理的に入手可能な情報とともに対応する。問い合わせ対応は合理的な期間内になされるものとする。

  (e) III条に基づく第三者受益であるデータ主体の要請に対し，本条項の複写を利用可能にすること。ただし，本条項に機密情報が含まれる場合，かかる情報を削除することができる。情報が削除された場合，データ移転者はデータ主体に対して書面で削除の理由および削除をデータ保護監督機関へ知らせる権利があることを通知しなければならない。なお，データ移転者は，データ主体が削除された機密情報の秘密保持の尊重に同意している限り，データ主体による本条項の全文へのアクセスに関する監督機関の決定に拘束されるものとする。データ移転者は監督機関の要請に対して本条項の複写を提供しなければならない。

III　データ受領者の義務

データ受領者は，次のことについて保証し，責任を負うものとする。

  (a) 過失または不法な破壊，過失による損失，改ざん，不正な開示またはアクセスから個人データを保護するための適切な技術的かつ組織的措置を講じ，かつ処理および保護されるデータの性質により明らかにされたリスクに対し適切なセキュリティ水準を施すこと。

第Ⅴ章　第三国または国際機関への個人データの移転（第 44 条〜第 50 条）

(b) 個人データへのアクセスの権限を有する処理者を含む第三者が個人データの秘密およびセキュリティを尊重し維持するための手続を規定すること。データ受領者の権限に基づく処理者を含むいかなる者もデータ受領者からの指示のみに基づき個人データを処理する義務を負うものとする。本条は個人データへのアクセスを有する法令により認可または要求された者に適用されない。

(c) 本条項の締結時において本条項により規定された保護措置に実質的な悪影響を及ぼす当該国の法律が存在すると信じる根拠がなく，かつ当該法律の存在を認識した場合，データ移転者に（必要な場合は監督機関に対して）通知すること。

(d) 附属文書 B に示された目的のために個人データを処理し，かつ本条項に示された保証を行い，責任を果たす法的権限を有すること。

(e) 個人データの処理に関する問い合わせに対応するための権限を有する組織内における連絡先をデータ移転者に知らせ，かつ合理的期間内にかかる問い合わせに関してデータ移転者，データ主体および監督機関と誠実に協力すること。データ移転者が法的解散をした場合，または両当事者が同意した場合，データ受領者はⅠ(e) の規定の履行の責任を引き受けることとする。

(f) データ移転者の要請に対して，本条項Ⅲに基づく責任を履行する十分な財源の証明をデータ移転者に提供すること。

(g) データ移転者の合理的な要請に対して，本条項における保証および責任の履行を確認するため，合理的な通知および業務時間内において，データ移転者（データ移転者により選定され，データ受領者により合理的な異議のない独立または中立な監査機関または監査人）による見直し，監査，および／または認証のため処理に必要とされるデータ処理の設備，データファイルおよび文書を提示すること。本要請は，データ受領者の国における監督機関からの必要な同意または承認を条件とし，かかる同意または承認は時期に適って認められるよう努めるものとする。

(h) 次の項目に従い，自らの判断で個人データを処理すること。

　（ⅰ）データ移転者が設置された国のデータ保護法，または

　（ⅱ）指令 25 条 6 項に従った欧州委員会決定の関連する規定，データ受領者が，かかる認可または決定の関連する規定を履行し，かつ認可または決定が下された国に拠点を置き，ただし，個人データの移転の目的のための認可または決定により対象となっていない場合，または

　（ⅲ）附属文書 A において示されたデータ処理原則

データ受領者が選んだ判断：＿＿＿＿＿＿＿＿＿＿＿＿＿＿＿

データ受領者のイニシャル：＿＿＿＿＿＿＿＿＿＿＿＿＿＿＿

(i) 欧州経済地域以外にある第三者のデータ管理者に対して個人データを開示または移転しないこと。ただし，データ移転者への移転に関する通知を行い，かつ次の場合はこの限りではない。

　（ⅰ）第三者のデータ管理者が，第三国が十分な保護を保護していると認定した欧州委員会による決定に従い個人データを処理している場合

　（ⅱ）第三者のデータ管理者が本条項の契約または EU 域内の監督機関により承認された別のデータ移転の協定に署名している場合

　（ⅲ）移転の目的，受領者の類型およびデータが移転される国が異なるデータ保

237

第2部　条文解説

護の水準を有する事実が通知されたのち，データ主体が異議を申し立てる機会
を与えられている場合

（ⅳ）センシティブデータの再移転に関して，データ主体が再移転について明確
な同意を与えている場合

Ⅲ　責任および第三者の権利

（a）当事者は，本条項の違反により生じた損害について別の当事者に対し責任を
負うものとする。両当事者間の責任は，現実に生じた損害に限定されるものとす
る。懲罰的損害賠償（不当な行為に対する一方当事者による懲罰を目的とした損
害賠償）は明確に除外されるものとする。当事者は本条項に基づく第三者の権利
への侵害により生じた損害についてデータ主体に対して責任を負うものとする。
このことは，データ移転者のデータ保護法に基づく責任に影響を及ぼすものでは
ない。

（b）両当事者は，データ主体が自己の個人データに関して，第三者受益のために
データ移転者またはデータ受領者に対して，本条項およびⅠ（b），Ⅰ（d），Ⅰ（e），
Ⅱ（a），Ⅱ（c），Ⅱ（d），Ⅱ（e），Ⅱ（h），Ⅱ（i），Ⅲ（a），Ⅴ，Ⅵ（d）ならびに
Ⅶの各条項を執行する権利を有すること，および移転者の設置国における権利執
行のための管轄を受け入れることに同意するものとする。データ受領者による違
反の申立てを伴う事案において，データ主体はデータ移転者に対し受領者に対す
る権利の執行のための適切な措置を講ずることを第一次的に要請しなければなら
ない。仮にデータ移転者が合理的期間内（通常の状況の者では1か月間）に係る
措置を講じない場合，データ主体はデータ受領者に対して権利を直接行使するこ
とができる。データ受領者が本条項に基づく法的義務を履行することができるこ
とを確約するための合理的取組を怠ったデータ移転者に対して直接的に訴訟を提
起する権利を有するものとする。

Ⅳ　本条項に適用される法律

本条は移転者が設置された国の法律に準拠するものとする。ただし，Ⅱ（h）に基づ
くデータ受領者による個人データの処理に関する法律および規則は除くこととし，本条
項に基づきデータ移転者によるかかる選択がされた場合に限り適用されるものとする。

Ⅴ　データ主体または監督機関との紛争解決

（a）個人データの処理に関して当事者の一方または両方に対するデータ主体また
は監督機関から提起された紛争または請求があった場合，両当事者はかかる紛争
または請求について互いに通知し，時期に適った形で友好的な解決に向けて協力
するものとする。

（b）両当事者はデータ主体または監督機関により開始された一般に利用可能な拘
束力のない調停手続に対応することに同意する。両当事者が訴訟に参加する場合，
遠隔（電話またはその他の電子的手段）で参加することを選択することができる。
両当事者は，データ保護の紛争から生じたその他の仲裁，調停その他の紛争解決
手続に参加することに同意する。

（c）各当事者は，データ移転者の設置国の裁判所またはさらなる上訴をすることが
できない終局的な機関の決定を遵守するものとする。

Ⅵ　本条項の終了

（a）データ受領者が本条項に基づく義務に違反した場合，違反が是正されるかま

たは契約が終了するまでの間，データ移転者はデータ受領者への一時的に個人データの移転を停止することができる。

(b) 次のいずれかの場合，受領者に対するその他の権利を損ねることなく，本条項を終了させる権限を有し，必要に応じて，監督機関にその事実を通知するものとする。下記（ⅰ），（ⅱ）または（ⅳ）に該当する場合，データ移転者は本条項を終了することができる。

（ⅰ）データ受領者が，データ移転者による一時的に個人データの移転を（a）号に従い 1 か月以上停止されている場合，

（ⅱ）データ受領者による本条項の履行が，移転の国の法的義務または規制による義務に違反した状態となる場合，

（ⅲ）データ受領者が本条項に基づき課された保証または約束の重大なまたは継続的な違反をした場合，

（ⅳ）データ移転者の設置国の裁判所または監督機関の規則においてさらなる上訴ができない終局的決定によりデータ移転者またはデータ受領者による本条項の違反があるとされた場合，または，

（ⅴ）個人または法人の資格を問わず，データ受領者の管理または解散の申立てが行われ，準拠法に基づきかかる解散に対する期間内に申立てが却下されない場合，解散命令がなされた場合，受領者の資産に対して管財人が任命された場合，データ受領者が個人であれば，受領者による会社の倒産の任意の取り決めが開始された場合，破産管財人が任命された場合，いずれかの管轄において同等の事由が生じた場合

(c)（ⅰ）データ受領者にデータが移転され処理されている国（または分野）との関係において指令 25 条 6 項に基づく委員会による十分性の決定が下された場合，または（ⅱ）指令が当該第三国に直接適用されるようになった場合，一方当事者は本条項を終了させることができる。

(d) 両当事者は，本条項の終了によって，いつでもいかなる状況でもかつまたいかなる理由によっても（ただし，Ⅵ（c）に基づく終了を除く），移転された個人データの処理に関する条項に基づく義務まおよび・または条件から免除されないことに同意するものとする。

Ⅶ 本条項の変更

　両当事者は，附属文書における情報を更新する場合を除き，本条項を変更してはならない。情報を更新した場合，必要があれば，監督機関に通知をするものとする。変更について，両当事者が別途商取引条項を追加することを妨げるものではない。

Ⅷ 移転に関する記述

　移転および個人データの詳細については，附属文書Ｂにおいて特定されるものとする。両当事者は附属文書Ｂが第三者に開示されることを予定しない秘密情報を含む可能性があり，ただし，法律もしくは権限ある規制当局または政府機関への対応または本条Ⅰ（e）に基づく要請に応ずることに同意する。両当事者は，必要な場合には監督機関に届け出をすることとして，追加の移転を含むため追加文書を作成することができる。これに代わる措置として，附属文書Ｂは，複数の移転を対象とするよう草案することができる。

日付　　　　　　　移転者　　　　　　　　受領者

第2部　条文解説

> 　附属文書A データ処理の原則：①利用目的の制限，②データの質の原則と比例原則，③透明性，④安全管理と秘密保持，⑤センシティブ・データ，⑥マーケティング目的に用いられるデータ，⑦自動決定
> 　附属文書B 移転の内容：①データ主体，②移転の目的，③データの種類，④受領者，⑤センシティブ・データ，⑥データを移転する者のデータ保護の登録情報，⑦特記事項，⑧データ保護に関する質問窓口（移転する者，受領する者）

　クラウドサービス等において特に用いられる，管理者と処理者との間の契約には，このほかに，再委託の禁止に関する条項（データを移転する者の事前の書面による同意なしにデータ受領者が再委託をすることを禁止）が含まれる。なお，個人データに関する項目は契約に提示することとされているが，個人データ保護と関係のない企業秘密に関連する部分まですべて契約に記載する必要はない。

　このような契約による移転については，指令の下ではいくつかの課題が指摘されてきた。たとえば，データ移転者が管理者か処理者であるか必ずしも明らかでない場合には，いずれの標準契約を用いるべきか決定するのに困難を伴う。さらに，企業の中には，標準契約を締結すれば十分な保護措置が満たされると誤解する場合があるが，国内法の規定により届出が必要な場合などがあることに留意が必要である[45]。

　さらに，セーフハーバー決定を無効とした Schrems 判決以降，契約条項に基づく移転の妥当性が疑問視されてきた。EU データ保護指令の下での標準契約条項については，2017年10月3日，アイルランド高等法院が EU 司法裁判所への付託を行い，審理されることとなった[46]。実際，指令の下で標準契約については，実質的な悪影響を及ぼす場合，受領者が契約条項を尊重していないと DPA によって判断された場合，また契約条項が遵守されていないと判断された場合には，当該契約の利用によるデータ移転を停止することが認められていた[47]。

（2）特別の契約

　加盟国の中では，欧州委員会が指定した以外の契約を認めるところもあった[48]。たとえば，加盟国の監督機関が管理者，処理者等の間の契約を認可すれば，適

第Ⅴ章　第三国または国際機関への個人データの移転（第44条〜第50条）

切な措置を施しているとみなされうる（46条3項a号）。スペインは，管理者と管理者との間，管理者と処理者との間における契約をそれぞれ認め，国際移転に際しては監督機関の承認が必要である（個人データ保護法33条）。フランスでは，特別の契約を締結する場合，事前に DPA への提出を義務付けてきた（1978年法69条）。

　特別の契約を締結した場合，一貫性の体制に基づき当該契約が審査の対象となりうる（46条4項）。第29条作業部会は，個人データの移転が行われているすべての加盟国において審査が行われるわけではなく，相互承認の手続に従い，企業がデータ保護監督機関に対して主たる機関として協力の手続に基づき審査を提案することを認めている。[49)]

拘束的企業準則（第47条）

Point
・グループ企業においては，拘束力を有する企業ルール（拘束的企業準則，BCR）を作成し，加盟国の DPA から承認を受ければ，EU/EEA からの個人データの移転が可能である。
・BCR 申請には加盟国の主たる監督機関を決定し，審査の後，要件を満たした場合に承認される。

第47条　拘束的企業準則

1. 権限ある監督機関は，次に掲げる事項を満たした場合，63条に示された一貫性の構造に従い，拘束的企業準則を承認するものとする。
　　(a) グループ事業の関係するすべての者または従業員を含む共同的経済活動を営むグループ企業に対し，法的に拘束力を有し，適用され，執行される場合
　　(b) 個人データの処理に関するデータ主体の執行可能な権利を明確に付与している場合，かつ
　　(c) 2項に示された要件を満たす場合
2. 前項にいう拘束的企業準則は，少なくとも次に掲げる事項を明示するものとする。
　　(a) グループ事業または共同的経済活動を営むグループ企業とその構成員の組織および連絡先
　　(b) 個人データの類型，処理の類型，処理の目的，影響を受けるデータ主体の類型，問題となる第三国の特定を含むデータ移転または一連の移転

第2部　条文解説

(c) 社外に対しても社内においても法的に拘束力がある性格

(d) 一般的データ保護原則の適用，特に利用目的の制限，データ最小限化，保存期間の限定，データの質，データ保護バイデザインおよびデータ保護バイデフォルト，処理の法的根拠，個人データの特別類型の処理，データセキュリティ確保の措置，拘束的企業準則に束縛されない組織への再移転に関する要件

(e) 処理に関するデータ主体の権利および権利を行使するための方法，特に22条に従いプロファイリングを含む自動処理のみに基づく決定をされない権利，79条に従い加盟国の権限ある監督機関または裁判所への不服申立ての権利，および適当と認められる場合に拘束的企業準則の違反に対する救済ならびに補償を求める権利

(f) 加盟国の領土に設立された管理者または処理者に対する，EU域内に設立されていない関係者による拘束的企業準則の違反に対する責任の受け入れ：その関係者が損害が生じた事案に対して責任を負わない場合のみ，管理者または処理者は全部または一部の責任を免除される

(g) 拘束的企業準則に関して，特に本項 (d)，(e)，および (f) で示された条項の情報および13条ならびに14条の情報がデータ主体に提供される方法

(h) 37条に従い配置されたデータ保護担当者またはグループ事業内もしくは共同経済活動を営むグループ企業の拘束的企業準則の遵守を監視し，研修および苦情処理を監督する責任を負っているその他の人の任務

(i) 苦情申立手続

(j) グループの事業内または共同経済活動を営むグループ企業における拘束的企業準則を遵守していることを証明するための体制。かかる体制はデータ保護監査およびデータ主体の権利を保護するための是正措置を確実にするための手順を含むものとする。

(k) ルールの変更の報告・記録，かつ監督機関へのこれらの変更の通知する体制

(l) グループ事業または共同経済活動を営むグループ企業の構成員による，特に (j) にいう措置の証明の結果を監督機関に入手できるようにすることによって遵守を確保するための監督機関との協力体制

(m) 第三国において適用される事業グループの構成員または共同経済活動を営むグループ企業に対して拘束的企業準則によって規定された保護に実質的な悪影響をもたらしうる法的要件について権限ある監督機関への通知のための体制

(n) 常時または定期的に個人データにアクセスする者に対する適切なデータ保護研修

3. 委員会は本条の意味にいう拘束的企業準則に関して管理者，処理者および監督機関の間で情報交換のための形式および手続を指定することができる。これらの施行令は93条2項に示された審査手続に従い採択されるものとする。

242

第Ⅴ章　第三国または国際機関への個人データの移転（第44条〜第50条）

1. 拘束的企業準則

　拘束的企業準則（BCR：Binding Corporate Rules）とは，十分な保護の水準にない国におけるグループ企業内における個人データの国際移転に関するグローバルポリシーを明らかにした企業の多国籍からなるグループによって採用される企業内の規則である。[50]指令では，BCR が明文化されておらずその効果への不安もあり必ずしも多くの企業が申請をしてこなかったが，規則ではBCR を明文化した。[51]

　ここで拘束的または法的執行可能であることを条件としているのは，個人データの移転に関する十分な措置を講ずるものとみなされるためである。法律上において（法的執行力を有すること）もまた実務上においても（コンプラインス），拘束的性質を有することとされている。また，企業とは，本社の責任に基づき設立された多国籍企業を意味する。多国籍企業といっても様々な形態と活動があるため，これらの形態や活動に基づき BCR の適用可能性，デザイン，範囲が異なってくる。さらに，国際的なデータ移転とは，企業のグループ内における移転を指し，BCR によって拘束される企業間における個人データの交換を意味するものである。[52]

　BCR は，GDPR に基づきプライバシー保護および個人の基本権ならびに自由の十分な保護措置を講ずるため，多国籍企業によって用いられるツールである。加盟国のデータ保護監督機関からの承認を受けた後，BCR により，グループ企業における個人データの移転が EU 法に基づき認められる。なお，グループ企業外における移転の根拠とはならない。

　BCR の利点として，①グループ企業内の移転について規則に基づく原則を遵守していることを示すこと，②グループ企業内における個人データの慣行を調和させること，③第三国への移転から生じるリスクの回避となること，④データ保護政策を対外的に公表すること，⑤従業員のための内部規則を有すること，⑥データ保護を企業ビジネスに取り込むこと，が挙げられる。

　BCR は，EU および欧州経済領域（EEA）から十分な保護の水準を満たしていない第三国への個人データの移転を行なっている多国籍企業のためのソル

ーションである。EU および EEA から日本企業への個人データの移転のみな
らず，グローバルなビジネス展開を行なっている場合，すなわちグループ企業
が日本以外の十分性認定を受けていない第三国にある拠点を置いている場合に
は特に有益である。

2. 拘束的企業準則の申請手続

BCR の承認は加盟国の監督機関によって行われるが，その承認は一貫性の
原則から各監督機関の間で相互認証される（47条1項）。指令の下では，申請
手続は次の5段階があったが，GDPR では one-stop-shop メカニズムの一貫
性が明文化された。そのため，今後は，下記のステップのうち③および④が欧
州データ保護評議会を通じて行われるものと考えられる。

①　申請企業が主たる監督機関を指定する。
②　規則および第29条作業部会意見に示された要件を満たす BCR を草案
　　を作成する。
③　主たる機関が関係するデータ保護監督機関に文書回覧を行い一貫性のた
　　めの協力手続を行う。
④　監督機関の間での相互認証を行なっていない加盟国については，第29
　　条作業部会の意見の要件を満たしているか検討が行われる。
⑤　すべてのデータ保護監督機関によって審査が終了した後，各監督機関に
　　より BCR の認証を受ける。

審査は，各監督機関によってケースバイケースで行われ，すべての文書が揃
って入れば1か月〜3か月程度で承認されるものの，文書の内容に関する問い
合わせなどがあり，最初の文書提出から概ね12か月程度が目安とされてきた。[53]
なお，指令の下では，21加盟国が BCR の相互認証を行ってきた。

第Ⅴ章　第三国または国際機関への個人データの移転（第44条～第50条）

3. 拘束的企業準則の審査項目

　BCR には，次の項目を含むものとされている（47条2項）。また，第29条作業部会は，指令の下でBCR の項目（「拘束的企業準則において認定されるべき要素および原則の表をセットアップするための作業文書（2008年6月24日）」）[54]をすでに示しており，以下の対象表のとおりとなっている。なお，第29条作業部会作業文書において，BCR の項目は，グループ企業の構造を考慮に入れて，カスタマイズされなければならないこと，また，プライバシーポリシーにも実際に反映されていることなどが条件とされており，下記の項目はモデルとしての一提案であるとされている。

図表14　BCR の申請項目

GDPR 47条2項	第29条作業部会作業文書153
（a）グループ事業または共同的経済活動を営むグループ企業とその構成員の組織および連絡先	6.2　BCR の対象となる企業リスト
（b）個人データの類型，処理の類型，処理の目的，影響を受けるデータ主体の類型，問題となる第三国の特定を含むデータ移転または一連の移転	4.1　BCR の対象となる移転の説明 4.2　BCR の地理的物理的範囲
（c）社外に対しても社内においても法的に拘束力がある性格	1.1　BCR を尊重する義務 1.2　グループ企業間および従業員にどのように拘束力を有するかについての説明
（d）一般的データ保護原則の適用，特に利用目的の制限，データ最小限化，保存期間の限定，データの質，データ保護バイデザインおよびデータ保護バイデフォルト，処理の法的根拠，個人データの特別類型の処理，データセキュリティ確保の措置，拘束的企業準則に束縛されない組織への再移転に関する要件	6.1　移転や再移転を含むデータ保護原則の説明
（e）処理に関するデータ主体の権利および権利を行使するための方法，特に22条に従いプロファイリングを含む自動処理のみに基づく決定をされない権	1.3　データ保護監督機関または裁判所に苦情を申し立てる可能性を含むデータ主体のための第三者受益の

245

第2部　条文解説

利，79条に従い加盟国の権限ある監督機関または裁判所への不服申立ての権利，および適当と認められる場合に拘束的企業準則の違反に対する救済ならびに補償を求める権利	基準 1.4　BCR違反に対する補償および救済の責任の負担
(f) 加盟国の領土に設立された管理者または処理者に対する，EU域内に設立されていない関係者による拘束的企業準則の違反に対する責任の受け入れ：その関係者が損害が生じた事案に対して責任を負わない場合のみ，管理者または処理者は全部または一部の責任を免除される	1.6　証明責任は個人ではなく企業
(g) 拘束的企業準則に関して，特に本項 (d)，(e)，および (f) で示された条項の情報および13条ならびに14条の情報がデータ主体に提供される方法	1.7　データ主体にBCRへの容易なアクセス
(h) 37条に従い配置されたデータ保護担当者またはグループ事業内もしくは共同経済活動を営むグループ企業の拘束的企業準則の遵守を監視し，研修および苦情処理を監督する責任を負っているその他の人の任務	2.4　苦情処理，監督，BCR遵守監督のためのプライバシー担当者・適切なスタッフの間のネットワーク
(i) 苦情申立手続	2.2　苦情処理プロセスの存在
(j) グループの事業内または共同経済活動を営むグループ企業における拘束的企業準則を遵守していることを証明するための体制。かかる体制はデータ保護監査およびデータ主体の権利を保護するための是正措置を確実にするための手順を含むものとする。	1.5　企業の十分な資産 2.3　BCRを対象とした監査プログラムの存在
(k) ルールの変更の報告・記録，かつ監督機関へのこれらの変更の通知する体制	5.1　BCRの更新プロセス
(l) グループ事業または共同経済活動を営むグループ企業の構成員による，特に (j) にいう措置の証明の結果を監督機関に入手できるようにすることによって遵守を確保するための監督機関との協力体制	3.1　データ保護監督機関との協力義務
(m) 第三国において適される事業グループの構成員または共同経済活動を営むグループ企業に対して拘束的企業準則によって規定された保護に実質的な悪影響をもたらしうる法的要件について権限ある監督機関への通知のための体制	6.3　BCR遵守の妨げとなる国内法立法がある場合の透明性の必要 6.4　国内法とBCRとの関係についての説明
(n) 常時または定期的に個人データにアクセスする者に対する適切なデータ保護研修	2.1　適切な研修プログラムの存在

246

第Ⅴ章　第三国または国際機関への個人データの移転（第44条〜第50条）

4. BCR の申請

　BCR の申請には，一般に，申請書，拘束的企業準則，対象となる企業リスト，BCR が拘束力を有することを示す要素である。そのほかに，プライバシーポリシー，労働者のガイドライン，データ保護に関する監査の計画とプログラム，内部の苦情処理システムの説明書，セキュリティポリシー，新たな IT アプリケーションが BCR に適合することを示す認証プロセス，データ保護責任者およびその他の社内のデータ保護責任を有する者の職務内容が主たる監督機関によって要求されることがある。BCR の申請書類は各監督機関によって異なるが，規則により統一化が図られるものと期待される。第 29 条作業部会が示した申請書の雛形は次のようなものである[55]。

　なお，第 29 条作業部会が GDPR 施行に向けて公表した作業文書において，①適用の範囲，②第三者受益権，③苦情申立ての権利，④データ保護の原則，⑤説明責任，⑥サービス契約が新たな要素として留意が必要であることを喚起している。今後，申請項目は一部変更が予定されている[56]。

　これまで BCR 申請が認められた企業の数は，114 社である（2018 年 3 月 2 日現在）[57]。申請の多い国は，フランス 31 社，イギリス 26 社，オランダ 22 社，ドイツ 10 社，ベルギー 7 社となっている。日本企業では，楽天株式会社がルクセンブルクにおいて承認されている。

図表 15　BCR の申請項目（管理者向け）

第一部　申請企業の情報

1. グループの体制と連絡先

グループの名称および本社（親会社）の拠点：
グループは EEA 内に本社を有していますか？　YES　NO

申請企業の名称および所在地：

第2部　条文解説

法人番号（該当する場合）：
申請企業の法的性格（株式会社，合名会社等）：
グループにおける申請企業の位置付けに関する説明（EEA におけるグループの本店，もしグループが EEA に本店がない場合データ保護の責任を委託された EEA 内のグループ会社）：
担当者の氏名および・または役割（担当者は変更可能であり，その場合は特定の者の氏名よりも役割を示す）：
住所：
国：
電話番号：　　　　　　　Fax：　　　　　　　　Email：
BCR の承認を求める EEA 加盟国：

2．処理およびデータ流通に関する概要

次の項目に記入してください。 －BCR の対象となるデータの性質，特にデータの一類型または複数の類型に適用される場合のデータの性質（たとえば，人事データ，顧客データなど） －BCR は EEA からの移転にのみ適用されるか，またはグループ企業間のすべての移転に適用されるか －EEA 域外に移転される多くのデータの国について列挙してください。 －BCR の対象となるグループ間の移転の範囲；個人データが移転される可能性のある EEA 域内または EEA 域外のグループ企業の説明

3．主たるデータ保護監督機関（BCR Lead）の決定

次の項目に従い，主たる DPA がどの国になるか説明してください。 －グループの EEA 本社の位置 －グループの本社が EEA にない場合，データ保護の責任を委任されたグループ企業の EEA における所在 －グループ内において本申請を扱い，拘束的企業準則を執行するための最適な所在地にある企業の場所（管理機能，事務手続等の観点から） －データ処理の目的および手段の観点から多くの決定が行われる国 －EEA 域外への多くの移転が行われる EEA 加盟国

第二部

4．拘束的企業準則（BCRs）の拘束的性格

企業内の拘束的性格

グループ企業に対して BCRs がどのように拘束的なものとなりますか。

第Ⅴ章 第三国または国際機関への個人データの移転（第44条〜第50条）

- ☐ グループすべての企業に対して法的に拘束力を有する措置または準則
- ☐ グループ企業間の契約または内部規約
- ☐ グループの他企業に拘束力を有する親会社による一方的な宣言または事業（責任と義務を引き受けるBCR企業が一方的な事業が拘束的であると認められる加盟国内にあり，かつBCR企業がBCRが適用される他の企業を法的に拘束することができる場合にのみ可能）
- ☐ その他（グループがBCRの運用に関する拘束的性質を証明できる場合のみ）（内容を記述してください）

上記で記した体制がグループの他企業（特に本社）によって執行されうるかという意味においてどのようにグループ企業間において法的拘束力を有するかについて説明してください。

BCRsの社内における拘束力を有する効果はグループ全体にまで及びますか（もしもグループ企業の中で免除される場合は，その方法と理由を記してください）。

再委託を行っている場合，事前のデータ管理者への連絡と事前の書面による契約があることを確認してください。

従業員に対する拘束力

御社グループBCRsが従業員に対して拘束力を有することを確実にするために次のいくつかのまたはすべての措置を講ずることができますが，それ以外の措置を講ずることもできます。以下の項目について詳しく回答してください。
-雇用契約
-団体協約（労働組合または別の組織によって承認されたもの）
-従業員はBCRsまたはBCRsが含まれる関連する倫理ガイドラインを読んだ上で署名または誓約しなければならない
-関連する企業ポリシーにBCRsが導入されていること
-その他の方法（企業はBCRsが拘束的であることを従業員に対して適切に説明しなければならない）
-関連する企業ポリシーを遵守しなかったことについての懲戒処分，違反に対する解雇を含むものとする
どのようにBCRsが従業員に対して拘束力を有するかを説明するため，ポリシーおよび手続または適切な場合には秘密保持規約の抜粋に基づく概要を記述してください。

データ処理を行う委託先に対する拘束力

委託先に対して個人データの処理に対する保護措置を適用するよう要求するためにどのような措置を講じていますか（たとえば，契約書における義務を用いることを通じて）。記述してください：

遵守しなかった結果に対して契約ではどのように対処するものされていますか。

遵守しなかったことについての委託先に対して課される制裁について記述してください。

249

第2部　条文解説

外部に対する拘束的性格

> 準則が個人の利益（第三者受益権）にとってどのように外部に対する拘束力を有する
> ものとされ，またはどのように御社は第三者受益権を作り出そうとしていますか。た
> とえば，契約や一方的な宣言において第三者受益権を作り出すことができたかもしれ
> ません。

> 法的請求または訴訟
> GDPR47条2項c号，77条，79条および82条の要件に従い義務をどのように果たす
> かについて説明してください。

> 加盟国の領土に設置された管理者（たとえば，グループの欧州本社またはEEA域内
> でデータ保護の責任を委任されたグループの企業）が，本社またはグループの企業が，
> グループのいずれかの企業によるBCRs違反から生じる損害補償の支払い送金を可能
> とする適切な取り決めを行なってきたことをここで確認し，およびこの取り決めを確
> 実なものにする方法を説明してください。

> 請求が発生する場所にかかわらず，準則の違反に関する証明責任が移転元のグループ
> の企業，欧州本社またはデータ保護の責任を委託された組織の企業にあることをここ
> で確認してください。

5. 実効性

> BCRsに基づきデータが移転される場合，安全管理の十分性を評価するに際して重要
> となるため，特にEEA以外の国においては，どのように御社内部において採用され
> たBCRsが実務において運用されているかを証明することが重要となります。

（従業員への）研修および意識向上

> −特別の研修プログラム
> −従業員はBCRsおよびデータ保護に関するテストを受けている
> −BCRsはすべての従業員に対して紙媒体またはオンラインで知らされている
> −企業の幹部による見直しおよび承認
> −どのように従業員は自己の職務におけるデータ保護の意義を理解するよう研修を受
> けているか，たとえば関連するプライバシーポリシーが自己の活動に適用されるため
> それに従い行動することを理解しているか（本項目は，従業員がEEA域内にいるか
> 否かに関わりなく適用される）

内部の苦情処理

> BCRsは遵守を執行するために社内において苦情処理の体制を含むものとされている
> か。
> 苦情処理の体制を記述してください：

第Ⅴ章　第三国または国際機関への個人データの移転（第44条〜第50条）

遵守の検査

グループでは各企業のBCRs遵守を監査するためにどのような検査体制がとられていますか（たとえば，監査プログラム，遵守プログラムなど）。記述してください：
御社の検査または遵守プログラムがどのようにグループ内で運用されているかについて説明してください（たとえば，監査報告書の受領者に関する情報およびグループの体制における地位）。
BCRsには次の項目を用いていますか。 −データ保護責任者 −社内監査役 −社外監査役 −社内・社外の監査役の両方 −社内のコンプライアンス部署による検査
御社のBCRsは検査体制が明確に示されている場合に次の項目について言及がありますか。 −データ保護の基準を含む文書 −他の社内手続に関する文書および監査報告書

データ保護責任者または担当者のネットワーク

処理者向けのBCRの遵守を監視し確実にするため，DPOsまたは担当者（プライバシー担当者のネットワーク等）のネットワークが，経営トップの支援を受けて配置されていることを確認してください。
DPOsまたはプライバシー担当者のネットワークの運用について説明してください。 −内部組織： −役割と責任

6. 監督機関との協力

御社のBCRsが監督機関との協力事項についてどのように扱っているか記述してください。
御社は承認をもらった監督機関による遵守の監査を受け入れることを認めますか。グループ全体およびグループの個々の企業が，BCRsの解釈および適用に関連して監督機関の助言を遵守することを認めますか。

7. 処理およびデータ移転の説明

以下の項目について記してください。 −BCRsの対象となるデータの性質，たとえば，人事データ，特にデータが1つの類型または複数の類型に適用されるか −移転されている個人データの性質はどのようなものですか −広い意味において，データはどこからどこへ流通しますか −広い意味において，データの流通はどの範囲ですか

251

第2部　条文解説

－処理の類型と BCRs の対象となるデータが第三国に移転される目的および移転後の実施される処理の類型はどのようなものですか

－BCRs の対象となるグループ内における移転の範囲，個人データが移転される EEA の域内または域外におけるグループ企業の説明を含むものとする

BCRs は EEA からの移転のみに適用されますか，それともグループのすべての企業間におけるすべての移転に対して適用されますか。記述してください。

8. 報告および修正記録のための体制

承認に対する影響を一般的に及ぼす BCRs の重要な修正についてグループの他の企業および 64 条に基づく関連するデータ保護監督機関（BCR Lead）に対してどのように通知するかについて説明してください。

BCRs の修正について記録するための体制が整備されていることを確認してください。

9. データの保護管理

以下の項目についてどのようにまたどこで対処しているかについて，必要な場合は裏付けとなる文書とともに BCRs を参照して説明してください。

－データ主体に対する透明性および公平性

－目的制限

－データ最小限化および正確性

－保存期限

－安全管理（GDPR28 条 3 項に示されたすべての要件と EU 本社またはデータ保護の責任を委譲された EU の BCR 企業およびその他関連するプライバシー責任者・部署ならびに個人データ侵害が権利と自由に高度なリスクをもたらす可能性がある場合にデータ主体への個人データ侵害の遅滞なく通知する義務を構成するすべての内部・外部の委託先・処理者との契約締結の義務を含む）

－再移転の規制

－その他（たとえば児童の保護など）

10. 説明責任およびその他のツール

－BCR 企業が BCR 遵守についてどのように責任を有し，証明することができるかについて確認し説明してください

－BCR 企業が GDPR30 条 1 項に示された要件に合致するため，各管理者に代わりすべての類型の処理業務の記録を維持することを確認してください

－自然人の権利と自由への高度なリスクをもたらす可能性のある処理業務へのデータ保護影響評価が実施されることを確認してください（GDPR35 条）。GDPR35 条に基づくデータ保護影響評価において，管理者が講ずるリスク低減のための措置がないため，処理が高度なリスクをもたらしうる場合，処理の前に監督機関に相談しなければならないことを確認してください（GDPR36 条）

第Ⅴ章　第三国または国際機関への個人データの移転（第44条～第50条）

－どのような適切な技術的組織的措置がデータ保護原則の遵守のために講じられ，かつ実務上 BCRs に示された要件への遵守を促進するかについて確認し説明してください（GDPR25条）

上記の要請された情報に関して該当する場合には参考となる文書を提出してください。

附属文書1：正式な拘束的企業準則のコピー

御社の BCRs のコピーを添付してください。ここには，御社が提出を希望される附属文書（たとえばプライバシーポリシーや規則）を添付しないようにしてください。

5.　管理者・処理者向けの BCRs

2018年2月6日，GDPR の施行に向けた作業文書において，管理者向けと処理者向けの BCRs 承認のための基準が次のとおり示された。以下，その基準となる項目（概要）である（【　】は処理者向け）。

図表 16　BCR の承認基準

1. 拘束力	1.1　BCRs の尊重義務
	1.2　グループ内と従業員にどのように拘束力を有するかについての説明
	1.3　監督機関および裁判所への苦情申立ての可能性を含むデータ主体のための第三者受益権の創設
	1.4　EU の拠点，データ保護責任を付与された EU 支店または企業による賠償責任と BCRs 違反の救済の受入れ【管理者への責任】
	1.5 企業の十分な資産【1.6　企業による賠償責任と BCRs 違反の救済の受入れ】
	1.6【1.7】企業による証明責任
	1.7　データ主体にとっての BCRs の透明性とアクセスの容易性【1.8　データ主体にとっての BCRs 第三者受益権に関する情報への容易なアクセスを含むデータ主体によるアクセスの容易性】
2. 効果	2.1　適切な研修プログラムの存在
	2.2　BCRs の処理を取り扱う苦情受付の存在
	2.3　BCRs を対象とした監査プログラムの存在

第2部　条文解説

	2.4　遵守を監視するデータ保護責任者または適切な責任者のネットワークの創設
3. 協力義務	3.1　監督機関との協力義務 【3.2　管理者との協力義務】
4. 処理およびデータ移転の概要	4.1　移転および BCRs の対象範囲の概要 4.2　BCRs の地理的範囲の説明（データの性質，データ主体の類型，国）
5. 更新の報告および記録の体制	5.1　BCRs の更新プロセス
6. データ保護の安全管理	6.1　EU 域外への移転または再移転に関する取決めを含むデータ保護原則に関する説明 6.1.2　説明責任および他のツール 6.2　BCRs により拘束を受ける企業リスト 6.3　BCRs の遵守の妨げとなる国内法に関する透明性の必要 6.4　国内法および BCRs との関係に関する説明
【サービス契約】	【処理者向けの BCRs は明確に個々のクライアントにより合意されたサービス契約と明確に関係を有するものでなければならない。】

6. APEC の越境プライバシールールとの関係

　グローバルな越境移転を行う企業にとって，アジア太平洋地域と EU との水準が異なることは二重の認証を取得する負担となる。そこで，欧州委員会と第29条作業部会は，アジア太平洋経済協力（APEC）との継続的な意見交換を行ってきた。AEPC では，事業者のプライバシーフレームワークへの適合性を国際的に認証する制度として，越境プライバシールール（CBPR：Cross-Border Privacy Rules）を構築してきた。[58]

　2014 年 2 月に APEC と第 29 条作業部会が公表した相互参照に関する文書では，「BCR の認可のため EU における国の DPA が一般的に課す要件，特にEU データ保護法から生ずる要件と，CBPR プログラムの要件との間には重大な違いが存在する。また，BCR と CBPR の制度におけるそれぞれの目的，範囲，審査プロセスにおいて違いが存在する。これらの違いの結果として，一定の BCR と CBPR の要件は必ずしも十分に整合するものではない」[59]ことが指摘

254

第Ⅴ章　第三国または国際機関への個人データの移転（第 44 条〜第 50 条）

されている。なお，2018 年 3 月現在，APEC と欧州委員会および第 29 条作業部会との間では，依然として継続的な意見交換が行われている。

■参考文献
・板倉陽一郎「越境データ移転」ビジネス法務 17 巻 8 号（2017）36 頁
・森大樹・生田圭・Mathys Nick「EU 一般データ保護規則を踏まえた日欧における個人データの域外移転に関する規制および実務について」NBL1074 号（2016）22 頁
・ルイ・フレデリック・杉本武重・ベニズリ・イツィック「EU データ保護法下における適切な安全管理措置による個人データ移転：拘束的企業準則（BCR）」国際商事法務 43 巻 10 号（2015）1586 頁
・消費者庁「国際移転における企業の個人データ保護措置調査報告書」（2010 年 3 月）

EU 法により許可されない移転または開示（第 49 条），特定の状況のための特例（第 49 条），個人データ保護のための国際協力（第 50 条）

Point
・十分性決定または拘束的企業準則がない状況の下では，①データ主体の明示の同意がある場合，②データ主体との間の契約の締結または契約前の措置に必要な場合，③管理者と別の自然人・法人との間の契約の締結または契約の履行に必要な場合，④公共の利益の重要な理由のために必要な場合，⑤法的請求の立証，行使または弁護のために必要な場合，⑥データ主体が物理的・法的に同意を与えることができず，データ主体または他の人の不可欠な利益を保護する場合，⑦公的登録簿から移転が必要な場合，⑧不可欠な正当な利益に必要な場合，個人データの移転が認められうる。

第 48 条　EU 法により許可されない移転または開示
　管理者または処理者に個人データの移転または開示を要求する第三国の裁判所または審判所の判断および行政機関のいかなる決定も，本章に従った移転の他の根拠を損ねることなく，要請する第三国と連合または加盟国との間で効力を有する相互法的援助の条約等の国際的協定に基づく方法においてのみ許可されまたは執行されうる。

255

第2部　条文解説

第49条　特定の状況のための特例

1. 45条3項に従った十分性決定または拘束的企業準則を含む46条に従った適切な措置がない場合，個人データの第三国または国際機関への移転または一連の移転は次の条件のいずれか1つがある場合にのみ行うことができる。

　　（a）十分性決定および適切な措置がないためデータ主体の移転の想定されるリスクについて通知した後，データ主体が提案された移転に対し明示の同意を与えた場合

　　（b）データ主体と管理者との間の契約の履行またはデータ主体の要請により契約前の措置の履行のため移転が必要な場合

　　（c）管理者と別の自然人または法人との間においてデータ主体の利益のため締結された契約の締結または履行のために移転が必要な場合

　　（d）重要な理由を有する公共の利益のため移転が必要な場合

　　（e）法的請求の立証，行使または弁護のために移転が必要な場合

　　（f）データ主体が物理的または法的に同意を与えることができない状況において，データ主体または他者の不可欠な利益を保護するために移転が必要な場合

　　（g）EU法または加盟国法に従い市民に情報を提供する意図がある，または一般市民または正当な利益を論証することのできる者による相談のため公にされている登録簿から移転が行われる場合，ただし，EU法または加盟国法により定められた条件が特定の場合に満たされる限りにおいて行われる移転に限る。

　　拘束的企業準則の規定を含め45条または46条における規定に基づかない移転であり，かつ1項にいう特定の状況のための特例のいずれにも該当しない場合，第三国または国際機関への移転は，移転が反復して行われないこと，データ主体の限られた人数のみに関係すること，データ主体の利益または権利および自由によりも管理者が追及する不可欠な正当な利益の方が上回る目的にとって必要であること，かつ管理者が移転を取り巻くあらゆる状況を評価し，その評価に基づき個人データ保護に関して適切な措置を施していることが認められる場合に限り行うことができる。

2. 前条一文（g）に従う移転は，登録簿に含まれる個人データの全体または個人データの全体の類型を伴うものであってはならない。登録簿が正当な利益を有する者により相談のために用いられようとする場合，これらの者の要請においてのみまたはこれらの者が受領者である場合のみ移転は行うことができる。

3. 1項一文（a）（b）（c）および2項は公権力の行使における公的機関によって実施される活動に対しては適用されない。

4. 1項一文（d）にいう公共の利益は，管理者に適用されるEU法または加盟国法において認識されるものを指す。

5. 十分性決定がない場合，EU法または加盟国法は重要な理由のある公共の利益のため第三国または国際組織に対する個人データの特定の類型の移転を明文により制限することができる。加盟国は，委員会に当該条項を通知するものとする。

6. 管理者または処理者は30条にいう記録において1項二文にいう評価および適切な保護措置を文書化しなければならない。

第V章　第三国または国際機関への個人データの移転（第44条～第50条）

第50条　個人データ保護のための国際協力

第三国および国際組織との関係において，委員会および監督機関は次の適切な措置を講ずるものとする。

(a) 個人データ保護のための立法の効果的な執行を容易にするため国際協力の体制を構築すること

(b) 個人データ保護および他の基本権ならびに自由のための適切な措置に従い，通知，苦情付託，調査支援および情報交換を含む個人データ保護の立法の執行における国際的な相互扶助を提供すること

(c) 個人データ保護の立法の執行においてさらなる国際協力に向けた関係する利害関係者との議論および活動を行うこと

(d) 第三国との管轄の問題を含む個人データ保護の立法および実務の交換および文書化を推進すること

1. EU法により許可されない移転または開示

GDPRの審議過程において，2013年6月，アメリカ国家安全保障局（NSA）がヨーロッパを含む世界中のインターネット利用者の個人データを大量に収集していた問題が明らかになった。これを受けて，欧州議会においてこれに対抗する措置としてたとえ第三国の裁判所の判断や行政機関の決定による場合であっても，明確な国際協定がない限り個人データの移転・開示を禁止する条項が設けられた（48条）。そのため，第三国の機関や裁判所の決定等それ自体は正当な根拠となりえず，第V章に示された条件に合致する限りにおいて，適法な移転が認められる。[60]

【例】EU加盟国の飛行機の乗客予約記録（PNR）をアメリカのテロ対策のため，アメリカの国土安全保障省の要請に基づきアメリカに到着する飛行機の乗客予約記録の個人データを無条件に移転することは認められない，とされてきた。[61] また，乗客予約記録の移転の規模に照らして，運送約款に基づく契約の履行に必要な場合の移転としてもみなされないこととされた。

なお，EU司法裁判所は，2016年7月26日，カナダとの乗客予約記録の移転に関して，私生活尊重と個人データの権利を保障する基本権憲章に基づき，更新のため用意された合意は無効となるとの意見を付した。[62]

【例（ドイツ）】2016年4月20日，ドイツ憲法裁判所は，連邦刑事庁が秘密の監視装置から収集した個人データを海外の公的機関等へ移転する場合には，受

257

第2部　条文解説

領する機関において同一の法制度が整備されていることを要求するものではないが，第三国の機関による裁量判断の問題にならないよう，法の支配に照らし，基本権としての保護が及ぶよう個人データの取扱いへの必要な保護が必要とされることを判断した。個人データの国際移転については，①移転され，処理されることとなるデータの十分に重要な目的の制限があること，②第三国における利用が法の支配と合致することの信頼があること，③ドイツの機関による処理への効果的な統制が及ぶ保証があること，かつ，④これらの要件がドイツ法において明確な規範に基づいていることの4つの要件が示された。また，憲法裁判所は，第三国におけるデータ保護の合理的な水準の必要性として，EU司法裁判所のSchremes判決，欧州人権裁判所のZakharov v. Russia判決，市民的および政治的権利に関する国際規約，世界人権宣言，そして2013年12月のデジタルプライバシーに関する国連総会決議を考慮に入れるべきであることを言及した。

2. 特例

第29条作業部会は，指令の段階において，ヨーロッパ法に内在するデータ保護の原則に照らし，**データ移転の特例は制限的に解釈**されるべきであり，特例は原則となることができないことを示してきた。[64] そのため，特例は特別な状況の下でのみ用いることが認められる。

また，データ移転先がデータベースへの直接のアクセスが認められている場合は，移転は繰り返しであるとみなされる。また，明示の同意による特例，公共の利益の重要な理由による特例，不可欠な利益の特例および登記簿の特例（49条1項a号，d号，f号，g号）については，特別な場合が明文で規定されているわけではないが，特例に従った解釈がされなければならない。

特例の条件を満たすためには，一定の目的のために「必要性」が認められるか否かの必要性のテストが重要となる。すなわち，特例の特別な目的が用いられるために個人データの移転が必要であるか否かの評価が必要とされるテストである。

第Ⅴ章　第三国または国際機関への個人データの移転（第44条〜第50条）

（1）明示の同意

　データ主体への想定されるリスクへの通知が行われた上で，データ主体が明示の同意を与えた場合，移転の特例が認められる（49条1項a号）。ここにいう同意には，明示的であること，特定の移転に限定されていること，そして想定されるリスクに関して通知を受けていることが要件とされている。データ主体への通知内容には，すべてのデータ移転先または受領者の類型，個人データが移転されるすべての国，同意が移転のための適法な根拠となること，そして当該第三国がデータ保護の十分な水準を満たしていないことを少なくとも含めることとされる。

（2）データ主体との間の契約の締結または契約前の措置に必要な場合

　管理者とデータ主体との間の契約締結や契約前の措置のために，特別でかつ必要な場合において移転が認められる（49条1項b号）。この特例は，たとえば，雇用契約の履行において直接的関連性がないことから，グループ企業が第三国にいるスタッフの支払いや人事管理のためのセントラルデータベースを構築するような場合に用いることはできない。また，多国籍企業において研修プログラムに出席するため，氏名，職位のほかに食事制限や転職制限等のデータを含む労働者の個人データを第三国の研修センターに体系的に移転する場合にもこの規定を用いることができない。これらの場合は，BCR等の他の規定を根拠としなければならない。他方で，旅行代理店がクライアントのホテルや商業パートナーに個人データを移転する場合には移転の根拠となりうる。この規定は特別な場合のみに用いることができ，繰り返し移転を伴う契約関係においては用いることができない。

（3）管理者と別の自然人・法人との間の契約の締結または契約の履行に必要な場合

　管理者と別の自然人や法人との間でデータ主体の利益のための契約の締結や履行のために必要な場合，移転が認められる（49条1項c号）。この規定も，データ移転は特別でかつ必要な場合においてのみ用いることができる。ペイロールシステムの管理等によりEU域外のサービス提供者に労働者の支払い管理

第2部　条文解説

目的のデータ移転は，データ主体の利益のための雇用契約との直接の関連性が
ないためこの規定を根拠とすることができない。BCR 等の他の規定を根拠と
しなければならない。

（4）公共の利益の重要な理由のために必要な場合

　公共の利益の重要な理由のために必要な場合，移転が認められる（49 条 1
項 d 号）。ここで公共の利益は，管理者に適用される EU 法または加盟国法に
おいて認められるものを指す。たとえば，テロ対策を目的とする捜査のための
データ移転は第三国の機関からの要請だけでは不十分である。むしろこの特例
は国際協力の互恵性の観点から EU 法または加盟国法から導かれる公共の利益
の重要な理由がある場合に適用される。

（5）法的請求の立証，行使または弁護のために必要な場合

　法的請求の立証，行使または弁護のために必要な場合，移転が認められる
（49 条 1 項 e 号）。この規定は，反トラスト法，インサイダー取引等の第三国
における刑事捜査や行政調査の活動が対象となりうる。民事訴訟における公判
前の証拠開示を目的とした移転や，第三国における合併のための訴訟開始や承
認申請もこの規定の対象となる。この規定は，公的機関による公権力の行使に
おける活動のみに適用される。データ移転と当該状況下にある手続との直接的
関連性があり，必要な場合に限られる。

【例】たとえば，アメリカの電子ディスカバリのため，EU 域内から個人デー
タを移転する場合，保存，開示，再移転，二次利用という段階に分けて個人デー
タ処理の適切な条件を整備することが求められる。証拠開示のためあらゆる
情報が提示される要請と個人データの処理の最小限の原則は，両者が緊張関係
にあり，比例原則に照らして公正かつ適法に処理されることが必要とされる。
第 29 条作業部会の意見によれば，たとえアメリカの裁判所において法的請求
の立証等のためであっても，グループ親会社の労働者のすべてのファイルを移
転することは認められない。[65]

260

（6）データ主体が物理的・法的に同意を与えることができず，データ主体または他の人の不可欠な利益を保護する場合

　データ主体が物理的にまたは法的に同意を与えることができず，データ主体または他の人の不可欠な利益を保護するために必要な場合，移転が認められる（49条1項f号）。たとえば，EU域外にいるデータ主体が意識がなく，緊急の治療が必要であり，EU域内の管理者である医師がこのデータ主体を移転する場合である。この場合，データ保護に関する問題よりもデータ主体への重大な害悪の切迫したリスクが生じていることが想定されている。そのため，特定のデータ主体の治療を目的としない，一般的な疫学研究のための移転は認められない。

（7）公的登録簿から移転が必要な場合

　一定の条件の下，公的登録簿から個人データを移転することが認められている（49条1項g号および49条2項）。ここにいう公的登録簿は，EU法または加盟国法に基づき市民に提供される情報を指し，私的登録簿は対象外である。具体的には，登記簿，協会名簿，犯罪者名簿，車両登録簿であり，一般市民または正当な利益を証明することができた者による相談を受けて公開されなければならない。データ移転者はケースバイケースの判断に基づきデータ主体の利益と権利を考慮しなければならない。

（8）不可欠な正当な利益

　データ移転者が追求する不可欠な正当な利益の目的のために必要な場合，個人データを移転することができる（49条1項2文）。この特例は最終手段であり，BCRやその他の規定に該当しないのみに用いることができる。

　ここで不可欠な正当な利益は，データ主体の利益や権利を上回ることが条件とされており，不可欠なという文言から，データ移転者の本質をなす不可欠な正当な利益が必要となり，一定の高度な水準が求められる。たとえば，ビジネスに大きく影響を及ぼす切迫した重大な害悪や重大な罰則から組織や制度を保護するために個人データを移転することが不可欠な場合が該当する可能性があ

第2部　条文解説

る。また，繰り返し移転が行われてはならない。さらに，対象となるデータ主体の数も限定されていなければならない。不可欠な正当な利益とデータ主体の利益または権利との衡量には，想定される損害を含め，移転に関するあらゆる状況と適切な措置を評価が必要となる。管理者は移転に関する情報をデータ主体に提供しなければならない（13条および14条）。

第Ⅵ章　独立した監督機関（第51条～第59条）

第1節　独立した地位（第51条～第54条）

第2節　権能，任務および権限（第55条～第59条）

第1節　独立した地位

独立した監督機関（第51条），独立性（第52条），監督機関の構成員への一般条件（第53条），監督機関の設置に関する規則（第54条）

第2節　機能，任務および権限

機能（第55条），主たる監督機関の権限（第56条），任務（第57条），権限（第58条），活動報告（第59条）

Point
・自然人の基本権と自由と保護し，個人データの自由な流通を促進するため，独立した監督機関が設置されなければならない。この機関は完全に独立して行動する。
・監督機関は，調査権限，是正権限および助言・認可の権限を有する。
・越境処理に対しては，主たる監督機関が原則として苦情受付や違反に対する対応窓口となる。

第1節　独立した地位

第51条　独立した監督機関

1. 各加盟国は，処理に関する自然人の基本権と自由を保護し，かつ EU 域内の個人デ

第2部 条文解説

ータの自由な流通を促進するため，本規則の適用を監視する責任をする一または複数の独立した公的機関（監督機関）を整備するものとする。

2. 各監督機関は，EU 域内において本規則の一貫性ある適用に寄与しなければならない。この目的のため，監督機関は第Ⅶ章に従い，互いにまた委員会と協力しなければならない。

3. 加盟国内において複数の監督機関が設置されている場合，加盟国は EDPB にこれらのいずれかの監督機関を代表として指定し，63 条にいう一貫性の体制に関する規則を他の機関とともに遵守を確保する構造を整えなければならない。

4. 各加盟国は，本章に従い採択した立法の規定を 2018 年 5 月 25 日までに，かつこの立法に影響を及ぼす事後の修正を遅滞なく委員会に通知しなければならない。

第 52 条 独立性

1. 各監督機関は本規則に従い任務を遂行し権限を行使する際に完全な独立性をもって行動しなければならない。

2. 各監督機関の構成員は，本規則に従い任務の遂行および権限の行使において，直接であると間接であるとを問わず，外部の影響力を受けず，いかなる者からも指示を求めたり受けたりしてはならない。

3. 各監督機関の構成員は，自らの任務と矛盾するいかなる行為も控えなければならず，かつ在職中は，利益の有無にかかわらず，相容れない職業に従事してはならない。

4. 各加盟国は，各監督機関が，EDPB における相互支援，協力および参画の文脈において実施される任務および権限を含む，任務の効果的遂行および権限の行使にとって必要な人的，技術的かつ財政的資源，施設およびインフラストラクチャーを提供されるよう確保しなければならない。

5. 各加盟国は，対象となる監督機関の構成員の唯一の指揮を受ける職員を各監督機関が選定し有することを確保しなければならない。

6. 各加盟国は，各監督機関が，国の全体予算の一部となりうる，独立性に影響を及ぼさない財政的統制を受け，かつ独立した予算を有することを確保しなければならない。

第 53 条 監督機関の構成員の一般条件

1. 加盟国は各監督機関が次の透明性ある手続により任命されるよう整備しなければならない。
   - 議会
   - 政府
   - 元首，または
   - 加盟国法に基づき任命権限を付与された独立した機関

2. 各構成員は，任務を遂行し権限を行使するために要求される，特に個人データ保護の分野における資質，経験および技能を有しなければならない。

3. 構成員の義務は，対象となる加盟国法に従い，任期の終了，辞職または強制的退職時に終わるものとする。

4. 構成員は，重大な違法行為があったまたは任務の遂行に要求される条件をもはや満たすことができない場合にのみ，解職されるものとする。

第Ⅵ章　独立した監督機関（第51条〜第59条）

第54条　監督機関の設置に関する規則

1. 各加盟国は立法により次のすべての事項を規定しなければならない。
   - （a）各監督機関の設置
   - （b）各監督機関の構成員として任命されるために要求される資質および資格
   - （c）各監督機関の構成員の任命に関する規則および手続
   - （d）4年以上となる各監督機関の構成員の任期の期間，ただし，任命手続をずらす方法により監督機関の独立性を保護するために必要である場合にはこれより短い期間が生じうるため，2016年5月24日以後の最初の任命を除くものとする。
   - （e）各監督機関の構成員の任期が再任の資格を有するか否か，有する場合のその回数
   - （f）各監督機関の構成員ならびに職員の義務を規律する条件，在職中ならびに退職後に相容れない行為，職業ならびに利益の禁止事項および休職を規律する規則
2. 各監督機関の構成員および職員は，EU法または加盟国法に従い，任務の遂行または権限の行使の過程において知りえた秘密のいかなる情報に関しても在職中ならびに退職後に専門職の守秘義務の対象となる。在職中の専門職の守秘義務は，自然人による本規則の違反の報告に適用されるものとする。

第2節　権能，任務および権限

第55条　権能

1. 各監督機関は，自らの加盟国の領土において，本規則に従い当てられた任務の遂行および付与された権限の行使に対して権限を有するものとする。
2. 処理が6条1項c号またはe号に基づき公的機関または民間機関により実施された場合，対象となる加盟国の監督機関は権限を有するものとする。この場合，56条は適用されない。
3. 監督機関は，司法の資格において行動する裁判所の処理業務を監督する権限を有しないものとする。

第56条　主たる監督機関の権限

1. 55条を損ねることなく，管理者または処理者の主たる設置または単一の設置がされている監督機関は，60条に規定された手続に従い管理者または処理者による越境処理について主たる監督機関として行動する権限を有するものとする。
2. 前項からの特例により，係争案件が当該加盟国における設置に関連する場合または当該加盟国のデータ主体にのみ重大な影響を及ぼす場合，各監督機関は申し立てられた苦情または本規則の想定される違反を取扱う権限を有する。
3. 前項にいう場合，監督機関は主たる監督機関に対して当該案件を遅滞なく通知しなければならない。通知後3週間以内に，監督機関が通知を受けた加盟国における管理者または処理者の設置があるか否かを考慮して，主たる監督機関は60条に規定された手続に従い案件を取り扱うか否か決定しなければならない。
4. 主たる監督機関が案件を取り扱うことを決定した場合，60条に規定された手続が適用される。主たる監督機関に通知した監督機関は，主たる監督機関に決定案を提出することができる。主たる監督機関は60条3項にいう決定案を準備する際，決定案を

265

第2部　条文解説

最大限考慮に入れるものとする。

5. 主たる監督機関が案件を取り扱わないと決定した場合，61条および62条に従い主たる監督機関に通知した監督機関がその案件を取り扱わなければならない。

6. 主たる監督機関は，管理者または処理者により実施される越境処理に対して，当該管理者または処理者の唯一の窓口になるものとする。

第57条　任務

1. 本規則に示された他の任務を損ねることなく，各監督機関は自らの領土において次の事項を行う。

(a) 本規則の適用の監視および執行

(b) 広報啓発および処理に関するリスク，規則，安全管理措置および権利の理解促進。児童に特別に向けられた活動は特別の関心を払うものとする。

(c) 加盟国法に従い，処理に関する自然人の権利および自由の保護に関連する立法ならびに行政の措置に関して，国の議会，政府および他の組織ならびに機関への助言

(d) 管理者および処理者の本規則に基づく義務に関する意識向上

(e) 要求に応じ，本規則に基づく権利行使に関するデータ主体への情報提供および，該当する場合，この目的を実現するための他の加盟国における監督機関との協力

(f) データ主体または80条に従う機関または組織により申し立てられた苦情の処理および必要な限りにおいて，苦情案件の調査ならびに特に追加の調査または他の監督機関との調整が必要な場合には合理的期間内の調査の進捗と結果の報告

(g) 本規則の適用と執行の一貫性を確保する目的で情報共有および相互支援を含む他の監督機関との協力

(h) 別の監督機関または他の公的機関から受領した情報に基づく本規則の適用に関する調査の実施

(i) 個人データの保護に影響を及ぼす限りにおいて，特に情報通信技術および商慣行の進展等の関連する進展の監視

(j) 28条8項および46条2項d号にいう標準契約条項の採択

(k) 35条4項に従うデータ保護影響評価の要件に関するリストの作成および整備

(l) 36条2項にいう処理業務への助言

(m) 40条1項に従う行動規範の作成の奨励，および40条5項に従う十分な安全管理措置を行う行動規範の意見の付与ならびに承認

(n) 42条1項に従うデータ保護認証体制およびデータ保護シールならびにマークの確立の奨励および42条5項に従う認証基準の承認

(o) 該当する場合，42条7項に従い発行された認証の定期的審査の実施

(p) 41条に従う行動規範の監視のための機関および43条に従う認定機関の認証基準の作成と公表

(q) 41条に従う行動規範の監視機関および43条に従う認定機関の認証の実施

(r) 46条3項にいう契約条項および規程の認可

(s) 47条に従う拘束的企業準則の承認

(t) EDPBの活動への貢献

(u) 58条2項に従い本規則の違反およびとられた措置の内部記録の保持

第Ⅵ章 独立した監督機関（第51条～第59条）

　　　(v) 個人データの保護に関連するその他の任務の遂行
2. 各監督機関は，他の通信手段を排除することなく，電子的に作成ができる苦情提出フォーム等の措置により1項f号にいう苦情の提出を要にするようにしなければならない。
3. 各監督機関の任務の遂行はデータ主体に対して，また該当する場合にはデータ保護責任者に対して料金を徴収してはならない。
4. 特に繰り返し行われ，要請に明白に根拠がなくまた過度である場合，監督機関は行政費用に基づき合理的な手数料を徴収し，また要請に対応することを拒むことができる。監督機関は要請が明白に根拠がなくまたは過度であることを証明する責任を負うものとする。

第58条　権限

1. 各監督機関は，次のすべての調査権限を有するものとする。
　　　(a) 管理者および処理者に対して，また該当する場合には管理者または処理者の代理人に対して，監督機関の任務の遂行のため要求した情報の提供の命令
　　　(b) データ保護監査の形式における調査の実施
　　　(c) 42条7項に従い発行された認証の審査の実施
　　　(d) 申し立てられた本規則の違反に関する管理者または処理者への通知
　　　(e) 管理者および処理者から業務遂行のため必要なすべての個人データと情報へアクセスすること
　　　(f) EU法または加盟国法に従い，データ処理の備品と手段を含む，管理者および処理者の施設への立ち入り
2. 各監督機関は，次のすべての是正権限を有するものとする。
　　　(a) 予定されている処理業務が本規則の規定に違反する可能性がある管理者または処理者に対する警告の発出
　　　(b) 処理業務が本規則の規定に違反した場合の管理者または処理者に対する懲戒処分の発出
　　　(c) 本規則に従う権利の行使のデータ主体の要請を遵守させるための管理者または処理者に対する命令
　　　(d) 処理業務を，該当する場合には具体的方法および具体的期間内において，本規則の規定に遵守させるための管理者または処理者に対する命令
　　　(e) データ主体に対する個人データ侵害の連絡をとるための管理者への命令
　　　(f) 処理の禁止を含む暫定的または確定的制限
　　　(g) 16条，17条ならび18条に従う個人データの訂正もしくは削除または処理の制限の命令および17条2項ならびに19条に従い個人データが開示された受領者への当該措置の通知
　　　(h) 42条および43条に従う認証の撤回または認定機関に対する発行された認証の撤回の命令，または認証の要件が満たされないもしくはもはや満たされていない場合の認証を発行しないようにする認定機関に対する命令
　　　(i) 個々の事案の状況に応じ，本節にいう措置に加えて，もしくはそれに代わり，83条に従う行政上の制裁金を科すこと
　　　(j) 第三国または国際機関における受領者へのデータ移転の停止の命令

267

第 2 部　条文解説

3. 各監督機関は，次のすべての認可および助言の権限を有するものとする。
   (a) 36 条にいう事前相談の手続に従う管理者への助言
   (b) 自ら進んでまたは要求に応じ，加盟国法に従い，国の議会，加盟国の政府ま
      たはその他の組織ならびに機関と市民に対する個人データ保護に関連するあらゆ
      る問題についての意見の付与
   (c) 加盟国の法律が事前の認可を要求する場合，36 条 5 項にいう処理の認可
   (d) 40 条 5 項に従い行動規範案への意見の付与および承認
   (e) 43 条に従う認定機関の認証
   (f) 42 条 5 項に従う認証の発行および認証の基準の承認
   (g) 28 条 8 項および 46 条 2 項 d 号にいう標準データ保護条項の採択
   (h) 46 条 3 項 a 号にいう契約条項の認可
   (i) 46 条 3 項 b 号にいう行政取決めの認可
   (j) 47 条に従う拘束的企業準則の承認
4. 本条に従い監督機関に付与された権限の行使は，憲章に従い EU 法および加盟国法
   に示された効果的な司法救済と適正手続を含む適切な措置に従うこととされる。
5. 各加盟国は，監督機関が本規則の規定を執行するため司法機関に本規則の違反を注
   意を促し，適当と認められる場合は，司法手続を開始し従事する権限を有することを
   法により規定するものとする。
6. 各加盟国は，監督機関が 1 項から 3 項にいう事項に追加の権限を有することを法に
   より規定することができる。これらの権限の行使は，第Ⅶ章の効果的運用を害するも
   のであってはならない。

第 59 条　活動報告

各監督機関は，58 条 2 項に従い通知された違反の類型およびとられた措置の一覧を
含む，活動に関する年次報告書を作成しなければならない。これらの報告書は，加盟
国法により指定された国の議会，政府およびその他の機関に配布されるものとする。
これらの報告書は，市民，委員会および EDPB において入手可能なものとする。

1. 監督機関の独立性

(1) 独立した監督機関

　基本権憲章において，**個人データ保護に関する「規則の遵守は，独立の機関
による統制に服する」**（8 条 3 項）ことが規定されている。これは，裁判所と
は別に，専門性の高い独立した機関を設け，基本権としての個人データを保護
することを狙いとしている。従来は，ヨーロッパにみられる特有の制度であっ
たが，現在ではヨーロッパ以外の国においても同様の機関の存在が広く認識さ

268

第Ⅵ章　独立した監督機関（第51条〜第59条）

れている。

　2004年から2014年までの間，欧州データ保護監督官であったピーター・ハンスティンクスは，データ保護分野において独立した監督機関の必要性を次のように論じる[1]。まず，歴史的にみれば，個々の事業分野における個人データ保護の規律が行われていたが，あらゆる分野における規制が必要となり，データ保護の権利の保障のための包括的な構造支援が必要となった。次に，理論的にみれば，他の基本権分野では強力な制度基盤（表現の自由によるマスメディアや結社の自由による労働組合や政党）により基本権の複層的なチェック機能が働きやすいのに対し，データ保護の分野では裸の個人がプライバシーの危険にさらされている。また，データ保護の侵害はそれ自体可視化されにくいこと，また専門的・技術的知見がないと侵害それ自体に対処しにくい。同時に既存の法制度を用いてもデータ保護の効果的な保障が及びにくいという点も考慮する必要がある。たとえば，通常の民事訴訟であれば，情報の非対称性から権利を主張する個人や消費者は不利な立場に置かれていること，侵害防止のためのデータ保護という新たな分野の法規範の形成には多大な時間を要すること，さらに事業分野ごとの規律ではデータ保護の権利の予測可能性を担保しえない。このようなことから，特別の地位にあるデータ保護機関が独立して権限行使することが必要となる。

(2) 完全な独立性の要件

　監督機関は，「完全な独立性（complete independence）」をもって行動しなければならない（52条1項）。直接であると間接であるとを問わず，外部の影響力を受けず，いかなる者からも指示を求めたり受けたりしてはならない（52条2項）。

　EU司法裁判所の一連の判決によれば，**「完全な独立性」とは，「監督の対象となる機関によって行使されるあらゆる影響のみならず，私生活への権利の保護と個人データの自由な流通との公正な衡量を図るという監督機関による任務の遂行に疑義が生じうる，直接または間接を問わず，いかなる指示もその他のいかなる外部の影響力も排除すること」**を意味する。

　なお，監督機関が独立していることは，一切の統制を受けないわけではなく，

269

第 2 部 条文解説

財政支出に関する監視や司法審査には服することがある（前文 118 項）。

【例（オーストリア）[2)]】オーストリアの監督機関について，職員，建物，情報提供の点において連邦首相府からの独立性しているかどうかが争われ，EU 司法裁判所は「監督機関が特定の省庁の下に置かれている」と判断し，独立性の違反を認定した。その理由は次の点にある。

　第 1 に，オーストリア監督機関の職員について，監督機関が連邦職員を雇用していることは職務上連邦機関との関連性があり，同時に連邦職員の地位の優位性から監督機関の職員の活動が監視されることを許容する事態を生み出している。これはいかなる直接的・間接的影響も受けないとする独立性の要件に反している。

　第 2 に，予算法の都合により，監督機関の建物や職員を連邦首相府の下の省庁と一体化することは監督機関の決定に影響を及ぼす危険性がある。そのため，公平性に疑いをさしはさみ，独立性の要件に反する。

　第 3 に，連邦首相府はいつでも監督機関から情報を受ける権利を有しているが，監督機関に情報を提供する義務を無条件で負わせることは間接的な影響力が生じうることがある。したがって，連邦首相府が監督機関に情報提供を負わせることは独立性の要件に反する。

　この判決を受けて，ただちにオーストリアは 2014 年 1 月 1 日付で新たな職員の雇用や建物の移転，連邦首相府の情報受領の権利の制限などの措置をとり，新たなコミッショナー事務局を設置した。

【例（ドイツの州の DPA）[3)]】ドイツのいくつか州の DPA は，公的部門について州政府の下で監督活動を行っていた。監督機関が個人データの処理に関する規定を解釈し適用する際に客観的に活動することを妨げていると判断された。

　監督機関の特別な地位を付与するために独立性の要件が設けられたわけではなく，個人の保護を強化するために監督機関は独立していなければならない。この任務を遂行するため，監督機関は客観的かつ公平に行動しなければならない。この目的から，監督機関は，州の直接または間接の影響を含むいかなる外部からの影響も受けない状態におかれなければならない。ドイツは約 30 年にわたり効果的な監督機関を築き上げてきたが，この完全な独立性の要件は指令の目的の平等な水準の維持のためすべての加盟国において要求されるものである。

　この判決を受け，2016 年 1 月までに各州の監督は，もはや内務省の影響を一切受けないものとして組織改革が行われた。

【例（ハンガリー）[4)]】データ保護監督機関の監督官の任期途中の解任が独立性の観点から認められるか否か争われた。2008 年 9 月 29 日に任命されたデータ保護監督官は 2014 年 9 月までの 6 年間の任期があったが，2012 年のデータ保護

第VI章　独立した監督機関（第51条〜第59条）

法の改正に伴い途中解任させることは，機関の独立性を損ねると判断された。ここでは，加盟国における組織改革の理由のみにより，独立性の要件を損ねることは正当化できないことが確認された。

　完全な独立性の要件は，監督機関の決定に影響を及ぼし，また私生活への権利の保護と個人データの自由な流通との間の公正な衡量を図る監督機関の任務への疑義を生じさせうることとなる，直接的であると間接的であるとを問わず，いかなる形態であろうと，指示または外部からの影響を排除することを意味している。

2.　監督機関の権限

　指令の下では，加盟国の監督機関により執行権限にばらつきがあることがしばしば指摘されてきた。国によっては，文書等の提出，ファイリングシステムへのアクセス（立入検査を含む），監査の実施に限定されるところもあるが，他方で，いわゆる捜索や押収に類似する権限を有する国もみられた[5]。このような執行のばらつきを克服するため，GDPRではすべてのDPAが①調査権限，②是正権限，そして③助言・認可の権限を有することを明確にした。

図表17　監督機関の権限

調査権限（58条1項）	是正権限（58条2項）	助言・認可の権限（58条3項）
（a）管理者・処理者（代理人を含む）に対して監督機関の任務の遂行のため要求した情報の提供の命令	（a）予定されている処理業務が違反する可能性がある管理者または処理者に対する警告の発出	（a）事前相談の手続に従う管理者への助言
（b）データ保護監査の形式における調査の実施	（b）処理業務が違反した場合の管理者または処理者に対する懲戒処分の発出	（b）国の議会，加盟国の政府，その他の組織・機関と市民に対する個人データ保護に関連する問題についての意見の付与
（c）認証の審査の実施	（c）権利の行使のデータ主体の要請を遵守させるための管理者・処理者に対する命令	（c）処理の認可
（d）申し立てられた本規則の違反に関する管理者・処理者への通知		（d）行動規範案への意見の付与および承認
（e）管理者・処理者から業務遂行のため必要なすべての個人データと情報へのアク	（d）処理業務を遵守させるための管理者・処理者に対	（e）認定機関の認証
		（f）認証の発行および認証の基準の承認

第2部 条文解説

セスすること (f) データ処理の備品と手段を含む，管理者・処理者の施設への立ち入り	する命令 (e) データ主体に対する個人データ侵害の連絡をとるための管理者への命令 (f) 処理の禁止を含む暫定的または確定的制限 (g) 個人データの訂正・削除・処理制限の命令および開示された受領者への措置の通知 h) 認証の撤回・発行された認証の撤回の命令，または認定機関に対する認証発効させない命令 (i) 行政上の制裁金を科すこと (j) 第三国・国際機関における受領者へのデータ移転の停止の命令	(g) 標準データ保護条項の採択 (h) 契約条項の認可 (i) 行政取決めの認可 (j) 拘束的企業準則の承認

3. 管理者または処理者にとっての主たる監督機関

　個人データの越境処理を行っている管理者または処理者は，「主たる監督機関（lead supervisory authority）」の特定が問題となる[6]。たとえば，日本企業がフランスとルーマニアにそれぞれ拠点がある場合，またはフランスにのみ拠点がある状況にあってもフランスとルーマニアにおけるデータ主体に実質的影響を及ぼす場合，いずれも「越境処理」（4条23項）を行っているとみなされる。

　主たる監督機関とは，越境データ処理業務を取り扱う第一次的責任を有する機関をいう。具体的には，データ主体が苦情申立てをした場合に，その機関が苦情申立てを受け付けることとなり，対象となる監督機関と調査を調整することとなる（56条参照）。GDPRでは，**①管理者または処理者の主たる設置をしている国，または②単一の設置がされている国の監督機関が原則として「主たる監督機関」となる**（56条1項）。ただし，管理者のみの場合，管理者と処理

272

者の場合，処理者のみの場合，さらに共同管理者の場合ではそれぞれの事情に基づき主たる監督機関を決定することとなる（主たる拠点とも関連して，24条〜29条参照）。

　係争案件が当該加盟国における設置に関連する場合や当該加盟国のデータ主体にのみ重大な影響を及ぼす場合，それぞれの監督機関は申し立てられた苦情と本規則において想定される違反を取り扱う権限を有している（56条2項）。そして，主たる監督機関が案件を取り扱わないと決定した場合，主たる監督機関に通知した国の監督機関がその案件を取り扱わなければならない（56条5項）（一貫性の体制とも関連して，61条〜62条参照）。

　なお，第29条作業部会は，主たる監督機関を認定するため，管理者と処理者向けに次の質問項目を用意している。

〈どのように主たる監督機関を特定するか？〉

①管理者のみが関与している事案において，
　（ⅰ）EU域内の管理者の中心的運営の場所の特定し，
　（ⅱ）中心的運営の場所である国の監督機関が管理者の主たる監督機関となる
　しかし，
　（ⅲ）EU域内の別の拠点において処理の目的と手段に関する決定が行われ，その拠点がこれらの決定を実行する権限を有している場合，この拠点がある国における機関が主たる監督機関となる。

②管理者と処理者が関与している事案において，
　（ⅰ）EU域内に管理者が設置されているか，またワンストップショップ体制の対象となるか否か確認し，もしそうであるならば，
　（ⅱ）管理者の主たる監督機関を特定し，この監督機関が処理者にとっての主たる監督機関にもなる。
　（ⅲ）処理者に権限を有する（主ではない）監督機関は関係する機関となりうる。

③処理者のみが関与している事案において，
　（ⅰ）EU域内の処理者の中心的運営の場所の特定し，
　（ⅱ）処理者がEU域内に中心的運営を有していないならば，処理者の処理業務が行われているEU域内の拠点を特定する。

④共同管理者が関与している事案において，
　（ⅰ）共同管理者がEU域内に設置されているか否かを確認し，
　（ⅱ）すべての共同管理者に関して決定を実行する権限を有している，処理

第2部 条文解説

の目的と手段に関する決定が行われている場所をこれらの拠点の中から指定する。この拠点が共同管理者によって実施される処理の主たる拠点であるとみなされる。主たる監督機関はこの拠点がある国の機関となる。

〈関係する他の監督機関は存在するか？〉

次の場合，監督機関は関係する他の機関である。

・管理者または処理者がその領土に拠点があるとき。

・その領土でデータ主体が処理により実質的に影響を受け，または実質的に影響を受ける可能性があるとき。

・苦情が特定の機関に受理されたとき。

　このような場合には，「関係する監督機関」とは，**個人データの処理により関係する監督機関**を意味する。その理由は，（a）管理者もしくは処理者が当該監督機関のある加盟国域内に設置されていること，（b）当該監督機関の加盟国域内に在住するデータ主体が処理により実質的な影響を受ける，もしくはその可能性があること，または（c）当該監督機関に対して苦情が申し立てられていることである。

4. 日本との比較

　日本では，行政手続における特定の個人を識別するための番号の利用等に関する法律（いわゆるマイナンバー法）を所管していた特定個人情報保護委員会が改組され，個人情報保護委員会が2016年1月に設置された（個人情報保護法59条〜74条）。委員会の委員長と委員は独立して職権を行うことが定められている（同法62条）。個人情報保護法とマイナンバー法に関して苦情あっせん等や国際協力などの任務を遂行している。

第Ⅶ章　協力および一貫性（第60条〜第76条）

第1節　協力（第60条〜第62条）
第2節　一貫性（第63条〜第67条）
第3節　欧州データ保護評議会（第68条〜第76条）

第1節　協力

主たる監督機関と関係する他の監督機関との間の協力（第60条），相互支援（第61条），監督機関の共同運営（第62条）

第2節　一貫性

一貫性の体制（第63条），評議会の意見（第64条），EDPBによる紛争解決（第65条），緊急手続（第66条），情報の共有（第67条）

第3節　欧州データ保護評議会

欧州データ保護評議会（第68条），独立性（第69条），評議会の任務（第70条），報告（第71条），手続（第72条），議長（第73条），議長の任務（第74条），事務局（第75条），守秘義務（第76条）

第2部　条文解説

Point

・主たる監督機関は，他の監督機関と協力し，また各監督機関は相互支援をもとめることができる。

・欧州データ保護評議会（EDPB）が，一貫性の体制を維持するための任務にあたる。

第1節　協力

第60条　主たる監督機関と関係する他の監督機関との間の協力

1. 主たる監督機関は，合意を得るよう試みて本条に従い関係する他の監督機関と協力しなければならない。主たる監督機関と関係する他の監督機関は互いに関連するすべての情報を共有しなければならない。

2. 主たる監督機関は，何時でも関係する他の監督機関に61条に従う相互支援の要請することができ，かつ特に別の加盟国において設置された管理者または処理者に対する調査の実施または措置の実施の監視について62条に従い共同運営を行うことができる。

3. 主たる監督機関は，遅滞なく，事案に関する情報について関係する他の監督機関に連絡をとらなければならない。主たる監督機関は，遅滞なく，意見を得てその見解を斟酌するため，決定案を関係する他の監督機関に提示しなければならない。

4. 前項に従い相談を受けた後4週間以内に関係する他のいずれかの機関は決定案に関連する理由の付された異議を表明した場合，主たる監督機関は，関連する理由の付された当該異議に従わないか，または当該異議が関連性がないかもしくは理由がないと考えない限り，63条にいう一貫性の体制に案件を提示しなければならない。

5. 主たる監督機関は，なされた関連する理由の付された異議に従う予定である場合，関係する他の監督機関に意見を求めるため修正した決定案を提示しなければならない。当該修正された決定案は2週間以内に前項にいう手続を受けなければならない。

6. いずれの関係する他の監督機関も，4項および5項にいう期間内に主たる監督機関により提示された決定案に異議を申し立てなかった場合，主たる監督機関および関係する他の監督機関は決定案に合意したものとみなされ，それに拘束されるものとする。

7. 主たる監督機関は，事情に応じて関係する他の監督機関およびEDPBに通知するのと同様に，管理者または処理者の主たる拠点または単一の拠点に対し，関連する事実および根拠の概要を含め，問題となった決定を採択し通知しなければならない。

8. 前項からの特例により，苦情が却下または拒否された場合，苦情が申し立てられた監督機関は，決定を採択し，申立人にその決定を知らせ，かつ管理者にそれに関して通知しなければならない。

9. 主たる監督機関と関係する他の監督機関が苦情の一部を却下または拒否し，申立ての残りの一部について決定する場合，別の決定が案件のこれらの一部のそれぞれについて採択されるものとする。主たる監督機関は管理者に関連する対象の行為の一部の決定を採択し，加盟国の領土にある管理者または処理者の主たる拠点または単一の拠点に決定を知らせ，かつ申立人にそれに関して通知しなければならない。申立てを受けた監督機関は，当該申立ての却下または拒否に関する部分の決定を採択し，申立人

第Ⅶ章　協力および一貫性（第60条〜第76条）

に決定を知らせ，かつそれに関して管理者または処理者に通知しなければならない。

10. 7項および9項に従い主たる監督機関の決定を知らされた後，管理者または処理者はEU域内におけるすべての拠点における処理業務に関して決定を遵守することを確保するための必要な措置を講ずるものとする。管理者または処理者は，決定を遵守する措置を主たる監督機関に知らせることとし，また関係する他の監督機関にも通知しなければならない。

11. 例外的な場合において，データ主体の利益を保護するため，関係する監督機関が緊急の必要性があると考える理由がある場合，66条にいう緊急手続が適用される。

12. 主たる監督機関および関係する他の機関は本条に基づき要求される情報を互いに標準的な書式を用いて電子的手段により共有するものとする。

第61条　相互支援

1. 監督機関は，本規則を一貫性ある方法で運用し適用するため，関連する情報をおよび相互支援を互いに提供し，かつ互いに効果的協力のための体制を整備するものとする。相互支援は，事前認可，事前相談，検査および調査を実施するための要請等，特に情報要請および監視措置を対象とする。

2. 各監督機関は，別の監督機関の要請に遅滞なく要請を受領後1か月以内に応答するために必要とされる適切な措置を講ずるものとする。当該措置は，特に調査の実施に関する関係する情報の伝達を含むことができる。

3. 支援の要請は，要請の目的および理由を含む，すべての必要な情報を含むものとする。共有された情報は要請された目的にのみ利用するものとする。

4. 要請を受けた監督機関は，次の場合を除いて要請に遵守することを拒んではならない。
 (a) 要請の案件に権限がない，または要請された措置を執行する権限がない場合
 (b) 要請の遵守が，要請を受けた監督機関に適用される本規則またはEU法もしくは加盟国法の違反となる場合

5. 要請を受けた監督機関は，要請を求めた監督機関に，結果または事情に応じて要請に対処するためにとられた措置の進捗を通知するものとする。要請を受けた監督機関は，前項に従い要請を遵守することができない理由を付さなければならない。

6. 要請を受けた監督機関は，原則として，標準化された書式を用いて電子的手段で他の監督機関により要請された情報を提供するものとする。

7. 要請を受けた監督機関は，相互支援のための要請に従いとられたいかなる行為に対しても手数料を徴収してはならない。監督機関は，例外的な場合に相互支援の規定から生じる特別の支出について互いに補塡するための規則に合意することができる。

8. 監督機関が本条5項にいう情報を別の監督機関からの要請を受領後1か月以内に提供しない場合，要請を求めた監督機関は55条1項に従い加盟国の領土における暫定措置を採択することができる。この場合，66条1項に基づく緊急対応の必要があると推定され，かつ66条2項に従いEDPBから緊急の拘束力ある決定を要求するものとする。

9. 委員会は，実施行為により，本条にいう相互支援の書式ならびに手続，および監督機関の間ならびに監督機関とEDPBとの間の，電子的手段による特に6項にいう標準化された書式の情報共有のための取決めを定めることができる。

第2部　条文解説

第62条　監督機関の共同運営

1. 監督機関は，必要に応じて，他の加盟国の監督機関の委員または職員が関与する共同調査および共同執行措置を含む共同運営を実施するものとする。

2. 管理者または処理者が複数の加盟国において設置されている場合，または複数の加盟国における非常に多くのデータ主体が処理業務によって実質的影響を受ける可能性がある場合，これらの個々の加盟国の監督機関は共同処理に参画する権利を有する。56条1項または4項に従う権限ある監督機関は，これらの個々の加盟国の監督機関が共同運営に参画することを求め，参画することについて監督機関の要請に遅滞なく応答するものとする。

3. 加盟国法に従い，監督機関は，支援を行う監督機関の承認により，支援を行う監督機関の共同運営に関与する委員または職員に対して，調査権限を含む権限を付与することができ，また，受け入れ監督機関の加盟国法が認める限りにおいて，支援を行う監督機関の委員または職員に支援を行う監督機関の加盟国法に従い調査権限を行使することを認めることができる。かかる調査権限は受け入れ監督機関の委員または職員の指示の下で，かつその面前でのみ行われることができる。

4. 1項に従い，支援を行う監督機関の職員が別の加盟国において職務を行う場合，受け入れ監督機関の加盟国は，職務が行われている加盟国の法に従い職務中において生ずるいかなる損害への債務を含む行為への責任を負うものとする。

5. 損害が生じた領土における加盟国は，損害に適用可能な条件に基づき，かかる損害への補塡を行うものとする。支援を行う監督機関の職員が別の加盟国の領土にいる者に損害を生じさせた機関の加盟国は，別の加盟国が債権者に代わりに支払った全額を弁済するものとする。

6. 第三者に関する権利の行使および5項の例外を損ねることなく，1項に規定された場合において，各加盟国は4項にいう損害との関係において別の加盟国からの弁済の要求を控えるものとする。

7. 共同運営が予定され，監督機関が1か月以内に本条2項二文に規定された義務を履行しない場合，他の監督機関は55条に従い加盟国の領土において暫定措置を講ずることができる。この場合，66条1項に基づく緊急対応の必要があると推定され，かつ66条2項に従いEDPBから意見または緊急の拘束的決定を要求するものとする。

第2節　一貫性

第63条　一貫性の体制

EU域内の本規則の一貫性ある適用に寄与するため，本節に示された一貫性の体制を通じて，監督機関は互いに協力し，かつ関係する場合には委員会と協力するものとする。

第64条　評議会の意見

1. 評議会は，権限ある監督機関が次に掲げる措置を採択しようとする場合には，意見を付すことができる。この目的のため，権限ある監督機関は，次の場合には評議会に決定案を連絡するものとする。

　　（a）35条4項に従いデータ保護影響評価の要件の対象となる処理業務の一覧を採

第Ⅶ章　協力および一貫性（第60条～第76条）

択しようとする場合

(b) 行動規範の草案または修正ならびに追加が本規則を遵守しているか否か40条7項に従う問題に関与する場合

(c) 41条3項に従う認定機関の基準または43条3項に従う認証機関の基準を承認しようとする場合

(d) 46条2項d号および28条8項にいう標準データ保護条項を決定しようとする場合

(e) 46条3項a号にいう契約条項を認可しようとする場合

(f) 47条の意味における拘束的企業準則を承認しようとする場合

2. いかなる監督機関，EDPBの議長または委員会は，特に権限ある監督機関が61条に従う相互支援または62条に従い共同運営の義務を遵守しない場合，意見を求める目的で一般的な運用または複数の加盟国において効果を生み出すいかなる問題もEDPBによる審査が行われることを要求することができる。

3. 1項および2項にいう事案において，EDPBは，同一の問題について意見をすでに出していなければ，提示された問題に対して意見を出すものとする。当該意見は，EDPBの構成員の単純多数決により8週間以内に採択されるものとする。この期間は，案件の複雑性を考慮に入れ，さらに6週間延長することができる。5項に従いEDPBの構成員に回覧された1項にいう決定案に関して，議長が提示した合理的期間内に異議を申し出なかった構成員は決定案に合意したものとみなされる。

4. 監督機関および委員会は，事実の概要，決定案，当該措置の実施を必要とする根拠および関連する他の監督機関の見解を含む，関連するいかなる情報も，標準化された書式を用いて遅滞なく電子的手段でEDPBに連絡をとらなければならない。

5. EDPBの議長は遅滞なく電子的手段で次のことを通知するものとする。

(a) EDPBの構成員および委員会に対し，標準化された書式を用いて連絡を行った関連するすべての情報。EDPBの事務局は，必要に応じ関連する情報の翻訳を提供するものとする。および

(b) 必要に応じ，1項および2項にいう，監督機関および委員会に対する意見とその公表

6. 権限ある監督機関は，3項にいう期間内に1項にいう決定案を採択してはならない。

7. 1項にいう監督機関は，EDPBの意見を最大限考慮に入れ，かつ意見を受領後2週間以内に決定案を維持するかまたは修正するかについて，またもしあれば標準化された書式を用いて修正案についてEDPBの議長に電子的手段で連絡をとらなければならない。

8. 関係する監督機関が，関連する根拠を示し，前項にいう期間内にEDPBの議長にEDPBの意見に全部または一部従う予定がないことを通知する場合，65条1項が適用される。

第65条　EDPBによる紛争解決

1. 個別の事案における本規則の適切かつ一貫性ある適用を確保するため，EDPBは次の場合において拘束力ある決定を採択するものとする。

(a) 60条4項にいう場合において，関係する監督機関が，主たる機関の決定案に関連する理由の付された異議を提起し，または主たる監督機関が関連性がないま

第2部　条文解説

たは理由がないとして異議を拒否した場合。拘束力ある決定は，特に本規則の違反があるか否かについて，関連性があり理由の付された異議の対象であるすべての問題に関係するものでなければならない。

(b) 主たる拠点についていずれの関係する監督機関に権限があるかに関して見解が矛盾する場合

(c) 64条1項にいう場合において権限ある監督機関がEDPBの意見を要求しない，または64条に基づき出されたEDPBの意見に従わない場合。この場合，関係するいかなる監督機関または委員会はEDPBにこの問題について連絡をとらなければならない。

2. 前項にいう決定はEDPBの3分の2以上の構成員による案件の付託から1か月以内に下されなければならない。この期間は案件の複雑性を考慮に入れ，さらに1か月間延長することができる。1項にいう決定は理由が付されなければならず，また主たる監督機関およびすべての関係する監督機関に伝えられ，かつこれらの機関に拘束力を有するものとされる。

3. EDPBが2項にいう期間内に決定を下すことができない場合，EDPBの構成員の単純多数決により2項にいう2か月を過ぎてから2週間以内に決定を下さなければならない。EDPBの構成員の意見が割れた場合，決定は議長の投票によって採択されるものとする。

4. 関連する監督機関は，2項および3項にいう期間内において1項に基づきEDPBに提出された案件に関する決定を採択しないものとする。

5. EDPBの議長は，1項にいう決定を遅滞なく関連する監督機関に通知するものとする。議長は委員会にも同様に通知するものとする。決定は，監督機関が6項にいう最終決定を知らせた後に遅滞なくEDPBのウェブサイトに公表されなければならない。

6. 主たる監督機関または，必要に応じ，苦情の申立てを受けた監督機関は，EDPCが決定を知らせた後遅くとも1か月以内に不当な遅滞なく本条1項にいう決定に基づき最終決定を下すものとする。監督機関，または，必要に応じ苦情の申立てを受けた監督機関は，EDPBに最終決定が管理者または処理者およびデータ主体それぞれに知らされた日付を通知するものとする。関係する監督機関の最終決定は，60条7項，8項および9項の条件に基づき下されるものとする。最終決定は，本条1項にいう決定を参照するものとし，かつ同項にいう決定が5項に従いEDPBのウェブサイトに公表されることを明示しなければならない。

第66条　緊急手続

1. 例外的な場合において，関係する監督機関がデータ主体の権利および自由を保護するため緊急対応の必要性があると判断した場合，63条，64条および65条にいう一貫性の体制または60条にいう手続から特例により，3か月を超えない範囲で具体的な有効期限とともに自らの領土内における法的効果をもたらす意図がある暫定措置を速やかにとることができる。監督機関は，遅滞なくこれらの措置および採択した理由を関係する他の監督機関，EDPBおよび委員会に連絡をとらなければならない。

2. 監督機関が，1項に従う措置をとり，最終的措置が緊急に採択される必要があると判断した場合，EDPBからの緊急の意見または緊急の拘束力ある決定を要求する理由を付して，これらを要求することができる。

第Ⅶ章　協力および一貫性（第60条〜第76条）

3. いかなる監督機関も，権限ある監督機関がデータ主体の権利および自由を保護するため緊急の対応の必要がある状況で適切な措置を講じていない場合，緊急対応の必要性を含む緊急の意見または緊急の拘束力ある決定の理由を付して，必要に応じ，EDPBからをこれらを要求することができる。

4. 64条3項および65条2項からの特例により，本条2項および3項にいう緊急の意見または緊急の拘束力ある決定は，EDPBの構成員の単純多数決により2週間以内に採択されるものとする。

第67条　情報共有

　　委員会は，特に64条にいう標準化された書式を含む，監督機関の間，および監督機関とEDPBとの間における電子的手段による情報共有の取決めを指定するため，一般的範囲に関する実施行為を採択することができる。

　　これらの実施行為は，93条2項にいう審査手続に従い採択されるものとする。

第3節　欧州データ保護評議会

第68条　欧州データ保護評議会

1. 欧州データ保護評議会（「評議会」または「EDPB」という）は，EUの機関としてここに設置され，法人格を有する。

2. 評議会は議長によって代表されるものとする。

3. 評議会は，各加盟国の一監督機関の長および欧州データ保護監督官またはそれぞれの代理人から構成される。

4. 加盟国において複数の監督機関が本規則に従う規定の運用を監視する責任を有する場合，協働代理人が加盟国法に従い任命されるものとする。

5. 委員会は，投票権を持たず，評議会の活動および会議に参画する権利を有する。委員会は代理人を配置することができる。評議会の議長は評議会の活動を委員会に連絡するものとする。

6. 65条にいう場合，欧州データ保護監督官が本規則の内容に対応するEU組織，期間，事務所および支店に適用される原則と規則に関係する決定にのみ投票権を有するものとする。

第69条　独立性

1. 評議会は，70条および71条に従う任務の遂行と権限の行使において独立して行動しなければならない。

2. 70条1項b号および70条2項にいう委員会による要請を損ねることなく，評議会は任務の遂行または権限の行使においていかなる者からも指示を求めても受けてもならない。

第70条　評議会の任務

1. 評議会は，本規則の一貫した運用を確保するものとする。この目的のため，評議会は進んで，または委員会の要請に応じ，特に次の項目を行うものとする。

　　(a) 64条および65条において規定された場合における，国の監督機関の任務を損ねることのない，本規則の適切な運用の監視および確保

第2部　条文解説

(b) 本規則の修正案を含む，EU における個人データの保護に関連するあらゆる問題についての委員会への助言

(c) 拘束的企業準則のための管理者，処理者および監督機関の間の情報共有のための様式および手続に関する委員会への助言

(d) 17条2項にいう公に入手可能なコミュニケーションサービスから個人データのリンク，複製または複写を削除するためのガイドライン，勧告およびベストプラクティスの作成

(e) 自ら進んで，構成員の一人からの要請に応じ，または委員会の要請に応じ，本規則の適用を対象とするあらゆる質問への検討および本規則の一貫性ある適用を推進するためのガイドライン，勧告およびベストプラクティスの作成

(f) 22条2項に従いプロファイリングに基づく決定の基準および条件のさらなる具体化のための本項e号に従うガイドライン，勧告およびベストプラクティスの作成

(g) 33条1項および2項にいう個人データ侵害の確立および不当な遅滞の決定，および管理者または処理者が個人データ侵害を通知することが要求される特定の状況のための本項e号に従うガイドライン，勧告およびベストプラクティスの作成

(h) 34条1項にいう個人データ侵害が権利および自由への高度なリスクをもたらす可能性がある状況に関して本項e号に従うガイドライン，勧告およびベストプラクティスの作成

(i) 47条にいう管理者によって遵守される拘束的企業準則ならびに処理者によって遵守される拘束的企業準則および対象となるデータ主体の個人データの保護を確保するためにさらに必要な要件に基づく個人データ移転のための基準および要件のさらなる具体化のための本項e号に従うガイドライン，勧告およびベストプラクティスの作成

(j) 49条1項に基づく個人データ移転の基準および要件のさらなる具体化のための本項e号に従うガイドライン，勧告およびベストプラクティスの作成

(k) 58条1項，2項ならびに3項にいう措置の運用および83条に従い行政罰の設定に関する監督機関のためのガイドラインの作成

(l) e号およびf号にいうガイドライン，勧告およびベストプラクティスの実務的運用の審査

(m) 54条2項に従う本規則の違反に関する自然人による報告のための共通の手続の確立のための本項e号に従うガイドライン，勧告およびベストプラクティスの作成

(n) 40条および42条に従う行動規範の作成，データ保護認証体制およびデータ保護シールならびにマークの確立の推進

(o) 認定団体の認証の実施および43条に従う定期的審査および43条6項に従い認定団体ならびに42条7項にいう第三国において設置され，認証された管理者または処理者の公的登録の維持

(p) 42条に基づく認定団体の認証を目的とした43条3項にいう要件の具体化

(q) 43条8項にいう認証の要件に関する意見の委員会への提供

(r) 12条7項にいうアイコンに関する意見の委員会への提供

第Ⅶ章　協力および一貫性（第60条〜第76条）

　　(s) 第三国または国際機関における第三国，領土または一もしくは複数の特定の事業分野がもはや十分な保護の水準を確保していないか否かの評価を含め，第三国または国際機関における十分な保護の水準の評価のための意見に関する意見の委員会への提供。この目的のため，委員会は，当該第三国の政府，当該第三国，領土，もしくは特定の事業分野に関して，または国際機関とのやり取りを含む評議会にすべての必要な文書を提供しなければならない。

　　(t) 64条1項にいう一貫性の体制に従い監督機関の決定案，64条2項に従う提示された問題に関する，および66条にいう事案を含む65条に従う拘束力ある決定を出すための意見の公表

　　(u) 監督機関の間の協力および効果的な一方的ならびに双方的な情報共有ならびにベストプラクティスの促進

　　(v) 共通の研修プログラムの促進および監督機関，また該当する場合は第三国の監督機関または国際機関の間の人的交流の推進

　　(w) 世界中のデータ保護監督機関とのデータ保護立法および実務に関する知識および文書の共有の促進

　　(x) 40条9項に従うEUレベルで作成された行動規範に関する意見の作成

　　(y) 一貫性の体制において扱われる問題に関する監督機関および裁判所による決定であり，公に入手可能な登録簿の維持

2. 委員会が評議会から助言を要請した場合，案件の緊急を考慮に入れ，時間の制限を示すことができる。

3. 評議会は93条にいう委員会および委員会に対し，意見，ガイドライン，勧告およびベストプラクティスを転送し，公にしなければならない。

4. 評議会は，該当する場合，合理的な期間内に利益を有する当事者と相談し，コメントをするための機会を付与するものとする。76条を損ねることなく，評議会は相談の手続の結果を公にしなければならない。

第71条　報告

1. 評議会は，EU，また関連する場合は第三国および国際機関における処理に係る自然人の保護に関する年次報告書を作成するものとする。報告書は公表されるものとし，欧州議会，理事会および委員会に送付しなければならない。

2. 年次報告書は70条1項1号にいうガイドライン，勧告およびベストプラクティスおよび65条にいう拘束力ある決定の実務的運用の審査を含むものとする。

第72条　手続

1. 評議会は本規則において規定されない限り，構成員の単純多数決により決定を下すものとする。

2. 評議会は，構成員の3分2以上の多数決による手続規則を採択し，運営の取決めを組織化するものとする。

第73条　議長

1. 評議会は単純多数決により構成員の中から1名の議長と2名の副議長を選出するものとする。

第2部　条文解説

2. 議長および副議長の職務の任期は5年とし，一度再任することができるものとする。

第74条　議長の任務

1. 議長は次の任務を有するものとする。
   (a) 評議会の会合の招集，および予定表の準備
   (b) 65条に従う評議会による決定の主たる監督機関および関係する監督機関への通知
   (c) 特に63条にいう一貫性の体制に関連して，評議会の任務の時宜に適った遂行の確保
2. 評議会は手続規則において議長と副議長との間の任務の配分を規定するものとする。

第75条　事務局

1. 評議会は，欧州データ保護監督官により提供されることとなる，事務局を有するものとする。
2. 事務局は，評議会の議長の指示のみに基づき任務を遂行するものとする。
3. 本規則により評議会に付与された任務の実施に関与する欧州データ保護監督官の職員は，欧州データ保護監督官に付与された任務の実施に関与する職員とは，別の報告系統におかれるものとする。
4. 必要に応じ，評議会および欧州データ保護監督官は，本条を実施し，協力の条件を決定し，かつ本規則により評議会に付与された任務の遂行に関与する欧州データ保護監督官の職員に適用される覚書を交わし，公表するものとする。
5. 事務局は，評議会に対して，分析的，行政的かつ管理的支援をおこなうものとする。
6. 事務局は特に次の事項について責任を有するものとする。
   (a) 評議会の日常業務
   (b) 評議会の構成員，議長および委員会の間の連絡
   (c) 他の機関および市民との連絡
   (d) 内部および外部の連絡のため電子的手段の利用
   (e) 関連する情報の翻訳
   (f) 評議会の会合の準備およびフォローアップ
   (g) 意見，監督機関の間の紛争解決に関する決定ならびに評議会により採択されたその他の文書の準備，作成および公表

第76条　守秘義務

1. 評議会の審議は，手続規則の規定に従い，評議会が必要であると認めた場合，秘密にされなければならない。
2. 評議会の構成員，専門家および第三者の代理人に対して提出された文書へのアクセスは，欧州議会および理事会の規則1049/2001により統制されるものとする。

第Ⅶ章　協力および一貫性（第60条〜第76条）

1. 監督機関の協力

（1）協力と相互支援

　監督機関の協力については，管理者や処理者が複数の加盟国において個人デー
タの処理にあたっていること，複数の加盟国にいるデータ主体に被害が生じ
ていること，さらに苦情申立てが複数の監督機関に提出されうることなどが挙
げられる（前文124項）。
　そこで，**主たる監督機関は，他の監督機関と協力**することが求められる（60
条1項）。また，監督機関の間での相互支援が認められ，相互支援は，事前認
可，事前相談，検査，調査の実施要請等をはじめ，情報要請および監視措置が
含まれる（61条1項）。そして，監督機関の間で意見や決定に関する見解の生
ずる可能性もあるため，その調整に関する規定とともに調整役である欧州デー
タ保護評議会が新たに設けられることとなった。

（2）共同運営

　監督機関は，他の加盟国の監督機関の委員や職員が関与する**共同調査と共同
執行措置を含む共同運営**を実施することができる（62条1項）。さらに，デー
タ主体の権利および自由を保護するため緊急対応の必要性があると判断した場
合には，**3か月以内の有効期限付きの緊急対応の措置**を講ずることができる
（66条1項）。
　なお，複数の国のDPAによるこのような共同調査は，指令の下でもみられ
た。

　【例】ウーバーのデータ侵害事件
　インターネットで配車サービスを提供しているウーバーは運転者と乗客の個
人データ約5,700万人がサイバー攻撃にあった事実を監督機関に通知していな
かった。第29条作業部会は，2017年11月，オランダDPA主導の下，フラン
ス，イタリア，スペイン，ベルギー，ドイツ，イギリスの各DPAと共同調査
のためのタスクフォースを設けたことを公表した。[1]

第2部　条文解説

> **【例】ホテルのデータ保全，ビデオ監視およびダイレクトマーケティングの共同調査**
>
> 　エストニア・ラトビア・リトアニアのバルト3国のデータ保護監督機関は，これらの国にあるホテルの個人データの保全，ビデオ監視およびダイレクトマーケティングについて共同調査を行い，助言を行った。[2]

　欧州委員会の支援による「執行協力促進のプロジェクト（PHAEDRA）」は，データ保護プライバシーコミッショナー国際会議とも連携を図り，具体的な越境執行協力の取組例について情報共有を行ってきている。[3]

① 　グーグル・バズ

　2010年4月20日，カナダ，スペイン，イスラエル等のデータ保護機関によるグーグルCEO宛の共同の書簡でプライバシー保護の規則の尊重を要求した。[4]その後，米国連邦取引委員会による調査で欺瞞的な方法を用いていたことなどから20年間にわたる監査等が決定した。[5]

② 　グーグル・ストリート・ビュー

　オーストラリア，オーストリア，ベルギー，カナダ，チェコ，フランス，ドイツ，ギリシャ，香港，アイルランド，イタリア，オランダ，ニュージーランド，スペイン，スイス，イギリス，米国等において自国の法に基づきそれぞれ調査が行われた。特に技術的な調査については，カナダ，ドイツ，フランス，スペイン，オランダの間で非公式な連絡がとられた。結果として，データ保護機関の間で異なる事実認定がされるなど，対応が割れてしまった。

③ 　グーグル・プライバシー・ポリシー（フランスによる調査）

　グーグルのプライバシー・ポリシーの改訂について，ユーザーのデータの結合を行ったり，オプトアウトの可能性がなかったなどの理由から，EUデータ保護指令に基づき設置された第29条作業部会を代表してフランスデータ保護機関が調査を実施した。[6]この調査については，フランスがアジア太平洋プライバシー機関やカナダ，米国とも連携を図るなど，グローバルな形で対応が行われた。[7]なお，制裁金は15万ユーロ（フランス）[8]や90万ユーロ（スペイン）[9]など国によって異なった。

第Ⅶ章　協力および一貫性（第60条〜第76条）

④　ワッツアップ

　　ワッツアップ（WhatsApp）のインスタントメッセージのアプリのユーザーの連絡帳へのアクセス等についてオランダとカナダが覚書（2012年1月16日発効）を結んだ上で共同調査を行った。共同調査をしたものの，それぞれの執行権限の違いなどから，オランダとカナダではそれぞれ別の調査報告書が公表された。[10] 報告書に示された勧告の内容（データ保全の期間）についてもオランダとカナダでは異なっている。

⑤　フェイスブック

　　フェイスブックの国際本部がダブリンにあることからアイルランドによるフェイスブックの監査を実施した。[11] 監査に際し，ノルウェーの消費者審議会からの苦情を受け付けている。また，カナダ，米国，ドイツ・ハンブルクにおいてもそれぞれ調査が行われた。調査過程で管轄の問題が明らかになったこと，また監査という調査形態がEUでは批判的であったことがそれぞれ指摘された。

⑥　ソニー・プレイステーション・ネットワーク

　　ソニー・プレイステーション・ネットワークのハッキングによるユーザー情報の漏えいについて，オーストラリア，香港，ニュージーランド，イギリス等においてそれぞれ調査が行われた。オーストラリアでは子会社が個人情報を保有していなかったため，違反の認定ができなかったと結論付けられたが，[12] イギリスではハッキングが防止できていたという結論が下され，25万ポンドの制裁金が科された。[13] ソニーの複雑な企業体系から管轄や責任の所在を問う問題が明らかになった。

⑧　通信データ保全

　　データ保全指令に基づく通信会社やインターネットプロバイダに対するデータ保全の仕方について，第29条作業部会の調査によれば国内法の執行の在り方にばらつきがあることが報告された。そこで，第29条作業部会を通じて加盟国のデータ保護機関が立ち入り調査を含む執行協力の調査を行った。

⑨　世界反ドーピング機関の規程

　　世界反ドーピング機関は，ドーピング対策の規程として「プライバシー

287

第2部　条文解説

と個人情報保護に関する国際基準」[14]を 2009 年に制定し，薬物テスト実施のための選手の居場所やセンシティブ・データを含む情報の提供が義務付けられた。ベルギーの選手らが私生活尊重の権利の侵害であることを主張し，第 29 条作業部会が調査を実施し，情報収集の最小限化の原則の履行に関する 2 つの意見を公表した。反ドーピング機関がカナダに所在していることから，カナダとも連携を図り，反ドーピング機関との意見交換を行ってきた。また，スペインの裁判所では反ドーピング規程がスペインのデータ保護法に違反しないとの判決が下された。

⑩　GPEN プライバシー・スウィープ

　OECD プライバシー保護法の執行に係る越境協力に関する勧告[15]に基づき 2010 年に設置されたグローバル・プライバシー執行ネットワーク（Global Privacy Enforcement Network）が，カナダの主導により 2013 年 5 月 6 日〜12 日に第 1 回「プライバシー・スウィープ（Privacy Sweep）」というプライバシーの広報啓発活動を行った[16]。第 1 回のテーマはプライバシー実務の透明性であり，プライバシー・ポリシーの公表等についても併せて調査が行われた。参加国・地域は，オーストラリア，カナダ，エストニア，フィンランド，フランス，ドイツ，香港，アイルランド，マカオ，マセドニア，ノルウェー，イギリス，米国である。

⑪　グーグル・グラス

　2013 年 6 月，カナダが主導して第 29 条作業部会，オーストラリア，ニュージーランド，メキシコ，イスラエル，スイス，カナダ・アルバータ州，ケベック州，ブリティッシュ・コロンビア州の連名によるグーグル CEO 宛て書簡でグーグル・グラスがもたらすプライバシーに関する問題について質問を行った[17]。米国連邦議会においても同様の質問項目を含む書簡を宛てている。プライバシーに関する潜在的な問題についてコミッショナーで共同して新たな技術利用が始まる早い段階で調査した例である。

第Ⅶ章　協力および一貫性（第60条〜第76条）

2. 一貫性の体制（one-stop-shop）

　GDPR が「規則」という法形式をとり，また最も意識されたのが EU のデジタル単一市場に恩恵をもたらす規則の統一的な適用のための法制度であった。これまでの指令の下では，データ保護の原則や水準について加盟国間でばらつきがみられ，統一的な体制が必ずしもとられてこなかった。さらに，加盟国の中では，法制度の運用も異なり，管理者や処理者にとってフォーラムショッピングと呼ばれる，緩やかな法の運用がされている国に主たる拠点を置くという実務上の課題もみられた。実際，アイルランドには税制面からアメリカの大規模企業が拠点を置くことが多く，2013 年時点では 30 名に満たない職員が限られた予算でこれらの大企業の取り締まりに当たることは困難であることが問題とされてきた（その後，3 年間で 85 名に職員を増員）。[18] これまで EU 加盟国のデータ保護監督機関は，年 4 回〜5 回程度開催される第 29 条作業部会のほか，年 1 回開催される "Spring Conference" と呼ばれる会議において加盟国間の統一性を担保する仕組みがとられてきた。

　2010 年に欧州基本権庁が「複数の機関が混乱と不必要な複雑性をもたらしている」という難点を克服するため「効率的な one-stop shops としての国内のデータ保護機関」が必要であることを指摘していた。[19] このため，GDPR の審議が開始されてから，主たる監督機関と関連する他の機関との協力体制に関するワンストップショップ（one-stop-shop）の体制が検討されてきた。

　EU 司法裁判所は，Stefano Melloni v. Ministerio Fiscal 判決において，[20] 刑事手続の基本権の保障のため加盟国の憲法秩序にかかわらず EU の法的規則を無視する限りにおいて「EU 法の優越性の原則」に反すると判断している。データ保護という基本権憲章で定められた基本権は EU 法の優越性の原則に基づき，特に越境問題と複数の加盟国間に影響を及ぼす問題において one-stop-shop の意義は発揮されることとされている。

　一貫性の体制の下，監督機関は互いに協力し，かつ関係する場合には委員会と協力することとされ（63 条），この一貫性の体制を維持するため，新たに欧州データ保護評議会が設置された。

289

第2部　条文解説

> 【例】ドイツでは国内のデータ保護法制の一貫性の体制を確保するため，「デュッセルドルフサークル（Düsseldorf Circle）」と呼ばれる連邦と州のすべての監督機関から構成される，定期的開催の委員会が設置されている。この委員会はガイドラインの作成，決議の採択，共同調査（グーグルストリートビュー，iphone の位置情報等）の実施がされてきた[21]。

3. 欧州データ保護評議会（EDPB）

(1) 組織

　指令の下では，各加盟国の監督機関と欧州データ保護監督官から構成される第29条作業部会が設置されていた。しかし，第29条作業部会は法人格がなく，また，意見や勧告についても拘束力を有するものではなかった。

　そこで，GDPR では，**法人格を有し，かつ拘束力ある決定を下すことができる「欧州データ保護評議会（EDPB：European Data Protection Board）」を設置**することとした（68条）。事務局は，既存の欧州データ保護監督官（EDPS：European Data Protection Supervisor）におかれることとなる。欧州データ保護監督官は，EU 域内から職員を採用しており，EU 全域における法制度と運用を監視するには適切な機関である。ちなみに，欧州データ保護監督官は，規則 45/2001 に基づき EU の諸機関における個人データ保護を監督するために設置された機関（ベルギー・ブリュッセル）である。欧州データ保護監督官はジョバニ・ブッタレーリ（元イタリア DPA 事務局長，EDPS アシスタント）が，またアシスタント監督官はボーチェク・ビューロスキー（元ポーランド DPA）がそれぞれ 2014 年から 5 年の任期を務めている（2018 年 3 月現在）[22]。

(2) 権限

　EDPB は，主に次の場合に拘束力ある決定を下すことができる。①関係する監督機関が，主たる機関の決定案に異議を提起し，または主たる監督機関が

第Ⅶ章　協力および一貫性（第60条〜第76条）

異議を拒否した場合，②主たる拠点についていずれの関係する監督機関に権限があるかに関して見解が矛盾する場合，③権限ある監督機関が EDPB の意見を要求しない，または EDPB の意見に従わない場合などである。また，GDPR に関連するガイドライン，勧告およびベストプラクティスの作成についても具体的な任務が列挙されており，今後これらが公表されるものと期待される（70条1項）。

第Ⅷ章 救済，責任および罰則（第77条〜第84条）

監督機関への苦情申立権（第77条），監督機関に対する効果的な司法救済の権利（第78条），管理者または処理者に対する効果的な司法救済の権利（第79条），データ主体の代理（第80条），訴訟手続の停止（第81条），賠償を受ける権利と責任（第82条）

Point

- ・すべてのデータ主体は，個人データ処理がGDPRに違反したと判断した場合，監督機関へ苦情申立てを行う権利と司法救済を求める権利を有する。
- ・データ主体は，非営利団体に自らに代わり苦情を申し立て，賠償を請求してもらう権利を有する。
- ・個人と法人は監督機関の決定に対して司法救済を求める権利を有する。

第77条 監督機関への苦情申立権

1. いかなる行政救済または司法救済も損ねることなく，すべてのデータ主体は，自らの個人データの処理が本規則に違反したと判断した場合，特に自らの居所，職場または違反が生じた場所の加盟国における監督機関に苦情申立ての権利を有する。
2. 苦情を受け付けた監督機関は，78条に従う司法救済の可能性を含め苦情の進捗および結果に関する情報を受けるものとする。

第78条 監督機関に対する効果的な司法救済の権利

1. いかなる行政救済または非司法救済も損ねることなく，各自然人または法人は自らに関する監督機関の法的拘束力を有する決定に対して効果的な司法救済の権利を有する。
2. いかなる行政救済または非司法救済も損ねることなく，55条および56条に従い権限ある監督機関が苦情を取り扱わない，またはデータ主体に77条に従い申し立てた苦情の進捗または結果に関する情報を3か月以内に提供しない場合，各データ主体は効果的な司法救済の権利を有する。
3. 監督機関に対する訴訟手続は，当該機関が設置されている加盟国の裁判所に提起さ

第VIII章　救済，責任および罰則（第77条〜第84条）

れるものとする。

4. 訴訟手続が一貫の体制において EDPB の意見または決定が優先された監督機関の決定に対して提起された場合，監督機関は裁判所に対して当該意見または決定を転送しなければならない。

第79条　管理者または処理者に対する効果的な司法救済の権利

1. 77条に従う監督機関への苦情申立権を含め利用できる行政救済または非司法救済も損ねることなく，各データ主体は，本規則に基づく自らの権利が本規則を遵守せず個人データの処理の帰結として侵害されたと判断した場合，効果的な司法救済の権利を有する。

2. 管理者または処理者に対する訴訟手続は，当該管理者または処理者が設置されている加盟国の裁判所に提起されるものとする。それに代わる選択肢として，管理者または処理者が公権力を行使する公的機関でない限り，かかる訴訟手続はデータ主体が居住する加盟国の裁判所に提起することができる。

第80条　データ主体の代理

1. データ主体は，加盟国法に従い適切に構成され，公益性を有する立法目的を有し，かつ個人データ保護に関連してデータ主体の権利および自由の保護の分野で活動を行なっている非営利の機関，組織または団体に対し，自らに代わり苦情を申し立て，自らに代わり 77条から 79条にいう権利を行使し，かつ加盟国法により規定された場合には自らの代わりに 82条にいう賠償を請求する権利を行使することを要求する権利を有する。

2. 加盟国は，データ主体の要求とは別に，1項にいう機関，組織または団体に対して当該加盟国において，77条に従い権限ある監督機関とともに苦情を申し立て，かつデータ主体の権利が処理の結果として本規則に基づき侵害されていると考えられる場合に 78条および 79条にいう権利を行使する権利を有することを認めることができる。

第81条　訴訟手続の停止

1. 加盟国の権限ある裁判所が訴訟手続に関する情報を有し，同一の管理者または処理者に係る同一の訴訟物に関して，別の加盟国の裁判所において係争中である場合，別の加盟国における裁判所にかかる訴訟手続の存在を確認するため連絡をとることができる。

2. 同一の管理者または処理者の訴訟手続に係る同一の訴訟物に関する訴訟手続が別の加盟国の裁判所において係争中の場合，最初に受理した裁判所以外のいかなる権限ある裁判所も当該訴訟手続を停止することができる。

3. 第一審においてこれらの訴訟手続が係争中の場合，当事者の一方の申立てについて，最初に受理した裁判所が問題となった訴訟の管轄を有し，法が併合審理を認めている場合，最初に受理した裁判所以外のいかなる裁判所も管轄を否定することができる。

第82条　賠償を受ける権利と責任

1. 本規則の違反の結果として物理的損害または精神的損害を被ったいかなる者も，管

293

第2部　条文解説

理者または処理者から被った損害に対して賠償を受ける権利を有する。

2. 処理に関与したいかなる管理者も，本規則に違反した処理によって生じた損害に責任を負わなければならない。処理者は，処理者に特別に規定された本規則の義務を遵守しなかった場合または管理者の適法な指示の範囲外またはそれに反して行動した場合にのみ，処理によって生じた損害に責任を負わなければならない。

3. 管理者または処理者は，損害を生じさせた2項に基づく責任が免除されるものとする。

4. 複数の管理者もしくは処理者または管理者および処理者の双方が同一の処理に関与しており，かつ2項および3項に基づき処理によって生じたいかなる損害にも責任を有する場合，それぞれの管理者または処理者は，データ主体の効果的な補償を確保するため全体の損害に対して責任を負わなければならない。

5. 4項に従い管理者または処理者が，被った損害に対して全面的な補償を賠償した場合，管理者または処理者は，2項に示された条件に従い，同一の処理に関与した他の管理者または処理者から損害への責任の一部に相当する補償の部分を求償する権限を有するものとする。

6. 賠償を受ける権利を行使するための訴訟手続は，79条2項にいう加盟国の法に基づき権限ある裁判所に提起されるものとする。

1. 監督機関への苦情申立権

　すべてのデータ主体は，個人データ処理が GDPR に違反したと判断した場合，**監督機関へ苦情申立てを行う権利**を有する（77条1項）。苦情申立ての監督機関は，自らの居所または職場がある場所の機関である。同時に，個人は，GDPR 違反について，**司法救済を求める権利**も有している（79条1項）。

　一般に加盟国の DPA はそれぞれのホームページにおいて，苦情申立てを受け付けることができるようになっており，また電話やオンラインチャットにより苦情申立てや相談を受け付けている。

【例】主な加盟国では，次のとおり苦情申立てを受け付けている。

　フランス：オンラインで，事業分野ごとに苦情を申し立てることができる。7,703件を受付。内訳として，約33% がインターネット上における個人データの拡散に関する事項，約33% が商業目的の利用またはマーケティング利用に関する事項，約14% が人事情報に関する事項，約9% が銀行・クレジットカードに関する事項，約3% が医療・介護に関する事項（2016年）。

　ドイツ：ホームページで苦情をオンライン提出できるほか，電話，手紙，メ

第Ⅷ章　救済，責任および罰則（第 77 条～第 84 条）

ールでも受け付けている。連邦の DPA への相談件数は 1 万 386 件（書面 3,699 件，電話 6,687 件）（2016 年）。

　イギリス：問題を報告するサイトがあり，違反の類型ごとにホームページで報告することができる（電話とオンラインチャットによる対応もある）。約 1 万 8,300 件のデータ保護に関する問題の報告を受付（2016～2017 年）。

2. 監督機関に対する効果的な司法救済権

　個人と法人は，監督機関の法的拘束力ある決定に対して異議がある場合に効果的な司法救済を求める権利を有している（78 条 1 項）。監督機関に対する訴訟手続は，当該機関が設置されている加盟国の裁判所に提起されるものとする（78 条 3 項）。監督機関が苦情を取り扱わない，または申し立てた苦情の進捗または結果に関する情報を 3 か月以内に提供しない場合，各データ主体は効果的な司法救済の権利を有する。

3. データ主体の代理

　データ主体は，加盟国法に基づき，個人データ保護に関連してデータ主体の権利および自由の保護の分野で活動を行なっている非営利機関や団体に対し，自らに代わり苦情を申し立てることができる（80 条 1 項）。

【例】Maximillian Schrems v. Facebook Ireland Limited（2018 年[1]）

　EU 司法裁判所は，2018 年 1 月 25 日，フェイスブックによる個人データ保護指令の違反の主張を申し立てた原告および約 2 万 5,000 人のフェイスブック利用者が，消費者として集団訴訟を提起できるか否かについて判断を下した。民商事件における管轄と判決の承認・執行に関する EU 規則（No44/2001）に基づき，消費者の定義と一消費者による他の消費者の訴訟の可能性について審理が行われた。

　第 1 に，消費者の定義について，EU 司法裁判所は，契約の性質および目的を考慮に入れ，消費者を特定の契約における対象とされた人の地位と理解する。そして，フェイスブックのアカウントの利用者の地位は消費者としてみなされ，たとえ，一定の専門職的な利用があったとしても，当初私的に利用していた場

第2部 条文解説

合は，消費者とみなされる。

第2に，一人の消費者による訴訟は，その者が居住する国の裁判所において，同一の加盟国，他の加盟国または加盟国以外の国に居住する他の消費者による申立ての法的請求について提訴をすることはできない，とされた。

以上のことから，原告は国内裁判所において個人で訴訟を提起することができるにとどまることが確認された。

なお，国内法において個人データ保護法違反を理由として集団訴訟を認める加盟国もある。たとえば，ドイツにおいては，2016年，一定の資格を有する消費者団体が消費者の個人データの収集，処理および利用に関する規則に違反した場合，差止請求を求める集団訴訟を認める法律が制定された。また，オーストリアの施行法では，データ保護NGOがデータ主体に肩代わりして民事訴訟を提起することが認められた，とされている（なお，セーフハーバー決定無効判決を導いたマックス・シュレムス氏はオーストリアでNGOを設立した[2]）。フランスの集団訴訟については，2015年デジタル共和国法案時において，民事訴訟を行う目的で結成された団体は共通の個人情報保護訴訟を提起することができることが審議されたが，この規定の導入は見送られることとなった。

制裁金を科すための一般条件（第83条），罰則（第84条）

Point

・管理者および処理者の義務等に違反した場合，1,000万ユーロ以内または全世界総売上高の2%以内の制裁金が科される。
・データ主体の権利や個人データの移転等に違反した場合，2,000万ユーロ以内または全世界総売上高の4%以内の制裁金が科される。
・同一・関連業務により複数の規定に違反した場合，最も大きな金額の違反で認定された額を超えないものとされる。

第83条 制裁金を科すための一般条件

1. 各監督機関は，4項，5項および6項にいう本規則の違反に関して本条に従い制裁金を科すことが個々の事案において効果的，比例的かつ抑止的なものになることを確保するものとする。

第Ⅷ章　救済，責任および罰則（第77条～第84条）

2. 制裁金は，個々の事案の状況に応じて，58条2項a号ないしh号およびj号にいう措置に加え，またはそれに代わり科されるものとする。個々の事案における制裁金を科すか否かおよび制裁金の金額の決定に際して，次の事項が十分に配慮されなければならない。

(a) 対象となる処理の性質，範囲または目的さらに影響を受けたデータ主体の数および侵害による被害の程度を考慮に入れた，侵害の性質，程度および期間

(b) 侵害の故意または過失の態様

(c) データ主体が被った被害を軽減するために管理者または処理者によって講じられた措置

(d) 25条および32条に従い管理者または処理者による技術的組織的措置を考慮に入れた，管理者または処理者の責任の程度

(e) 管理者または処理者による関連する過去の侵害

(f) 侵害から救済し，侵害の想定される悪影響を軽減するための監督機関への協力の程度

(g) 侵害によって影響を受けた個人データの類型

(h) 侵害が監督機関に知られた方法，特に管理者または処理者が侵害の通知を行ったか否か，もし行った場合の態様

(i) 58条2項にいう措置が同様の問題に関して過去に対象となる管理者または処理者に対し命じられた場合，これらの措置の履行

(j) 40条に従った承認を受けた行動規範または42条に従った承認を受けた認証制度への遵守

(k) 直接的または間接的に財政上得られた利益または回避された損失などその他当該事案の状況に該当する悪化または軽減の要因

3. 管理者または処理者が，同一または関連する処理業務において，故意または過失により本規則の複数の規定に違反した場合，制裁金の総額は最大の違反において特定された額を超えないものとする。

4. 次の規定に違反した場合は，2項に従い，1,000万ユーロ以下または事業の場合は前年度の全世界総売上高の2%のいずれか高い方の制裁金を科されるものとする。

(a) 8条，11条，25条から39条までと42条および43条に従う管理者および処理者の義務

(b) 42条および43条に従う認証機関の義務

(c) 41条1項に従う監視機関の義務

5. 次の規定に違反した場合は，2項に従い，2,000万ユーロ以下または事業の場合は前年度の全世界総売上高の4%のいずれか高い方の制裁金を科されるものとする。

(a) 5条，6条，7条および9条に従い，同意の条件を含む処理の基本原則

(b) 12条から22条に従うデータ主体の権利

(c) 44条から49条に従う第三国または国際組織における受領者への個人データの移転

(d) 第Ⅸ章に基づき採択された加盟国法に従うあらゆる義務

(e) 58条2項に従う監督機関による命令，一時的もしくは絶対的な処理の制限，またはデータ移転の停止の不履行または58条1項に違反したアクセス提供の不履行

第2部 条文解説

6. 58条2項にいう監督機関による命令の不履行は，本条2項に従い，2000万ユーロ以内または事業の場合は前年度の全世界総売上高の4%のいずれか高い方の制裁金を科されるものとする。

7. 58条2項に従い監督機関の是正権限を損なうことなく，各加盟国は加盟国内に設置された公的機関および組織に対し制裁金を科すか否かおよび制裁金額に関する規則を定めることができる。

8. 本条に基づく監督機関による権限の行使は，効果的な司法救済およい適正手続を含むEU法および加盟国法に従い適切な手続的措置に従うものとする。

9. 加盟国の法制度が制裁金を認めていない場合，本条は，制裁金が権限ある監督機関により開始され，権限ある裁判所によって科される方法で適用されるものとする。これらの法的救済が効果的であり，かつ監督機関により課された制裁金と同等の効果を有することを確保するものとする。いかなる場合においても，制裁金は効果的，比例的かつ抑止的でなければならない。これらの加盟国は，2018年5月25日までに本条項に従い採択された法の規定および事後的な改正法またはこれらの規定に影響を及ぼす改正を遅滞なく委員会に通知しなければならない。

第84条 罰則

1. 加盟国は，特に83条に従い行政罰の対象とならない本規則の違反に適用される他の罰則に関する規定を定めることとし，かつ罰則が執行されることを確保するために必要なあらゆる措置を講ずるものとする。かかる罰則は効果的，比例性を有し，かつ抑止的でなければならない。

2. 各加盟国は，前項に従い採択した立法の規定を2018年5月25日までに，またそれらに影響する事後的な修正を遅滞なく，委員会に通知しなければならない。

1. 原則

　第29条作業部会は，制裁金に関するガイドラインにおいて次の原則を示した。なお，GDPRの施行後，フランスではDPAの調査に協力する限りにおいて，GDPRに新たに導入された権利や義務については数か月の間は制裁金を科さないことを表明した。また，デンマークとエストニアは国内の法制度の関係により，GDPRに基づく制裁金を科すことができず，裁判所の手続または国内法の手続に従い制裁金が科されることとなる（前文151項）。

（1）同等性

　GDPRの規定に違反した場合，加盟国間の間で同等の制裁金が科されることとなる（前文10項および11項）。各監督機関は，違反に対処するため，制

第Ⅷ章　救済，責任および罰則（第77条〜第84条）

裁金を含む最適な是正措置を講ずることとされている（58条2項b号〜j号）。国境を越える事案においては，one-stop-shopの体制により規則の遵守に向けた一貫性が求められている。また，国内の事案については，各監督機関が是正措置を選択できるものの，同様の事案において異なる是正措置を避けるべきであるとされる。

(2) 効果的，比例的かつ抑止的

制裁金は，違反の性質，程度，結果に適切に対応するものでなければならない。監督機関は，一貫性があり，かつ客観的に正当化しうる方法で事案のあらゆる事実を評価しなければならない。個々の事案において**効果的，比例的かつ抑止的**であるとされる評価は，選択された是正措置により実現される目的，すなわち，規則の遵守の再構築かまたは違法な行為の処罰のいずれかを反映するものでなければならない。

また，国内法において，通知，形式，期日，不服申立て，執行，支払等の要件を定めることができる。なお，事業の概念については，親会社による形態とすべての関連する支社といった経済主体を意味すると解釈されてきた。[5]

(3) 個別事案における評価

制裁金は，違反の広範囲を対象としている。GDPRは事案ごとに個別の評価を行うこととされている。監督機関は，制裁金を科すかまたは他の是正措置を講ずるかなど最適な措置を選択する責任を有している。重要な点は，**制裁金が最後の手段ではなく**，また制裁金を避けたりすべきものではなく，**制裁金をツールの1つ**としてその効果を低下させるような方法で用いるべきではないということである。

(4) 監督機関の間の積極的な参加参画と情報共有

GDPRの協調性の体制に基づき，監督機関は制裁金の権限行使において情報共有を行うものとする。

299

第2部　条文解説

2.　基準の評価

　監督機関は，83条に規定された，個々の事案におけるあらゆる事情を考慮に入れて，制裁金を科すか否か，またその金額について評価を行わなければならない。その基準となる評価については，前文148項に列挙されているが，下記のとおりである。

(1) 違反の性質，程度および期間

　83条2項の一般的基準に照らして，事案の事実を評価することにより，監督機関は，制裁金という形態における是正措置の対応として金額を決定するものとされる。個々の条項に金額のタグがつけられているわけではなく，効果的，比例的かつ抑止的な対応となるかは事案の状況次第である。なお，「軽微な違反」（前文148項）については，対象となるデータ主体の権利への重大なリスクがないことかつ問題とされる義務の本質に影響を及ぼすものでないと事案の具体的状況から判断されれば，制裁金に代わりけん責処分で済むこともある。特に，管理者が自然人であり制裁金が過度な負担を強いる場合には，けん責処分に代えることができる。

　侵害の程度や**複数の異なる条文の違反**もまた監督機関による制裁金に反映されるものとされる。その他，**関連するデータ主体の数**（データベースにおける全登録者数，サービス利用者数，顧客の数または国の人口との関係における数等），**処理の目的**（目的の特定，当初の目的との両立可能な利用），**データ主体が被った損害**（個人の権利および自由へのリスク（前文75項参照）），**違反の期間**（管理者の役割における悪意ある行為の期間，適切な防止措置をとらなかった期間，または必要とされる技術的組織的措置をとらなかった期間等）が要因として考慮されるべきである。

(2) 故意または過失による違反

　故意とは，一般に違反の認識と意図を含むとされ，管理者または処理者が法において要求される遵守義務に違反したものの，違反を犯す意図がない場合は

故意とはみなされない。たとえば，市場における競合他社の信用を傷つける意図で競合他社の従業員のデータを取得し処理するなど管理者の最高経営責任者が明確に違法な処理を許可した場合，誤解を招くように個人データを修正した場合，またはデータ主体への確認をしなかったり，無視するなどして，マーケティング目的で個人データを取引する場合などが故意による違反とみなされる。

　また，既存のプライバシーポリシーの遵守違反，人為的ミス，公表された情報における個人データの確認不足，時宜に適った技術的更新の欠如，プライバシーポリシーの不採択は**過失**であるとみなされうる。

(3) データ主体が被る損害を小さくするための管理者または処理者による対応

　管理者または処理者による責任の程度の問題として，**データ主体が被る損害を小さくする要因**が考えられる。たとえば，誤って第三者にデータを共有してしまった場合，処理の拡大に関連する他の管理者や処理者に連絡を取ること，またはより深刻な影響を継続または影響から侵害を防止するため管理者または処理者による時期に適った措置がこれに該当する。

(4) 技術的組織的措置を考慮に入れた管理者または処理者の責任の程度

　技術的組織的措置を含む適切な是正措置を運用するために管理者または処理者による責任の程度が評価されるべきことになる。その際，管理者がデータ保護バイデザインやデフォルトの原則に従い技術的措置を講じているか（25条），管理者が組織のあらゆるレベルでデータ保護バイデザインとデフォルトの原則を遵守し組織的措置を講じているか（25条），管理者または処理者がセキュリティの適切な水準を施しているか（32条），関連するデータ保護ポリシーが公表され，組織内で適切な水準の管理が適用されているか（24条）を考慮にいれ，ベストプラクティスの手続または方法がとられているかが考慮に入れられるべきである。

(5) 管理者または処理者による過去の関連する違反

　監督機関は，管理者または処理者が**過去に同様の違反**をしたか否か，管理者または処理者が同様の態様でGDPRに違反したことがあるか否か（たとえば，

第2部　条文解説

組織内部における既存の業務における不十分な認識による違反，不適切なリスク評価，データ主体からの要請への期限内の対応をせず，要請に対する根拠のない遅延など）を評価することとなる。

（6）侵害から救済し侵害の悪影響を小さくするための監督機関との協力の程度

　監督機関への協力の程度は制裁金を科すか否か，そしてその金額を決定する際に適切に考慮されることとなる。たとえば，個人の権利への影響を小さくさせるよう特定の事案における調査の過程で監督機関の要請に対して応答してきたか否か，などを考慮する。

（7）侵害による影響を受けた個人データの類型

　侵害の対象となったデータが特別の類型の処理に該当するか，データが直接的にまたは間接的に識別できるものか，拡散されることで個人への損害や苦痛を直ちにもたらすデータの処理か，データが技術的保護なしに直接入手されたものかあるいは暗号化されていたものか，といったデータの類型に関する事項について監督機関は検討するものとする。

（8）違反が監督機関に知られた方法，特に管理者または処理者による通知の有無

　監督機関は，違反について，調査，苦情，報道，通報または管理者による通知によって知りうることとなる。管理者はGDPRに従い監督機関に個人データ侵害の通知を行わなければならない。監督機関への通知を怠ったり，違反の詳細すべてを通知しない場合は，軽微な違反とは位置付けられないこととなり，監督機関はより重たい制裁金を科しうることとなる。

（9）管理者または処理者に対する同じ問題に関する過去の監督機関による命令措置

　過去に同一の問題について同一の管理者または処理者に対して発出した監督機関による措置があれば，過去の当該措置の内容が考慮に入れられることとなる。

第Ⅷ章　救済，責任および罰則（第77条〜第84条）

（10）行動規範または認証の体制への遵守

　行動規範の策定ある場合，行動規範の組織が各構成員に適切な措置を講ずるよう責任を有しており，監督機関による追加的措置を課すのではなく，行動規範に伴う措置が効果的，比例的または抑止的であるとみなされうることもある。たとえば，違反に対して，行動規範の組織は管理者または処理者の停止または除名を含む監督の体制を有している（41条2項c号，42条4項）。もっとも，監督機関は自主規制の体制に関連する過去に科された制裁金を考慮しなければならないことを意味するものではない。

（11）その他事案の状況に適用される制裁金を高くまたは低くする要因

　特に違反の結果として得られた利益に関する情報など，違反に対する制裁金の適切さを決定するに際して他の要素が考慮に入れられることがありうる。

図表18　制裁金の対象と金額

1,000万ユーロ以下または全世界総売上高の2%以下（83条4項）	2,000万ユーロ以下または全世界総売上高の4%（83条5項）
（a）管理者および処理者の義務（8条，11条，25条〜39条，42条，43条） （b）認証機関の義務（42条，43条） （c）監視機関の義務（41条1項）	（a）同意の条件を含む処理の基本原則（5条，6条，7条，9条） （b）データ主体の権利（12条〜22条） （c）第三国または国際組織における受領者への個人データの移転（44条〜49条） （d）加盟国法に従ういかなる義務（第Ⅸ章） （e）監督機関による命令，一時的もしくは絶対的な処理の制限，またはデータ移転の停止の不履行またはアクセス提供の不履行（58条1項，58条2項）

第 2 部　条文解説

図表 19　加盟国 DPA による制裁金・刑事罰が科された近年の事例

オーストリア	事例が見当たらない。
ベルギー	事例が見当たらない。
ブルガリア	事例が見当たらない。
クロアチア	事例が見当たらない。
キプロス	障害給付のため保険会社が医療情報を過度に収集したことが利用目的の制限を超えた収集であるとして DPA から 3,000 ユーロの制裁金が科され，不服申立て後に行政裁判所この決定を支持した（2016 年）。
チェコ共和国	事前の同意なしにマーケティング目的の通信を送付したため，425 万チェココルナ制裁金が科された（2017 年）。
デンマーク	事例が見当たらない。
エストニア	事例が見当たらない。
フィンランド	事例が見当たらない。
フランス	検索エンジンのフランスのドメイン以外において削除をしなかったため 10 万ユーロの制裁金が科され，不服申立ての裁判が係争中（2018 年 3 月時点）。
ドイツ	スーパーマーケットにおける社員の私生活，財政状況および労働者の行動を体系的に監視し，データ保護責任者を任命しなかったため，バーデン・ヴュルテンベルク州 DPA が 146 万ユーロの制裁金を科した。
ギリシャ	個人の信用情報に関するデータ処理を行いマーケティング目的の企業に共有し，また処理を開始してから 6 か月後に DPA に届出を行った会社に対し，処理の適法性，DPA への事前通知およびデータ主体への通知の違反を理由に 7 万 5,000 ユーロの制裁金が科された（2015 年）。
ハンガリー	他国に拠点を置くオンライン不動産会社が，ハンガリー在住者に対して，最初は無料利用であったが試用期間終了後に高額な料金を請求し，不正に個人データ処理したため，1,000 万ハンガリーフォリントの制裁金が科された（2015 年（Weltimmo 事件））。
アイルランド	信用組合が雇った私的探偵がローン返済が終わった者を追跡していたため，5,000 ユーロの制裁金が科された（2014 年）。
イタリア	国際送金を行っている 5 社の企業が，イタリアから中国への個人データ移転を本人の同意なしに行い，イタリア DPA から 1,100 万ユーロの制裁金が科された（2017 年）。
ラトビア	事例が見当たらない。
リトアニア	銀行が顧客の個人データの過度な収集と他の機関への移転の違反によ

304

第Ⅷ章　救済，責任および罰則（第77条〜第84条）

	り 600 ユーロの制裁金が科された（2016 年）。
ルクセンブルク	事例が見当たらない。
マルタ	NGO 団体が個人データをウェブサイトに掲載し，DPA の警告を無視したため，250 ユーロの制裁金が科された（2013 年）。
オランダ	ソーシャルメディア企業に対して，調査のため要求した情報の提供を拒否したため，最大 75 万ユーロの条件付きの制裁金を科した。
ポーランド	事例が見当たらない。
ポルトガル	通信会社の従業員がジャーナリストの個人データにアクセスし，第三者に提供したため，450 万ユーロの制裁金を科された（2014 年）。
ルーマニア	データ主体に十分な情報提供なしに金融機関が債務に関するデータを提供したため，2 万 3000 レウ制裁金が科された。
スロバキア	生体データの処理を行った企業が十分な法的根拠がなかったとして，7,000 ユーロの制裁金が科された（2016 年）。
スロベニア	事例が見当たらない。
スペイン	インターネット企業のプライバシーポリシーの変更について，利用者に明確に情報提供をせず，制限のない期間保存し，また権利行使を妨げたことを理由に 90 万ユーロの制裁金を科した（2013 年）。
スウェーデン	病院の従業員が癌患者の児童の個人データに不正アクセスし，150 万クローナ制裁金が科された。
イギリス	電話会社の従業員が 2 万 5,000 人から 5 万人の顧客の個人データにアクセスできる状態にあり，一部の顧客に詐欺の電話がかかるようになり，10 万ポンドの制裁金を科した（2017 年）。

＊制裁金の金額は GDPR 施行前のものである。

3.　日本との比較

　個人情報保護法では，個人情報保護委員会の命令に違反した者は，6 月以下の懲役または 30 万円以下の罰金に処せられる（84 条）。また，個人情報データベース提供罪については，1 年以下の懲役または 50 万円以下の罰金に処せられる（83 条）。

305

第 2 部　条文解説

■参考文献
・森大樹・田原一樹「制裁金の適用」NBL1111 号（2017）64 頁
・石井夏生利「域外適用の対象と違反時の制裁」ビジネス法務 17 巻 8 号（2017）31 頁

第Ⅸ章　特別な処理状況に関する規定（第85条〜第91条）

表現および情報の自由（第85条），公文書の処理と市民のアクセス
（第86条），国の識別番号の処理（第87条），雇用関係における処理
（第88条），公共の利益におけるアーカイブ目的，科学または歴史の
研究目的もしくは統計目的の処理に関する保護措置および特例（第
89条），守秘義務（第90条），教会および宗教団体の既存のデータ
保護規則（第91条）

Point
・報道，学術，芸術，文学に関する表現の自由との関係について，加盟国法によっ
て調整を行う。
・雇用関係において，労働者からの同意に基づく個人データの処理は原則として認
められない。
・アーカイブ目的，科学・歴史の研究目的または統計目的の処理は，データ主体の
権利および自由を保護するため，GDPRの規定に従い適切な保護措置を受けなけ
ればならない。

第85条　表現および情報の自由

1. 加盟国は，本規則に従った個人データの保護の権利と，報道目的および学術・芸
術・文学に関する表現を目的とする処理を含む，表現および情報の自由の権利との調
整を法によってするものとする。
2. 報道目的または学術・芸術・文学に関する表現を目的のために行われた処理につい
て，加盟国は，個人データの保護の権利と表現および情報の自由との調整が必要であ
る場合，第Ⅱ章（原則），第Ⅲ章（データ主体の権利），第Ⅳ章（管理者および処理
者），第Ⅴ章（第三国または国際機関への個人データの移転），第Ⅵ章（独立監督機
関），第Ⅶ章（協力および一貫性）および第Ⅸ章（特別なデータ処理の状況）の適用
除外または特例を認めるものとする。
3. 各加盟国は，前項に従い，採択された法の規定および事後的な改正法または当該規

307

第2部　条文解説

定に影響を及ぼす改正を遅滞なく委員会に通知するものとする。

第86条　公文書の処理と市民のアクセス

公的機関もしくは公的組織または公共の利益において実施される任務を遂行する民間組織が保有する公文書における個人データは，市民の公文書へのアクセスと本規則に従い個人データの保護への権利との調整を行うため，公的機関または組織に適用されるEU法または加盟国法に従い機関または組織に開示することができる。

第87条　国の識別番号の処理

加盟国は，国の識別番号または一般に適用されるその他の識別子の処理に対して特別の条件を追加で決定することができる。国の識別番号または一般に適用されるその他の識別子は，本規則に従いデータ主体の権利および自由への適切な保護措置に基づいてのみ用いられるものとする。

第88条　雇用関係における処理

1. 加盟国は，立法または労働協約により，特に採用，法または労働協約に定められた義務の免除，仕事の管理，立案ならびに構成，職場の平等と多様性，職務における健康と安全，労働者もしくは消費者の財産保護を含む雇用条件の履行，個人もしくは団体にもとづく雇用に関連する権利ならびに恩恵の行使と享受，ならびに雇用関係の終了を目的とした雇用関係における労働者の個人データの処理に関する権利および自由の保護を確実にするため特別の規則を規定することができる。
2. 前項の規則は，特に処理の透明性，グループ企業内または共同の経済活動に従事する事業集団における個人データの移転，ならびに職場における監視体制に関して，データ主体の人間の尊厳，正当な利益および基本的権利を保障する適切かつ特別の措置を含むものとする。
3. 各加盟国は，2018年5月25日までに1項に従い採択された法の規定およびその後の関連する修正を委員会に遅滞なく通知するものとする。

第89条　公共の利益におけるアーカイブ目的，科学または歴史の研究目的もしくは統計目的の処理に関する保護措置および特例

1. 公共の利益におけるアーカイブ目的，科学または歴史の研究目的もしくは統計目的の処理は，データ主体の権利および自由のため本規則に従い適切な保護措置を受けなければならない。これらの保護措置は，特にデータ最小限化の原則を尊重するため，技術的組織的措置が適切であることを確保しなければならない。これらの措置は，これらの目的がその方法において満たされる限り，仮名化を含むことができる。これらの目的がデータ主体の識別を認めないまたはもはや認めない追加の処理によって満たされる場合，これらの目的はその方法において満たされなければならない。
2. 個人データが科学もしくは歴史の研究目的または統計目的で処理される場合，EU法または加盟国法は，権利が特定の目的の実現を不可能にするまたは著しく害する可能性があり，かつ特例がこれらの目的を実現するために必要である限りにおいて，前項にいう条件および保護措置の対象となる15条，16条，18条および21条にいう権利から特例を規定することができる。

第IX章　特別な処理状況に関する規定（第85条〜第91条）

3. 個人データが公共の利益においてアーカイブ目的のために処理される場合，EU法または加盟国法は，権利が特定の目的の実現を不可能にするまたは著しく害する可能性があり，かつ特例がこれらの目的を実現するために必要である限りにおいて，前項にいう条件および保護措置の対象となる15条，16条，18条，19条，20条および21条にいう権利から特例を規定することができる。

4. 2項および3項にいう処理が別の目的に同時に寄与する場合，特例はこれらの規定にいう目的の処理にのみ適用されるものとする。

第90条　守秘義務

1. 加盟国は，個人データの保護の権利と守秘義務との調整を行うために必要性と比例性を有する場合，EU法もしくは加盟国法または国の権限ある機関により創設された規則に基づき職業上の守秘義務または他の相当する守秘義務の対象となる管理者または処理者に関連して，58条1項e号およびf号において規定された監督機関の権限を示すために特別の規則を制定することができる。これらの規則は，管理者または処理者が守秘義務の結果として受け取ったまたはその義務の対象となる活動において取得した個人データに関してのみ適用されるものとする。

2. 各加盟国は，前項に従い制定した規則を2018年5月25日までに，およびその規則に影響を及ぼす事後修正を遅滞なく委員会に通知するものとする。

第91条　教会および宗教団体の既存のデータ保護規則

1. 加盟国において，教会および宗教団体またはコミュニティが，本規則適用時点において処理に関する自然人の保護に関する包括的規則を適用している場合，当該規則は本規則と整合しているならば適用を継続することができる。

2. 前項に従い包括的規則が適用される教会および宗教団体は，本規則の第VI章において規定された条件を満たしているならば，限定的になりうるとしても，独立した監督機関の監督の対象とならなければならない。

1. 表現の自由との関係

　基本権憲章第11条では，表現の自由が保障されており，8条で保障されている個人データ保護の権利とのバランスをいかに図るかという問題がある。データ保護とメディアの表現の自由との緊張関係については，EUデータ保護指令の草案段階から指摘されてきた。データ保護指令の下では，「プライバシー権と表現の自由に関する規則を調整させる必要がある場合に限り，報道目的または芸術，文学に関する表現の目的のためにのみ行われる個人データの処理に」適用除外または特例が認められていた（9条）。指令の最終段階における修正により「調整させる必要がある場合に限り」という語句に変更された。こ

第2部　条文解説

の背景には，表現の自由やプレスの自由が加盟国における憲法上の特別な地位にあるため，「データ保護法がメディアに全面的には適用されるものではない[1]」という認識が共有されていたためである。

　このような中，データ保護指令の下では，EU 司法裁判所がデータ保護の権利と表現の自由との調整に関して重要な判断を示してきた。また，欧州人権裁判所における表現の自由と私生活尊重の権利に関する判例の蓄積もあり，両者の較量が求められる分野である[2]。

【例】Satakunnan 判決[3]

　フィンランド税務当局から公表されるデータ（約120万人分）を新聞紙に毎年収集していた会社が，携帯電話会社との協定により提供し，携帯会社がそのデータをテクストメッセージで納税情報を提供するサービスを行っていた（なお，納税情報は請求に応じて削除することとしていた）。EU 司法裁判所は，公的データの処理が報道目的のためになされた個人データの処理に該当するか否かについて，①指令9条はデータ保護の基本的権利と表現の自由との調整を要求していること，②報道の自由に関する考え方は広く解釈されるべきであり，データ保護の特例や適用除外は厳格に必要であるとされる場合のみに用いられるべきであること，③データ保護の特例はメディアのみならず，報道に関与するすべての者に適用されること，営利活動であっても報道活動といえること，報道活動にどのような媒体を用いたかは決定的ではないこと，を考慮する必要がある，と判示した。したがって，本件における活動は報道活動として位置付けることができるとされた。

【例】Promusicae 判決[4]

　インターネットサービス事業者に対し，著作権侵害の被告に関する個人データを，民事訴訟のために，著作権者に開示すること義務付ける国内立法を，EU 法が加盟国に要求するか否かが争われた。一方で，財産権の保護問題と，基本権である個人データ保護権と私的生活尊重の権利との衡量が図られるべきであるとされた。このような著作権侵害に関連する個人データの開示の立法化は加盟国に委ねられている。

---

2. 情報の自由（情報公開）との関係

　EU では，基本権憲章第42条で「何人も，欧州議会，理事会および委員会

の記録にアクセスする権利を有する」として EU の諸機関が保有する文書記録へのアクセス権が規定されている。

この規定に照らし，2001 年には情報の公開に係る情報の自由に関する規則（1049/2001）が成立した。同規則 4 条 1 項（b）では，「個人のプライバシーとインテグリティの保護」は文書記録へのアクセス権の例外として規定されている。そこで，個人データが含まれている文書記録の開示について，情報公開規則に基づく例外規定と個人データ保護規則（45/2001）との関係が問題となってきた。EU 司法裁判所は，情報公開の例外規定が個人データの権利に関する法理に基づき解釈されるべきであることを確認してきた。

【例】Bavarian Lager 判決[5]
　EU 司法裁判所は，対象となる記録に個人データが含まれていれば，情報公開規則の例外規定よりもデータ保護規則の規定が全面的に適用されると判示した。本件では，欧州委員会が保有する個人データを含む文書の開示が求められていたが，開示を求めた企業が個人データを利用するための正当な目的を明示していないため拒否した。ここでは，文書開示をすることが「個人のプライバシーとインテグリティの保護」の例外規定に該当するか否かが問題となった。司法裁判所は，この情報公開の規則の規定が，単に欧州人権裁判所の私生活尊重の権利の判例法のみならず，データ保護規則における個人データ保護の権利も考慮して解釈されるべきであることを示した。このように，情報公開請求におけるプライバシーの例外規定は，私生活尊重の権利と個人データ保護の権利の法理に基づき理解されるべきこととなることが明らかになった。
【例】Volker 判決[6]
　ドイツ連邦機関が農業の補助金受給者の個人データを公表していた事例で，法と比例原則に基づき公表される必要があるが，公表の期間や受給金額などの区別なく公表することは自然人の私生活への干渉となるため公開を定めた規定は無効とされた。

3.　職場における個人データ保護の基本原則

雇用関係における個人データの処理については，国際労働機関（ILO）の労働者のプライバシーに関する行動規範[7]，欧州評議会 1989 年雇用目的に用いら

第2部　条文解説

れる個人データの保護に関する決議などが整備されてきた。[8)]

　第29条作業部会は，雇用者の正当な利益と労働者のプライバシーへの合理的期待とのバランスをいかに図るべきかという観点から，一連のガイドラインを示してきた。2001年の意見では，①データ処理は特定された正当な目的の下，比例原則に従い必要な限度で行われること，②利用目的の制限の原則を踏まえ，データが正当な目的にとって適切かつ関連性あるもので，過度であってはならないこと，③処理の根拠に関わらず，比例性と補完性の原則が適用されること，④監視技術の利用と目的に関して労働者にとって透明性のあるものとすること，⑤アクセス権，必要に応じ，訂正，消去，ブロックの権利を含むデータ主体（労働者）の権利の行使を可能とすること，⑥データを正確に保ち必要以上に保持しないこと，⑦不正アクセスからデータを保護する必要なあらゆる措置を講じ，かつ従業員のデータ保護の義務への十分な理解を確実なものにすること，などが示された。

　第29条作業部会が2017年に公表したガイドラインでは，次の点について，基本原則の解説を行っている。

（1）処理の法的根拠（6条との関係）

　雇用者が労働者の個人データを処理する場合，雇用関係の性質から，**労働者の同意を法的根拠とすることはできないし，またすべきでもない**。法律で認められる場合や雇用の権利義務関係に必要な場合を除き，雇用者が労働者からの同意により労働者のデータ処理を禁止する加盟国の例も見られる（ギリシャDPA決定115/2001）。

> 【例（ポーランド）】ポーランド最高行政裁判所は，雇用関係において，生体データの収集について労働者からの同意を根拠とすることは処理の適法性から認められないと判断した。また，労働者の指紋を利用して労働時間を監視することはデータ処理の目的との関係で比例性を有しないと判断された。[9)]
> 【例（ドイツ）】連邦労働裁判所は，就業規則に違反した疑いのある労働者について1週間で50時間，また必要に応じ特定の労働者を48時間追加でビデオ監視することは違法であると判断した。[10)]
> 【例】採用時において，雇用者が候補者のソーシャルメディアをチェックする場合，データ処理の法的根拠が問題となる。ソーシャルメディアにおける候補

者の情報を審査することが特定の役職のため職務上必要な場合に限り，候補者に適切に通知した上で候補者に関する公に利用可能な情報を審査することが正当な利益に基づく法的根拠を有するとされる。

（2）透明性（13条および14条との関係）

監視の存在，個人データの処理の目的，その他の公正な処理を保証するための必要な情報について労働者への通知をしなければならない。

（3）自動処理（22条との関係）

契約履行やEU法・加盟国法，さらに本人の明示の同意がある場合を除いて，仕事の成果等の一定の個人の側面を評価する目的をもって，自動処理の決定により法的効果をもたらしたり同様の重大な影響を及ぼしたりする場合，データ主体は自動処理のみに基づく決定をされない権利を有している。

（4）データ保護バイ・デザイン（25条との関係）

雇用者が労働者に対してデバイスを支給する場合，追跡技術が伴う場合には，最もプライバシー保護に資する方法が選択されなければならない。データ最小限化も考慮に入れられる必要がある。

（5）データ保護影響評価（35条との関係）

処理の性質，範囲，文脈および目的を考慮に入れ，特に新たな技術を用いて，自然人の権利と自由への高度なリスクをもたらす可能性がある場合，データ保護影響評価の実施が必要である。データ保護影響評価において認識されたリスクへの対応が十分に行えていない場合，管理者は監督機関に処理の開始前に相談しなければならない。

（6）雇用関係における処理（88条との関係）

加盟国法において立法または労働協約による措置として，採用，労働契約の履行，労務の管理，立案および組織，職場の平等と多様性，職場における健康

第2部　条文解説

と安全，雇用者または顧客の財産の保護，雇用に関する権利の行使および福利
厚生の享受，雇用関係の終了について特別の定めを行うことが想定されている。
これらの定めはデータ主体の人間の尊厳，正当な利益および基本権を保護する
ための適当かつ特別の措置が講じられなければならない（88条2項）。特に，
処理の透明性，グループ事業内または共同経済活動に従事するグループ企業内
における個人データの移転，職場における監視の体制において留意が必要であ
る。

4.　労働者の通信の監視

　職場における労働者の監視とデータ保護については，①処理活動が必要であ
ること，そしてその法的根拠が適法であること，②処理が労働者にとって公正
であること，③処理活動が比例していること，④処理活動が透明性を有するこ
と，という観点から検討される必要がある。[11]

【例】ベルギー DPA は労働者の電子メールの監視について，比例原則に反す
る形でメールへのアクセスを禁止し，異常な規模のメッセージ送信等を検知す
るソフトウェアを代わりに利用する旨の決定を下した（no.10/2000 of 3 April
2000）。オランダ DPA も継続的な電子メールを禁止する決定を下した。また，
デンマークでは労働者の監視を行う場合，2001年4月24日の労働協約に基づ
き2週間前に事前通知することが義務付けられている。フランスでは，秘密裏
に労働者を監視することが民法において禁止されているとする裁判例がある
（Cass. Soc. 20/11/91（RDS 1992（2），77））。

【例】サイバー攻撃等の検知のため，企業のネットワーク上における労働者の
オンライン活動のすべてを記録分析するシステムを導入する場合，雇用者は正
当な利益によりネットワークの保護をすることができる。ただし，労働者のす
べてのオンライン活動を監視することは比例性に反する対応であり，かつ通信
の秘密への権利を侵害するものとなる。そのため，労働者の活動を永続的にロ
グ保存する方法を避け，疑わしいトラフィックをブロックし，当該利用者へ情
報ポータルで注意喚起するなど，より侵害が小さな方法を模索するべきである。
それでもなお厳格に必要性が生じる場合は，情報収集の最小限化に留意してイ
ンシデントの発生がない限りログの保存をしない形で対処することが可能であ
る。

【例】雇用者が労働者にウェアラブルデバイスを配布し，たとえ労働者がこの

314

第IX章　特別な処理状況に関する規定（第 85 条〜第 91 条）

デバイスの利用に同意し，第三者が心拍数や睡眠時間に関する健康状態に関するデータを収集する場合であっても，自由な同意に基づくものとは考えにくく違法な個人データの収集となる可能性が高い。

5. 公益通報者保護法との関係

EU では加盟国法において公益通報者保護法により内部告発が認められている（2018 年 1 月現在，カルテルに関して匿名による公益通報を認める制度の検討が行われている）。しかし，内部告発者と対象者の秘密保持や個人データ保護が課題とされてきた。

第 29 条作業部会は，公益通報者保護に関する個人データ保護について次の点に留意するべきであるとする意見を公表している。[12]

① 個人データ処理の法的根拠

　　内部通報に伴う個人データの処理は，収賄などに対処する場合は法的義務の遂行に必要な場合となり，またそれ以外の場合はデータ主体と管理者の利益との較量に基づき正当な利益として認められる場合がある。

② データの質と比例原則

　　データは特定され，明示され，かつ正当な目的においてのみ収集することができ，不正確または不完全な個人データは削除または訂正の対象となる。

③ 明確かつ完全な情報提供

　　内部告発の仕組みについて管理者はデータ主体に対してその存在，目的，運用とともにデータ主体のアクセス，訂正，削除の権利について明確かつ完全な情報提供を行わなければならない。

④ 対象者の権利

　　対象者は自らの個人データにアクセス，訂正，削除の権利が認められる。もっとも，悪意ある通報を除いて，いかなる状況においても誰が告発したかについてはアクセス権が認められない。

第 2 部　条文解説

⑤　安全管理措置

あらゆる合理的な技術的かつ組織的措置を講じて秘密保持の仕組みがとられなければならない。

⑥　内部告発の仕組みの管理

グループ企業内で報告書を回覧する必要性が生じた場合，データ保護の原則に従い外部に提供されなければならない。

⑦　第三国への移転

個人データを第三国へ移転する場合，十分な保護措置を講じなければならない（データ保護契約の締結または拘束的企業準則など）。

⑧　監督機関への通知

データ主体の権利および自由への特定のリスクが生じる可能性のある業務については監督機関への事前相談をすることとされている。

6. 宗教活動との関係

基本権憲章第 10 条は，思想良心の自由とともに，宗教または信仰の自由を保障している。また，EU 機能条約第 17 条においても国内法に基づく教会の地位への尊重が規定されている。このようなことから，GDPR では，処理に関する自然人の保護に関する包括的規則を適用している場合は，GDPR の規定と整合する限りにおいて継続的に適用を認めている（91 条 1 項）。もっとも，特にアクセス権を含め，宗教団体等における処理についても監督機関による統制の対象となっている（91 条 2 項）[13]。また，宗教に関する個人データは特別の類型である。

【例】Linquvist 判決
　EU 司法裁判所は，スウェーデンの教会区の伝道師として働いていた者が教会で働いていた同僚に関する個人データを自らのホームページで公表した事案において，このような慈善活動または宗教活動は指令の適用の範囲内の活動であるとみなされた[14]。

316

7. アーカイブ，科学・歴史研究，統計の目的の処理と公文書の処理との関係

　知識に基づく政策のための研究やアーカイブスがもたらす市民への価値は十分に認識される必要がある（前文 157 項，158 項）。もっとも，公共の利益におけるアーカイブ目的，科学・歴史の研究目的または統計目的の処理は，データ主体の権利および自由を保護するため，GDPR の規定に従い適切な保護措置を受けなければならない。匿名化技術を用いて，データ主体の識別を認めないまたはもはや認めないような方法での個人データの処理がここでは奨励されている（89 条 1 項）。また，特別類型の個人データへの明示の同意（7 条）が必要であるとともに，研究等の目的の個人データの移転については，「知識の増強のための社会の正当な期待」（前文 113 項）を考慮に入れ，データ主体の権利等と管理者が追求する正当な利益との衡量が求められる。

　まず，アーカイブ目的については，一般市民への利益の観点からもアーカイブ目的の個人データの処理は死者には GDPR は適用されない。

　科学・歴史の研究目的については，研究者向けのデータ保護とプライバシーに関する倫理ガイドラインが公表されている。また，臨床試験については規則 536/2014 があり，公衆衛生については規則 1338/2008 があり，これらに従う必要がある。なお，科学目的が広範に解釈されるべきであることが示されており（前文 159 項），研究者等への負担を課し，研究への萎縮効果をもたらすおそれがある，との指摘もある。

　統計目的の処理については，規則 223/2009 があり，統計上の秘密保持に関する規定が整備されている。

　これに関連して，GDPR では，市民の公文書へのアクセスと本規則に従い個人データの保護への権利との調整を前提として，EU 法と加盟国法に委ねている。公的な情報の再利用ないしオープンデータについては，加盟国でも対応が異なり，ベルギーでは公的情報の商業目的での再利用を禁止しており，スウェーデンやオランダでは商業利用目的の再利用が認められている。

第 2 部　条文解説

【例】Huber 判決[18]

　3 か月以上ドイツ国内に在住するドイツ国籍保持者以外の EU 市民については，統計目的のため，移民難民局への登録が必要であり，ドイツに在住のオーストリア人が自らの個人データの削除を求めた。EU 司法裁判所は，本件の個別判断における，移民局による運用にとって必要なデータのみが含まれているか，またドイツに在住しない EU 市民の権利に関する運用が効果的であるかについては国内裁判所に裁定を委ねた。そして，この条件が満たされない限り，統計目的の移民管理の個人情報の登録に含まれる個人データの蓄積および処理は公的利益に実施される任務の遂行にとって必要であるとはいえないと判断した。

8.　専門職の守秘義務

　EU 法または加盟国法により，職業上の守秘義務または他の相当する守秘義務の対象となる管理者または処理者に対する特別の規則を定めることが認められている（90 条 1 項）。なお，弁護士等の専門職が個人データ侵害を行った場合，データ管理者として専門職が依然としてデータ保護法の規定により規律されうる。

【例（イギリス）】イギリスの弁護士（バリスター）が保有していたクライアントのセンシティブな個人情報を含むファイルが暗号化もされずにインターネット上でアクセス可能な状態にあったため，イギリス DPA により 1,000 ポンドの制裁金が科された。ここでは弁護士の漏えいがデータ管理者としての安全管理措置の義務違反であると認定された。[19]

9.　日本との比較

(1)　他の自由・基本権との調整

　報道目的，著述目的，学術研究目的，宗教活動の目的および政治活動の目的

318

については，適用除外の規定がある（個人情報保護法76条1項）。また，これらの目的のための個人情報保護取扱事業者の行為については個人情報保護委員会の権限は行使されないものとされている（同法43条2項）。

（2）雇用関係

　個人情報取扱事業者等が行う個人情報等の取扱いのうち雇用管理に関するものについては，厚生労働大臣とする事業所管大臣に関する規定（個人情報保護法46条）があるほか，厚生労働省「雇用管理分野における個人情報のうち健康情報を取り扱うに当たっての留意事項」がある。

　■参考文献
・ウィールト・ウィルコ・ヴァン・武藤まい「労働法・データ保護法上の義務と実務上のポイント」Business law journal10巻10号（2017）52頁
・小町谷育子「日欧の個人データ保護規制の相違点」Business law journal10巻11号（2017）59頁
・石田信平「アメリカSOX法の内部通報制度とEU個人情報保護原則の衝突」比較法文化18号（2009）169頁
・堀部政男「個人情報保護に関する国際動向と日本の対応──労働者個人情報保護行動指針の策定」法とコンピュータ26号（2008）3頁
・砂押以久子「労働者のプライバシー権の保護について（1）〜（3完）」季刊労働法184号〜186号（1997，1998）

第Ⅹ章　委任法令および実施行為（第 92 条〜第 93 条）

Point
・欧州委員会が GDPR の委任法令を採択することとなる。

第 92 条　委任の行使

1. 委任法令の採択権限は，本条に規定された条件に従い，委員会に付与されている。
2. 12 条 8 項および 43 条 8 項にいう権限の委任は，2016 年 5 月 24 日以後のいずれかの時期において委員会に付与されるものとする。
3. 12 条 8 項および 43 条 8 項にいう権限の委任は，欧州議会または理事会によりいつでも撤回することができる。撤回の決定は当該決定において指定された権限の委任を停止するものとする。欧州連合の官報おける公表に従う日またはそこに指定されたその後の日付から効力を有するものとする。このことは，すでに執行された委任法令の有効性に影響を及ぼすものではない。
4. 委任法令が採択されてまもなく，委員会は欧州議会および理事会に同時に通知するものとする。
5. 12 条 8 項および 43 条 8 項に従い採択された委任法令は，当該法令の通知後 3 か月の期間内に欧州議会または理事会のいずれかにより表明されたいかなる異議もない場合，または当該期間内に欧州議会および理事会のいずれも委員会に対し異議を述べない場合，効力を有するものとする。当該期間は欧州議会または理事会の発議により 3 か月延長するものとする。

第 93 条　委員会手続

1. 委員会は，部会により支援されるものとする。
2. 本節への参照がされる場合，規則 182/2011 の 5 条が適用されるものとする。
3. 本節への参照がされる場合，規則 182/2011 の 8 条が 5 条とともに適用されるものとする。

第XI章　最終章（第94条〜第99条）

Point

・GDPR は 2018 年 5 月 25 日から適用される。

第 94 条　95/46/EC の廃止

1. 指令 95/46/EC は，2018 年 5 月 25 日に失効する。
2. 失効した指令への参照は，本規則への参照として解釈されるものとする。指令 95/46/EC の 29 条により設置された個人データの処理に関する個人の保護に関する作業部会への参照は，本規則により設置される欧州データ保護評議会への参照とともに解釈されるものとする。

第 95 条　指令 2002/58/EC との関係

　　本規則は，指令 2002/58/EC において示された同一の目的を有する具体的義務の対象となる事項との関係において，公衆用通信ネットワークにおける公に入手可能な電子通信サービスの提供に結び付く処理に関連する自然人または法人に関する追加の義務を課してはならない。

第 96 条　過去に締結された合意との関係

　　2016 年 5 月 24 日以前の加盟国により締結され，当該日付以前に適用される EU 法を遵守している第三国または国際機関への個人データの移転に関する国際合意は，修正，廃止または撤回されるまでの間有効なものとする。

第 97 条　委員会報告書

1. 委員会は，2020 年 5 月 25 日までに，かつその後 4 年ごとに，本規則の評価および審査に関する報告書を欧州議会および理事会に対し提出するものとする。報告書は公開されなければならない。
2. 前項にいう評価および審査の文脈において，委員会は特に次の適用および機能を審査するものとする。
    - （a）第 V 章の 45 条 3 項に従い採択された決定および指令 95/46/EC の 25 条 6 項に基づき採択された決定に関する個人データの第三国または国際機関への移転
    - （b）第Ⅶ章の協力および一貫性
3. 1 項の目的のため，委員会は加盟国および監督機関から情報を要請することができ

第2部　条文解説

る。

4. 1項および2項にいう評価および審査の実施において，委員会は欧州議会，理事会および他の関連する機関またはソースの見解および認定を考慮しなければならない。

5. 委員会は，必要に応じ，特に情報技術の発展を考慮に入れ，かつ情報社会の進展状況に照らし，本規則を改正するための適切な提案を提出するものとする。

第98条　データ保護に関する他の EU 法令の審査

委員会は，必要に応じ，処理に関する自然人の統一的かつ整合的な保護を確保するため，個人データ保護に関する他の EU 法令を修正するため立法案を提出するものとする。このことは，特に EU の機関，組織，事務所および当局による処理に関する自然人の保護および当該データの自由な流通に関する規則に関係する。

第99条　発効および適用

1. 本規則は，欧州連合官報における掲載をされた翌日から 20 日後に発効されるものとする。

2. 本規則は，2018 年 5 月 25 日から適用するものとする。

第 3 部

実務的対応

1. 日本への影響

（1）GDPR のポイント

GDPR は，約 20 年にわたるデータ保護指令の運用を継承するものであり，またデータ保護のルールの明確化し現代化したものである。欧州委員会によれば，GDPR の特徴は次の点にある。① EU のデジタル単一市場への恩恵となる統一的な運用を導く調和された法体系，② EU 市場において活動するすべての企業にとって平等な土俵，③データ保護バイデザインや初期設定におけるデータ保護の原則，④個人の権利の強化，⑤個人のデータ保護のコントロールの補強（データポータビリティ権），⑥データ侵害に対する保護の強化，⑦すべての監督機関に管理者と処理者に対する制裁金を科す権限，⑧責任の明確化による管理者と処理者の個人データ処理の柔軟性（説明責任の原則），⑨処理者の義務と管理者による処理者の選定の責任の明確化，⑩ルールのより一貫した強力な執行のための現代型の統治システム，⑪ EU 域外のデータ移転の高度な保護水準の確保である[1]。

GDPR がもたらす日本への影響はどのようなものが想定されうるだろうか。第 29 条作業部会がアジア太平洋プライバシー機関（Asia Pacific Privacy Authority）の構成員（日本は個人情報保護委員会）向けに示したファクトシートがある。GDPR の一般的な説明として，2018 年 5 月 25 日に適用され，EU 域内におけるデータ保護法の調和を図ること，そして EU 域内に設置された管理者と処理者および EU に対して商品またはサービスを提供している管理者または処理者に適用されることが提示されている。このファクトシートの中で示された鍵となるメッセージを基にその影響について以下説明する[1]。

　（A）GDPR の実体的範囲（2 条）

GDPR は個人データの処理に適用される。個人データは識別された，または識別することができる自然人に関するいかなる情報として定義される。個人データには，IP アドレス，電子メールアドレス，または電話番号も含まれる。処理業務には，他にもあるが，データの収集，利用および開示が含まれる。

GDPR は，個人データの特別類型の処理への追加的保護についても規定している。特別類型には，人種，または民族出自，政治的意見，信条もしくは哲学上の信念，労働組合員を明らかにする個人データ，自然人を特別に識別する目的の遺伝・生体のデータを明らかにする個人データ，健康に関するデータまたは自然人の性生活や性的指向に関するデータが含まれる。

加盟国は，遺伝・生体データや健康に関するデータに関して，制限を含め追加の条件を導入することができる。

(B) GDPR の地理的範囲（3 条）

GDPR は EU 域内に設置された管理者と処理者に適用される。または，商品やサービスを提供することで EU における個人をターゲットにしているか（支払いの有無は関係ない），もしくは EU 域内における個人の行動を監視している EU 域外に設置されている管理者と処理者にも適用される。商品やサービスの注文の可能性があり，1 つまたは複数の加盟国において用いられている言語や貨幣の利用している場合や，EU 域内にいる顧客や利用者に言及している場合，管理者が EU 域内のデータ主体に商品やサービスを提供しようとしていることが明白になる。

EU に設置されていないデータ管理者と処理者が，その活動が GDPR の適用範囲内にある場合，**一般的に EU 加盟国に設置された代理人を任命しなければならない**（一定の例外がある）。代理人は，データ保護監督機関の連絡窓口であり，データ処理に関連するあらゆる問題に関する EU に在住する個人である（27 条）。

> **【例】**日本のウェブショップがユーロでの支払いとともにオンラインで英語が利用可能となっており，製品を提供している。EU 域内の個人から 1 日に複数の注文の処理を行い，製品を発送している。この場合，GDPR を遵守しなければならない。

(C) 処理に関する基本原則（5 条）

GDPR によれば，個人データは**適法性・公平性および透明性の原則**に従い処理されなければならない。さらに，個人データは特定され，明示されかつ正当な目的のために収集されなければならず，これらの目的と両立しえない方法

第3部　実務的対応

で追加処理されてはならない（**目的制限の原則**）。管理者または処理者は**デー
タ最小限化の原則**を尊重することを確かなものとしなければならず，個人デー
タは，処理される目的との関係において必要なものにとって適切で，関連性が
あり，かつ限定されなければならない。個人データは**正確**でなければならず，
必要に応じ，最新の状態にしておかなければならない。また，**説明責任の原則**
も基本原則の1つとして認識されている。最後に，保存制限，完全性および秘
密保持の原則が尊重されなければならない。そのため，個人データは目的にと
って必要以上データ主体の識別を可能としない形式で保存されなければならな
い。また，個人データの適切な安全管理を確保する方法で処理されなければな
らない。

（D）処理の適法性（6条）

　GDPR の下では，個人データの処理は次のいずれかの条件を満たした場合
にのみ適法となる。

- データ主体が処理に同意を与えた場合
- データ主体が当事者である処理が契約の締結に必要な場合，または契約締
  結前にデータ主体の要請の措置をとるために必要な場合
- 処理が管理者に適用される法的義務を遵守するために必要な場合
- 処理がデータ主体または別の自然人の不可欠な利益を保護するために必要
  な場合
- 処理が公共の利益を実施する任務の遂行のために必要な場合
- 処理が管理者または第三者が追求する正当な利益の目的にとって必要な場
  合，ただし，特にデータ主体が児童であり，個人データ保護を必要とする
  データ主体の利益，または基本権と自由が正当な利益を上回る場合は除く。

　データの特別類型の処理に関しては特別で厳格な要件が示されている（9
条）。

（E）同意（4条，7条，8条）

　GDPR は同意の概念を明確化するためにいくつかの条文を設けている。

　GDPR の下では，第29条作業部会の同意の要件の意見を反映し，**同意は，**

明確で積極的な行為による声明は処理への合意を示す，**自由に与えられ，特定の，情報を受けた，かつデータ主体の要望の明確な意思表示でなければならない。**

同意の要請は，分かりやすく容易にアクセスできる方法で，明確かつ簡易な言葉を用いて，他の事項とは明確に区別される方法で提示されなければならない。データ主体は自らの同意をいつでも容易に撤回することができなければならず，撤回の権利はあらかじめ通知されていなければならない。

特別の要件が情報社会サービスのための児童の同意との関係において適用される。もしも 16 歳以下の個人が情報社会サービスを利用したいと希望した場合，同意は対象児童の保護者または対象児童の親権者から同意を得なければならない。しかし，加盟国は 13 歳を下回らない年齢でこの年齢を下げる国内法を導入することができる。

(F) 個人の権利（12 条～23 条）

GDPR は**個人の権利**を維持し，様々なところで強化し，さらに発展させている（情報，アクセス，訂正，異議申立て，削除，制限，忘れられる権利，データポータビリティ権）。

- **情報への権利**は，管理者が個人に対して個人データの処理に関する一定の情報を無料で提供することを必要としている（14 条に例外が規定されている）。この情報は，正確で，透明で，分かりやすく容易にアクセスできる形式で，明確かつ簡易な言葉を用いなければならない。データ管理者は，容易に見ることができ，意義のある処理の概要を与えるため，標準化されたアイコンを用いてこの情報を個人に提供することができる。
- **忘れられる権利**は，削除権としても知られており，両方の権利はデータを削除してもらう権利であり，一定の状況の下リスト化されない権利を含む。個人は一定の状況の下では管理者に対して自らのデータを消去することを要求する権利を有している。この権利には，情報が収集された目的にとってもはや必要がなくなった場合や個人が同意を撤回した場合，またデータの処理の法的根拠がない場合が含まれている。
- **処理の制限権**は，一定の状況の下で適用される。たとえば，個人データか

327

第3部　実務的対応

ら申し立てられた正確性を管理者が証明するまでの期間，または法的請求などのためデータ主体には必要とされるが，管理者が処理の目的にとって個人データをもはや必要としないときが含まれる。

・**データポータビリティ権**は，自らが管理者に提供した個人データを体系的で一般に用いられている機械で読み込み可能な形式で受け取り，かつ妨げなく別の管理者にデータを送信する個人の権利をいう。ポータビリティ権は，処理が個人の同意に基づくか，または契約の締結のためである場合，あるいは処理が自動的手段で実施される場合，個人が管理者に提供した個人データにのみ適用される。この新たなデータポータビリティ権は，削除権やアクセス権の存在を損ねることなし存在するものである。

これらの権利についてはGDPR23条に基づき制限がある。たとえば，民主的社会における国土の安全，防衛，または公共の安全の保護にとって必要な場合などである。

(G) 管理者の説明責任の義務（5条，25条，30条，35条〜43条）

説明責任の原則（5条2項）によれば，管理者（処理の目的と手段を決める主体）はGDPRを遵守していることを確保し，かつこの遵守を論証することができるようにしなければならない。管理者はデータ保護の政策を含む一般に適切な技術的組織的措置を講じなければならない。この措置がどのように実施されるべきかを評価する際，管理者は処理の性質，範囲，文脈および目的とともに個人の権利と自由へのリスクを考慮しなければならない。

GDPRは，管理者に説明責任を論証するための一連のツールを規定し，そのいくつかは強制的に整備しなければならない。たとえば，データ保護責任者（DPO）の配置，データ保護影響評価（DPIA）の実施，プライバシーバイデザインとプライバシーバイデフォルトの原則の尊重は義務である。管理者は説明責任原則の遵守を論証するため，行動規範，認証の体制といった他のツールを用いることを選択することができる。

特別のツールのさらなる情報については，第29条作業部会のニュースルームにおいて特定のガイドラインを参照することができる。

328

1. 日本への影響

(H) 処理者の義務 (28条)

GDPR は，特に安全管理措置と国際データ移転に関して，管理者の要件とは別の法的地位として処理者に直接適用される新たな要件を導入している。

処理者は，管理者に明示的な保証が及ぶのと同様に，期待された保証を提供しなければならない。管理者は，処理が GDPR の要件を満たすことを確保するための適切な技術的組織的措置を実施しなければならない。処理者は安全管理，DPIA とデータ侵害通知の事項において管理者を支援しなければならない。処理者は，管理者の処理の指示が GDPR または EU 法や加盟国法の規定に違反するおそれがある場合には管理者に変更を求めなければならない。

処理者による処理は，管理者から処理者に対して拘束力を持つ契約または他の有効な法的行為によって統制されなければならない。契約期間等の契約や他の法的行為における基本情報に加え，GDPR は，たとえば，処理者は管理者からの文書による指示に従いデータ処理を行うことができる，また処理者は管理者の承認なしに別の処理者に委託することができないという事項を含む特別の条項を列挙している。

(I) データ侵害通知 (33条, 34条)

GDPR の下では，データ保護監督機関 (DPA) へのデータ侵害通知は義務である。ただし，データ侵害が個人の権利と自由への影響が生じない場合はこの限りではない。管理者は，遅滞なく，また可能な場合には，侵害を知りえてから 72 時間以内に DPA にその通知をしなければならない。

(J) 国際移転 (44条～49条)

GDPR に基づき，EU 域内において付与されている保護水準と「本質的に同等」であることを意味する「十分なデータ保護の水準」を満たしている個人データは EU 域外の第三国または国際機関へ移転することができる。

欧州委員会の十分性の決定が与えられていない第三国または国際機関への個人データの移転は，適切な特別の措置が施されている場合に行うことができる。この措置は，標準的データ保護条項，拘束的企業準則，また新たなツールとして承認された行動規範や認証等のいくつかの利用可能なツールを通して用いることができる。

十分性の決定がなく，かつ個人データの移転に関する適切な措置がない場合，

329

第3部 実務的対応

移転に伴うリスクに関するすべての必要な情報を受けた後に予定される移転に足して個人が明示の同意を与えた場合，または移転が不可欠な正当な利益の目的にとって必要な場合などの限定された状況においてのみ行うことができる。

別の第三国への再移転はこれらの要件の対象となる。

【例】EU における支社が，労働者に関する情報を保存するため親会社に属するインドに集中管理される人事システムを用いている。インドにある親会社の支社として EU からのデータ移転を形成するために適切な措置が講じられる必要がある。

(K) 監督，協力，救済（50 条，83 条）

一般的に，GDPR は独立性の要件と DPA の役割を強化している。これらの要件は，広範囲にわたる協議，調査および是正権限から，行政上の制裁金に至るまで恩恵をもたらしている。

GDPR は EU において今後見られることになる行政上の制裁金のアプローチと水準を極めて厳格にし，統一化している。

DPA は 2,000 万ユーロまたは全世界の総売上 4% 以下の行政上の制裁金を科す権限を有することになる。

GDPR は EU 域内において **DPA が集団行動する**ための新たな手続を導入している。また，国内レベルにおける集団行動を導入したい加盟国の裁判所の前で同様の手続を予見する可能性についても GDPR は規定している。

GDPR は欧州委員会と DPA に対して効果的な適用のための協力を奨励している。第 29 条作業部会の構成員は，この協力を策定するための可能な選択肢を模索しており，この考えがまとまり次第，APPA の構成員からの提案を受け入れるためにも APPA のカウンターパートとともに意見を議論することになるであろう。

(L) 欧州データ保護評議会（EDPB）（64 条〜66 条，68 条）

第 29 条作業部会は，EU の国の監督機関，欧州データ保護監督官（EDPS）および欧州委員会から構成され，95/46 指令に基づき設置された。第 29 条作業部会は，欧州データ保護評議会（EDPB）に代わることとなる。

EDPB は，多くの詳細な任務のリストが与えられているが，初期の役割は

EU 域内における**GDPR の一貫した適用**に寄与することである。EDPB は国の監督機関の間の紛争解決やリスクの高い処理のリスト，行動規範や認証機関の認定基準等の特定の問題に関する意見の公表など**法人格と広範な権限**を備える EU の機関としての地位を有することとなる。EDPS はガイドライン，勧告およびベストプラクティスの公表についても責任を有している。

EDPS は議長により代表される。EDPB は，任務の中で議長と評議会を支える事務局を有する。

(M) One-Stop-Shop

GDPR は，EU の複数の国における越境処理を行う主体のための"one stop shop"の体制を通じて，協力と一貫性に関する新たな方法を規定している。

越境処理は，管理者や処理者が複数の加盟国において設置を通じて業務を行っている場合，または単一の設置があり実質的効果をもたらす処理業務や複数の加盟国におけるデータ主体に実質的な影響を及ぼす可能性のある処理業務を行う単一の設置がある場合に存在する。

端的に述べると，「主たる監督機関」は，所与の越境処理との関係における管理者と処理者の連絡窓口であり，たとえば主たる監督機関が越境処理に関する調査を「対象となる」監督機関とともに調整する場合などの第一次的責任を有することとなる。

しかし，各 DPA は GDPR の国内の苦情や違反を扱う権限を有している。

GDPR の協力と一貫性の体制は EU 域内に単一または複数設置されている管理者にのみ適用される。もしも企業が EU 域内に設置されていなければ，加盟国における代理人の存在のみでは one-stop-shop の体制が用いられることはない。このことは，EU 域内におけるいかなる拠点もおかない管理者は，代理人を通じて，業務を行っているそれぞれの加盟国の監督機関により対処されることとなる。

主たる監督機関に関するさらなる情報については，第 29 条作業部会のガイドラインを参照されたい。

(2) 日本法との異同

日本の個人情報保護法制と EU の GDPR を単純に比較することは容易では

第3部　実務的対応

ない。前者は国内法であるのに対して，後者は超国家体としての EU を規律する法制である。また，特に日本においては法律のほかに，施行令やガイドラインが一定程度機能しており，ビジネスの運用面における実態を踏まえて，比較調査を行う必要がある。

　その点の留保があることを前提として，右の表のとおり，日本と EU の法制度の異同についてまとめてみると次の点を指摘することができる。第1に，しばしば指摘されるところであるが，日本の法制度は事業者の義務規定を列挙しており，EU における基本権としての個人データ保護権から派生される権利の項目が比較的手薄となっている。GDPR において新たに明文化された権利である忘れられる権利やデータポータビリティ権は日本法には存在しない。また，人工知能等にも適用されうるプロファイリングに関する規定も日本法には明文で規定されているわけではない。

　第2に，基本原則に関する事項である。日本では確かに条文にも記載されている事項であるが，たとえば，EU では適法性の処理や同意には厳格な運用がされてきた。特に適法性の処理に関する正当な利益に関する論点や明示の同意については，EU における GDPR の独自の運用を注視する必要がある。いわゆるセンシティブデータについても，文化的背景から若干の違いがみられる。

　第3に，義務に関する規定である。日本と EU において大きな違いがあるわけではないが，データ侵害通知義務が 72 時間という時間設定があること，データ保護責任者の配置に関する要件があること，そして行動規範や認証が監督機関等の承認を前提としていることなどが EU における特徴である。日本にも類似の制度があるものもみられるが，違反した場合に GDPR には法執行が担保されている点が異なる。

　第4に，制裁金の違いである。これは，運用面においても EU の方が全般的に厳格である。日本においては，これまで個人情報保護法の違反を理由として制裁金（罰金）が科された事例はないが，EU において指令の下でも一定数の制裁金の事例がみられてきた。たとえば，2011 年，ソニープレイステーションネットワークのハッキング事件について，日本では経済産業省による指導のみであったが，イギリスの監督機関は 25 万ポンドの制裁金を科した例がその典型である。[2]

332

なお，個人情報保護委員会は，「EU 域内から十分性認定により移転を受けた個人データの取扱いに関するガイドラインの方向性について」という文書を公表している（個人情報保護委員会平成 30 年 2 月 9 日）。その中で，①要配慮個人情報の範囲，②保有個人データの範囲，③利用目的の特定，④日本から外国への個人データの再移転，⑤匿名加工情報について GDPR との違いがみられるため，留意が必要であることが記されている。

図表 20　日本法と GDPR の比較表

日本		EU
生存する個人で特定の個人を識別できるもの，個人識別符号	保護の範囲	識別された，または識別できる自然に関する情報（仮名化を含む）
物品・役務の提供には域外適用	域外適用	商品・サービスの提供，行動の監視には域外適用
要配慮個人情報	基本原則	処理の適法性，同意の条件，特別の類型
開示，訂正，利用停止等（事業者の義務の章に規定）	権利	開示，訂正，削除（忘れられる権利），データポータビリティ権，プロファイリングされない権利
利用目的の制限，適切な取得，安全管理措置，第三者提供，オプトアウト通知，記録保存，匿名加工情報の利用公表	義務	データ保護バイデザイン，代理人配置，記録保存，データ侵害通知義務，影響評価，データ保護責任者配置，行動規範
同等の水準（OECD，APEC 等）	越境移転	十分な保護の水準，拘束的企業準則等の適切な措置
独立機関，命令・勧告等，立入検査，主務大臣への権限委任	監督機関	独立機関，調査権限，欧州データ保護評議会
委員会による命令等，50 万円以下 1 年以下の懲役（データベース提供罪）	救済・制裁金	苦情申立て，補償，4％・2,000 万ユーロ以下の制裁金

（3）データ移転との関係

EU（EEA 地域）からの個人データの移転については，すでにアメリカとの

第3部　実務的対応

関係において様々な課題が明らかにされてきた（45条，参照）。EUは指令の下でも，「十分な保護の水準」，すなわち，EU法秩序と「本質的に同等」の水準を確保していない第三国への個人データの移転を原則として禁止していた。

日本の個人情報保護委員会と欧州委員会との間の継続的な対話により，2017年7月には「双方によって十分なレベルの保護を同時に見出すこと等を通じ，データの交換を促進するための新しい機会を提供する」ことが示された[3]。

このような日本とEUとの間の個人データに関する協議の進展により，互恵関係を構築し，個人データ保護の水準を高め合うことは歓迎するべきである。また，日本の企業にとってもEUからの個人データへの十分性の認定により，移転された個人データが日本の法制度の下では，十分に保護されることが推定されることとなる。

もっとも，この点で注意を要するのは，十分性の認定は，第1に，EUから日本への個人データの移転についての法的裏付けを欧州委員会から受けたことにとどまり，日本からさらに第三国への再移転については一定の留保が必要である。別の言い方をすれば，特にアメリカを含むグローバルに個人データを移転する場合，十分性の認定以外の移転の根拠が必要となる（46条，参照）。第2に，十分性の認定は4年ごとに更新されることとなっており，4年後には，GDPRの運用の水準からみて「本質的に同等」の水準を維持していく必要がある（45条3項，参照）。具体的には，現在の日本の法制度にはない，新たな権利や義務についても4年後を見据えて個々の企業において対応をしていくことが求められる。第3に，EU司法裁判所の一連の判決において明らかになった[4]ことは，特にクラウドサービスを含む通信企業における法執行のための裁判所や捜査機関への通信に関連する個人データの開示の在り方である。一般に日本では広く透明性レポートが公表されているわけではないが，EUでは法執行目的における個人データの開示については透明性レポートの公表を奨励し，また開示は必要性と比例原則に照らして判断することが求められている[5]。

なお，APECの越境プライバシールール（Cross-Border Privacy Rules）に基づき，EUの拘束的企業準則との相互運用に関する対話も継続されており，グローバルに個人データを移転する場合には動向を注視していく必要がある[6]。

以上，個人データの移転についてまとめると，十分性の認定を受けたことは

日本の企業にとって大きなメリットとなることに疑いはないものの，依然として，個人データをグローバルに移転する場合には，拘束的企業準則，そしてそれを補うためのデータ保護条項や行動規範，認証を用いていくことが安全策であるということができる。アメリカのこれまでのセーフハーバーの下でのグローバル企業のプラクティスはこのように二重あるいは三重に個人データ移転のためのセーフガードを設けてきた。

2. 加盟国 DPA による GDPR 対応ツール

　加盟国の GDPR の準備状況については，必ずしも一致していないようであるが，多くの加盟国 DPA においてガイドライン等の文書が公表されている。主な加盟国における状況は下記の表のとおりである。

図表 21　加盟国における GDPR の準備状況

オーストリア	GDPR 施行法制定（2017 年 7 月）
ベルギー	GDPR 対応のためのデータ保護監督機関設置法制定（2018 年 1 月），GDPR 対応のための 13 のステップ等を公表
フランス	デジタル共和国法制定（2016 年 10 月），GDPR 対応の 6 つの準備ステップ，データ保護影響評価ガイドライン，処理者向けガイドを公表
ドイツ	GDPR 施行法制定（2017 年 6 月），GDPR 対応ツールとして，15 項目に関する GDPR の解説資料と処理者のための処理一覧表とデータ保護責任者の登録用紙，GDPR 解説書等を公表
ポーランド	GDPR 対応のガイドライン（データ保護責任者，児童のデータ，プロファイリング，データ処理の委託，事業者向け一般，データ主体の権利，同意，説明責任，データ保護影響評価等）の公表
スロバキア	GDPR 対応の改正個人データ保護法制定（2018 年 1 月）
イギリス	GDPR 準備に向けた 12 のステップ，管理者と処理者向けのチェックリストを公表

（2018 年 3 月 1 日現在）

　【例（イギリス）】イギリスでは，12 の準備ステップとして，次の項目を挙げ

第3部　実務的対応

ている。

① 意識向上：組織の中の決定権者と重要な人々にGDPRへの変更を意識させる。

② 保有個人データの情報：保有している個人データについて，取得元と提供先など文書化する。

③ プライバシーに関する情報の連絡：現在のプライバシー通知を見直し，GDPRの施行に向けた必要な変更を行うための計画を立てる。

④ 個人の権利：個人の権利をすべて対象とするため手続を確認する。

⑤ データ主体のアクセス要請：新たな時間枠の中で要請の処理の方法と計画を新たにする。

⑥ 個人データの処理の根拠：GDPRにおける処理業務の法的根拠を確認し，文書化し，プライバシー通知を更新する。

⑦ 同意：同意をどのように求め，記録し，管理するか，また変更が必要となるかについて見直す。

⑧ 児童：個人の年齢を確認し，保護者の同意を得るためのシステムを導入する必要があるか否かについて検討を始める。

⑨ データ侵害：個人データ侵害を探知，報告，調査するための正しい手続を確保する。

⑩ データ保護バイデザインとデータ保護影響評価：イギリスにおけるプライバシー影響評価の実務規範や第29条作業部会のガイダンスを基にこれらの実施の方法と時期を決める。

⑪ データ保護責任者：データ保護遵守の責任を負う者を配置する。配置が必要か否かも検討する。

⑫ 国際：複数のEU加盟国で運営されている場合，主たる監督機関を決定する。

【例（フランス）】フランスでは，6つのステップとして，次の項目を挙げている。

① パイロット役であるデータ保護責任者を設置する（公的機関の場合は必須，現行法のCIL）。

② 現在行われている個人情報処理活動や担当しているファイルなどをマッピングする（組織内における個人データ処理に関するサービスと業務への連絡，データリストの一覧表の作成，各処理業務におけるデータ処理者の特定，データの移転先とその期間）。

③ これからの活動の優先順位などを決定する（利用目的の制限，データ処理の適法性，既存のプライバシーポリシーの見直し，また，特別の注意点として，特別類型のデータ，体系的な大規模モニタリング，EU域外へのデータ移転が列挙）。

336

④ リスク管理する。個人情報の処理・管理の際に生じる侵害のおそれやセキュリティの問題を把握し，それに関する適当な対応をとる（2015年 CNIL のプライバシーインパクトアセスメントに関するガイドライン）。

⑤ 内部プロセスを整理する（処理業務におけるデータ保護原則の設計，労働者の意識向上，データ主体からの苦情申立ての対応，CNIL のデータ侵害通知の所定用紙（72時間以内に通知）および CNIL の認証ラベルへの申請）。

⑥ 適法性を証明するため文書（処理に関する文書，情報提供に関する文書，責任・契約に関する文書）を確保する。

3. 企業における実務的対応

(1) GDPR 対応の実務的論点

GDPR については，個人データの処理の性質，類型，規模，範囲およびデータ主体への影響，さらには，事業の性質，類型，規模，範囲および国際的なデータ移転の実態等を踏まえ，ケースバイケースで対応することとなる。企業法務において，教科書どおりの1つの回答が存在しないのと同様に，個々の企業戦略に基づいて，また EU 以外の世界の動向を注目しつつ，対応が迫られることになるであろう。GDPR を個人データの保護するための守りの政策とみるか，あるいはデータの保護への信頼を勝ち取り，それによりデータビジネスを推進するための攻めの政策とみるか，今後，個々の企業にとっての課題となるであろう。

EU の複数の加盟国に進出している企業においては，GDPR とともに当該加盟国の立法についてもあらかじめ調査をしておく必要がある。特に，加盟国の中でも厳格な運用をしてきたドイツやフランスに進出している企業においては，GDPR よりはドイツとフランスにおけるデータ保護法制を注視しておくことが求められる。現地の弁護士にすべてを任せるという方法も考えられるが，データ侵害通知義務は72時間という期限が区切られており，日本にある本社との連携を図っておく組織作りも必要となる。

世界的に企業のチーフ・プライバシー・オフィサーまたはそれに類似する立

第3部 実務的対応

場の専門家を育成してきた国際プライバシー専門家協会（IAPP：International Association of Privacy Professional）の2016年調査によれば，GDPRへの対応として困難なものとして事業者が挙げたものは，①忘れられる権利（6.1），②データポータビリティ権（5.7），③明示の同意の取得（5.6），④越境データ移転（5.1），⑤データ侵害通知義務（4.8）である（10段階評価で数字が大きいほど対応困難）。事業者としては，GDPRの強力な権利保障への対応に苦慮している実情がうかがえる。

日本の法制度と運用の下では，違法とならない行為がGDPRでは違反となりうることがあるため，現状の個人データの取扱いに関するプラクティスを一から見直す必要がある。以下，具体的に，加盟国のDPAが公表しているGDPR対応の実務的指針等に基づき必要な対応策をまとめてみた。次の6点に要約することができる。

① GDPRの適用の有無の判断
② 代理人とデータ保護責任者の配置
③ データマッピング
④ 既存の処理業務の見直し（特別類型・適法性・同意・移転の根拠等の見直し）
⑤ 文書保存（同意，安全管理措置，処理の委託，処理の記録保存，データ保護影響評価等）
⑥ リスク管理とインシデント対応

（2）GDPRの適用の有無の判断

まず，GDPRの適用の有無を判断する必要がある。すなわち，自社が①EU域内に事業所を設置しているか，または②EUの個人に商品・サービスを提供しているか，もしくは個人の行動を監視しているか，のいずれかに該当すれば，GDPRの適用の対象となる（3条，参照）。

図表22　GDPRの適用判断

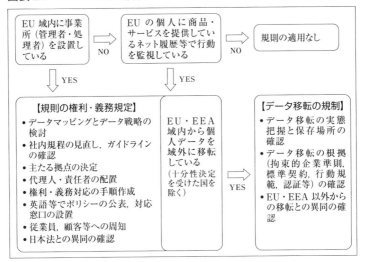

(3) 代理人とデータ保護責任者の配置

　GDPR対応としてまずやるべきことは，誰が対応するかを決定することである。GDPRの下では，管理者・処理者における代理人とデータ保護責任者がその任務を担うこととなる。

　まず，代理人については，EU域内に駐在している者（法人を含む）を事業展開している国のDPAに対して書面で通知することが必要となる（4条17号，27条1項）。この代理人の要件は，GDPRに定められた義務について管理者・処理者を代理する立場になければならない。それ以上の資質等が特段設けられていないものの，少なくとも管理者・処理者である自社の個人データの処理業務についても一通り説明ができる者であり，かつDPAとの連絡を直接取りうる状態にある者を指定することが望ましい（前文80項，31条）。また，代理人は，処理業務の記録保存を行うこともできる（30条1項，2項，4項）。さらに，監督機関に対して必要な書類等の提出を求められた場合に応ずることが求められる（58条1項a号）。

　次に，GDPRにおける重要な役割を担うこととなる，データ保護責任者の配置についてである（37条～39条）。GDPRの対応は，法務，セキュリティ，

コンプライアンス，危機管理など様々な部署において検討が始められることが想定される。しかし，違反のリスクと制裁金の金額を考慮すれば，企業の役員クラスまたは役員と迅速かつ直接連絡を取りうる部署において適切な人材が確保される必要がある。

データ保護責任者の配置がない企業においては，EU のデータ保護監督機関との正式な対話窓口がないことを意味することとなり，また万一配置の義務を怠れば，その時点で制裁金（1,000 万ユーロ以下または売上 2% 以下）の対象となることから，配置の要件（37 条 1 項）を緩やかに解釈するべきではない。データ保護責任者が最高経営陣に直接連絡をとることができる地位にいなければならないことが GDPR で要件とされている（38 条 3 項）。GDPR 対応は，経営トップの判断が求められる事項であることを認識する必要がある。

データ保護責任者は，企業のデータ保護に関する司令塔であり，企業内部におけるデータ保護監督機関の職員であるかのように職務に当たることが求められる（39 条 1 項）。IAPP の調査によれば，全世界で 7 万 5,000 人が，そして日本では 1,688 人のデータ保護責任者が配置されることになると示している。[7]

データ保護責任者の配置において 2 点注意事項がある。第 1 に，専門性である（37 条 5 項）。データ保護責任者は，実際にインシデント対応をするのみならず，EU データ保護監督機関との連絡窓口となる対外的なコミュニケーターとなる人物であり，GDPR に関する最低限の知識が必要となる。加盟国（ルクセンブルク，ハンガリー）では，大学の学位の要件などを定めているところもあり，特に EU の監督機関との直接の対話ができる外国語運用能力もあることが望ましい。スペインでは，データ保護責任者の資格認証の基準を作成する動向も見られる。[8]

第 2 に，注意を要するのは，利益相反である（38 条 6 項）。GDPR 適用前から DPO の運用がみられるドイツでは利益相反について違反への執行例も見られ，注意喚起をしている。具体的には，IT 部門の責任者，人事部門の責任者，コンプライアンス部門の責任者はいずれも利益相反とみなされるおそれがある。[9]なお，外部のデータ保護責任者を任命する場合，GDPR の水準に基づき社内のデータ保護に関する義務を果たし，ビジネスに十分統合できる立場にあるかが重要となる。

なお，データ保護責任者の育成の方法としては，IAPP やヨーロッパの大学（マーストリヒト大学，ブリュッセル自由大学など）が研修と認証の体制を築いており，参考となる。データ保護責任者の研修実績や専門知識は，EU のデータ保護監督機関との関係において重要な要素となる。

(4) データマッピング

データ保護責任者の配置の有無にかかわらず，現在または将来 EU 関係のビジネス展開がある場合には，データマッピングを行うことが求められる。すなわち，どこの部署にどのような個人データファイルが存在しているかを一覧表にしておき，各企業における個人データがファイルの実態を把握することがデータ保護対策につながることとなる。

GDPR の下では，DPA への対応が生ずる場合が想定され，その際に文書の提出を求められることもあり，定期的に個人データファイルの存在を把握しアップデートしておくことが求められる。

なお，データマッピングに関するフランス DPA の CNIL が用意した一覧表は次のようなものである。少なくとも EU の DPA はこれらの文書が各企業において把握され，文書保存されていることが前提とされていると考えてよい。[10]

図表 23 フランス CNIL が公表したデータマッピングシート

処理の内容	
名称	
番号	
作成日	
更新日	

関係者	名称	住所	国
管理者			
データ保護責任者			
代表者			

第3部　実務的対応

共同管理者			

処理の目的			
主目的			
副目的1			
副目的2			
副目的3			
副目的4			
副目的5			

安全管理措置			
技術的措置			
組織的措置			

対象となる個人データの類型	説明	保有期間
地位，ID，番号データ，画像等		
私生活（ライフスタイル，家族構成等）		
経済的財政的情報（収入，財政状況，納税状況等）		
接続データ（IPアドレス，ログ等）		
位置データ（旅行，GPS，GSM等）		

センシティブデータ	説明	保有期間
人種または民族的出自を明らかにするデータ		

342

3. 企業における実務的対応

政治的意見を明らかにするデータ		
宗教的哲学的信仰を明らかにするデータ		
労働組合の組合員であることを示すデータ		
遺伝データ		
自然人を特有の方法で識別する目的の生体データ		
健康データ		
性生活または性的志向に関するデータ		
前科または犯罪歴に関するデータ		
国の識別番号（NIR）		

対象となる個人の類型	説明	保有期間
類型 1		
類型 2		

受領者	説明	受領者の類型
受領者 1		
受領者 2		
受領者 3		
受領者 4		

EU 域外への移転	受領者	国	保護措置	文書へのリンク
移転先 1				

343

第 3 部　実務的対応

移転先 2				
移転先 3				
移転先 4				

(5) 既存の処理業務の見直し（適法性・同意・情報提供等の見直し）

　データマッピングを基に，データ保護責任者が中心となって，既存の処理業務において GDPR の要件から見て不備がないかを点検する必要がある。様々な項目を点検しなければならないものの，特に，処理の基本原則について，日本との大きな違いが生じるのが，次の 3 点である。

　第 1 は，同意についてである（7 条）。GDPR では，同意とは，「声明または明確な積極的行為により，自己が自らに関する個人データの処理について合意を示すこととなる，自由になされ，特定され，通知を受け，かつ明確なデータ主体の意思表示」である。この要素の 1 つでも欠いていれば有効な同意とはみなされない可能性がある。実際の法執行例の一定数は，同意への疑義が生ずる場合であり，特にウェブサイトで「同意します」にチェックボックスがあらかじめ入っているような同意の取得方法は無効となる。さらに，同意の撤回もまた GDPR では明文化されたため，いつでもデータ主体に対して，同意の撤回を提供する機会を設けなければならない。そして，管理者は，同意に関する証明をできるようにしておかなければならない。

　第 2 に，処理の適法性の根拠である（6 条）。これは，日本の個人情報保護法制では，GDPR のような形で規定されていないため，GDPR 対応としてあらためて既存の処理業務を見直すことが望ましい。すなわち，EU では個人データの処理は，①データ主体が同意した場合，②契約の履行にとって必要な場合，③法的義務の遂行にとって必要な場合，④データ主体または他の自然人の重要な利益を保護するために必要な場合。⑤公共の利益または公務の行使において実施される人の遂行に必要な場合，または⑥管理者または第三者によって求められる正当な利益の目的に必要な場合のいずれかに根拠を求めなければならない。別の言い方をすれば，これらの 6 つのいずれにも該当しない場合，個人データ処理を継続することは GDPR 違反となりうる。そのため，データマ

344

ッピングで示された個人データの処理業務がいずれの適法性の根拠に該当するかをあらためて点検する必要がある。注意を要する事項として,「正当な利益」を安易に考え,適法性がないとして制裁金が科される事例がみられる。

第3に,データ主体への情報提供の仕組みである(13条,14条)。GDPRでは,データ主体に対してデータ処理の目的等を原則として要請を受け付けてから1か月以内に情報提供しなければならない。しばしば加盟国のDPAの法執行の契機となるのがデータ主体からの申立てである。すなわち,複数のデータ主体からDPAへの申立てや質問・疑義が提起されると,DPAは調査の端緒となる。そのため,データ主体への情報提供については,GDPRで求められている事項を,指定された期限において実施するための既存の体制の見直しが望ましい。特に言語の問題があり,サービスや製品の提供や広告については外国語で行っているのに対し,データ保護に関連する情報(プライバシーポリシーなど)は日本語のみにより提供する場合は,十分な情報提供を行っているとは評価されないおそれがある(12条)。

これらのほかに,既存の処理業務の観点からは,特別類型の個人データの処理について,日本における要配慮個人情報と範囲が異なるものがいくつかあること,特に特別類型の個人データの処理における明示の同意取得の方法,児童向けの商品やサービスを提供している場合は,児童の年齢確認の仕組みや保護者からの同意の方法についても方針を決めておくことが望ましい(8条~10条)。さらに,データの移転について十分性のみなのか,あるいはその他の規定(拘束的企業準則,データ保護標準条項等)による補足を必要とするか否かなど日本の法制度では求められていない事項について点検する必要がある。

(6) 文書保存(同意,安全管理措置,処理の委託,処理の記録保存,データ保護影響評価等)

GDPRでは,処理業務に関する文書化の義務が様々なところで規定されている。具体的には,処理者が管理者の文書化された指示にのみ基づき処理すること(28条3項a号),個人データの第三国等への移転に関する記録保存(30条1項e号,30条2項c号),個人データ侵害の文書化(33条5項),特例に基づく個人データ移転に関する文書化(49条6項)などである。

第3部　実務的対応

このほかにも，説明責任の原則に基づき，管理者と処理者としての証明責任が様々なところで規定されている。たとえば，データ主体からの同意の証明（7条1項），データ主体の識別ができない状態にあること（11条2項），異議申立権における正当な利益の証明（21条1項），データ保護バイデザインとデータ保護デフォルトの要件の遵守の証明（25条3項）などがある。これらの証明には文書化が前提とされているものと考えるのが合理的である。

このように，GDPRでは，管理者・処理者が自らGDPRを遵守していることを証明するため，関連する文書を保存し，事後的に立証することが求められている。実務上，特に大きな問題となりうるのが，同意の証明（7条1項），管理者と処理者の適切な技術的組織的措置（24条1項，28条1項），処理の委託（28条2項），処理の記録保存（30条），そしてデータ保護影響評価（35条）については，万一漏えい等の個人データ侵害の事案が発生した場合，これらの文書による証明の有無は制裁金の金額にも影響しうる。

（7）リスク管理とインシデント対応

GDPRは「リスクに基づくアプローチ（risk-based approach）」を採用している（24条1項，32条1項等）。すなわち，処理に伴うリスクには，漏えい等によるデータ主体へのリスク，通信履歴等の開示を捜査機関から求められる第三者によるリスク，そして法令違反やレピュテーションリスク等の管理者・処理者が負うリスクである。個人データの処理を取り巻くリスクには様々なものがありうる。個人データの処理については，コストと便益の問題ではなく，リスクと便益の問題であるとしばしばいわれる。

そこで，GDPRでは，リスク管理をするためのツールとして，データ保護影響評価の実施を奨励している（35条）。この背景には，個人データの処理においては，リスク管理を各企業において行い，文書化し，定期的に見直すことが求められている。データ保護影響評価の実施には，概ね，①プロファイリング等の自動処理の場合，②センシティブデータ処理の場合，③大規模な公衆の場の監視の場合には必要となる。影響評価の必要の有無にかかわらず，個人データ処理のライフサイクルの中でリスクが最も高い部署はどこであり，またどのような対策が必要かということを検討した経緯等を文書で残しておくことも

346

有益であろう。

　また，リスクの高い個人データの処理については，監督機関への事前相談を行うなど，処理に伴うリスクを放置せず，リスクの低減に努めることが求められる（36条）。なお，監督機関との事前相談については，日本ではあまりみられないが，EUにおいては積極的に行われており，特に監視カメラや生体データを用いた処理業務を日常的に行っている企業等にとっては事前相談は事実上必須となっている。

　そしてこのようなリスク対応として，インシデント発生時の対応についてGDPRは厳格な要件を求めている（33条，34条）。特に侵害通知が加盟国の中でも最も厳格なオランダでは，72時間以内の通知義務に違反すると制裁金が82万ユーロ以下または年間総売上の10％以下が科されるおそれがあるため，侵害通知を怠ることを避けるような体制を整えなければならない。事業展開している国のDPAのウェブサイトであらかじめ通知義務の所定の書類を確認しておくなど，72時間という限られた時間内ではなく，あらかじめインシデントを想定した対応を組織内で共有しておくことが重要となる。

(8) Breixtとの関係

　最後に，2019年3月末までに予定されているイギリスのEU離脱がGDPRに与える影響についてである。この点は，本書執筆時においては，イギリスの離脱問題が確定していないため，不確定な要素が含まれる。[11] イギリス情報コミッショナーは国民投票の後，2016年7月1日にプレスリリースを公表し，「データ保護の法と権利を取り巻く国際的整合性はビジネスにも組織にも，そして消費者にも市民にも不可欠である。情報コミッショナー事務局の役割は，他国の当局と緊密に連携を常にとってきており，今後もこのことを継続していく」ことを表明した。また，イギリスでは，2017年にGDPRの施行法が議会に提出されるなど，少なくともGDPRに準拠した国内法の整備の動向がみられる。さらに，2017年8月には，イギリスのEU離脱（いわゆるBrexit）に伴うGDPRの影響を分析し，十分性を取得することが望ましい旨の報告書が議会に提出された。[12] 本書執筆時点では，少なくとも大きな影響が生じているわけではないが，GDPR対策の実務として，イギリスが公表する資料のみならず，

第3部　実務的対応

これまでも EU で影響力を有してきたドイツやフランスにおけるガイドラインや決定等を第一次的な資料として参照することが賢明である。

　2点ほど留意点がある。1点目は，イギリスが EU を完全に離脱した場合，日本企業は代理人をイギリス以外の EU 加盟国のいずれかに配置えすることが求められる。これに伴い，主たる監督機関についてもイギリス以外のいずれかの国の DPA が対象となる。2点目は，イギリスが EU を離脱し，欧州経済領域に類する地位にとどまったとしても，イギリスは欧州委員会から十分性の認定を受けなければ，原則として EU からイギリスへの個人データの移転が禁止されることとなる。仮にそのような事態になれば，イギリスに進出している日本企業は，EU 加盟国への個人データの移転についても拘束的企業準則等の手法を用いることが求められることとなる。この点についてはすでに様々議論が提起されており，今後の動向を注視する必要がある。[13]

■参考文献
- 石川智也・白澤秀己「GDPR 対応の実務」Business Law Journal 10 巻 4 号（2018 年）34 頁
- 大洞健治郎「GDPR 対応プロジェクトの運営上のポイント」Business Law Journal 11 巻 4 号（2018 年）42 頁
- 岡田淳「半年後に迫った EU 一般データ保護規則（GDPR）への対応」企業会計 70 巻 1 号（2018）139 頁
- トークリー紀子「EU の一般データ保護規則について」生命保険経営 85 巻 6 号（2017）66 頁
- 根津奈緒美「GDPR 対応の手順とスケジュール」ジェトロセンター 803 号（2017）50 頁
- 杉本武重「加盟国法を踏まえたデータ保護コンプライアンスを」ジェトロセンサー 803 号（2017）58 頁
- 宮下紘「規則の特徴と対応」ビジネス法務 17 巻 8 号（2017）14 頁
- 柳池剛「楽天の取組み　プライバシーコンプライアンスの『世界標準』」ビジネス法務 17 巻 8 号（2017）50 頁
- 日本貿易振興機構（JETRO）「EU 一般データ保護規則（GDPR）に関わる実務ハンドブック（入門編）」（2016 年 11 月）・「（実践編）」（2017 年 8 月）
- 大井哲也「域外適用で多額の制裁金もあり得る EU 一般データ保護規則の概要と

日本企業の対応事項」旬刊経理情報 1449 号（2016）48 頁

・岩村浩幸「EU 個人情報保護規則のポイントと日本企業の対応」ビジネス法務 16 巻 7 号（2016）60 頁

・ルイ・フレデリック・杉本武重「英国の EU 離脱とデータ保護」国際商事法務 44 巻 10 号（2016）1560 頁

・岩村浩幸「個人データ保護　英国の EU 離脱による日系企業への影響」NBL1084 号（2016）53 頁

・大場敏行「EU 一般データ保護規則の概要と金融機関への影響」フィナンシャル・レギュレーション 8（2016）44 頁

・村上陽亮「EU におけるデータ保護の動向と日本企業への影響」Nextcom24 号（2015）26 頁

巻末注

第 1 部

1) President Jean-Claude Juncker, State of the Union Address 2016.

2) EU 基本権憲章および機能条約については，庄司克宏『新 EU 法基礎篇』（岩波書店・2013 年）317 頁。

3) European Commission, Communication from the Commission to the European Parliament and the Council, Exchanging and Protecting Personal Data in a Globalised World, 10 January 2017 p. 6.

4) Joined Cases C-92/09 and C-93/09, Volker und Markus Schecke GbR. and. Hartmut Eifert. v. Land Hessen, 9 November 2010, ECLI:EU:C:2010:662, para 48–50.

5) 石村善治「ヘッセン州データ保護法」ジュリスト 589 号 (1975) 127 頁，太田知行「西ドイツヘッセン州における情報保護の現状 1～3 完」判例タイムズ 28 巻 10, 12, 13 号 (1977)，参照。

6) 菱木昭八朗「スウェーデン個人情報保護法」新聞研究 582 号 (2000) 86 頁，参照。

7) ドイツにおける個人データ保護法制の発展については，平松毅『個人情報保護：理論と運用』（有信堂高文社・2009)，藤原静雄「西ドイツ『連邦データ保護法』政府草案について 1～3 完」国学院法学 24 巻 4 号, 25 巻 1 号, 25 巻 4 号 (1987–1988)

8) 藤原静雄「西ドイツ国勢調査判決における情報の自己決定権」一橋論叢 94 巻 5 号 (1985) 728 頁，玉蟲由樹「ドイツにおける情報自己決定権について」上智法学論集 42 巻 1 号 (1998) 115 頁，平松毅『個人情報保護』（有信堂・2009) 273 頁，小山剛「『安全』と『情報自己決定権』」法律時報 82 巻 2 号 (2010) 99 頁，高橋和広「情報自己決定権論に関する一理論的考察」六甲台論集 60 巻 2 号 (2014) 105 頁，参照。

9) フランスにおける個人データ保護法制の発展については，清田雄治「フランスにおける個人情報保護法制と第三者機関」立命館法学 2005 年 2・3 号 (2005) 145 頁，井上禎男「フランスにおける個人情報保護第三者機関の機能と運用」人間文化研究 5 号 (2006) 155 頁，ルブルトン・カロリーヌ「フランスにおける個人情報の保護制度の変遷」法政大学大学院紀要 79 号 (2017) 179 頁，参照。

10) 藤原静雄「個人データの保護」『現代の法 10 情報と法』（岩波書店・1997) 187 頁，堀部政男「プライバシー・個人情報保護の国際的整合性」堀部政男編著『プライバシー・個人情報保護の新課題』（商事法務・2010) 1 頁，石井夏生利『個人情報保護法の現在と未来〔新版〕』（勁草書房・2017) 第 3 章，参照。

11) アンディ・ドラウト「ヨーロッパにおける個人データ保護法制の進化」比較法文化 19 号 (2011) 41 頁，参照。

12) Viviane Reding, The European data protection on framework for the twenty-first century, International Data Privacy Law, vol. 2 No. 3 (2012) pp. 119–129.

13) ヨーロッパにおけるデータ保護法制の発展については，堀部政男「プライバシー・個人情報保護論議の世界的展開と日本」情報処理 54 巻 11 号 (2013) 1106 頁，参照。

14) Directive 95/46/EC of the European Parliament and of the Council of 24 October

巻末注

1995 on the protection of individuals with regard to the processing of personal data and on the free movement of such data, 24 October 1995. EU データ保護指令の邦訳として，堀部政男研究室「欧州連合（EU）個人情報保護指令の経緯とその仮訳」新聞研究 578 号（1999）17 頁，庄司克宏「EU における『個人データ保護指令』」横浜国際経済法学 7 巻 2 号（1999）143 頁，参照。

15) 藤原静雄「EU の個人情報保護法制の動向」園部逸夫・藤原静雄編『個人情報保護法の解説〔第二次改訂版〕』（ぎょうせい・2018）453 頁。

16) European Commission, Proposal for a Regulation of the European Parliament and of the Council on the protection of individuals with regard to the processing of personal data and on the free movement of such data (General Data Protection Regulation), 25 January 2012.

17) 規則は一般適用性を有する。規則はそのすべての要素について義務的であり，かつ，すべての加盟国において直接適用可能である（機能条約第 288 条 2 項）。直接適用可能であるとは，「規則」を国内法に編入または置換するための国内立法を必要としないことを意味する。Zerbone 事件（1978 年）判決によれば，加盟国は「規則」の「[EU] 的性格およびそれより生じる帰結が関係者から隠蔽されるような措置を採択してはならず，また，立法権を有する国内機関にそのような措置を採択することを認めてはならない」。庄司克宏『新 EU 法基礎篇』（岩波書店・2013）211 頁，参照。

18) Council Framework Decision 2008/977/JHA of 27 on the protection of personal data processed in the framework of police and judicial cooperation in criminal matters.

19) European Commission, Proposal for a Regulation of the European Parliament and of the Council concerning the respect for private life and the protection of personal data in electronic communications and repealing Directive 2002/58/EC (Regulation on Privacy and Electronic Communications), 10 January 2017. 佐藤真紀「e プライバシー規則案」ビジネス法務 2017 年 8 月号（2017）41 頁，参照。

20) European Commission, Press Release: Commission proposes a comprehensive reform of data protection rules to increase users' control of their data and to cut costs for businesses, 25 January 2012.

21) European Commission, Consultation on the legal framework for the fundamental right to protection of personal data, 31 December 2009.

22) European Commission, Consultation on the Commission's comprehensive approach to personal data protection in the European Union, 15 January 2011.

23) European Commission, Communication from the Commission to the European Parliament, the Council, the European Economic and Social Committee and the Committee of the Regions; Safeguarding Privacy in a Connected World: A European Data Protection Framework for the 21st Century, COM (2012) 9/3 (25 January 2012).

24) 市民的自由・司法・内務委員会が 3,133，産業委員会が 417，域内市場委員会が 226，雇用委員会が 27，法務委員会が 196 それぞれ修正案を提示し，合計で 3,999 の修正案となっている。See European Parliament, Q & A on EU Data Protection Reform, 4 March 2014.

25) *See* Data protection in the EU: the certainty of uncertainty, THE GUARDIAN ONLINE, 5 June 2013.

26) Jan Philipp Albrecht, Uniform Protection by the EU: The EU Data Protection Regulation Salvages Informational Self-Determination, in DATA PROTECTION ANNO 2014: HOW TO RESTORE TRUST? (Hielke Hijmans & Herke Kranenborg eds., 2014) p. 125.

27) European Commission, Communication on Europe 2020 Flagship Initiative: Innovation Union, 6 October 2010.

28) European Commission, Communication on the Unleashing the Potential of Cloud Computing in Europe, 27 September 2012.

29) European Commission, Communication on the Digital Agenda for Europe- Driving European growth digitally, 18 December 2012.

30) European Council, Conclusions, 25 October 2013.

31) European Parliament, Policy Statement: Data Protection Review: Impact on EU Innovation and Competitiveness, December 2012.

32) European Commission, A Digital Single Market Strategy for Europe, 6 May 2015.

33) Hans Lammerant and Paul De Hert, Visions of Technology, in Data Protection on the Move (Serge Gutwirth et. al. eds., 2016) p. 163.

34) Article 29 Working Party, Statement on the impact of the development of big data on the protection of individuals with regard to the processing of their personal data in the EU, 16 September 2014.

35) Article 29 Working Party, Opinion on purpose limitation (WP203), 2 April 2013.

36) Article 29 Working Party, Opinion on Anonymisation Techniques (WP216), 10 April 2014.

37) Article 29 Working Party, Opinion on the notion of legitimate interests of the data controller under Article 7 of Directive 95/46/EC (WP217), 9 April 2014.

38) Article 29 Working Party, Opinion on the application of necessity and proportionality concepts and data protection within the law enforcement sector (WP211), 27 February 2014.

39) Article 29 Working Party, Opinion 06/2013 on open data and public sector information ('PSI') reuse (WP207), 5 June 2013.

40) White House, Big Data: seizing opportunities, preserving values, May 2014.

41) Letter from the Article 29 Working Party to John Podesta, Counselor to the US President, on the report "Big data: seizing opportunities, preserving values", 11 June 2014.

42) Peter Hustinx, Data Protection and Competition: interfaces and interaction, Seminar Covington & Burling LLP 13 June 2013.

43) European Data Protection Supervisor, Privacy and competitiveness in the age of big data: The interplay between data protection, competition law and consumer protection in the Digital Economy, March 2014.

44) European Data Protection Supervisor, Opinion on coherent enforcement of funda-

巻末注

mental rights in the age of big data, 23 September 2016.

45) C-238/05, Asnef-Euifax v. Asociación de Usuarios de Servicios Bancarios, 23 November 2006, ECLI:EU:C:2006:734.

46) European Commission, Case M.7217-Facebook/WhatsApp, 3 October 2014.

47) European Commission, Communication from the Commission to the European Parliament, the Council, the European Economic and Social Committee and the Committee of the Regions, Internet of Things-An action plan for Europe, 18 June 2009.

48) Article 29 Data Protection Working Party, Opinion on the on Recent Developments on the Internet of Things (WP223), 16 September 2014.

49) Article 29 Data Protection Working Party, Opinion on Processing personal data in the context of Cooperative Intelligent Transport Systems (C-ITS) (WP252), 4 October 2017.

50) German Federal Ministry of Transport and Digital Infrastructure, Ethics Commission: Automated and connected driving, June 2017.

51) CNIL, Connected vehicles and personal data, October 2017.

52) RoboLaw, Guidelines on regulating robotics, September 2014.

53) EDPS, Artificial Intelligence, Robotics, Privacy and Data Protection, 19 October 2016.

54) European Council meeting, Conclusions, 19 October 2017, p. 7

55) The Opinion of the Hungarian National Authority for Data Protection and Freedom of Information on Blockchain Technology in the Context of Data Protection, július 18, 2017.

第2部

第Ⅰ章

1) Peter Hunstinx, European Leadership in Privacy and Data Protection, Hacia un Nuevo Derecho Europeo de Protección de Datos, Artemi Rallo Lombarte & Rosario García Mahamut eds. (Tirant, 2015) p. 15.

2) Orla Lynskey, The Foundations of EU Data Protection Law (Oxford University Press, 2015) p. 89.

3) Juliane Kokott & Christoph Sobotta, The distinction between privacy and data protection in the jurisprudence of the CJEU and the ECtHR, International Data Privacy Law, vol. 3 issue 4 (2013) p. 222.

4) C-377/98 - Netherlands v Parliament and Council, ECLI:EU:C:2001:523 para 70.

5) 欧州基本権庁の情報社会・プライバシー・データ保護課長であるオータイマー・マリオ博士の御厚意により図表の資料をいただいた。ここに謝意を記す。図表はこの資料に基づき作成した。

6) ICO, Social networking and online forums: what does the DPA apply? Version 1.1, February 2014, pp. 5-6.

354

7)　C-212/13 František Ryneš v. Úřad pro ochranu osobních údajů, EU:C:2014:2428. 本判決の紹介は，中西優美子「EU 個人データ保護指令と私的な監視カメラによる自動録画」自治研究 91 巻 9 号（2015）111 頁，参照。

8)　Joined Cases C-585/08 and C-144/09, Pammer and Hotel Alpenhof, ECLI:EU:C:2010:740, para 92.

9)　Case C-131/12, Google Spain SL and Google Inc. v Agencia Española de Protección de Datos（AEPD）and Mario Costeja González, ECLI:EU:C:2014:317, para 55.

10)　See Paul de Hert & Michal Czerniawski, Expanding the European data protection scope beyond territory: Article 3 of the General Data Protection Regulation in its wider context, *International Data Privacy Law*, vol. 6 no. 3（2016）p. 234.

11)　電子商取引における裁判管轄権を約款等で明記した場合についても，Weltimmo 判決で示された設置の基準に基づき，たとえば約款等で裁判管轄権をルクセンブルクと指定していても，データがドイツに置かれていればドイツ法が適用されることとなる。CJEU, Case C-191/15, Verein für Konsumenteninformation v Amazon EU Sàrl, 28 July 2016, para 80. この点，アメリカの金融機関等では免責条項で域外適用や管轄について規定がみられるが，GDPR との関係により今後運用に変化が生じうる。

12)　Case C-230/14, Weltimmo v Nemzeti Adatvédelmi és Információszabadság Hatóság, ECLI:EU:C:2015:639.

13)　Directive 2006/123/EC of the European Parliament and of the Council of 12 December 2006 on services in the internal market, Art. 4（1）.

14)　See Paul Voigt & Axel von dem Bussche, The EU General Data Protection Regulation（Springer, 2017）pp. 26–28; Danil Rucker & Tobias Kugler, New European General Data Protection Regulation（Nomos Verlagsges, 2018）pp. 38–40.

15)　Article 29 Data Protection Working Party, Working Document on Determining the International Application of EU Data Protection Law to Personal Data Processing on the Internet by Non-EU Based Web Sites（WP56）, 30 May 2002 pp. 9–12.

16)　Dóra Petrányi & Marton Domokos, Data Protection Aspects of Blockchain, Lexology, September 1, 2017（原典は A Nemzeti Adatvédelmi és Információszabadság Hatóság állásfoglalása a blokklánc（"blockchain"）technológia adatvédelmi összefüggéseivel kapcsolatban, július 18, 2017）

17)　Article 29 Data Protection Working Party, Opinion 4/2007 on the concept of personal data（WP136）, 20 June 2007.

18)　Case C-212/13 František Ryneš v. Úřad pro ochranu osobních údajů, EU:C:2014:2428. 本判決の紹介は，中西優美子「EU 個人データ保護指令と私的な監視カメラによる自動録画」自治研究 91 巻 9 号（2015）111 頁，参照。

19)　UK ICO, In the picture: A data protection code of practice for surveillance cameras and personal information, 9 June 2017（version 1. 2）.

20)　College Bescherming Persoonsgegevens, Report of findings, Official investigation by the CBP into the processing of geolocation data by TomTom N.V., 20 December 2011.

21)　Article 29 Data Protection Working Party, Opinion on geo-location services on smart mobile devices（WP185）, 16 May 2011.

巻末注

22) Case C-101/01, Bodil Lindqvist, 6 November 2003, ECLI:EU:C:2003:596.

23) IP アドレスが「個人データ」に該当するという意見は Article 29 Data Protection Working Party, Privacy on the Internet- An integrated EU Approach to On-Line Data Protection, 21 November 2000 においてすでに示されている。

24) Estonia DPA, IP address and privacy, 25 August 2015.

25) Case C-582/14, Patrick Breyer v Bundesrepublik Deutschland, EU:C:2016:779 para 46–49.

26) Joined Cases C-92/09 & C-93/09, Volker and Markus Schecke GbR and Hartmut Eifert v. Land Hessen, 9 November 2010.

27) Viviane Reding, Speech: EU Data Protection Rules: Better for Business, Better for Citizens, 26 March 2013.

28) European Commission, Special Eurobarometer 359: Attitudes on Data Protection and Electronic Identity in the European Union, June 2011 p. 148

29) Article 29 Data Protection Working Party, Working Document on Biometrics (WP80), 1 August 2003 p. 3.

30) Article 29 Data Protection Working Party, Opinion on Developments in Biometric Technologies (WP193), 27 April 2012.

第Ⅱ章

1) Article 29 Data Protection Working Party, Opinion 03/2013 on purpose limitation, (WP203) 2 April 2013, p. 4. 以下，本条はこのガイドラインに基づく解説である。

2) *See* Article 29 Data Protection Working Party, Guidelines on Automated individual decision-making and Profiling for the purposes of Regulation 2016/679 (WP251 rev. 01), 6 February 2018, p. 11.

3) Article 29 Data Protection Working Party, Opinion on the application of necessity and proportionality concepts and data protection within the law enforcement sector (WP211), 27 February 2014, pp. 17–18.

4) ICO, Enforcement Notice to the Chief Constable of Hertfordshire Constabulary, 15 July 2013.

5) ICO Press Release: Police use of 'Ring of Steel' is disproportionate and must be reviewed, 24 July 2013.

6) ECtHR, S. Marper v. UK, 4 December 2008 (Applications nos. 30562/04 and 30566/04), para 67.

7) Joined Cases C-293/12 and C-594/12, Digital Rights Ireland, ECLI:EU:C:2014:238.

8) Joined Cases C-203/15 and C-698/15, Tele2 Sverige AB, ECLI:EU:C:2016:970. 本判決の解説は，中西優美子「EU 電子通信データ分野における個人データ保護及びプライバシー権と国内法」自治研究 94 巻 1 号（2018）96 頁，参照。

9) Dennis-Kenji Kipker, Transparency Requirements for Police Use of Body Cams, European Data Protection Law Review, vol. 3 (2017) p. 98.

10) *See* Article 29 Data Protection Working Party, Opinion 06/2014 on the notion of legitimate interests of the data controller under Article 7 of Directive 95/46/EC (WP217), 9 April 2014. 本節はこの意見に基づく解説である。

巻末注

11) Cases C-468/10 and C-469/10, ASNEF & FECEMD v Administración del Estado, ECLI:EU:C:2011:777.

12) Commission Nationale de l'Informatique et des Libertés, Délibération n° SAN – 2017-006 du 27 avril 2017（英語によるプレスリリースは，CNIL ホームページ https://www.cnil.fr/en/facebook-sanctioned-several-breaches-french-data-protection-act 参照）。

13) Case C-73/16, Peter Puškár v. Finančné riaditel'stvo Slovenskej republiky, 27 September 2017, EU:C:2017:725.

14) Case C–13/16 Valsts policijas Rīgas reģiona pārvaldes Kārtības policijas pārvalde v Rīgas pašvaldības SIA 'Rīgas satiksme', ECLI: EU: C: 2017:336, para 28.

15) *Id.*

16) 人道目的の正当な利益に関しては，See International Committee of the Red Cross, Handbook on Data Protection Humanitarian Action, August 2017.

17) Article 29 Data Protection Working Party, Opinion 10/2006 on the processing of personal data by the Society for Worldwide Interbank Financial Telecommunication (SWIFT)（WP128), 22 November 2006.

18) Article 29 Data Protection Working Party, Opinion on the Definition of Consent, (WP187), 13 July 2011.

19) Article 29 Data Protection Working Party, Guidelines on Consent under Regulation 2016/679（WP259 rev.01), 10 April 2017.

20) Case C-543/09, Deutsche Telekom AG, ECLI:EC:C:2011:278.

21) European Commission, Consumers' attitudes to Terms and Conditions（T&Cs), 19 September 2016.

22) Article 29 Data Protection Working Party, Letter of the Chair of the ART 29 WP to Whatsapp, 27 October 2017.

23) Dutch DPA, Investigation into the combining of personal data by Google, z2013-00194, November 2013.

24) Belgium DPA, Belgium Commission for the protection of privacy, Victory for the Privacy Commission in Facebook proceeding, 16 February 2018.

25) Axel von dem Bussche & Paul Voigt, Data Protection in Germany 2d ed.（C.H. Beck, 2017) p. 12.

26) Eleni Kosta, Consent in European Data Protection Law, Martinus Nijhoff (2013) p. 125.

27) CNIL, Sites de rencontre: deux sociétés sanctionnées pour défaut de consentement exprès, 29 décembre 2016.

28) Article 29 Data Protection Working Party, Opinion on the protection of children's personal data (General Guidelines and the special case of schools)（WP160), 11 February 2009.

29) Bundesnetzagentur, Press release: Bundesnetzagentur takes action against children's watches with "eavesdropping" function, 17 November 2017.

30) CNIL, Connected toys: CNIL publicly serves formal notice to cease serious breach of privacy because of a lack of security, 4 December 2017.

31) Sweden DPA, Tillsyn enligt personuppgiftslagen（1998:204), Örebro, University,

357

巻末注

January 25, 2017. (Bird & Bird, Enforcement tables by Country より)

32) European Commission, Special Eurobarometer 359: Attitudes on Data Protection and Electronic Identity in the European Union, June 2011 p. 121.

33) Article 29 Data Protection Working Party, Working Document Providing Guidance on Obtaining Consent for Cookies (WP208), 2 October 2013.

34) European Commission, Comparative Study on Different Approaches to New Privacy Challenges, in Particular in the light of Technological Developments; Working Paper No.2 Data Protection Laws in the EU, 20 January 2010 (Douwe Korff) p. 8.

35) Article 29 Data Protection Working Party, Letter of the Chair of the ART 29 WP to Microsoft, 15 February 2017.

36) Sebastian Schweda, German Data Protection Authorities Issue Privacy Guidelines for Smart TV Services, European Data Protection Law Review, vol. 2. (2016) p. 108.

37) Article 29 Data Protection Working Party, Advice paper on special categories of data ("sensitive data"), 4 April 2014.

38) *Id.* at 8.

39) Article 29 Data Protection Working Party, Opinion on facial recognition in online and mobile service (WP192), 22 March 2012, p. 4. この意見で，オランダでは顔認証の画像が特別類型のデータに該当することが示されていることがこの意見で記されている (LJN BK 6331 Dutch High Court 23 March 2010)。

40) Sweden DPA, Tillsyn enligt personuppgiftslagen (1998:204) -registrering av känsliga personuppgifter om anställda, 16 May 2017. Candy Crush maker banned from gathering staff ethic data, PHYS.ORG, 18 May 2017.

41) Article 29 Data Protection Working Party, Advice paper on special categories of data ("sensitive data") p. 8.

42) Case T-190/10, Egan and Hackett v Parliament, EU:T:2012:165.

43) Ireland Data Protection Commissioner, Guidance letter to all political parties regarding European and Local Elections –Polling day 24th May 2014 Restrictions on Electronic Direct Marketing / Canvassing.

44) Hellenic DPA, Decisoin 23/2008 (Linklaters, Greece より).

45) Case C-101/01 – Lindqvist, 6 November 2003, EU:C:2003:596.

46) Cyprus, Administrative Court, judgement on 6 September 2016 (No. 5892/2013).

47) Mariusz Krysztofek, Post-Reform Personal Data Protection in the European Union, Wolters Kluwer, 2017 p. 92 (ポーランド行政最高裁判所 2011 年 9 月 6 日判決を引用)。

48) AEPD, The Spanish DPA fines Facebook for violating data protection regulations, 11 de septiembre, 2017.

49) D. Beyleveld, D. Townend & J. Wright, Research Ethics Committees, Data Protection and Medical Research in European Countries (Routledge, 2005) p. 248; France Conseil constitutionnel, decision n° 2007–557.

50) Case T320/02, Esch-Leonhardt and Others v ECB, EU:T:2004:45.

51) Article 29 Data Protection Working Party, Opinion on Anonymisation techniques (WP216), 10 April 2014. 本条はこのガイドラインに基づく解説である。

52) ICO, Anonymisation: managing data protection risk code of practice, November 2012, p. 22.

第Ⅲ章

1) ICO, Privacy notices under the EU General Data Protection Regulation. (https://ico.org.uk/for-organisations/guide-to-data-protection/privacy-notices-transparency-and-control/privacy-notices-under-the-eu-general-data-protection-regulation.)

2) ICO, Monetary penalty notice to Verso Group Limited, 17 October 2017.

3) Autoriteit Persoonsgegevens, Nike ends privacy violations in running app after investigation by Dutch DPA, 8 November 2016.

4) Article 29 Data Protection Working Party, Guidelines on transparency under Regulation 2016/679 (WP260 rev.01), 11 April 2018. 本条は，このガイドラインに基づく解説。

5) Joined Cases C-141/12 and C-372/12, Minister voor Immigratie v. M, ECLI:EU:C:2014:2081.

6) Case C-434/16, Peter Nowak v Data Protection Commissioner, CLI:EU:C:2017:994.

7) Mariusz Krzysztofek, Post-Reform Personal Data Protection in the European Union (Wolters Kluwer, 2016) p. 109.

8) Ireland Data Protection Commissioner, Barcode/Westwood Club: Failure to comply with an access request for CCTV footage, March 2006.

9) Case C-553/07, College van burgemeester en wethouders van Rotterdam v M.E.E. Rijkeboer, ECLI:EU:C:2009:293.

10) Krzysztofek, supra note 7, at 111.

11) Viviane Reding, Speech at The European Data Protection and Privacy Conference: Privacy matters- Why the EU needs new personal data protection rules, 30 November 2010.

12) European Commission, Special Eurobarometer 359: Attitude on Data Protection and Electronic Identity in the European Union, June 2011, p. 158.

13) Proposition de loi visant à mieux garantir le droit à la vie privée à l'heure du numérique (n° 93 (2009–2010) de M. Yves DÉTRAIGNE et Mme Anne-Marie ESCOFFIER, déposé au Sénat le 6 novembre 2009); Projet de loi pour une République numérique, Publié par Gouvernement, le 26 septembre 2015. また，フランスの女優のポルノを検索結果で表示しないよう命じる判決が EU データ保護規則提案が公表後にもみられた（TGI Paris, 15 février 2012, Diana Z v. Google）。

14) European Network and Information Security Agency, The Right to be Forgotten- between Expectations and Practice (2011) p. 14.

15) Viviane Reding, The European Data Protection Framework for the Twenty-first Century, International Data Privacy Law, vol.2 issue3 (2012) p. 7.

16) たとえば，男性が 1980 年代に公共の場において小便をして罰金を科され，その男性の住所に通知を届けることができなかったため罰金の事実を官報が掲載された。この男性は後に高校の教師となったが，デジタル版の官報に掲載された罰金の事実がグーグルの検索結果で表示され，高校の学生たちにもその事実が知られることになった。この男性はスペ

巻末注

インデータ保護監督機関に検索結果の削除を求め申立てを行い，2007年11月20日付でグーグル・スペインに対してこの男性の罰金の事実に関する官報の記事を検索結果から削除する命令が下された。*See* Artemi Rallo Lombarte, 'Right to be Forgotten' Ruling in an Internet Privacy Watershed, Privacy Laws & Business International Report, vol.129（2014）p. 1.

17) Case C-131/12, Google Spain SL and Google Inc. v Agencia Española de Protección de Datos（AEPD）and Mario Costeja González, ECLI:EU:C:2014:317. 本判決の解説は，中村民雄「忘れられる権利事件」法律時報87巻5号（2015）132頁，山口いつ子「EU法における「忘れられる権利」と検索エンジン事業者の個人データ削除義務」堀部政男編『情報通信法制の論点分析』（商事法務・2015）181頁，中西優美子「GoogleとEUの『忘れられる権利（削除権）』」自治研究90巻9号（2014）96頁，参照。

18) Joined cases C-509/09 and C-161/10, eDate Advertising GmbH v X and Olivier Martinez and Robert Martinez v MGN Limited, ECLI:EU:C:2011:685.「インターネットのコンテンツは，その参照に関して公表した人の意図にかかわらず，その人の加盟国の設備とその人のコントロールを超えて世界中の数え切れないほどのインターネット利用者に瞬時に調べられてしまうかもしれない」(para45)。

19) Spanish Supreme Court（Tribunal Supremo), Ediciones El País SL, STS 545/2015, October 15, 2015. *See* Júlia Bacaria Gea, Spain's Supreme Court Rules Again on Access and Deletion in the Media, Privacy Laws & Business International Report, Vol. 139（2016）p. 28.

20) Agencia Española de Protección de Datos, Memoria APED 2014.

21) Information Commissioner's Office blog, Has the search result ruling stopped the internet working?, 2 November 2015. (https://iconewsblog.wordpress.com/2015/11/02/has-the-search-result-ruling-stopped-the-internet-working/)

22) Commission Nationale de l'Informatique et des Libertés, Rapport d'activité 2014, p. 14.

23) Commission Nationale de l'Informatique et des Libertés, Décision de la Présidente n° 2015-047 mise en demeure publique de la société GOOGLE INC., 21 mai 2015. 2017年5月にスウェーデン監督機関もまたスウェーデンからのアクセスについてあらゆるドメインの削除を求める決定を下している（Datainspektionen, Tillsyn enligt personuppgiftslagen（1998:204）- Google Inc. och Google Sweden AB, 2 May 2017（英語版）The right to be forgotten may apply all over the world)。

24) Commission Nationale de l'Informatique et des Libertés, Decision no. 2016-054 of March 10, 2016 of the Restricted Committee issuing Google Inc., with a financial penalty, 10 March 2016.

25) Garante per la protezione dei dati personali, Provvedimento, 9 November 2005, doc. web n. 1200127. Quoted from Giovanni Sartor, The Right to be Forgotten in the Draft Data Protection Regulation, International Data Privacy Law, vol. 5 issue1 p70 (2015).

26) Ruling of the Italian Supreme Court of Appeal of 17 December 2013 (case no. 5107/14). Quoted from *See* Giovanni Sartor & Mario Viola de Azevedo Cunha, The Italian Google-Case: Privacy, Freedom of Speech and Responsibility of Providers for

User-Generated Contents, International Journal of Law & Information Technology, vol. 18, p. 356 (2010).

27) Case C-398/15, Camera di Commercio, Industria, Artigianato e Agricoltura di Lecce v. Salvatore Manni, ECLI:EU:C:2017:197.

28) Article 29 Working Party, Guidelines on the implementation of the Court of Justice of the European Union judgment on "Google Spain and inc v. Agencia Española de Protección de Datos (AEPD) and Mario Costeja González, C-131/12 (WP225), 26 November 2014.

29) The Advisory Council to Google on the Right to be Forgotten, Final Report, 6 February 2015. (https://drive.google.com/a/google.com/file/d/0B1UgZshetMd4cEI3S jlvV0hNbDA/view?pref=2&pli=1.)

30) Google Europe Blog, Adapting our approach to the European right to be forgotten, 4 March 2016. (http://googlepolicyeurope.blogspot.jp/2016/03/adapting-our-approach-to-european-right.html.)

31) Conseil d'Etat, 19 juillet 2017, GOOGLE INC. N° 399922. (http://www.conseil-etat. fr/Decisions-Avis-Publications/Decisions/Selection-des-decisions-faisant-l-objet-d-une-communication-particuliere/CE-19-juillet-2017-GOOGLE-INC)

32) Joseph Smarr, Marc Canter, Robert Scoble, Michael Arrington and others, 'A Bill of Rights for Users of the SocialWeb', 4 September 2007.

33) Article 29 Data Protection Working Party, Guidelines on the right to data portability, (WP242 rev. 01), 5 April 2017 p 4.

34) Paul De Hert & Vangelis Papakonstantinou, The proposed data protection Regulation replacing Directive 95/46/EC: A sound system for the protection of individuals, Computer Law & Security Review, vol. 28 no. 2 (2012) p. 137.

35) European Commission, Commission Staff Working Document on the free flow of data and emerging issues of the European data economy, 10 January 2017 at 46.

36) Article 29 Working Party, supra note 36 at 4.

37) Article 29 Data Protection Working Party, Guidelines on Automated individual decision-making and profiling for the purposes of Regulation 2016/679 (WP251 rev. 01), 6 February 2018, p. 25. 本条の解説は，このガイドラインに基づくものである。

38) Article 29 Data Protection Working Party, Opinion on unsolicited communications for marketing purposes under Article 13 of Directive 2002/58/EC (WP90), p. 5

39) Daniel Rucker & Tobias Kugler, New European General Data Protection Regulation, (Nomos Verlagsges, 2018) p. 248.

40) Axel von dem Bussche & Paul Voigt, Data Protection in Germany 2d ed. (C.H. Beck, 2017 p. 12. De Lege Data, How German Data Protection Authorities interpret the GDPR, 5 July 2017 (Datenschutzkonferenz, Kurzpapier Nr. 3 Verarbeitung personenbezogener Daten für Werbung, 29 Juni 2017 p. 1).

41) ICO, Monetary penalty notice to Honda Motor Europe limited, 27 March 2017.

42) Flemming Moos, German privacy regulator imposes € 1,300,000 fine on insurance giant Debeka, Journal of Direct, Data and Digital Marketing Practice vol.16 issue 3, (2015) p. 226.

巻末注

43) Italy: Garante's penalty to Telecom Italia for unsolicited marketing calls "one of highest ever", DataGuidance, 15 February 2018（Garante privacy, 840mila euro di sanzione a Telecom per telefonate promozionali senza consenso, 7 febbraio 2018）.

44) *See* European Data Protection Supervisor, EDPS Opinion on online manipulation and data personal data, 19 March 2018 p. 3.

45) Mireille Hildebrandt, Profiling and the rule of law, Identity in the Information Society, vol.1 issue 1（2008）p. 55.

46) Article 29 Data Protection Working Party, Recommendation 1/99 on Invisible and Automatic Processing of Personal Data on the Internet Performed by Software and Hardware（WP17), 23 February 1999, p 2.

47) Article 29 Data Protection Working Party, Opinion 3/2012 on developments in biometric technologies（WP193), 27 April 2012, p. 26

48) Article 29 Data Protection Working Party, Advice paper on essential elements of a definition and a provision on profiling within the EU General Data Protection Regulation, 13 May 2013.

49) CNIL, Décision n° 2017-053 du 30 août 2017.

50) CNIL, Décision n° du 22 janvier 2018.

51) CNIL, Comment permettre à l'Homme de garder la main? Rapport sur les enjeux éthiques des algorithmes et de l'intelligence artificielle, décembre 2017.

52) Article 29 Data Protection Working Party, Guidelines on Automated individual decision-making and profiling for the purposes of Regulation 2016/679（WP251 rev. 01), 6 February 2018.

53) Council of Europe, The protection of individuals with regard to automatic processing of personal data in the context of profiling, 23 November 2010.

54) Article 29 Data Protection Working Party, Opinion on online behavioural advertising（WP 171), 22 June 2010, p. 7.

55) アルゴリズムの透明性確保に関する加盟国の指摘として，イギリス Information Commissioner Office, Big data, artificial intelligence, machine learning and data protection（Version: 2.2), 4 September 2017 p. 86, フランス CNIL, Comment permettre à l'Homme de garder la main? Rapport sur les enjeux éthiques des algorithmes et de l'intelligence artificielle, décembre 2017 p. 51 がある。また，ノルウェー，The Norwegian Data Protection Authority, Artificial intelligence and privacy, January 2018 がある。

56) 利用者が検索語を入力するタイプの検索エンジンでは，関連するサジェスト語句の正確性が必ずしも担保できないという指摘がある。Information Commissioner Office, Big data, artificial intelligence, machine learning and data protection（Version: 2.2), 4 September 2017 p. 53.

57) ECtHR, The Sunday Times v United Kingdom Appl. No. 6538/74（ECtHR 6 November 1980）para 59.

58) Article 29 Data Protection Working Party, Opinion on the application of necessity and proportionality concepts and data protection within the law enforcement sector（WP211), 27 February 2014, p. 9.

巻末注

59) *Id*. at 12. Case C-291/12, Michael Schwarz v Stadt Bochum, ECLI:EU:C:2013:670.

第Ⅳ章

1) Article 29 Data Protection Working Party, Opinion on the concept of "controller" and "processor" (WP169), 16 February 2010. 本節の解説は，この意見に基づく。

2) Article 29 Data Protection Working Party, Opinion on the Recent Developments on the Internet of Things (WP223), 16 September 2014, pp. 11–13.

3) Autoriteit Persoonsgegevens, RBDHA:2016:14088, 22 november 2016.

4) Article 29 Data Protection Working Party, Guidelines for identifying a controller or processor's lead supervisory authority (WP244 rev.01), 5 April 2017. 本節の解説は，このガイドラインに基づく。

5) Ann Cavoukian, Privacy by Design: The 7 Foundational Principles, August 2009 (revised January 2011).

6) 32nd International Conference of Data Protection and Privacy Commissioners, Resolution on Privacy by Design, 27–29 October 2010.

7) Viviane Reding, Speech in European Parliament: Privacy: the challenges ahead for the European Union, 28 January 2010.

8) Article 29 Working Party, The Future of Privacy, 1 December 2009 p. 13.

9) プライバシー強化技術とは，情報システムの機能性の喪失を損なうことなく，個人データの削除または最小限化により，不要または必要とされない個人データ処理を防止する情報プライバシー保護の ICT 措置のシステムを指す。European Commission, Communication from the Commission to the European Parliament and the Council on Promoting Data Protection by Privacy Enhancing Technologies, 2 May 2007 p. 3.

10) European Union Agency for Network and Information Security, Privacy by Design in Big Data, December 2015 at 22. Information Commissioner Office, Big Data and Data Protection, July 2014 p. 31.

11) Article 29 Working Party, Opinion on the Recent Developments on the Internet of Things (WP223), 16 September 2014.

12) CNIL, Enceintes intelligentes: des assistants vocaux connectés à votre vie privée, 5 décembre 2017.

13) Article 29 Working Party, Opinion on Smart Metering (WP183), 4 April 2011.

14) Article 29 Working Party, Opinion on Privacy and Data Protection Issues relating to the Utilisation of Drones (WP231), 16 June 2015. *See also* European Commission, Study on privacy, data protection and ethical risks in civil remotely piloted aircraft systems operations, November 2014.

15) Commission de la protection de la vie privée, Questions les plus fréquemment posées – Drones (https://www.privacycommission.be/fr/faq-page/7346.)

16) ICO, Documentation, (https://ico.org.uk/for-organisations/guide-to-the-general-data-protection-regulation-gdpr/accountability-and-governance/documentation/.)

17) CNIL, Délibération n° SAN-2017–008 du 18 mai 2017.

18) Ponemon Institute - 2016 Cost of Data Breach Study: Global Analysis.

19) UK House of Commons, Culture, Media and Sport Committee, Cyber Security:

巻末注

Protection of Personal Data Online, First Report of Session 2016–17, p. 6.

20）CNIL, Deliberation no. 2017-012 of 19 January 2017 on the adoption of a recommendation relating to passwords.

21）European Commission, Commission Recommendation of 6 May 2003 concerning the definition of micro, small and medium-sized enterprises.

22）ENISA, Guidelines for SMEs on the security of personal data processing, December 2016, p. 17.

23）Article 29 Data Protection Working Party, Statement on the role of a risk-based approach in data protection legal frameworks（WP218）, 30 May 2014.

24）Paul Voigt & Axel von dem Bussche, The European General Data Protection Regulation（Springer, 2017）pp. 40–41.

25）CNIL, Guides "Gestion des risques vie privée（2012）英語版 Methodology for Privacy Risk Management も公表されており，ここでは基本的に英語版をもとにしている。

26）Article 29 Working Party, Guidelines on Personal data breach notification under Regulation 2016/679（WP250 rev. 01）, 6 February 2018.

27）*Id.* at 12.

28）OECD, Recommendation of the Council concerning Guidelines governing the Protection of Privacy and Transborder Flows of Personal Data, Supplementary explanatory memorandum to the revised recommendation of the council concerning guidelines governing the protection of privacy and transborder flows of personal data（2013）.

29）Autoriteit Persoonsgegevens, The data breach notification obligation as laid down in the Dutch Data Protection Act, 8 December 2015, pp. 50–53.

30）Article 29 Working Party, Opinion on Personal Data Breach Notification（WP213）, 25 March 2014.

31）Article 29 Data Protection Working Party, Guidelines on Data Protection Impact Assessment（DPIA）and determining whether processing is "likely to result in a high risk" for the purposes of Regulation 2016/679（WP248 rev. 01）, 4 October 2017. なお，プライバシー影響評価は類似の概念としてしばしば参照される。

32）Belgium DPA, Projet de recommandation d'initiative concernant l'analyse d'impact relative à la protection des données et la consultation préalable soumis à la consultation publique（CO-AR-2016-004）.

33）AEPD, Guide for an impact assessment on the protection of personal data（EIPD）– 2014.

34）CNIL, PIA Manual 2 – Tools（2015）; PIA Manual 3 - Good Practices（2012）. See also CNIL releases a free software for PIA, 6 December 2017.

35）オランダでは，公的機関におけるデータ保護影響評価のモデル（Model gegevensbeschermingseffectbeoordeling rijksdienst）を公表するとともに，産業界が作成した NOREA, Privacy Impact Assessment（PIA）（2015）を参考にするよう DPA が奨励している。

36）UK ICO, Conducting privacy impact assessments code of practice（2014）.

37）CNIL, Rapport d'activité 2016, p. 71.

巻末注

38）　Article 29 Data Protection Working Party, Guidelines on Data Protection Officers, 13 December 2016 p. 5.

39）　See Miguel Recio, Data Protection Officer: The key figure to ensure data protection and accountability, European Data Protection Law Review, vol. 3 Issue 1（2017）p. 114.

40）　DataGaidance, Germany: BayLDA's DPO fine "not surprising", 27 October 2016.（Bayerisches Landesamt fü Datenschutzaufsicht, Datenschutzbeauftragter darf keinen Interessenkonflikten unterliegen）.

41）　Article 29 Data Protection Working Party, Future work on codes of conduct: Working Document on the procedure for the consideration by the Working Party of Community codes of conduct（WP13）, 10 September 199, p. 3.

42）　Monika Kuschewsky, Germany, in Data Protection & Privacy, 3_{rd} ed. European Lawyer（2016）.

43）　Garante per la protezione dei dati personali, Italian legislation: Codes of Conduct.

44）　Agencia Española de Protección de Datos, Resolutions and documents: Codes of conduct.

45）　Article 29 Data Protection Working Party, Opinion on the European code of conduct of FEDMA for the sue of personal data in direct marketing（WP174）, 13 July 2010; Opinion on the European code of conduct of FEDMA for the use of personal data in direct marketing（WP77）, 13 June 2003.

46）　Article 29 Data Protection Working Party, Opinion on the Cloud Select Industry Group（C-SIG）Code of Conduct on data protection for Cloud Service Providers,（WP232）, 22 September 2015.

47）　藤原静雄「ドイツ・シュレスヴィッヒ・ホルシュタイン州のマーク制度」情報公開・個人情報保護 25 号（2007）11 頁。

48）　Article 29 Data Protection Working Party, Guidelines on the accreditation of certification bodies under Regulation（EU）2016/279（WP261）, 6 February 2018.

49）　ENISA, Considerations on ICT security certification in EU, August 2017. 本節は，このガイドラインに基づく解説である。

50）　CNIL, Privacy seals on privacy governance procedures.

51）　ENISA, Recommendations on European Data Protection Certification, version 1.0, November 2017 p. 17.

第Ⅴ章

1）　See Christopher Kuner, Transborder Data Flows and Data Privacy Law（Oxford University Press, 2013）.

2）　Case C-101/01, Bodil Lindqvist, 6 November 2003.

3）　Cécile de Terwangne, C.J.C.E., 6 novembre 2003: Protection des Données à Caractère Personnel - Champs d'application de la Directive 95/46 - Internet - Transfert de Données vers des Pays Tiers - Liberté d'expression, 19 REVUE DU DROIT DES TECHNOLOGIES DE L'INFORMATION, 80（2004）p. 80.

4）　*See* Els De Busser, The Adequacy of an EU-US Partnership, in EUROPEAN

巻末注

DATA PROTECTION: IN GOOD HEALTH (Serge Gutwirth et. al., 2012) p. 193.

5) Article 29 Data Protection Working Party, Opinion 05/2012 on Cloud Computing (WP196), 1 July 2012.

6) DataGuidance, Italy: € 11M fines to money transfer enterprises reflect Garante's "major concern", 16 March 2017 (Garante per la protezione dei dati personali, Garante privacy, 11 mln di multa a cinque società per uso illecito di dati, 10 marzo 2017).

7) Article 29 Data Protection Working Party, Working Document: Transfers of Personal Data to Third Countries: Applying Articles 25 and 26 of the EU Data Protection Directive (WP12), 24 July 1998.

8) EDPS, The transfer of personal data to third countries and international organisations by EU institutions and bodies 14 July 2014, p. 10

9) Article 29 Working Party, Working Document 01/2016 on the justification of interferences with the fundamental rights to privacy and data protection through surveillance measures when transferring personal data (European Essential Guarantees), 13 April 2016.

10) European Commission, Commission Decision of 26 July 2000 pursuant to Directive 95/46/EC of the European Parliament and of the Council on the adequate protection of personal data provided in Switzerland (2000/518/EC).

11) European Commission, Commission Decision of 20 December 2001 pursuant to Directive 95/46/EC of the European Parliament and of the Council on the adequate protection of personal data provided by the Canadian Personal Information Protection and Electronic Documents Act (2002/2/EC).

12) European Commission, Commission Decision of 30 June 2003 pursuant to Directive 95/46/EC of the European Parliament and of the Council on the adequate protection of personal data in Argentina C (2003) 1731.

13) European Commission, Commission Decision of 21 November 2003 on the adequate protection of personal data in Guernsey (2003/821/EC).

14) European Commission, Commission Decision 2004/411/EC of 28.4.2004 on the adequate protection of personal data in the Isle of Man.

15) European Commission, Commission Decision of 8 May 2008 pursuant to Directive 95/46/EC of the European Parliament and of the Council on the adequate protection of personal data in Jersey (2008/393/EC).

16) European Commission, Commission Decision of 5 March 2010 pursuant to Directive 95/46/EC of the European Parliament and of the Council on the adequate protection provided by the Faeroese Act on processing of personal data (2010/146/EU).

17) European Commission, Commission Decision of 19 October 2010 pursuant to Directive 95/46/EC of the European Parliament and of the Council on the adequate protection of personal data in Andorra (2010/625/EU).

18) European Commission, Commission Decision 2011/61/EU of 31 January 2011 pursuant to Directive 95/46/EC of the European Parliament and of the Council on the adequate protection of personal data by the State of Israel with regard to automated processing of personal data (2011/61/EU).

19) European Commission, Commission Implementing Decision of 21 August 2012 pursuant to Directive 95/46/EC of the European Parliament and of the Council on the adequate protection of personal data by the Eastern Republic of Uruguay with regard to automated processing of personal data（2012/484/EU）.

20) European Commission, Commission Implementing Decision of 19 December 2012 pursuant to Directive 95/46/EC of the European Parliament and of the Council on the adequate protection of personal data by New Zealand（2013/65/EU）.

21) Article 29 Data Protection Working Party, *Discussion* Document on First Orientations on Transfers of Personal Data to Third Countries Possible Ways Forward in Assessing Adequacy,（WP4）26 June, 1997 p. 4.

22) *See* European Commission, Commission Decision of 26 July 2000 pursuant to Directive 95/46/EC of the European Parliament and of the Council on the adequacy of the protection provided by the safe harbor privacy principles and related frequently questions issued by the US Department of Commerce（2000/520/EC）.

23) *See* Article 29 Data Protection Working Party, Opinion 3/2001 on the level of protection of the Australian Privacy Amendment（Private Sector）Act 2000（WP40）26 January 2001.

24) *See* Agreement between the European Community and the United States of America on the processing and transfer of PNR data by air carriers to the United States Department of Homeland Security, Bureau of Customs and Border Protection, Signed in Washington on 28.5.2004（この協定は 2006 年と 2007 年に更新されている）; Agreement between the European Union and Australia on the processing and transfer of European Union sourced passenger name record（PNR）data by air carriers to the Australian customs service; OJ L213 of 08/08/2008. この点については，内閣府『諸外国等における個人情報保護制度の実態調査に関する検討委員会・報告書』（2009 年 3 月）265 頁～267 頁，参照。なお，EU でも PNR 指令が 2016 年 4 月に成立した。

25) European Commission, Communication from the Commission to the European Parliament and the Council: Exchanging and Protecting Personal Data in a Globalised World, 10 January 2017.

26) European Commission, Commission Decision of 26 July 2000 pursuant to Directive 95/46/EC of the European Parliament and of the Council on the adequacy of the protection provided by the safe harbour privacy principles and related frequently asked questions issued by the US Department of Commerce, 26 July 2000.

27) *Id* at Annex I: Safe Harbor Privacy Principles issued by the US Department of Commerce on 21 July 2000. セーフハーバーのプライバシー 7 原則は，①通知…取得・利用の目的，連絡先，第三者の類型，個人に付与された選択と手段，②選択…オプト・アウトの機会の提供，③再移転…再移転のための通知および選択，④セキュリティ…紛失，誤用，不正なアクセス・開示，改変・破壊からの保護，⑤データの完全性…目的の範囲内での利用，正確性・完全性・最新性のための措置，⑥アクセス…企業が保有する個人情報へのアクセス，訂正，修正，消去，⑦執行…a) 苦情・紛争の調査，損害賠償，b) 実施のフォローアップ，c) 救済の義務である。

巻末注

28）　*Id* at Annex: List of U.S. Statutory Bodies Recognized by the European Union.

29）　Martin A. Weiss & Kristin Archick, U.S.-EU Data Privacy: From Safe Harbor to Privacy Shield, Congressional Research Service, 19 May 2016.

30）　*See* NSA Collecting Phone Records of Millions of Verizon Customers Daily, 6 June 2013, THE GUARDIAN ONLINE（Available at http://www.theguardian.com/world/2013/jun/06/nsa-phone-records-verizon-court-order; NSA slides explain the PRISM data-collection program, WASH. POST ONLINE, 6 June 2013（Available at http://www.washingtonpost.com/wp-srv/special/politics/prism-collection-documents/（last visited September 25, 2016））. *See also* US Admits Secret Surveillance of Phone Calls Has Gone on for Years, THE GUARDIAN, 7 June 2013 at 1 & 4; U.S. mines Internet Firms' Data, Documents Show, WASH. POST, 7 June 2013 at A1 & A12–14.

31）　Viviane Reding, Vice-President of the European Commission, EU Commissioner for Justice, Speech, Justice Council Press Conference, 6 June 2014.

32）　European Commission, Communication from the Commission to the European Parliament and the Council: Rebuilding Trust in EU-US Data Flows, 27 November 2013.

33）　Case C-362/14, Maximillian Schrems v Data Protection Commissioner, 6 October 2015 ECLI:EU:C:2015:650. 日本語紹介として，中村民雄「フェイスブック個人情報域外移転事件」法律時報 88 巻 8 号（2016）112 頁，中西優美子「EU から第三国への個人データ移転と欧州委員会のセーフ・ハーバー決定」自治研究 92 巻 2 号（2016）96 頁，参照。

34）　*Id*. at para 63.

35）　*Id*. at para 72.

36）　*Id*. at para 73.

37）　*Id*. at para 87–91.

38）　*Id*. at para 92–95.

39）　EU 加盟国のデータ保護監督機関による独自調査権は，EU データ保護規則が企図する一貫性の枠組みと矛盾する可能性があるとの指摘がある。*See* Christopher Kuner, Reality and Illusion in EU Data Transfer Regulation Post-Schrems, University of Cambridge Faculty of Law Research Paper No. 14/2016（2016）.

40）　European Commission, Commission implementing decision of 12 July 2016 pursuant to Directive 95/46/EC of the European Parliament and of the Council on the adequacy of the protection provided by the EU-U.S. Privacy Shield, 12 July 2016.

41）　Case C-201/14, Smaranda Bara and Others v. Preşedintele Casei Naţionale de Asigurări de Sănătate, Agenţia Naţională de Administrare Fiscală（ANAF）, ECLI:EU:C:2015:638 para S32–34 & 43.

42）　Article 29 Data Protection Working Party, Opinion on the draft standard contractual clauses submitted by a group of business associations（WP84）, 17 December 2003 p 2.

43）　Article 29 Data Protection Working Party, Working document on a common interpretation of Article 26（1）of Directive 95/46/EC of 24 October 1995（WP114）, 25 November 2005.

44）　European Commission, Frequently asked questions relating to transfers of personal data from the EU/EEA to third countries, p 28.

45） Christopher Kuner, European Data Protection Law 2nd ed.（Oxford University Press, 2007）p 201.

46） Ireland High Court, Data Protection Commissioner v. Facebook Ireland and Maximillian Schrems, 2016 No. 4809 P, 3 October 2017.

47） European Commission, Commission Decision of 15 June 2001 on standard contractual clauses for the transfer of personal data to third countries, under Directive 95/46/EC（Text with EEA relevance）（notified under document number C（2001）1539）Art.4.

48） Kuner, supra note 45, at 209.

49） Article 29 Data Protection Working Party, Working Document Setting Forth a Co-Operation Procedure for Issuing Common Opinions on "Contractual clauses" Considered as compliant with the EC Model Clauses（WP226）, 26 November 2014, p. 3.

50） 欧州委員会ホームページ（Overview on Binding Corporate rules）参照（http://ec.europa.eu/justice/data-protection/international-transfers/binding-corporate-rules/index_en.htm）

51） 当初，第 29 条作業部会は，BCR が唯一のまたはベストのツールではなく，データ移転のための追加的な措置であると位置付けていた。Article 29 Data Protection Working Party, Working Document: Transfers of personal data to third countries: Applying Article 26（2）of the EU Data Protection Directive to Binding Corporate Rules for International Data Transfers（WP74）, 3 June 2003 p 6.

52） Article 29 Data Protection Working Party, Working Document: Transfers of personal data to third countries: Applying Article 26（2）of the EU Data Protection Directive to Binding Corporate Rules for International Data Transfers（WP74）, 3 June 2003 pp 8–9.

53） See UK Information Commissioners Office, Binding corporate rules.

54） Article 29 Data Protection Working Party, Working Document Setting a table with the elements and principles to be found in Binding Corporate Rules, 24 June 2008.

55） Article 29 Working Party, Recommendation on the Standard Application for Approval of Controller Binding Corporate Rules for the Transfer of Personal Data（WP264 rev.01）, 11 April 2018.

56） Article 29 Data Protection Working Party, Working Document setting up a table with the elements and principles to be found in Processor Binding Corporate Rules, 6 February 2018.

57） European Commission, List of companies for which the EU BCR cooperation procedure is closed（2 March 2018）.

58） APEC, Cross-Border Privacy Rules system. 邦語による紹介として，前田恵美「データ移転と APEC 越境プライバシールール（CBPR）について」比較法雑誌 50 巻 3 号（2016）173 頁，参照。

59） Article 29 Data Protection Working Party, Opinion 02/2014 on a referential for

巻末注

requirements for Binding Corporate Rules submitted to national Data Protection Authorities in the EU and Cross Border Privacy Rules submitted to APEC CBPR Accountability Agents（WP212）, 27 February 2014, p. 8

60）　Article 29 Data Protection Working Party, Guidelines on Article 49 of Regulation 2016/679（WP262）, 6 February 2018 p. 5. 本節は，このガイドラインに基づく解説である。

61）　Article 29 Data Protection Working Party, Opinion 6/2002 on transmission of Passenger Manifest Information and other data from airlines to the United States（WP66）, October 24, 2002.

62）　Opinion 1/15, Accord PNR UE-Canada, ECLI:EU:C:2016:656. Directive（EU）2016/681 of the European Parliament and of the Council of 27 April 2016 on the use of passenger name record（PNR）data for the prevention, detection, investigation and prosecution of terrorist offences and serious crime.

63）　German Federal Constitutional Court Judgment, 20 April 2016（BVerfGE 141, 220）para 329. クリストファー・クナー教授の翻訳に基づく。

64）　Article 29 Data Protection Working Party, Working document on a common interpretation of Article 26（1）of Directive 95/46/EC of 24 October 1995.

65）　Article 29 Data Protection Working Party, Working Document 1/2009 on pre-trial discovery for cross border civil litigation（WP158）, 11 February 2009 p. 13. アメリカの電子ディスカバリについては，浅香吉幹『アメリカ民事手続法〔第3版〕』（弘文堂・2016）第4章～第5章，町村泰貴・小向太郎編『実践的eディスカバリ』（NTT出版・2010），参照。

第VI章

1）　Peter Hustinx, The Role of Data Protection Authorities, in REINVENTING DATA PROTECTION?（Serge Gutwirth et. al. eds, 2009）pp. 132–134.

2）　Case C-614/10, Commission v Austria, ECLI:EU:C:2012:631.

3）　Case C-518/07, Commission v Germany, ECLI:EU:C:2010:125.

4）　Case C-288/12, Commission v. Hungary, ECLI:EU:C:2014:237.

5）　European Union Agency for Fundamental Rights, Data Protection in the European Union: the Role of National Data Protection Authorities（2010）p. 21.

6）　Article 29 Data Protection Working Party, Guidelines for identifying a controller or processor's lead supervisory authority（WP244 rev.01）, 5 April 2017.

第VII章

1）　Article 29 Data Protection Working Party, WP29 has established a taskforce on the UBER data breach case, 29 November 2017.

2）　Latvian Data State Inspectorate, Baltic data protection authorities performed joint supervision of Radisson Blu branded hotels, 14 February 2013.

3）　データ保護監督機関の間の実践的かつ有用な協力改善プロジェクト（PHAEDRA: Improving Practical and Helpful Cooperation between Data Protection Authorities）。*See* PHAEDRA, A Compass toward Best Elements for Cooperation between Data

Protection Authorities（2014）（Authors: Paul De Hert & Gertjan Boulet）. 以下の例
は，宮下紘「データ保護プライバシー・コミッショナー国際会議」比較法雑誌48巻2号
（2014）143頁以下に基づく。

4) Jennifer Stoddart et. al., Letter to Mr. Eric Schmidt, 19 April 2010.

5) Federal Trade Commission, Google, Inc., In the Matter of, 24 October, 2011.

6) Article 29 Data Protection Working Party, Press Release: Google's privacy policy:
   European data protection authorities are coordinating their enforcement actions, 27
   February 2013. *See also* Article 29 Data Protection Working Party, Letter to Mr.
   Page, 16 October 2012.

7) *See e. g.*, APPA, Letter to Article 29 Data Protection Working Party, 12 October
   2012.

8) Commission nationale de l'informatique et des libertés, Deliberation No. 2013–420
   of the Sanctions Committee of CNIL imposing a financial penalty against Google
   Inc., 3 January 2014.

9) Agencia Española de Protección de Datos, Press Release, The AEPD sanctions
   Google for serious violation of the rights of the citizens, 19 December 2013.

10) *See* Office of the Privacy Commissioner of Canada, Report of Findings Investiga-
    tion into the personal information handling practices of WhatsApp Inc., PIPEDA
    Report of Findings #2013–001, 15 January 2013; Dutch Data Protection Authority,
    Investigation into the processing of personal data for the 'whatsapp' mobile applica-
    tion by Whatsapp Inc., Z2011–00987, Report on the definitive findings, 15 January
    2013.

11) *See* Data Protection Commissioner, Facebook Ireland Ltd. Report of Audit, 21 De-
    cember 2011; Facebook Ireland Ltd. Report of Re-Audit, 21 September 2012.

12) Office of the Australian Information Commissioner, Sony PlayStation Network /
    Qriocity: Own motion investigation report, 29 September 2011.

13) Information Commissioner, Monetary Penalty Notice, 14 January 2013.

14) The World Anti-Doping Code, International Standard for the Protection of Pri-
    vacy and Personal Information, 11 May 2009.

15) OECD, Recommendation on Cross-Border Co-operation in the Enforcement of
    Privacy Laws, 12 June 2007.

16) GPEN, Action Plan for the Global Privacy Enforcement Network, adopted 15
    June 2012; Part E amended 22 January 2013.

17) Office of the Privacy Commissioner of Canada, "Data protection authorities urge
    Google to address Google Glass concerns", News release, 18 June 2013.

18) Alexander Dix, The International Working Group on Data Protection in Tele-
    communications: Contribution to Transnational Privacy Enforcement, in Enforcing
    Privacy, eds by David Wright & Paul De Hert（Springer, 2016）p. 190.

19) European Union Agency for Fundamental Rights, Data Protection in the Europe-
    an Union: the Role of National Data Protection Authorities（2010）at 9.

20) Case C-399/11, Stefano Melloni v. Ministerio Fiscal, ECLI:EU:C:2013:107.

21) Axel von dem Bussche & Paul Voigt, Data Protection in Germany 2d（C.H.Beck,

巻末注

2017）p. 23.

22) 規則 45/2001 については，夏井高人「EU の行政機関に適用される個人データ保護規則における基本概念」法律論叢 89 巻 2-3 号（2017）181 頁，参照。

第Ⅷ章

1) Case C-498/16 Maximillian Schrems v. Facebook Ireland Limited, ECLI:EU:C:2018:37.

2) Rainer Knyrim, Data Protection & Privacy: Austria, Getting the deal through September 2017.

3) Article 29 Data Protection Working Party, Guidelines on the application and setting of administrative fines for the purposes of the Regulation 2016/679（WP253), 3 October 2017.

4) CNIL, RGPD: comment la CNIL vous accompagne dans cette période transitoire?, 19 février 2018.

5) See Case C-41/90, Klaus Höfner and Fritz Elser v Macrotron GmbH, ECLI:EU:C:1991:161.

6) 加盟国 DPA のプレスリリース，Monika Kuschewsky, Data Protection & Privacy, 3rd Edition, Sweet & Maxwell, 2016, Linklaters（https://www.linklaters.com/de-lu/insights/data-protected/home)，その他ウェブニュースに基づき作成。

第Ⅸ章

1) Article 29 Working Party, Recommendation on data protection law and the media, 25 February 1997, p. 6

2) ECtHR, Axel Springer AG v. Germany [GC], No. 39954/08, 7 February 2012; ECtHR, Von Hannover v. Germany（No. 2)[GC], Nos. 40660/08 and 60641/08, 7 February 2012; ECtHR, Mosley v. the United Kingdom, No. 48009/08, 10 May 2011; ECtHR, Biriuk v. Lithuania, No. 23373/03, 25 November 2008.

3) Case C-73/07, Tietosuojavaltuutettu v. Satakunnan Markkinapörssi Oy, ECLI:EU:C:2008:727.

4) Case C275/06, Productores de Música de España（Promusicae) v Telefónica de España SAU, ECLI:EU:C:2008:54

5) Case C-28/08P, European Commission v. The Bavarian Lager Co. Ltd. ECLI:EU:C:2010:378.

6) Joined Cases C-92/09 andC-93/09, Volker und Markus Schecke GbR and Hartmut Eifert v Land Hessen, ECLI:EU:C:2010:662.

7) ILO, Code of practice, protection of workers' personal data, 1 January 1997.

8) Council of Europe, Committee of Ministers on the protection of personal data used for employment purposes, 18 January 1989.

9) Mariusz Krzysztofek, Post-Reform Personal Data Protection in the European Union（Wolters Kluwer, 2017) p. 58（Polish Supreme Administrative Court, 1 OSK 1476/10, 6 September 2011）

10) Monika Kuschewsky, Germany, in Data Protection & Privacy, 3rd ed. European Lawyer（2016)（Federal Labour Court of 29 June 2004, file no. 1 ABR 21/03.)

巻末注

11) Article 29 Data Protection Working Party, Working document on the surveillance of electronic communications in the workplace, 29 May 2002.

12) Article 29 Data Protection Working Party, Opinion 1/2006 on the application of EU data protection rules to internal whistleblowing schemes in the fields of accounting, internal accounting controls, auditing matters, fight against bribery, banking and financial crime (WP117), 1 February 2006.

13) Giovanni Buttarelli, Personal Data Protection in churches and religious organisation, 25 February 2016.

14) Case C-101/01, Lindqvist, ECLI:EU:C:2003:596.

15) European Commission, Data protection and privacy ethical guidelines, 2009.

16) Danny Koevoets, The influence of Article 89 GDPR on the use of big data analytics for the purpose of scientific research, 2017.

17) Article 29 Data Protection Working Party, Opinion on the re-use of public sector information and the protection of personal data (WP83), 12 December 2003, p. 9.

18) Case C-524/06, Heinz Huber v Bundesrepublik Deutschland, ECLI:EU:C:2008:724.

19) ICO, Monetary penalty notice to Ms. X, 10 March 2017.

第 3 部

1) European Commission, Communication from the Commission to the European Parliament and the Council: Stronger protection, new opportunities - Commission guidance on the direct application of the General Data Protection Regulation as of 25 May 2018, 24 January 2018 pp. 2–3.

2) Article 29 Data Protection Working Party, EU General Data Protection Regulation: General Information Document, 12 February 2018. 本節は，このファクトシートの日本語訳である。

3) ICO, Sony fined £250,000 after millions of UK gamers' details compromised, 14 January 2013.

4) 第 24 回日 EU 定期首脳協議共同声明（2017 年 7 月 6 日）。

5) Joined Cases C-293/12 and C-594/12, Digital Rights Ireland, ECLI:EU:C:2014:238; Joined Cases C-203/15 and C-698/15, Tele2 Sverige AB, ECLI:EU:C:2016:970.

6) Article 29 Data Protection Working Party, Opinion on some key issues of the Law Enforcement Directive (WP258), 29 November 2017.

7) Article 29 Data Protection Working Party, Opinion 02/2014 on a referential for requirements for Binding Corporate Rules submitted to national Data Protection Authorities in the EU and Cross Border Privacy Rules submitted to APEC CBPR Accountability Agents (WP212), 27 February 2014.

8) IAPP, The GDPR Demands 75k DPOs. ちなみに，EU 域内において多くのデータ保護責任者の配置が必要となるのが，ドイツ 4,596 人，イギリス 3,103 人，フランス 2,705人，イタリア 2,568 人となっている。

9) Agencia Española de Protección de Datos, Delegates of data protection: certifica-

373

巻末注

tion.

10) Axel von dem Bussche & Paul Voigt, Data Protection in Germany, 2d edition （C.H.Beck, 2017）p30.

11) CNIL, Cartographier vos traitements de données personnelles, 9 mars 2017.

12) Breixt の問題については，庄司克宏『欧州の危機』（東洋経済社・2016），参照。

13) HM Government, Department for Exiting the European Union, The exchange and protection of personal data, 24 August 2017. John Woodhouse & Arabella Lang, Brexit and data protection, House of Commons Library, 10 October 2017.

14) See Andrew D. Murray, Data transfer between the EU and UK post Brexit?, International Data Privacy Law, volume 7 issue 3, （2017）p. 149.

事項索引

■英数字

7条　23

EEA　5, 218, 220, 233–234, 241, 243, 244, 247–248, 250, 252, 333, 339

OECD　4, 288, 333, 364, 371

■ア　行

アイルランド　5–6, 10, 48, 68, 73, 93–94, 240, 286–289, 304

アクセス権　7, 24, 33, 67, 84, 92–95, 113, 116, 129, 132–133, 147, 184, 194, 230, 234, 311–312, 315, 316, 328

アルゴリズム　19, 46, 84, 93, 95, 123–124, 126, 129–130, 134, 178, 184, 362

安全管理措置（定義）　163

域外適用　26, 29, 306, 333, 348, 355

異議申立権　63, 89, 101, 104–105, 110, 119, 121, 132–133, 147, 197, 346

イギリス　5, 10, 15, 34, 47–48, 68, 73, 77, 82, 106, 121–122, 162, 164, 180, 193, 201, 216, 247, 285–288, 293, 305, 318, 332, 335–336, 347–348, 362, 373

イタリア　47, 106, 122, 180, 212, 221, 285–286, 290, 304, 373

一貫性の体制（one-stop-shop）　7, 10, 241, 244, 273, 276, 289–290, 299, 331

一貫性の体制（one-stop-shop）　289

遺伝データ　41–42, 70, 72, 76, 343

英国　5

エストニア　39, 200, 286, 288, 298, 304

欧州委員会　2–3, 5–6, 8–10, 13–14, 16, 18, 69, 97, 113, 218, 221–222, 226–229, 231–235, 237, 240, 254–255, 286, 311, 320, 324, 329, 330, 334, 348, 368, 369

欧州議会　2–3, 6–11, 13–14, 18, 66, 73, 145, 229, 231, 257, 310

欧州人権条約　2, 4, 15, 23, 48, 136

欧州データ保護監督官（EDPS）　5, 16, 19, 231, 269, 290, 330

欧州データ保護評議会（EDPB）　276, 285, 289–290, 330

欧州評議会　4, 66, 122, 125, 141, 155, 311

欧州理事会　11, 13, 19

オーストリア　6, 10, 49, 68, 153, 203, 270, 286, 296, 304, 317, 335

オランダ　35, 52, 61, 68, 83, 93, 150, 153, 180–181, 193, 247, 285–287, 305, 314, 317, 347, 358, 364

■カ　行

科学・歴史研究　41, 47–48, 55, 65, 74, 99, 121, 307, 317–318

閣僚理事会　13

仮名化データ　14, 30, 41, 47, 76, 115, 117, 131, 148–149, 154, 156, 164, 168, 175, 191, 195, 211, 213, 333

関係する監督機関　153, 274, 290

監視カメラ　26, 30, 33–34, 47, 72, 88, 94, 189, 195, 200, 347, 355

管理者（定義）　142

キプロス　73, 304

基本権憲章　23

基本権憲章第8条　2–3, 5, 10, 15, 22–24, 41, 45, 48–49, 101, 103, 105, 168, 228, 257, 268

競争政策　16, 17, 119

競争法　16

共同管理者（定義）　143

ギリシャ　73, 304

クッキー　8, 28–29, 69, 155, 212

クロアチア　200, 304

刑事司法分野におけるデータ保護指令

事項索引

7, 10, 11, 25

健康に関するデータ　42, 70, 72-73, 83,
　124, 319, 325, 343

拘束的企業準則　7, 233-234, 241, 243-
　248, 253, 255, 272, 316, 329, 333-335,
　339, 345, 348

行動規範　7, 144, 149, 189, 193, 208, 211-
　213, 233-234, 271, 303, 311, 328-329,
　331-333, 335, 339

個人データ（定義）　32

個人データ侵害通知　8, 167, 173-180,
　203, 329, 332-333, 337-338, 347

雇用関係における個人データの処理　58,
　73, 92, 200, 307, 311-314, 319

■サ 行

サイバーセキュリティ　8, 164

削除権　7, 95, 98, 101, 104-105, 115, 132-
　133, 194, 327-328, 360

三者対話　8, 10, 11, 12

事前相談　7, 167, 186, 189, 195, 271, 285,
　316, 347

自動運転　18, 19

自動処理（定義）　7

児童の個人データ　33, 56, 66-68, 133,
　152, 167, 335, 345

十分性　7, 61, 63, 91, 194, 218, 220-223,
　226-227, 229, 231-234, 239, 244, 250,
　255, 329, 333-334, 339, 345, 347-348

主たる監督機関　151-153, 241, 244, 247

主たる拠点　150, 151, 152, 153, 273, 274,
　289, 290, 339

守秘義務　3, 38, 90, 201, 318

情報自己決定権　4, 23, 200, 351

条約第108号　4, 122, 141

乗客予約記録（PNR）　257

処理業務の記録　7, 159, 161-163, 208,
　224, 338-339, 345-346

処理者（定義）　143

処理の適法性　7, 49, 51, 53, 56, 92, 93,
　121, 130, 142, 194, 304, 312, 325-326,
　332-333, 336-338, 344-345

人工知能　18-19, 123-124, 129, 332

スウェーデン　3, 48, 68, 73-74, 201, 220,
　305, 316-317, 351, 360

スペイン　10, 52, 68, 69, 74, 99-101, 105,
　121, 193, 212, 241, 285-286, 288, 305,
　340, 359-360

スマート・メーター　115, 157, 200

スロヴェニア　41, 83, 305

スロバキア　27, 41, 54, 68, 76, 200, 305,
　335

スロベニア　305

制裁金　3, 4, 27, 52, 63, 67, 69, 73, 74, 82,
　106, 122, 163, 175, 180, 188, 207, 221,
　272, 286, 287, 296, 298, 299, 300, 302,
　303, 304, 305, 318, 324, 330, 332, 333,
　340, 345, 346, 347, 348

生体データ　42, 70, 72, 305, 312, 325, 343,
　347

正当な利益　49, 52-56, 82, 89, 91, 104,
　126, 128, 130-133, 162, 169, 211-222,
　261-262, 312-315, 317, 326, 330, 332,
　344-346, 357

セーフ・ハーバー　226-230, 240, 296,
　335, 367

設置　24, 26-29, 100-102, 178, 220, 250,
　272-274, 324-325, 331, 338-339, 355

説明責任　87-88, 168-169, 175, 188, 194,
　197-198, 213, 224, 230, 247, 252, 254,
　324, 326, 328, 335, 346

センシティブ・データ　33, 42, 63, 72-73,
　83, 109, 150, 185, 191-192, 198, 213, 222,
　236, 238, 240, 288, 318, 332, 342, 346

■タ 行

代理人　7, 81, 91, 138, 150, 161-163, 178,
　325, 331, 333, 338-339, 348

単一デジタル市場　5, 8

チェコ　47, 68, 286, 304

チェコ共和国　304

中小企業　165

訂正権　7, 48, 93, 110, 132-133, 147, 194

データ侵害通知　7

事項索引

データポータビリティ権　7, 17, 79, 112–119, 147, 194, 213, 324, 327–328, 332–333, 338

データ保護影響評価　7, 17, 18, 134, 148, 162, 167–169, 186, 188–195, 203, 205, 207, 224, 252, 313, 328, 333, 335, 336, 345–346, 364

データ保護指令　3–9, 23, 27, 29, 33, 37, 40, 72, 92–94, 100–106, 108, 109, 141, 167, 200, 212, 220–221, 226–228, 231, 234–235, 237, 239, 240, 243–245, 270–271, 285–287, 289, 290, 295, 309, 310, 316, 324, 330, 332, 334, 352

データ保護責任者　7, 62, 81, 91, 134, 148–149, 161–164, 190, 192, 194, 197, 198, 200–208, 247, 251–252, 254, 304, 328, 332–333, 335–336, 338–341, 344, 373

データ保護バイ・デザイン　7, 17–18, 124, 146, 155–158, 192, 224, 245, 301, 313, 324, 333, 336, 346

データ保護バイデザイン　7

データ保護プライバシー・コミッショナー国際会議　19, 155, 286, 370

データ保全指令　48, 287

適切な保護措置　7

手数料　34, 59, 64, 83, 94, 95, 117

電子プライバシー指令　7–8, 69, 121, 125, 128, 155, 180

デンマーク　10, 298, 304

ドイツ　3, 10, 68, 200, 298, 304, 314

同意　7–8, 46, 49, 51–52, 56–70, 73–75, 83, 92, 109, 115, 121–123, 128, 130–131, 158, 162, 211, 221, 232, 236, 238, 240, 255, 258–259, 304, 307, 312–313, 315, 326–327, 332–333, 335–336, 344–345

同意の撤回　64, 65, 82, 92, 98, 109, 157

統計　317

統計歴史研究　7

動態的 IP アドレス　39

透明性　7, 19, 44–46, 79, 81, 87, 129–130, 156, 168, 194, 216, 223, 230, 313, 325,

362

匿名化　15, 33, 41–42, 47, 64–65, 76–77, 155, 164, 317

独立性　7, 205, 206, 268–271, 330

ドローン　158

■ナ　行

人間の尊厳　2, 5, 19, 23, 314

認証　7, 216, 213, 214, 216, 217, 233, 234, 271, 272, 337

■ハ　行

ハンガリー　10, 19, 27, 29, 68, 200, 202, 270, 304, 340

ビッグデータ　13–16, 19, 46, 124, 129, 156

必要性　15

表現の自由　7, 95, 269, 307, 309, 310

標準データ保護条項　234–235

比例原則　3, 15, 22, 42, 48, 54, 229, 240, 260, 311–312, 314–315, 334

ファイリングシステム　25, 200, 271

フィンランド　288, 304, 310

プライバシー・シールド　226, 229, 230, 231, 232

フランス　4–5, 18, 29, 41, 52, 58, 63, 67–68, 74, 98, 106, 121, 123, 145, 157, 163, 165, 169, 180, 193, 195, 216–217, 241, 247, 285, 286, 288, 294, 296, 298, 304, 314, 335, 336

ブルガリア　304

ブロックチェーン　19–20, 29

プロファイリング　7, 14, 20, 28, 46, 52, 55–56, 61, 63, 67, 82, 92, 95, 119, 121–126, 129–134, 190, 192, 199–200, 224, 332–333, 335, 346

ベルギー　52, 61, 158, 193, 200, 247, 285–286, 288, 290, 304, 314, 317, 335

ポーランド　10, 73, 201, 290, 305, 312, 335, 358

ポルトガル　305

本質的に同等　221, 228–229, 329

377

事項索引

■マ 行
マルタ　305
モノのインターネット　17, 113, 142,
　156-157, 191

■ラ 行
ラトビア　68, 200, 286, 304
理事会　10
リスクに基づくアプローチ　159, 167-
　169, 208, 346
リトアニア　68, 201, 286, 304

ルーマニア　234, 305
ルクセンブルク　68, 201, 305, 340, 355
連合の機能に関する条約　2, 10, 316,
　351-352
連邦取引委員会　227
ロボット　18

■ワ 行
忘れられる権利　6-7, 48, 66, 79, 95, 97-
　101, 105-107, 109, 111, 327, 332-333,
　338, 360

あとがき

　本書は，EU 一般データ保護規則（GDPR）の解説書である。2018 年 5 月25 日に適用される GDPR は，EU のみならず，日本においても大きな注目を集めてきた。日本への域外適用，そして新たな権利や義務とともに，高額な制裁金が科されるおそれもあることから，日本の企業や組織においても対策が求められる。GDPR は，グローバルな水準を今後確立していくことになり，EU にとどまらない影響をもたらすことになるであろう。

　筆者はもともと EU の個人データ保護法制を専門としているわけではなかった。プライバシーを取り巻く諸課題を研究していく過程で，プライバシー権の発祥地であるアメリカを中心に研究を始めることは自然なことであり，またその後もアメリカにおけるプライバシーに関連する研究を続けていった。

　しかし，このような筆者の認識を大きく変えることとなったのが，プライバシー関連の国際会議への参加であった。プライバシーに関連する国際会議には，様々なものがあるが，そのほとんどでヨーロッパのデータ保護監督機関が決定的に影響力を有しており，アメリカの出席者の意見が通らない，または痛烈に批判されてきた現実を目の当たりにしてきた。国際的議論の出発点はヨーロッパにおける法制度や政策であり，また，たとえアジアからの出席者のみの会議であってもヨーロッパの議論がしばしば引き合いに出されたり，参考にされてきたことさえあった。ヨーロッパは世界の個人データ保護法制をリードしてきたといわれるが，この現実を肌で感じ取り，また筆者の研究の視野を広げることとなった。

　そして，ここでヨーロッパが世界の個人データ保護法制をリードしてきた，というのは単に EU における法制度が厳格な水準を維持していることを意味するのみならず，その水準を他国にまで一定の形で押し付けることまで含む。アメリカにとって EU から個人データ保護法制を押し付けられる立場にはないことを表明するため，20 年前に『余計なお世話である（None of your business)』というタイトルの著書がアメリカの研究者（ピーター・スワイヤ，ロバート・ライタン）により出版されたことがある。しかし，それでもなお，2015 年，EU 司法裁判所の Schrems 判決においてアメリカの法制度が EU の

法秩序からみて，本質的に同等であるとは評価できないとして，約15年にわたり継続してきたセーフハーバー決定を無効とした。EUにおいて基本権として位置づける個人データ保護に譲歩の姿勢はみられない。

　前述のとおり，今後，GDPRは日本をはじめとする世界の多くの国々にも影響を及ぼすことになるであろう。日本の2015年個人情報保護法の改正の背景には，EUの法制度の影響があったことは否定できないし，また，実際アジア，アフリカ，南米における新たな個人情報保護法はEUの法制度をモデルにしている。EUの企業との取引がなく，アメリカやアジアのみで活動をしている企業にとってもGDPRは影響力を有している。プライバシーを研究し，個人情報保護の対策を実践したければ，GDPRをもはや無視することはできない。「ブリュッセル効果（Brussels effect）」という言葉が個人データ保護の世界において用いられることがある。それは，EUの中心地であるブリュッセルにおける動向を注視することが，世界の個人データ保護を知り，学び，理解することにつながるからである。

　筆者は，これまで約10年間にわたり欧州委員会司法総局のデータ保護課と意見交換を重ねてきた。3代にわたるデータ保護課長から貴重な話を聞くことができたが，その中で，3人が一貫して繰り返し用いる言葉がある。それが「fundamental rights（基本権）」という言葉である。つまり，個人データ保護は，単に企業におけるコンプライアンスや危機管理の問題にとどまらない。EUの専門家たちは，企業内部に人権の価値を取り入れ，個人データ保護を人権の問題として扱っている。2012年1月25日，GDPR提案が公表された当日，欧州委員会のビビアン・レディング司法コミッショナーのスピーチの中でGDPRが個人データ保護は基本権の問題であり，基本権は他の物事と取引や交渉の対象とはならないことを力強く話された。この言葉は今も筆者の記憶に鮮明に残っている。EUでは，個人データ保護を扱う弁護士や企業法務の担当者にもこの認識が広く浸透している。基本権を守るというブレない姿勢がEUにはみられる。GDPR対策の出発点はここにあると考えるべきであろう。

　GDPRは，「revolution（革命）」ではなく，「evolution（進化）」であると言われる。GDPRは，突如として表れたわけではない。GDPRには，約20年にわたり積み重ねられてきたEUデータ保護指令における経験が反映されている。GDPR適用後も，従来どおりに個人データ保護の実務を行うにすぎず，

特に国内に大きな変化が生じるわけではないとドイツの専門家がしばしば口にするのはそのことを示している。GDPR を理解し，これに対応するためには，単に GDPR の条文を見るだけでなく，20 年間以上にわたり蓄積された EU と加盟国のデータ保護の実務も同時に理解する必要があろう。本書の執筆過程においても，筆者は欧州委員会第 29 条作業部会の FabLab 会合や加盟国における GDPR の会議やセミナー等に参加して可能な限り加盟国における動向にも関心を持ち続けるように心がけた。本書は原則として GDPR の適用前の 2018 年 3 月時点の情報に基づき執筆されており，今後，GDPR のガイドライン等が新たに公表・修正される可能性もある。読者におかれても，最新の情報について欧州委員会や加盟国の情報にも関心をお持ちくださると幸いである。

　本書の執筆にあたり，多くの方々から EU 法の理解，加盟国における動向，そして励ましの言葉をいただいた。正直をいうと，当初は本書の執筆は筆者には荷が重すぎて，執筆できるか不安を抱いていた。それでもなお多くの研究者，弁護士，そして企業法務の方々から是非とも筆者に解説書を公刊していただきたい，という励ましの言葉を何度もいただき，それが本書の公刊につながった。EU データ保護法制に関連してこれまでの多くのご指導をいただくことができた。堀部政男先生，藤原静雄先生，庄司克宏先生には改めてこの場で御礼申し上げたい。本書の執筆に際し，実務的な視点からは，杉本武重弁護士，高橋郁夫弁護士，板倉陽一郎弁護士，松尾剛行弁護士，大月雅博弁護士に貴重なアドバイスをいただき，感謝している。また，クリストファー・クナー教授，ポール・デ・ハート教授，アンドレア・モンティ教授，アンドレアス・ウィービー教授，そして「日本の読者への序文」をご執筆いただいたブルノ・ジュンカレーリ欧州委員会国際データ流通保護課長から本書執筆過程における貴重なアドバイスにも謝意を記したい。本書の校正を手伝っていただいたルブルトン・カロリーヌさんと三角勇貴君，そして本書の公刊に向けて企画から校正までご支援いただいた勁草書房編集部の山田政弘氏に感謝したい。本書は，セコム財団挑戦的研究助成の成果の一部である。

　2018 年 3 月

宮　下　　紘

［著者紹介］
中央大学総合政策学部准教授．
一橋大学大学院法学研究科博士課程修了，博士（法学）．内閣府個人情報保護推進室政策企画専門職．ハーバード大学ロースクール客員研究員．ブリュッセル自由大学ブリュッセルプライバシーハブ客員研究員．駿河台大学法学部講師・准教授等を経て現職．著書『個人情報保護の施策』（朝陽会），『プライバシー権の復権』（中央大学出版部），『事例で学ぶプライバシー』（朝陽会），『ビッグデータの支配とプライバシー危機』（集英社）

EU 一般データ保護規則

2018年5月25日　第1版第1刷発行
2018年7月20日　第1版第2刷発行

著者　宮　下　　　紘

発行者　井　村　寿　人

発行所　株式会社　勁　草　書　房
112-0005　東京都文京区水道 2-1-1　振替 00150-2-175253
（編集）電話 03-3815-5277／FAX 03-3814-6968
（営業）電話 03-3814-6861／FAX 03-3814-6854
理想社・牧製本

©MIYASHITA Hiroshi　2018

ISBN978-4-326-40355-4　Printed in Japan

[JCOPY]〈㈳出版者著作権管理機構　委託出版物〉
本書の無断複写は著作権法上での例外を除き禁じられています。
複写される場合は，そのつど事前に，㈳出版者著作権管理機構
（電話 03-3513-6969, FAX 03-3513-6979, e-mail: info@jcopy.or.jp）
の許諾を得てください。

＊落丁本・乱丁本はお取替いたします。
http://www.keisoshobo.co.jp

クリス・フーフナグル　宮下紘ほか 訳
アメリカプライバシー法
　―連邦取引委員会の法と政策　　　　　　　　　　　　　　近刊

ダニエル・J・ソロブ　大島義則ほか 訳
プライバシーなんていらない !?
　―情報社会における自由と安全　　　　　　　　　　　　2,800 円

キャス・サンスティーン　伊達尚美 訳
選択しないという選択
　―ビッグデータで変わる「自由」のかたち　　　　　　2,700 円

ウゴ・パガロ　新保史生 監訳
ロボット法
　　　　　　　　　　　　　　　　　　　　　　　　　　4,500 円

シーラ・ジャサノフ　渡辺千原＝吉良貴之 監訳
法廷に立つ科学
　―「法と科学」入門　　　　　　　　　　　　　　　　3,500 円

リチャード・J・ピアース・Jr.　正木宏長 訳
アメリカ行政法
　　　　　　　　　　　　　　　　　　　　　　　　　　5,200 円

石井夏生利
新版個人情報保護法の現在と未来
　―世界的潮流と日本の将来像　　　　　　　　　　　　6,000 円

松尾剛行
最新判例にみるインターネット上の
プライバシー・個人情報保護の理論と実務
　　　　　　　　　　　　　　　　　　　　　　　　　　3,700 円

―――――――――――――――――――――――――― 勁草書房刊

＊表示価格は 2018 年 7 月現在。消費税は含まれておりません。